대중문화의
분석

저자 소개

■ **허창덕**

영남대학교 사회학과 교수

■ **김태근**

영남대학교 사회학과 교책객원교수

■ **정윤조**

영남대학교 사회학과 외래교수

■ **하기량**

영남대학교 사회학과 객원교수

■ **서정연**

영남대학교 사회학과 외래교수

■ **양혜진**

영남대학교 사회학과 외래교수

대중문화의 분석

초판 1쇄 2025년 5월 6일

지은이 허창덕, 김태근, 정윤조, 하기량, 서정연, 양혜진
펴낸이 최외출
펴낸곳 영남대학교출판부

출판등록 1975년 9월 5일 경산 제16-1호
주소 경북 경산시 대학로 280
전화 053) 810-1801~3
FAX 053) 810-4722
홈페이지 book.yu.ac.kr

ISBN 978-89-7581-499-0 93300

이 저서는 2025년 대한민국 교육부와 한국연구재단의

인문사회융합인재양성사업(HUSS) 지원에 의하여 발간되었습니다.

대중문화의 분석

허창덕·김태근·정윤조
하기량·서정연·양혜진

영남대학교출판부

서문

대중문화, 일상의 언어로 시대를 해석하다

사람들은 종종 "대중문화는 그냥 재미있으면 되는 것 아니냐"는 말을 하곤 한다. 그러나 우리가 하루를 시작하며 듣는 음악, 친구와 대화 중에 언급되는 유튜브 영상, 저녁 시간 TV 혹은 OTT로 보는 드라마, SNS에서 오가는 밈(meme)까지 이 모두가 단순한 오락거리에 지나지 않는 것일까?

대중문화는 일상 속 공기처럼 우리들의 생활에 깊숙이 스며들어 있다. 대중문화는 지금 이 시대를 살아가는 우리 모두가 공유하는 일상의 언어이며 동시에 우리 사회의 가치, 정체성, 권력관계, 감정구조를 반영하고 만들어내는 사회적 힘이다. 누가 어떤 콘텐츠를 만들고, 누가 그것을 소비하며, 그 콘텐츠가 사회에 어떤 영향을 미치는가 등의 질문은 단지 오락거리를 넘어 정치적이고 경제적인 사회문화적인 분석을 필요로 한다.

이 책은 바로 이러한 문제의식에서 출발했다. 대중문화는 왜 중요하며, 우리는 그것을 어떻게 이해하고 분석할 수 있을까? 또한 오늘날의 한국 대중문화는 어떻게 성장해 왔고, 왜 세계적인 주목을 받고 있는 것일까? 그리고 팬덤, 스포츠, 미디어 리터러시, 젠더, 가짜뉴스, 저작권 등으로 확장되는 대중문화 현상의 사회학적인 쟁점들은 우리에게 어떤 통찰력을 필요로 하는가? 이러한 질문에 대해 답하고자, 이 책은 대중문화의 개념부터 그 이론적 토대, 현실적 사례 분석, 그리고 사회문화적인 쟁점까지 포괄하고 있다.

먼저 총 4부 13장으로 구성되어 있으며, 각 부는 대중문화에 대한 인식의 깊이와 분석의 폭을 단계적으로 확장해 나간다.

제1부에서는 대중문화의 개념과 기능, 그리고 그것을 바라보는 다양한 이론적 틀을 소개한다. 엘리트주의적 고급문화론에서부터 부르디외의 문화자본 이론, 마르크스주의, 프랑크푸르트학파, 구조주의까지 대중문화를 바라보는 시선은 단일하지 않다. 다양한 이론의 충돌과 조화를 통해 독자는 대중문화가 단순한 소비 대상이 아니라 사회구조와 인간의 정체성, 권력, 이데올로기와 긴밀히 얽힌 문화적 실천임을 이해하게 될 것이다. 제2부에서는 시대의 변화 속에서 한국 대중문화가 어떻게 적응하고 진화해왔는지를 입체적으로 추적한다. 또한 유튜브, 틱톡, OTT 같은 뉴미디어 플랫폼의 부상과 함께 등장한 새로운 문화 소비 양식을 통해 기술과 플랫폼이 어떻게 문화를 재구성하는지를 분석한다.

제3부에서는 팬덤의 진화, 스포츠와 집단 정체성의 관계, 대중문화의 미래 가능성을 다룬다. 팬 공동체의 자율성과 창조성, 문화의 참여성과 민주성은 오늘날 대중문화의 중요한 특징이다. 나아가 기술 발전이 콘텐츠의 생산자와 소비자 모두에게 어떤 새로운 역할을 부여하는지를 조명한다. 제4부에서는 대중문화와 사회적 책임, 윤리, 교육, 법 제도의 접점을 분석한다. 단순한 문화소비를 넘어 대중문화 속에서 어떻게 비판적 사고를 훈련하고, 정보의 진위를 구별하며, 권리를 보호하고 타인을 존중할 것인지를 논의하고 있다.

따라서 이 책은 대중문화에 대한 단순한 개론서가 아니다. 다양한 대중문화 현상들의 배경과 원인을 다층적이고 비판적인 시각으로 이해할 수 있도록 돕는 실천적 안내서이다. 저자들은 학문적 깊이와 동시에 현실적 통찰을 담기 위해 노력했으며, 이론과 실제 사례들을 포괄함으로써 문화연구 입문자부터 관련 분야 전공자들까지 폭넓은 독자층이 함께 읽을 수 있도록 구성하였다. 이 책은 대중문화를 바라보는 새롭운 창이 되어 독자 여러분의 사고를 더욱 확장 시키는 계기가 되길 바란다. 무엇보다 이 시대를 살아가는 우리가 대중문화의 수동적 소비자가 아닌 프로슈머이자 비평가가 되기를 희망한다.

끝으로 이 책을 출간하기 위해 애써 주신 모든 집필진들과 영남대학교 출판부 관계자 여러분들께 깊은 감사의 인사를 전한다.

2025. 5. 2.

허창덕

제2부 한국대중문화의 변화

제3부 문화소비자가 주도하는 문화

제4부 대중문화와 주요이슈

제 1 부

대중문화의 이해와 이론적 관점들

'대중문화란 무엇인가'라는 질문에 답을 하기 위해서는 우선 '문화란 무엇인가'라는 질문에 대한 답을 구할 필요가 있다. 문화란 인류의 역사와 함께 존재했고 일상생활과 공존한다. 문화는 인간의 사고, 행동, 가치관, 그리고 표현 방식을 포함하며 이는 특정 사회나 시대의 특성을 반영한다. 이러한 문화의 기본적인 이해를 바탕으로 대중문화를 살펴보면 대중문화는 대량 생산되고 대중에게 널리 소비되는 문화적 요소들로 구성된다.

대중문화를 깊이 있게 이해하기 위해서는 다양한 이론적 관점을 고려해야 한다. 고급문화이론은 대중문화와 고급문화를 구분하며 전통적으로 고급문화가 더 높은 가치를 지닌다고 여겼다. 그러나 현대사회에서는 이러한 경계가 점차 모호해지고 있다. 고급문화이론은 부르디외의 문화이론과 연결된다. 부르디외의 문화이론은 문화가 사회적 계층과 권력관계를 반영하고 재생산하는 방식에 주목하며 문화자본을 통해 개인의 사회적 지위가 어떻게 형성되고 유지되는지를 설명한다. 마르크스주의적 시각은 대중문화를 자본주의 사회에서 지배계급이 대중을 통제하고 이익을 극대화하는 도구로 본다. 이는 프랑크푸르트학파의 비판이론과도 연결되며 이들은 대중문화가 비판적 사고를 약화하고 대중을 수동적으로 만든다고 주장한다. 구조주의이론은 대중문화를 언어와 같은 구조적 시스템으로 바라보며 사회 내에서 의미가 어떻게 생성되고 전달되는지를 분석한다.

이러한 다양한 이론적 틀을 통해 대중문화를 분석하는 것은 그 복잡성을 이해하는 데 필수적이다. 특히, 웬디 그리스월드의 문화 다이아몬드 모델은 문화의 창작자, 수용자, 사회적 세계, 문화적 대상 간의 상호작용을 분석하는 데 유용하다. 이 모델을 통해 한류와 같은 현대 대중문화 현상이 어떻게 글로벌 차원에서 형성되고 발전하는지를 이해할 수 있다. 한류는 한국의 음악, 드라마, 영화 등이 전 세계적으로 인기를 얻으면서, 한국 문화의 영향력이 어떻게 확대되고 있는지를 보여주는 사례다. 문화 다이아몬드 모델을 통해, 한류가 단순한 문화적 상품을 넘어, 다양한 사회적, 경제적, 문화적 요인들이 복합적으로 작용한 결과라는 것을 이해할 수 있을 것이다.

결론적으로, 대중문화는 단순한 오락의 수단을 넘어, 사회적 변화와 정체성 형성의 중요한 요소로 작용하고 있다. 이러한 분석은 대중문화가 현대사회에서 어떤 역할을 하고 있으며 어떠한 영향을 미치는지를 깊이 이해하는 데 도움을 줄 것이다.

제1장
대중문화의 이해

대중문화를 다루기 위해서는 몇 가지 기본적인 개념과 그 중요성을 살펴보아야 한다. 우선, 문화란 인류의 역사와 함께 발전해 온 개념으로, 인간의 사고, 행동, 가치관, 그리고 표현 방식을 포함한다. 이는 특정 사회나 시대의 특성을 반영하며 우리의 일상생활과 밀접하게 연결되어 있다. 대중문화는 이러한 문화의 한 부분으로, 대량 생산되고 대중에게 널리 소비되는 문화적 요소들로 구성된다. 현대사회에서 대중문화는 기술 발전과 함께 빠르게 확산하고 있으며 음악, 영화, 텔레비전 프로그램, 패션 등 다양한 형태로 나타난다. 이러한 대중문화는 개인의 정체성 형성과 사회적 관계 구축에 중요한 역할을 하며 사회통합과 같은 긍정적인 기능을 수행하기도 한다. 그러나 대중문화는 단순한 오락의 수단을 넘어 사회적 변화와 정체성 형성에 큰 영향을 미치는 요소로, 다양한 이론적 관점을 통해 분석할 필요가 있다. 이 분석은 대중문화가 현대사회에서 수행하는 역할과 그 영향력을 깊이 이해하는 데 필수적이다. 대중문화에 대한 심층적인 분석은 그 속에 숨겨진 사회적, 경제적, 문화적 요인들을 밝혀내고, 우리가 살아가는 사회를 더욱 명확히 이해하는 데 기여할 것이다.

1. 문화란 무엇인가?

1) 문화개념 정의의 어려움

문화만큼 친숙한 단어는 많지 않을 것이다. 가족문화에서부터 기업문화를 거쳐 최근 K-컬처에 이르기까지 우리는 일상에서 문화와 함께 생활한다. 이처럼 수많은 스펙트럼이 존재하므로 문화가 무엇인지를 정의하는 것은 쉽지 않다. 바라보는 관점에 따라 다양하게 이해되고 해석될 수 있기 때문이다. 문화를 쉽게 정의하기 어려운 또 다른 이유를 우리는 문화의 기원과 성장 과정에서 찾을 수 있다. "문화"라는 개념은 서구에서 처음에는 토지 경작이나 농작물의 재배나 동물사육과 같은 구체적이고 물리적인 활동 혹은 종교적 숭배와 관련되어 있었다(김창남, 2010).

2) 문화 정의가 어려운 배경

16세기부터 문화는 학습을 통한 개개인의 인격과 습관을 향상하는 활동과 연관되면서, 사회적 가치와 지식의 총체로서 더 광범위하고 추상적인 개념으로 발전했다. 이후 갈수록 복잡해지는 현대사회가 분화되는 과정에 문화는 인간의 지식, 신념, 예술, 법, 도덕, 관습 등을 포함하는 개념으로 변모하였고, 이러한 요소들은 시대와 지역, 사회에 따라 다양하게 나타났다. 그 결과 문화는 매우 복합적이고 다층적인 개념이 되어, 하나의 정의로 모든 것을 포괄하기 어려운 수준에 도달하였다. 또한 문화는 끊임없이 변화하고 발전하는 특성이 있어서 고정된 정의보다는 유동적이고 상황에 따라 달라질 수 있는 개념이 되었다. 이처럼 시간적 변화와 사회적 차이를 통해 문화는 명확하고 구체적으로 정의하기 어려운 개념이 된 것이다. 만약 어떤 사람이 문화에 대해 성급하게 입장을 정한다면 문화의 복잡성을 충분히 반영하지 못하게 될 것이다. 따라서 문화개념을 다룰 때, 고정된 이론이나 확고한 입장보다는 다양한 가능성을 탐구하고, 미묘한 차이를 이해하는 감수성이 더 중요하다.

3) 문화이론의 필요성

변화무쌍한 문화개념 앞에서 문화이론의 필요성은 사라지는 것일까? 역설적으로 문화개념이 복합적이고 다층적이기 때문에 문화이론의 필요성은 더욱 요구된다. 문화현상을 종합적이고 거시적인 관점에서 이해할 필요성이 더욱 커지기 때문이다. 그리하여 인류학뿐만 아니라 사회학에서도 다수의 학자들에 의해 문화현상을 이론적으로 구성하려는 다양한 접근방법이 있었다. 그러나 다양한 문화이론은 2차 세계대전 이후 크게 두 가지 이유에서 위축되었다. 하나의 이유는 과학기술에 대한 강한 믿음에서 비롯되었다. 문화연구는 개개인의 주관적 경험과 기억과 해석에 의존하는 경향이 강하다. 그러나 차츰 객관적인 해석과 결과를 확신하는 과학주의가 위세를 떨치면서 사회과학도 자연과학의 영향력을 받지 않을 수가 없었다. 사회와 문화에 대한 탐구가 객관적인 자연과학의 한 분과처럼 다루어지기 시작했고 과학주의에 기초하여 통계 분석을 통해 인간의 행동을 양적으로 계량하여 설명하려는 경향이 커졌다. 자연스럽게 주관적으로 접근하고 그래서 수량적으로 표현하기 어려운 문화연구는 퇴보하였다(김윤태, 2020).

다른 하나는 냉전체제에서 발생한 이데올로기적 대립으로 문화연구는 매우 제한된 범위 내에서 이루어졌다. 즉 자본주의 문화 대 사회주의 문화라는 대립적인 차원에서 문화연구는 두 진영의 이념을 위한 논리적 근거로 활용되었고 다의적으로 해석되는 문화연구는 위축될 수밖에 없었다. 가령 1970년대까지 네오마르크스주의가 문화연구를 주도하였던 반면 포스트모더니즘은 주변에 머물렀던 이유였다.

4) 문화연구의 부흥

1990년을 전후하여 문화연구는 다시 활력을 되찾을 수 있었다. 현실 사회주의 국가의 몰락과 함께 세계화가 등장하고 포스트모더니즘논쟁이 촉발되면서 문화연구가 폭발적으로 증가한 것이다(김태근, 2024). 문화연구는 크게 두 가지 갈래로 이루어졌다. 하나는 세계문화의 관점이다. 국가의 장벽이 낮아지면서 사람들의 자유로운 왕래, 화폐의 자유로운 거래, 교통 및 통신의 자유로운 이동과 함께 문화의 자유로운 교류가 이루어지면서 세계문화가 형성될 수 있을 것이란 전망에 근거한다. 다른 하나는 지역문화에 대한 새로운 부흥이다. 이것은 다른 문화와의 잦은 교류가 개별 집단 혹은 개별 사회의 강한 정체성을 다시 일깨울 것이란 주장에서 비롯된다. 상반된 두 관점은 세계화(globalization)와 지역화(localization)의 합성어로서 이른바 글로컬라이제이션(glocalization)이라는 단어로 융합되었지만 2000년대 전까지는 미국을 표본으로 하나의 세계문화로 수렴될 것이라는 관점이 우세하였다. 프랜시스 후쿠야마(1992)가 역사의 종언을 선언하였듯이 현대사회가 하나의 방향으로 나아갈 것이란 강한 확신 때문이었다.

그러나 문화연구가 일상생활에서부터 계급, 세대, 젠더를 거쳐 다문화사회 및 가상세계를 포괄하는 문화담론으로 확대되면서 세계문화의 수렴이론은 2000년에 들어서면서 심각한 도전을 받게 된다. 무엇보다 미국의 불평등, 특히 양극화의 민낯이 적나라하게 드러났다. 개인주의와 시장의 논리에 의해서 작동하는 미국의 제도와 문화가 다른 사회에서는 받아들이기 어려운 환경임을 인식한 것이다. 특히 서유럽국가를 중심으로 현대사회의 새로운 자기 정체성을 찾기 위한 노력이 나타났다(아이젠스타트, 2009). 그것은 자신들의 제도에 걸맞는 새로운 문화에 대한 모색이었다. 점차 서유럽뿐만 아니라 다른 국가들에서도 새로운 제도와 그것에 부합하는 문화연구의 움직임이 나타났다.

5) 미디어의 발견과 대중문화

과거의 냉전체제의 단순한 문화적 대립과 경쟁이 아닌 국가들 사이의 자유로운 교류가 활발해지면서 문화개념은 예전의 복합적이고 다층적인 의미를 되찾았다. 다른 국가와의 교류 속에서 문화연구는 강화되는 국민국가의 의미와 함께 집단 정체성을 찾고 유지하려는 경향과 세계화의 흐름을 따라가려는 경향을 조화시키려는 부단한 노력으로 나타날 것이다. 문화의 이런 특징과 함께 미디어의 역할은 더욱 커질 것이다. 특히 갈수록 중요해지는 커뮤니케이션을 위해 미디어는 필수적이다.

구술 언어에서부터 시작된 커뮤니케이션은 문자의 발명과 함께 더욱 확대되었고 마침내 유럽에서 구텐베르크에 의한 인쇄술의 발명은 커뮤니케이션을 폭발적으로 증가시키는 기폭제가 되었다. 커뮤니케이션을 통해 사회의 복잡성과 불확실성을 가속화시킨 주요 미디어의 등장 시기는 다음과 같다. 먼저 1609년 유럽사회에 신문이 등장하였다. 200년이 지난 1809년 전신의 등장 이후 미디어는 급격한 성장을 이루었다. 그후 이어지는 미디어는 [그림 1-1]과 같이 전화(1872년), 영화(1895년), 녹음테이프(1931), 위성TV(1971), PC(1981년), CD(1983년), 인터넷(1991년), 스마트폰(1994년), 그리고 마침내 인공지능(2010년)의 순서로 가파른 발전속도를 보여주었다(Merten, 1994: 142와 비교). 사회 전반에 걸쳐 깊은 영향을 미치는 미디어의 발전은 대중문화의 변화를 이끌었다. 무엇보다 단순한 기술적 진보를 넘어, 인간의 사고와 행동 방식을 변화시켰으며 대중문화를 지속적으로 재구성하고 있다. 그렇다면 오늘날의 시대적 맥락에서 대중문화란 무엇을 의미하는가? 이어서 이에 대한 답을 찾아보고자 한다.

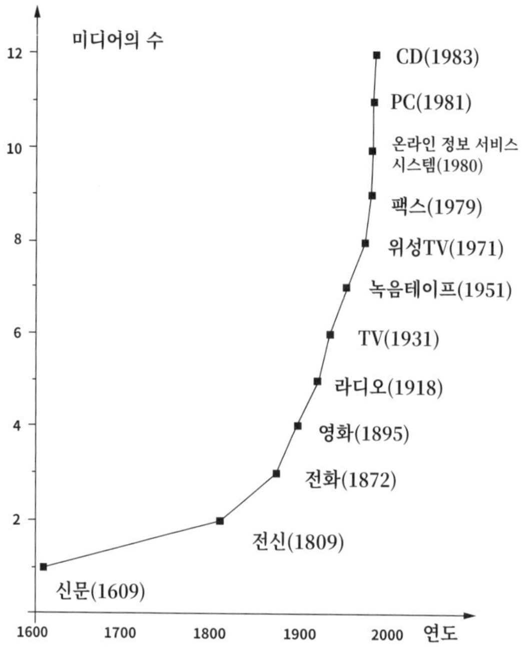

출처: Merten, Klaus, 1994.

[그림 1-1] 커뮤니케이션의 진화

2. 대중문화란 무엇인가?

1) 군중문화(mass culture)

대중문화, 즉 popular culture를 살펴보기 위해서는 군중문화(mass culture)의 개념을 먼저 알아보는 것이 중요하다. 군중문화와 대중문화는 미디어와 문화상품을 대하는 방식에서 차이를 보인다. popular처럼 대중으로 번역되기도 하는 군중(mass)은 현대 초기 이질적이고 분산된 다수의 개인들을 뜻하였다. 그들은 정치적이고 교육적인 차원에서 자신들의 독자적인 의견을 표현하기 어려운 상태에서 소수 엘리트의 주장에 쉽게 동조하는 경향을 보였다. 그리고 사회적 참여에도 매우 소극적인 사람들이었다. 교육 수준이 높은 엘리트들은 그들만의 자율적인 문화를 만들어냈던 반면 군중은 자신들의 독자적인 문화를 만들지 못하면서 결국 권력을 가진 지배자들이 제공하는 문화를 수동적으로 소비하는 지위로 전락하였다. 군중의 이런 위축된 역할에 미디어의 기능이 결정적이었다. 특히 산업화 및 기술발전과 함께 영화, 텔레비진 프로그램, 대중음악을 포함하는 매스미디어는 산업화와 기술발전과 함께 문화상품을 대량생산하는 기제로 인식되었다. 대규모 자본과 대량복제의 테크놀로지에 기초한 매스미디어를 통해 생산되는 산물들은 모두 상품의 성격을 가지고 시장에서 유통되면서 이른바 군중문화를 형성하였다. 군중은 표준화된 형태로 제공되는 문화상품을 비판적 사고 없이 수동적으로 소비하였다. 군중문화는 그런 군중들에게 문화적 다양성을 감소시켰고 동질적인 문화경험을 강제하였다. 그 결과 군중문화는 지배적인 이데올로기나 가치관을 강화하는 수단이 되었다.

2) 대중문화의 특징

대중문화(popular culture)는 이런 군중문화의 시대적 그리고 내용적 한계를 비판하면서 등장하였다. 대중문화에서 대중적이라는 뜻을 가지는 popular에 대해 윌리엄즈는 네 가지 의미를 제시한다. 즉 popular는 '많은 사람들이 좋아하는 것', '열등한 작품들', '일반 사람들의 선호에 일부러 맞춘 작품들', '일반 사람들이 사실상 자신들을 위해 만들어낸 문화'를 포함하는 매우 포괄적인 의미를 가진다(스토리, 2017). '대중적'의 개념에서 나아가 대중성(popularity)은 단순하고 수동적인 수용자가 아닌 중립적이거나 긍정적인 참여자로서의 개인을 부각시킨다. 그리고 그것을 실현하는 대중(the public)은 미디어에 대해 군중과 다르게 접근한다. 대중은 문화를 소비하고 향유할 수 있는 각자의 권리를 주장하면서 문화상품을 물질적으로 소비함과 동시에 그것을 통해 자신들의 심리와 욕망을 자유롭게 표현하고자 한다. 일상생활과 함께하는 대중문화는 그런 특성을 가진 개인에 의해 수용되지 않으면 의미가 약해진다. 게다가 적극적인 대중은 지도자에 대해 수동적으로 대응하는 것이 아니라 메시지를 주도하는 권리를 가지려고 하고 또한 요구한다. 자연스럽게 대중문화는 다양성을 가지게 되고 높은 참여를 허용한다는 차원에서 민주주의적 특성을 보여준다.

개념적으로 대중문화(polular culture)는 군중문화(mass culture)나 고급문화(high culture)와 경계가 불명확할 수 있다. 이것은 자본주의 사회에서 매스미디어의 확산과 함께 불가피하게 나타날 수 있는 문제이고 크게 세 가지 측면에서 언급될 수 있다. 먼저 언급될 요소는 대중문화와 군중문화를 구분하는 모호성이다. 이것은 대중문화의 상업적 속성에서 비롯된다. 생산자 개인의 기호나 취향에 따라 만들어진 대중문화라 하더라도, 점차 다수의 사람들의 단순한 취향이나 선호에 맞춰 대량으로 생산되고, 무분별하게 소비한다면 군중문화로 전락할 수 있을 것이다.

두 영역의 모호성을 위한 사례로 방탄소년단(BTS)을 들 수 있을 것이다. 전 세계적인 팬덤을 형성하는 BTS는 10대와 20대에 꿈과 희망과 사랑의 메시지를 다양한 미디어를 통해 전달하였다. 기획사의 전략적 마케팅을 통해 대중성을 얻은 그들의 음악은 한국의 청년뿐만 아니라 전 세계를 대상으로 인종과 세대를 넘어서는 팬층을 확보하였다(정지은, 2019). 점차 그들의 공식 팬커뮤니티인 아미(ARMY)를 중심으로 강한 팬덤이 형성되면서 열광과 추종의 경계가 모호해지는 상황이 벌어졌다. 이어서 유튜브에서 소수의 상업적 제작자에 의해 만들어진 BTS 음악 컨텐츠에 팬들이 자신의 주체적인 생각을 표현하거나 양방향적인 소통을 요구하지 못하고 수동적인 소비자로서의 한계를 보여준다는 비판이 제기되었다(최순욱·최성인·이재현, 2020). 주체적인 자아를 강조하는 BTS 음악을 열광적으로 즐기던 팬들이 BTS 음악을 들으면서 서서히 자신의 주체적인 자아를 잊어버리는 모순된 현상이 발생하고 있는 것이다.

다음으로 지적될 수 있는 문제는 대중문화의 유동성이다. 대중문화는 시대와 사회에 따라 변하는 특징을 가진다. 판소리는 시대의 변화과정을 보여주는 좋은 사례다. 판소리는 조선시대에 매우 인기있는 민중음악(folk music) 중 하나였다. 다양한 사회신분의 사람들에게 인기를 끌었고, 특히 장터나 마당과 같은 공개된 장소에서 공연되면서 사람들이 쉽게 접근할 수 있는 대상이었다. 그러나 산업화 시기에 들어서면서 판소리는 문화유산으로 보존하고 계승해야 할 가치로 여겨졌고 대중음악보다는 예술문화 혹은 고급문화로서의 위치를 차지하였다. 그러나 최근 판소리에 대한 인식에 새로운 변화가 나타났다. 국악 그룹인 이날치 밴드와 현대무용 단체인 앰비규어스 댄스 컴퍼니가 판소리를 현대적 노래와 춤으로 새롭게 해석한 '범 내려온다'를 발표하면서 대중음악의 가능성을 새롭게 열어놓은 것이다. 그들의 실험은 판소리를 의례적이고 경직된 과거 전통 예술이 아니라 누구나 접하고 즐길 수 있는 대상으로 만들었다(이명현, 2021). 더군다나 그들의 동영상은 국내뿐만 아니라 유튜브를 통해 전 세계에 한국의 문화를 알리는 효과를 가져왔다. 이런 사례는 전통문화와 서구 대중문화의 새로운 재해석과 재배치를 통해 시대에 따라 지속적으로 변하고 고정된 이미지를 탈피하는 대중문화의 특징을 명확하게 보여준다.

3) 대중문화, 군중문화, 고급문화 경계의 모호성과 유동성

대중문화를 명확하게 정의하기 어려운 세 번째 이유는 대중문화에 대한 사회의 다양한 관점, 즉 세대와 계급·계층에 따라 이해하는 방식이 다른 것에서도 나타난다. 예를 들어 일반적으로 대중문화와 고급문화는 개념 쌍으로 여겨진다. 높은 수준의 지식과 정보를 가진 소수의 사람들만이 즐길 수 있는 고급문화에 비해 대중문화는 열등하고 저급한 문화라는 이미지가 씌워질 수 있다. 고급문화의 관점에서 보면 대중문화나 군중문화의 구분은 모호하다. 또한 노동자계급이나 민중계급에 속하는 사람들은 군중문화를 대중문화와 동일시하면서 '사람들을 수동적인 존재로 만드는 이데올로기의 도구'로 규정한다.

대중문화는 이처럼 모호성과 유동성을 포괄하고 사회적 지위에 따라 다르게 받아들여지는 개념이다. 하지만 역설적으로 그렇기 때문에 대중문화가 대중성을 기반으로 다수의 사람들이 소비하고 향유하는 문화라는 정의가 가능하다(김창남 2010).

3. 대중문화의 기능

1) 대중문화의 긍정적 측면

(1) 일상생활의 희로애락을 함께하는 대중문화

광범위하고 다양한 영역을 포괄하는 특성을 가지는 대중문화는 다양하고 특별한 기능을 가진다. 먼저 대중문화는 일상생활의 희로애락을 함께 한다. 사회적 존재로서 인간은 끊임없이 타인과의 관계를 지향한다. 미디어는 그런 인간관계를 연결해주는 매개고리로서 대중문화를 가능케 한다.

사람들의 일상은 미디어와 연결되는 대중문화와 함께 시작한다. 과거에는 라디오, TV, 혹은 CD를 통해 대중음악을 들었지만 이제는 스마트폰을 열어 유튜브로 아이돌의 음악을 선택해서 듣는다. 미경은 휴일 아침 식사 후 SNS로 친구와 카페에서 만나기로 약속한 후 전동보드를 타고 이동한다. 카페에서 친구와 대화를 하며 마시는 아메리카노로 여유를 즐긴다. 친구는 저녁에 야구장에 갈 것인지 아니면 가수 콘서트에 갈 것인지 묻는다. 요즘 프로야구 관중이 증가했다는 언론보도가 떠오른다. 때마침 지역 연고팀의 홈 경기여서 야구장에 가고 싶어진다. 다른 친구들도 불러 함께 가기로 한다. 야구장에 가니 사람들의 응원열기가 뜨겁다. 미국 프로야구는 대체로 조용히 야구를 관람한다는데 한국 사람들은 잠시도 가만히 있지 않는다. 경기 시작부터 치어리더들의 율동에 맞춰 목청 높여 응원하다가 끝날 때쯤 되면 다들 쉰목소리가 된다. 경기가 홈팀의 패배로 끝나 분위기가 가라앉는다. 아쉽지만 홈팀 팬들은 선수들에게 끝까지 응원하며 다음 경기에서는 승리하기를 바란다. 미경이 친구들과 헤어진 후 집에 가니 아빠와 엄마는 TV를 켜놓고 드라마를 보신다. 공중파 방송국의 TV 드라마가 아니라 OTT 자체 제작의 드라마다. 미경은 드라마가 아닌 영국 PL의 프로축구를 보기로 한다. 요즘 전적이 좋지 않은 토트넘이 손흥민의 활약으로 승리하기를 기대하며 스마트폰에서 유료로 가입한 OTT를 연결한다.

가상으로 그려본 예처럼 대중문화와 분리된 사람들의 일상생활은 상상할 수 없다. 더군다나 인터넷으로 연결된 세상은 공간과 시간에 대한 기존의 의미를 파괴하면서 다양한 관심을 유도한다. 아무리 멀리 떨어져 있어도 그리고 어느 때에도 대중문화는 사람과 사람 사이를 연결해준다. 그렇게 형성된 대중문화는 다양한 정보 및 지식을 확산하는 역할을 한다. 무엇보다 다양한 매체를 통해 대중문화는 사람들이 접하기 어려운 정보와 지식을 쉽게 전달한다. 예를 들어 다큐멘터리 영화나 교육적인 TV 프로그램은 다양한 주제에 대해 깊이 있는 정보를 제공하여 사람들의 지적 호기심을 자극한다. 이러한 정보 확산은 개인의 성장과 사회의 발전에 기여할 것이다.

(2) 문화적 교류 촉진

다양한 관심을 유도하는 대중문화의 긍정적 역할은 문화적 교류 촉진에도 영향을 미친다. 세계화와 함께 대중문화는 국경을 넘어 전 세계적으로 소비된다. 예를 들어, 전통적으로 세계 각지에서 사랑받는 미국의 할리우드 영화뿐만 아니라 최근 한국의 k-pop도 전 세계적 관심을 받으면서 다양한 문화들의 상호존중과 상호이해가 증진

될 수 있음을 보여주고 있다. 또한 대중문화는 창의성과 혁신의 장이 되기도 한다. 예술가와 창작자들은 대중문화를 통해 새로운 예술형식과 트렌드를 창출하고, 이를 통해 사회적 메시지를 전달하거나 새로운 아이디어를 탐구할 수 있도록 해준다.

2) 대중문화의 부정적측면

(1) 상업화로 인한 문제점

그러나 다양한 관심을 유도하고 사람들 사이를 이어주는 대중문화가 긍정적인 측면만 가지는 것은 아니다. 오히려 반대로 정체성의 대립과 갈등을 일으키는 부정적인 측면도 발생시킬 수 있다. 먼저 상업화로 인해 야기되는 대중문화의 문제점이다. 대중문화는 종종 상업적 이익을 위해 특정 정체성을 표준화하거나 왜곡하여 대중에게 제공한다. 이는 특히 청소년들에게 영향을 미쳐, 그들이 자신의 정체성을 형성하는 과정에서 혼란을 겪게 할 수 있다. 상업적 목적으로 왜곡된 이미지나 메시지는 개인의 자아 존중감을 하락시키고 정체성 혼란을 초래할 수 있다.

(2) 문화적 고정관념 강화

다음으로 대중문화는 문화적 고정관념을 강화하기도 한다. 이는 특정 인종, 성별, 사회적 계층에 대한 부정적인 인식을 조장하며 사회적 편견과 차별을 강화할 수 있다. 고정관념에 기반한 묘사는 사회적 불평등과 갈등을 심화시키는 요인이 될 수 있다.

(3) 소속감과 배제의 이중성

마지막으로 언급할 대중문화의 부정적인 요소는 고정관념이 야기하는 소속감과 배제의 이중성이다. 대중문화는 특정 그룹에 소속감을 제공하는 동시에, 다른 그룹을 배제하거나 소외시킬 수 있다. 이는 팬덤문화나 서브컬처(Subculture)에서 특히 두드러지며 특정 그룹에 속하지 않는 사람들을 소외하거나 배제하는 결과를 초래한다. 이러한 배제는 사회적 갈등과 분열을 초래할 수 있다.

결론적으로 대중문화는 다양한 관심을 가지는 사람들의 상호이해와 상호존중을 가능하게 하지만 동시에 정체성의 대립과 갈등을 일으킬 수 있는 양면적인 기능을 가진다. 갈수록 범위가 확대되고 중요한 역할을 차지할수록 대중문화의 상반된 기능을 이해하고 균형을 맞추는 것이 중요하다. 사회와 개인은 대중문화를 비판적으로 수용하고, 그 안에서 긍정적인 요소를 극대화하려는 노력에 진력해야 할 것이다.

4. 대중문화 분석의 필요성

1) 사회적 정체성과 소속감 형성

현대사회에서 대중문화는 단순한 오락을 넘어 우리 일상생활의 중요한 부분을 차지하며 사회적 가치와 이념을 형성하는 데 큰 도움을 준다. 또한 TV 프로그램, 영화, 음악, 광고, 소셜미디어 등 다양한 형태로 존재하는 대중문화는 우리의 사고방식과 행동에 지대한 영향을 미친다. 따라서 대중문화를 분석하는 것은 그 자체로 사회를 이해하는 중요한 방법이다. 이번에는 대중문화 분석의 필요성을 다양한 측면에서 살펴보고자 한다.

먼저 대중문화는 사회적 정체성과 소속감을 형성하는 데 중요한 역할을 한다. 사람들은 대중문화를 통해 자신을 표현하고, 다른 사람들과의 관계를 형성하며 소속감을 느낀다. 예를 들어 특정 음악 장르를 좋아하는 팬들은 그 음악을 통해 자신을 표현하고 같은 취향을 가진 사람들과의 공동체를 형성한다. 이러한 과정에서 대중문화는 개인의 정체성과 사회적 관계를 형성하는 중요한 도구가 된다. 팬덤문화는 이러한 현상의 극적인 예로 팬들은 자신이 좋아하는 아이돌이나 캐릭터에 대한 애정을 기반으로

서로 연결되고, 다양한 사회적 활동을 전개한다. 대중문화 분석은 이러한 정체성 형성 과정을 이해하고, 그것이 개인과 사회에 미치는 영향을 탐구하는 데 도움을 준다.

2) 사회적 가치 및 규범 형성과 성찰

둘째로 대중문화는 사회적 가치와 규범을 형성하고 성찰하는 데 중요한 역할을 한다. 대중문화 콘텐츠는 종종 사회의 지배적인 가치와 이데올로기를 반영하며 그 결과 이러한 가치들이 자연스럽고 당연한 것으로 받아들여지게 만든다. 예를 들어 TV 드라마나 영화에서 묘사되는 가족의 모습, 성 역할, 성공의 기준 등은 우리가 사회에서 무엇이 상식이고 바람직한지에 대한 인식을 형성하는 데 기여한다. 특히 전 세계적으로 인기 있는 할리우드 영화들은 미국 중심의 가치관과 생활방식을 전파하며 글로벌한 차원에서 문화적 표준을 형성하는 데 영향을 미친다. 따라서 대중문화를 분석하는 것은 이러한 가치와 규범이 어떻게 형성되고 전파되는지를 이해하는 데 필수적이다. 이를 통해 우리는 무비판적으로 받아들이던 사회적 규범을 비판적으로 검토하고, 더욱 다양하고 포용적인 사회를 위한 대안을 모색할 수 있을 것이다.

3) 사회적 변화와 저항의 장

셋째로 대중문화는 사회적 변화와 저항의 장이 될 수 있다. 대중문화는 단순히 지배적인 이데올로기를 재생산하는 것에 그치지 않고 때로는 그것에 도전하고 변화를 촉진하는 역할을 할 수 있다. 예를 들어 음악, 영화, 예술 등은 종종 사회적 불평등이나 부조리에 대한 비판을 담고 있으며 이를 통해 사회적 변화를 촉구하는 역할을 한다. 1960년대와 1970년대 포크(Folk) 음악은 역사적으로 인종차별과 사회적 불평등에 대한 저항의 메시지를 전달해 왔으며 이를 통해 많은 사람들에게 영감과 동기를 부여했다. 포크 음악의 상징적 인물인 밥 딜런이 2016년 노벨문학상을 수상한 것은 그의 포크 음악이 세상이 끼친 영향력을 인정한 것이다. 최근에는 다양한 형태의 소셜미디어 캠페인과 온라인 운동이 대중문화의 일부로 자리 잡으며 사회적 문제에 대한 인식을 높이고 변화를 이끌어내는 데 기여하고 있다. 대중문화 분석은 이러한 저항의 목소리를 이해하고, 그것이 사회적 변화를 어떻게 이끌어낼 수 있는지를 탐구하는 데 중요한 역할을 한다.

4) 세계화와 문화교류의 이해를 위한 창구

넷째로, 대중문화는 세계화와 문화교류를 이해하는 데 중요한 창구가 된다. 현대사회에서 대중문화는 국경을 넘어 전 세계적으로 소비되며 이는 다양한 문화가 서로 교류하고 영향을 주고받는 과정을 촉진한다. K-pop과 할리우드 영화의 글로벌한 인기는 이러한 문화적 교류의 대표적인 예다. K-pop은 특히 아시아를 넘어 유럽과 아메리카 등 전 세계적으로 팬층을 확보하며 한국 문화와 언어를 알리는 역할을 하고 있다. 이러한 현상은 문화적 다양성을 증진하고 서로 다른 문화 간의 이해를 돕는 긍정적인 측면이 있지만, 동시에 문화적 제국주의나 문화의 균질화와 같은 문제를 야기할 수도 있다. 대중문화 분석은 이러한 세계화 과정에서 발생하는 문화적 상호작용과 그 영향을 이해하는 데 도움을 준다. 이를 통해 사람들은 문화적 다양성을 보존하면서도 상호이해를 증진할 수 있는 방법을 모색할 수 있다.

5) 미디어 리터러시 향상을 위한 기여

마지막으로 대중문화 분석은 미디어 리터러시를 향상하는 데 기여한다. 현대사회에서 우리는 대량의 정보와 미디어 콘텐츠에 노출되어 있으며 이를 비판적으로 해석하고 평가하는 능력이 필요하다. 대중문화 분석은 사람들에게 미디어 콘텐츠의 이면에 숨겨진 메시지와 이데올로기를 파악하는 능력을 키워주며 이를 통해 사람들이 더욱 주체적이고 비판적인 소비자가 될 수 있도록 도와준다. 이는 정보의 홍수 속에서 사실과 의견을 구별하고, 책임 있는 미디어 소비를 할 수 있는 능력을 함양하는 데 기여한다. 예를 들어 광고는 종종 소비자에게 특정 제품이나 라이프스타일이 성공과 행복의 열쇠라는 메시지를 전달하지만 대중문화 분석을 통해 우리는 이러한 메시지의 진정성을 평가하고 보다 비판적인 시각을 가질 수 있다.

요약하자면 대중문화 분석은 현대 사회에서 필수적인 작업이다. 대중문화는 단순한 오락을 넘어 사회적 가치와 규범을 형성하고, 개인의 정체성과 사회적 관계를 형성하며 사회적 변화와 저항의 장을 제공한다. 또한 세계화시대의 문화적 교류를 이해하고, 미디어 리터러시를 향상하는 데 중요한 역할을 한다. 이러한 이유로 대중문화를 분석하는 것은 우리가 속한 사회를 깊이 이해하고, 보다 나은 미래를 위한 변화를 모색하는 데 필수적인 과정이다. 대중문화의 복잡성과 그 사회적 영향을 이해함으로써 사람들은 더욱 공정하고 포용적인 사회를 만들어 가는 데 기여할 수 있을 것이다.

제2장

대중문화의 주요이론

대중문화의 주요 이론들은 대중문화 현상을 다양한 관점에서 분석하고 이해하는 데 중요한 틀을 제공한다. 이러한 이론들은 대중문화가 단순한 오락의 수단을 넘어 사회적, 경제적, 정치적 의미를 지니고 있음을 보여준다. 먼저, 고급문화와 대중문화의 경계를 탐구하는 엘리트주의적 분석은 전통적으로 고급문화가 더 높은 가치를 지닌다고 여기는 관점을 제시한다. 대중문화가 종종 저평가되기도 하는 이유이다. 둘째, 부르디외의 문화분석은 문화자본에 내재된 자본과 계층 구조를 탐구한다. 부르디외는 문화가 사회적 계층과 권력관계를 반영하고 재생산하는 방식에 주목하여, 문화자본이 개인의 사회적 지위를 형성하고 유지하는 데 어떻게 기여하는지를 설명한다. 셋째, 마르크스주의는 문화를 자본주의 경제적 관점에서 분석한다. 그것에 따르면 (대중)문화는 자본주의 사회에서 지배계급의 이익을 극대화하고 대중을 통제하는 도구로 사용된다. 넷째, 프랑크푸르트학파는 문화산업의 그늘을 비판하며 대중문화가 비판적 사고를 약화하고 대중을 수동적으로 만든다고 폭로한다. 본 글에서는 초기 프랑크푸르트학파의 이론과 하버마스의 비판이론의 비교를 통해 대중문화에 대한 이론의 공통점과 차이를 설명한다. 마지막으로, 구조의 미학은 대중문화 속 기호와 의미를 분석한다. 본 글에서는 구조주의적 관점과 후기구조주의 및 포스트모더니즘 관점의 차이를 통해 복잡한 현실에서 대중문화를 바라보는 관점의 변화를 다룬다. 이러한 다양한 이론들은 대중문화의 복잡성과 그 사회적, 경제적, 정치적 역할을 이해하는 데 필수적이며 현대사회에서 대중문화가 수행하는 다층적인 기능을 밝혀내는 데 기여할 것이다.

1. 고급문화와 대중문화의 경계: 엘리트주의적 분석

1) 근대이후 민중문화의 특징

대중문화가 구체적으로 등장하지 않았던 1800년대 이전에는 민중문화(folk culture)가 주도하였다. 민중문화는 특정 지역이나 공동체 내에서 전통적으로 형성되고 전승되어 온 문화로, 주로 농민과 노동자와 같은 평범한 사람들이 일상에서 즐기고 참여하는 방식이었다. 이는 구전, 전통음악, 춤, 의식, 생활 등으로 표현되며 지역적이고 공동체 중심적이었다. 대표적인 사례로서 독일의 그림 형제, 야코프와 빌헬름은 민중문화가 정통 독일의 민족적 정체성의 기원에 다다르게 할 수 있다고 믿었다. 그들의 노력으로 수집되고 출간된 민담집이나 설화집은 독일의 민족의식을 일깨우는 데 결정적인 역할을 하였다.

2) 도시화와 대중문학

이후 산업화와 도시화가 진행되면서, 인쇄 기술의 발달과 교육의 확산으로 인해 대중문학이 등장하였다. 대중문학은 도시 중산층과 노동자 계층을 대상으로 시나 소설이 신문이나 잡지를 통해 전파되면서 점차 사람들의 일상에 깊숙이 파고들었다. 대중문학에 대해 초기에는 삶의 질을 높일 수 있을 것이라는 기대가 있었지만 서서히 상업적이고 통속적인 콘텐츠가 확산되었다. 엘리트들은 대중문학이 군중문화에 영향을 끼치면서 그것으로 인해 오히려 삶에 해악을 끼친다고 비판하였다(Hügel(ed.), 2003).

3) 고급문화의 등장과 특징

특히 미국에서 대중문학을 포함한 세속화된 대중문화가 현대 자본주의 사회의 금욕적 노동윤리의 원칙을 퇴색시킨다는 비판이 제기되면서 보스턴의 엘리트층은 고급문화를 선별하고 제도화하기 시작하였다. 지역 공동체의 엘리트와 상류층의 적극적 기금 마련을 통해 설립된 보스턴 미술관과 보스턴 심포니 오케스트라와 보스턴 오페라 하우스는 고급문화 제도화의 대표적인 사례였다. 지역의 엘리트와 상류층은 1870년에 설립된 보스턴 미술관을 위해 기금을 마련하고 예술품을 기증하는 등 지원을 아끼지 않았다. 이를 통해 지역 사회의 예술적 수준을 높이고 고급문화를 보급하는 데 큰 역할을 하였다. 그들의 제도화의 노력은 군중문화의 재규정 과정과 긴밀히 연결되었다. 앞에서 언급했던 대중문화의 특징이 유동적이라는 의미를 증명한다. 예를 들어 셰익스피어 작품은 "오락에서 교육으로, 포괄적 관객을 대상으로 삼는 연극공연에서 배타적 관객을 대상으로 삼는 연극공연으로, 더 나아가 한적한 곳에서 읽어야 하는 시로 변모"하였다(스토리, 2011). 다시 말해 이전에 군중문화에 불과했던 문학이 엘리트층에 의해 새롭게 재규정되면서 더 이상 단순한 오락이 아니라 예술문화로 자리잡게 된 것이다(스토리, 2011).

보스턴 지역에서 등장한 고급문화의 한 사례로 '보스턴 심포니 오케스트라(Boston Symphony Orchestra)'도 빼놓을 수 없을 것이다. 1881년에 창단된 보스턴 심포니 오케스트라는 미국에서 가장 오래된 심포니 오케스트라 중 하나로, 클래식 음악 공연의 핵심역할을 했다. 이 오케스트라는 보스턴의 클래식 음악 문화를 대표하며 세계적으로 유명한 지휘자들과 연주자들이 이끄는 수준 높은 공연을 통해 지역 사회와 전 세계의 음악 애호가들에게 큰 영향을 미쳤다. 보스턴의 문화적 유산을 풍부하게 하는 중요한 요소로서 보스턴 심포니 오케스트라는 지금까지도 국제적인 명성을 이어가고 있다.

4) 고급문화와 군중문화의 관계

엘리트와 상류층은 고급문화를 확고히 하는 것에서 더 나아가 군중문화에 대한 비판의 끈도 늦추지 않았다. 19세기나 20세기 초 군중문화에 대한 비판은 음악실, 선술집 혹은 사창가에서 발생하는 문제에 집중되었으나, 1930년대 이후에는 영화, 만화,

라디오, 스포츠 관람으로 확대되었다(갠스, 1998). 매스미디어의 확산은 군중문화의 성격을 더욱 부각시켰다. 엘리트층은 고급문화와 군중문화의 경계를 명확히 해야 할 필요성을 느꼈다. 그들은 고급문화를 비영리 회사에 의해 보급되고 예술전문가에 의해 관리되며 영향력 있는 수탁자에게 맡겨지는 배타적인 문화로 정하였다. 반면 군중문화는 시장에서 자유롭게 거래되는 상업적 문화로 규정되었다(디마지오, 2012). 엘리트들의 군중문화에 대한 비판은 그것의 부정적인 영향력에서 비롯되었다.

먼저 군중문화가 가지는 근본적인 문제, 특히 수용자에게 미치는 해악에 대한 우려 때문이었고 그것은 영화나 TV라는 매스미디어의 등장과 연계되었다. 대표적인 오락 수단들 중의 하나인 영화는 1895년 뤼미에르 형제가 최초의 무성영화를 선보인 이후 1927년 유성영화인 『재즈 싱어』를 거쳐 1930년 컬러영화로 발전하면서 군중의 사랑을 받았다. 무엇보다 노동자에게 상대적인 물질적 풍요와 충분한 여가시간을 허락한 포드주의가 상징하는 대량생산-대량소비의 새로운 산업구조는 영화와 TV라는 매스미디어의 확산을 촉진한 결정적 요소였다. 2차 세계대전 이후 상용화된 TV의 등장은 군중문화의 성격을 더욱 부각하였다. 산업이면서 예술이라는 애매모호한 성격을 가지는 영화와는 달리 TV의 산업적인 성격은 명확했다(노명우, 2008).

매스미디어, 특히 TV의 확산은 군중문화에 대한 심각한 우려를 불러일으켰다. 즉 표준화되고 획일화된 콘텐츠의 단순한 소비자로 전락시키는 전략에 따라 '군중문화는 심각한 현실 즉, 성, 죽음, 좌절, 비극 등도, 그리고 순수하고 자연스러운 기쁨이나 만족도 다 함께 의미를 갖게 하지 않는 저속하고 야비한 문화'의 속성을 갖게 된다는 것이다(McDonald, 1957; 갠스, 1998 재인용). 이어서 맥도날드는 동질화된 군중은 '여러 세대에 걸쳐 저속하고 야비한 문화의 내용물에 의해 타락되어 이제는 오히려 그같이 조잡하고 쾌락 위주의 문화내용물을 요구하게 되었다'고 비판하였다(McDonald, 1957; 갠스, 1998 재인용). 이러한 비판은 군중문화가 군중의 사고와 행동을 천편일률적으로 만들고, 비판적 사고를 저해한다는 우려로 이어졌다. 특히 엘리트층은 이러한 문화가 사회적, 도덕적 기준을 약화하고, 개인의 고유한 창의성과 자율성을 억압한다고 주장하였다. 이와 같은 맥락에서 군중문화와 고급문화의 경계를 더욱 명확하게 하려는 시도가 전개되면서 두 문화 사이의 긴장은 고조되었다. 두 문화의 지향점은 명확하게 구분되었다. 고급문화는 종종 예술적 가치와 높은 심미적 기준을 고수하는 반면 군중문화는 군중의 즉각적인 즐거움과 상업적 이익을 우선시하는 경향이었다.

5) 군중문화와 대비되는 대중문화의 출현

1960년대 후반에 고급문화와 군중문화의 관계에 변화의 조짐이 보였다. 당시 미국 사회에서는 청년들이 주도하는 히피문화와 반전운동이 거세게 일었고 정치적 급진주의, 문화적 쾌락주의, 신비주의 혹은 허무주의가 만연하였다. 군중문화 비판론자들은 청년문화를 군중문화와 구분하여 전자에 비판의 화살을 집중하였다. 청년문화 주창자들은 고급문화의 공격에 적극적으로 대응하였다. 이 시기 청년문화는 전통적 가치와 규범에 도전하며 사회변화를 촉진하는 역할을 하였다. 이들은 음악, 패션, 예술 등을 통해 자신들의 목소리를 표현하며 기존의 군중문화를 넘어서는 새로운 대중문화를 창출하려고 시도했다. 포크 음악(Folk music)이나 록 음악(Rock music)과 같은 새로운 음악 장르가 주도한 대중문화는 더욱 다채롭고 혁신적인 형태로 발전할 수 있었다.

6) 대중문화와 고급문화의 관계

이처럼 사회적 변화와 긴밀하게 연결되어 등장한 대중문화는 군중문화와 다르게 대중이 자발적으로 형성하고 참여하는 문화로 이해되기 시작하였다. 이는 대중이 단순한 소비자가 아니라 문화의 적극적인 참여자이자 창조자가 될 수 있음을 보여주었다. 그리하여 대중문화는 일상생활의 다양한 요소를 포괄하며 대중의 경험과 정체성을 반영하는 중요한 '문화 장'으로 자리잡을 수 있었다. 한편 고급문화는 이러한 대중문화의 확산 속에서도 여전히 독자적인 경향을 유지하고자 했다. 고급문화는 전통적으로 예술적 가치와 심미적 기준을 중시하며 종종 엘리트층에 의해 소비되고 지원되었다. 고전음악, 미술, 문학 등은 고급문화의 대표적인 예로, 이는 깊이 있는 예술적 탐구와 높은 수준의 기술적 완성도를 요구한다.

고급문화는 대중문화와의 차별성을 강조하며 종종 대중문화가 제공하지 못하는 심층적이고 철학적인 경험을 제공하려고 한다. 이러한 경향은 고급문화가 대중문화와의 경계를 유지하며 그 가치를 보호하려는 노력으로 나타난다. 문제는 군중문화에서 탈피한 대중문화의 고급문화에 대한 영향력이 갈수록 커지고 있다는 점이다. 고급문화가 대중문화로부터 콘텐츠를 차용하거나 잠재적 고급문화 창작자들이 대중문화의 경제적 유혹에 끌리면서 고급문화의 정체성이 약해지는 것과 동시에 고급문화의 질이 떨어지고 있다는 우려가 제기되고 있다(갠스, 1998).

7) 고급문화와 대중문화의 공존을 위한 연구

이러한 상황에서 고급문화와 대중문화의 관계를 규명하는 두 가지 관점이 존재한다. 앞으로 살펴볼 마르크스주의적 이데올로기적 관점이나 부르디외의 문화자본적 관점은 잠시 미루고 두 문화의 관계를 화해하고 공존시키려는 경향에 대해 소개할 것이다. 레이먼드 윌리엄스(Raymond Williams)나 존 피스크(John Fiske)는 현대사회에서 두 문화가 상호작용을 통해 서로의 한계를 보완하고 새로운 가능성을 모색할 수 있다는 입장이다. 특히 레이먼드 윌리엄스(2023)는 문화가 사회적 과정의 일부라는 점을 강조하면서 문화와 사회의 상호작용을 탐구한다. 그는 문화가 단순히 예술과 고급문화에 국한되지 않고 일상생활과 밀접하게 연결되어 있음을 강조한다. 나아가 윌리엄스는 대중문화와 고급문화의 경계를 허물고자 하는 시각을 제시하며 문화를 보다 포괄적이고 민주적인 관점에서 접근한다. 다양한 문화적 표현이 사회적 맥락에서 어떻게 의미를 갖는지를 탐구하는 윌리엄스는 대중문화가 사회적 변화와 상호작용할 수 있는 중요한 장이라고 정의한다.

이처럼 윌리엄스나 피스크의 관점에 따르면 대중문화와 고급문화의 관계는 단순한 대립을 넘어 서로의 특성을 인정하고 공존할 수 있는 개념쌍이다. 대중문화는 대중의 다양한 목소리와 정체성을 반영하며 사회의 변화와 혁신을 촉진하는 중요한 역할을 한다. 반면 고급문화는 예술적 깊이와 심미적 경험을 제공하며 인간의 창의성과 지적 탐구를 심화하는 데 기여할 수 있다. 이처럼 서로 다른 지향점을 가지지만 두 문화는 상호공존할 수 있는 접점을 찾을 수 있을 것이다. 즉 대중문화는 고급문화의 심미적 기준과 예술적 깊이를 차용하여 더 깊이 있는 콘텐츠를 창출할 수 있고, 고급문화는 대중문화의 창의적이고 혁신적인 요소를 받아들여 새로운 형태의 예술을 발전시킬 수 있을 것이다. 이처럼 두 문화는 각각의 장점을 통해 사회에 기여할 수 있으며 이러한 공존은 문화적 다양성을 더욱 풍부하게 할 것이다.

이처럼 고급문화와 대중문화의 화해와 공존을 위하여 노력하는 일련의 움직임과는 달리 문화자본을 중심으로 계급구조가 재생산되고 결국 상층계급에 의해 계급별 문화가 정의된다고 주장하는 학자가 있다. 프랑스의 사회학자 피에르 부르디외다. 이어서 그의 문화이론을 살펴볼 것이다.

2. 대중문화 속의 자본과 계층: 부르디외의 문화분석

1) 부르디외 이론의 배경

부르디외(Pierre Bourdieu)는 그의 문화자본 이론을 통해 현대사회에서 계급구조가 문화적 차이를 통해 어떻게 재생산되는지를 설명한다. 부르디외의 이론을 살펴보기에 앞서 그의 이론에 반영되어 있는 프랑스의 역사적 변화와 개인사적 배경을 간단하게 소개하고자 한다.

먼저 역사적 맥락으로서 1789년 프랑스 대혁명과 이후 발생한 혁명들은 신분제를 붕괴시키고, 현대적 계급사회를 형성하는 데 중요한 역할을 하였다. 상층계급, 중간계급, 민중계급으로 나뉘는 계급구조는 부르디외가 연구한 계급별 문화적 차이와 계급 재생산 과정을 이해하는 데 중요한 토대가 되었다. 다음으로 부르디외의 개인사적 배경이다. 그는 프랑스 베아른의 작은 농촌 마을에서 우체국 하급 공무원인 아버지와 가정주부인 어머니 사이에 태어났다. 파리 중심의 강력한 중앙집권적 국가인 프랑스에서 지방 농촌의 하급 공무원 가족 출신이었던 부르디외는 프랑스의 초엘리트 교육기관인 파리고등사범학교의 경험을 통해 계급별 문화적 취향의 차이에 관심을 가지게 되었다.

2) 문화자본의 세 가지 유형

프랑스의 역사적 변화와 개인사적 배경을 토대로 부르디외(Bourdieu, 1983)는 계급구조의 재생산에서 핵심요소로 간주한 문화자본을 세 가지로 세분화하여 설명한다. 첫째, 체화된 문화자본은 부르디외가 가장 중요하게 여긴 요소로서 개인이 가족과 학교를 통해 자연스럽게 습득하는 교육과 교양을 의미한다. 다시 말해 개인의 영유아기 환경이 이후 그들의 문화적 취향과 생활방식을 결정짓는 중요한 요소라는 것이다. 예를 들어 프랑스의 상층계급 가정에서 어린 시절부터 접하는 고전음악과 문학작품은 아이들의 문화적 취향을 형성하는 데 큰 영향을 미친다. 아이들은 이런 경험을 통해 단순한 지식의 학습이 아니라 특정한 문화적 코드와 취향을 자연스럽게 내면화하는 과정을 거치게 되고 특정한 예술과 문화를 체득하게 된다. 그들은 성장하면서 체화된 문화자본을 통해 사회적 위치를 더욱 확고히 할 수 있을 것이다.

둘째, 객관화된 문화자본은 물질적 자원을 필요로 한다. 이것은 예술작품, 악기, 도서 컬렉션과 같은 물리적 자산을 통해 드러나며 이러한 자산은 계급별 문화적 수준을 보여준다. 부르디외에 따르면 피카소의 그림이나 앤디 워홀의 그림처럼 고급 예술작품을 소장하는 것은 상층계급이 자신의 문화적 지위를 강화하는 방식이다. 다른 계급이 범접할 수 없는 물질적 자산은 단순히 소유하는 것에서 그치지 않고, 이를 활용할 수 있는 능력과 환경을 제공할 수 있다는 것을 의미한다. 또한 스타인웨이 피아노를 소유하고 있다는 것은 연주를 위해 개인 교습을 받는 과정이 전제된다. 또한 단순히 물질적 소유를 넘어, 세계적 거장의 음악회나 뛰어난 작가의 예술 전시회에 비싼 비용을 지불하면서 자주 참석하는 것과 같은 문화적 활동도 포함될 수 있을 것이다.

셋째, 제도화된 문화자본은 학위나 자격증과 같은 제도적 차원의 증명을 통해 사회적 지위를 보장한다. 부르디외는 명문 대학의 학위가 개인의 능력과 지식을 공식적으로 인정받는 수단이며 이를 통해 사회적 네트워크와 기회를 확대할 수 있다고 주장한다. 학위나 자격증은 특히 중간계급이 상층계급으로 이동하려 할 때 중요한 역할을 한다. 예를 들어 유명 대학의 졸업장은 취업 시장에서 강력한 경쟁력을 제공하며 이는 사회적 이동가능성을 늘리기 때문이다. 그러나 부르디외는 사회적 지위를 상승시키는 데 필수적인 제도화된 문화자본의 한계를 지적한다. 누구에게나 열려 있는 교육의 기회를 통해 불평등이 완화될 수 있다는 일반적인 신념은 환상에 불과하고 부모의 출신에 따른 계급구조에 의해 진학할 수 있는 통로가 제한되어 있다는 것이다(Bourdieu und Passeron). 프랑스에서 그랑제콜이 상층계급의 사람들에게 차지하는 의미가 작지 않은 이유다.

3) 아비투스 개념의 특징

부르디외는 문화자본을 구체적으로 설명하기 위해 아비투스 개념을 사용한다. 아비투스는 문화자본이 실제로 작용하는 방식으로 특정 계급, 계층 혹은 집단에 속한 개인의 행동, 사고방식, 취향이 형성되는 내적 구조다. 아비투스는 문화자본의 세 가지 유형 중 체화된 문화사본과 매우 밀접한 연관성을 가진다. 개인은 이러한 아비투스를 통해 개별 환경 안에서 자연스럽게 행동하게 된다. 다시 말해 아비투스는 특정 계급, 계층 혹은 집단에 속하는 일종의 문화적 DNA로서 개인은 그 환경 속에서 경험과 교육을 통해 규범과 규칙을 내면화한다. 체화한 아비투스를 통해 개인은 일상적인 선택과 행동을 하며 사회적 세계와 상호작용하는 방식을 터득한다. 예를 들어 상층계급에서 자란 개인은 체화된 아비투스에 따라 자연스럽게 고급 레스토랑에서의 예절이나 예술작품에 대한 감상 능력을 보여준다. 아비투스를 통해 강화된 문화자본은 개인의 사회적 지위를 유지하거나 강화하는 데 기여하며 사회적 이동 가능성을 제한하기도 한다. 결과적으로 문화자본은 사회자본 및 경제자본과 결합되면서 계급구조의 재생산을 지속시키는 역할을 한다는 것이다.

독일의 사회학자 리하르트 뮌히(Münch, 2004)는 문화자본, 사회자본 그리고 경제자본이 결합하여 계급이 재생산되는 구조를 [그림 2-1]과 같이 나타낸다.

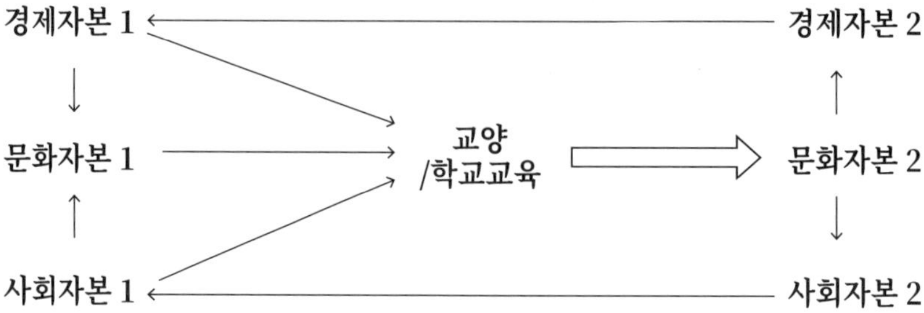

출처: Münch, R., 2004.

[그림 2-1] 문화자본을 통한 계급구조 재생산

4) 계급별 문화자본의 특징

부르디외(1995)는 문화자본과 아비투스를 통해 각 계급의 문화적 취향을 구체적으로 설명한다. 먼저 민중계급은 상층계급을 넘볼 수 없는 세계로 간주하면서 그들의 낮은 사회적 지위를 당연한 것으로 받아들인다. 선대와 부모의 삶을 보면서 살아온 그들은 자신감이 결여된 상태에서 현재의 생활수준을 개선하고 미래를 계획하는 적극적인 의지를 보여주지 못한다. 그 결과 자신들의 독자적인 민중문화가 존재하지만 민중계급은 대중문화를 수동적이면서 쾌락적인 방식으로 소비하게 된다. 이는 사회적, 경제적 자본이 제한된 상황에서 그들이 선택할 수 있는 현실적이고 합리적인 선택이다. 대중문화를 소비하는 과정에서 민중계급의 수동적이고 쾌락적 취향은 종종 팬덤현상으로 나타난다. 예를 들어 노동자나 그들의 자녀들이 대중문화, 특히 k-pop에 열광적인 반응을 보이는 것이다. 그러나 반대로 민중들은 억압적 엄숙주의와 결합하여 광신적 배외주의자로 이어지기도 한다. 프랑스의 극우정당인 국민전선에 대한 민중계급의 높은 지지도 이러한 현상에서 이해될 수 있을 것이다.

그들이 대중 스포츠에 보이는 관심도 같은 경향을 보인다. 그들은 UFC처럼 고통을 감내하고 신체 자체를 위협하는 스포츠 혹은 럭비나 축구처럼 집단의 규율에 순종하고 복종하는 것을 요구하는 스포츠에 열광하는 경향이 있다. 클래식 음악이지만 요한 슈트라우스의 '아름답고 푸른 도나우'와 같이 쉽게 접할 수 있는 음악은 민중계급의 취향, 즉 아비투스를 반영한다.

중간계급은 상층계급을 동경하고 모방하는 태도로 인해 독자적인 문화를 가지지 못하는 한계를 가진다. 그들이 문화를 접하는 방식은 외부권위에 대한 의존이다. 말하자면 소르본 대학의 교수, 유명 음악인, 고급 주간지, 교양 TV 프로그램 등의 추천을 통해 수준 높은 문화를 습득하려는 경향을 보인다. 계급이동의 가능성을 어느 정도 열어놓은 중간계급은 자녀 교육에 과감한 투자도 주저하지 않는다. 또한 중간계급은 금욕적 엄숙주의에 기초하여 쾌락과는 거리를 두면서 검소하고 절제된 생활을 기꺼이 감내한다. 그들은 즐기는 스포츠로서 체조, 산책, 조깅, 요기니 필라테스와 같이 개인 단위로 건강을 관리하는 방식을 선호한다.

이러한 일반적인 모습의 이면에는 대중문화와 고급문화 사이에서 동요하는 중간계급의 모습이 감춰져 있다. 즉 그들은 대중문화를 소비하면서도, 이것을 단순한 오락 이상의 문화적 경험으로 해석하려는 노력을 기울인다. 외부권위에 의존하는 이유도 자신들의 문화적 선택이 단순히 대중적인 것이 아니라는 상층계급으로부터 정당성을 부여받기 위해서다. 다시 말해 중간계급은 대중문화의 단순한 수동적인 소비자가 아니라 대중문화에 대한 자신의 이해와 적극적인 참여가 심도 있는 교양에서 비롯된 것임을 인정받고자 한다는 것이다. 그러나 현실적으로 그들은 자신들의 한계를 극복하기 힘들다. 예를 들어 중간계급은 브람스의 곡을 통해 고급문화를 즐긴다는 만족감을 느끼지만, 복잡하고 난해한 음악인 드뷔시나 바흐의 음악은 피하고자 하는 경향이 있기 때문이다. 또한 중간계급이 상층계급을 동경하여 골프나 테니스를 즐기기 시작하면, 상층계급은 자신들만의 차별성을 유지하기 위해 요트나 승마와 같은 더 고급스러운 스포츠로 관심을 옮긴다. 이러한 구별짓기 전략 때문에 중간계급은 상층계급과의 거리감을 더욱 느끼게 된다.

마지막으로 상층계급은 전통적인 고급문화를 선호하며 지배분파와 피지배분파로 나뉘어 각기 다른 문화적 취향을 보인다. 지배분파는 주로 전통적인 대기업의 소유주들, 정부와 기업의 고위직 및 전통적 고위귀족 출신으로 구성된다. 상대적으로 높은 수준의 경제자본이 뒷받침되는 지배분파는 형식주의적 예절보다는 제한 없는 부를 통한 사치와 자연스러운 세련미를 중시한다. 가령 그들의 스포츠에 대한 취향은 일반적으로 접근하기 어렵고 비슷한 경제적 수준의 사람들과 함께 즐길 수 있는 승마나 요트나 펜싱을 선호하는 경향으로 나타난다는 것이다.

상층계급의 다른 한 축인 피지배분파는 교수와 학자, 예술가와 작가, 언론인과 비평가 혹은 디자이너와 건축가로 구성된다. 경제자본보다 문화자본을 더 중시하는 그들은 금욕적 귀족주의에 기초하여 도덕적 기준과 지적 엄격함을 강조한다. 그들의 문화적 취향은 종종 실험적이거나 혁신적인 예술형식을 포함하며 순수성과 순화를 중요하게 생각한다. 또한 그들은 과시와 장식을 선호하는 지배분파적 취향을 거부하고, 보다 내면적이고 철학적인 예술 활동을 지지하는 경향이 있다.

피지배분파의 구성원인 지식인은 사회문제에 대한 적극적인 의견 개진도 중요하게 여긴다. 부르디외(1998)는 텔레비전이 대중문화의 소비에 미치는 영향에 대해서도 비판적 관점을 제시한다. 그는 텔레비전이 대중들에게 특정한 문화적 가치와 규범을 주입하는 강력한 도구가 될 수 있다고 본 것이다. 다양한 계급의 사람들이 일상적으로 접하는 매체인 텔레비전은 계급구조에 의해 형성된 사회적 규범과 가치를 지속적으로 재생산한다. 나아가 부르디외는 텔레비전 프로그램이 상업적 이익을 추구하는 과정에서 특정한 문화적 코드와 아비투스를 강화하여 사회적 불평등을 더욱 심화시킨다고 비판한다. 예를 들어, 텔레비전 드라마나 리얼리티 쇼에서 다루는 상류계급의 삶의 방식이나 유명인의 라이프스타일과 소비 패턴이 시청자들에게 동경의 대상이 되면서, 다른 계급의 사람들에게 자신들의 일상생활과 취향을 확인하게 만든다는 것이다.

5) 상층계급문화의 사회적 영향력

상층계급 중 피지배분파가 대중을 대상으로 불평등한 사회구조에 대한 비판적 관점을 던져주기도 하지만 전체적으로 상층계급이 중간계급이나 민중계급이 접할 수 없는 고급문화에 관심을 가지게 되는 이유는 상층계급 내에서 문화자본을 둘러싼 경쟁 혹은 투쟁이 치열하기 때문이다. 가령 어릴 때부터 가족 특히 부모를 통해 접한 클래식이나 현대미술을 통해 높은 수준의 교양을 체화한 그들은 고급문화를 즐기게 된다. 자연스럽게 대중음악을 멀리하는 상층계급은 클래식 중에서도 요한 세바스찬 바흐의 평균율 클라비어곡집이나 클로드 드뷔시의 '목신의 오후 전주곡' 같은 작품을 즐겨 듣는다. 두 거장의 음악이 복잡성이나 난해함, 그리고 세련된 감각 때문에 고급문화로서 상층계급의 문화적 취향과 심미적 안목을 반영한다고 생각하기 때문이다. 결정적으로 상층계급의 문화적 취향은 그들의 난해한 고급문화를 섬세하고 세련되게 접근하고 있다는 능력을 드러내며 다른 계급과 구별짓기를 가능하게 해주는 요소로도 작용한다. 이러한 맥락에서 미셸 푸코, 질 들뢰즈, 자크 라캉과 같은 프랑스 지식인들이 후기구조주의나 포스트모더니즘을 프랑스에서 발전시키고, 그 이론들이 프랑스에서 상당한 영향력을 발휘하는 것은 결코 우연이 아닐 것이다. 아이러니는 프랑스 사회의 구조적인 문제를 비판하는 좌파 지식인들의 학문적 열정이 난해한 그들의 이론적 내용으로 인해 상류계급의 문화를 민중문화와 더욱 멀어지게 만든다는 것이다.

6) 구조화된 구조에서 구조화하는 구조로

문화자본을 중심으로 사회불평등을 분석한 부르디외는 사회이론의 전기에는 정적이고 경직된 '구조화된 구조'의 특징에 방점을 두었다. 그러나 그의 이론은 후기에 들어서면서 차츰 분화된 개별 장을 중심으로 다양한 계급, 계층 혹은 집단들 사이의 경쟁과 투쟁을 강조하는 구조화하는 구조'의 경향으로 선회하였다(김태근, 2024). 그의 이론적 변화를 개괄적으로 요약하면 부르디외(1999)는 문학 장에서 문학이 다른 장들과 구별되는 상대적 자율성을 강화하는 과정과 드레퓌스 사건을 통해 문학 장(field)으로부터 지식 장이 분화되는 과정을 설명하면서 '구조화하는 구조'의 특징을 강조한다. 비록 직접적으로 언급하지 않았지만, 장이론을 통해 장의 분화를 강조하는 부르디외의 이론적 논리에 따르면 '대중문화의 장' 혹은 '대중음악의 장'은 충분히 가능한 설정이자 연구의 대상이 될 수 있을 것이다. 박영욱(2003)은 부르디외의 장이론에 근거하여 한국사회에서 1970년대 포크송이, 1990년대 서태지가 등장하고 센세이셔널한 인기를 얻을 수 있었던 배경과 과정을 설명한다. 이처럼 부르디외의 이론은 갈수록 복잡하고 불확실해지는 현대사회의 문화적 변화를 이해하고 분석하기 위한 유용한 도구로 활용될 수 있을 것이다.

3. 마르크스주의의 시선: 대중문화의 권력 구조 분석

1) 마르크스주의적 관점에서 대중문화 분석의 의미

대중문화는 우리가 매일 접하는 다양한 형태의 문화적 콘텐츠를 포함하며 이는 우리의 사고방식과 행동에 큰 영향을 미친다. 칼 마르크스의 이론은 이러한 (대중)문화가 사회와 경제에 어떻게 연결되어 있는지를 이해하는 데 중요한 수단을 제공한다. 대중문화를 직접적으로 언급하지 않은 마르크스는 경제적 구조가 사회의 다른 부분, 특히 문화와 사상에 지대한 영향을 미친다고 보았다. 그의 영향으로 마르크스주의적 시각에서 대중문화는 단순한 오락이나 소비의 대상이 아니라, 자본주의 사회가 이데올로기를 통해 어떤 가치와 규범을 강화하는지를 보여주는 매개체의 역할을 한다. 예를 들어, 대중문화는 사람들이 무엇을 사고, 어떻게 살아야 하는지를 자연스럽게 받아들이게 만든다. 대중문화가 자본주의 사회에서 상품으로 제공되면서, 특정한 가치와 규범이 사람들에게 자연스럽게 강제된다는 것이다. 따라서 대중문화를 분석하는 것은 그 사회적, 경제적 맥락 속에서 그것이 어떤 역할을 하는지를 이해하는 데 필수적이다.

2) 마르크스의 주요 개념

마르크스는 현대사회, 특히 자본주의 사회를 비판적으로 분석하면서 그 체계가 작동하는 방식과 그로 인한 사회적 문제를 명료하게 설명했다. 그의 비판은 오늘날에도 여전히 중요한 통찰을 제공하며 자본주의가 인간의 삶과 사회에 미치는 영향을 더 깊이 이해하는 데 도움을 준다. 마르크스의 이론에서 가장 핵심적인 개념 중 하나는 계급대립이다. 자본주의 사회는 부르주아지, 즉 자본가계급과 프롤레타리아, 즉 노동자계급 간의 대립을 중심으로 작동한다. 자본가계급은 공장, 토지, 기계와 같은 생산수단을 소유하며 경제적 부와 권력을 가지는 반면, 노동자계급은 이러한 생산수단을 소유하지 못하고, 자신의 노동력을 팔아야만 생계를 유지할 수 있다. 이로 인해 노동자들은 자본가들에게 경제적으로 종속되며 그들의 노동에 의해 창출된 부의 상당 부분은 자본가계급에게 돌아가게 된다. 이러한 구조는 노동자가 자신의 삶을 온전히 누리지 못하고, 자본가계급에 의해 착취되는 결과를 초래한다.

다음으로 살펴볼 개념인 착취란 노동자가 자신의 노동에 대한 정당한 대가를 받지 못하는 상태를 말하며 이는 그들의 삶을 경제적 불안정성과 불평등 속에 놓이게 한다. 마르크스는 이러한 착취 구조가 사회적 불안을 야기하고, 노동자들의 계급투쟁으로 이어지면서 결국 혁명적 변화를 촉발할 수 있다고 보았다. 역사적으로 볼 때, 19세기 산업혁명 시기에는 많은 노동자들이 열악한 환경에서 장시간의 노동에도 불구하고 최소한의 임금만을 받았고, 이는 노동운동과 사회적 변화를 요구하는 목소리로 이어졌다.

착취의 개념은 다음의 핵심 개념인 소외개념과 연결된다. 생산수단을 소유한 자본가가 노동자들을 대상으로 착취하는 과정에 노동자의 소외현상이 나타난다고 마르크스(1990)는 주장하였다. 마르크스는 자본주의 경제에서 발생하는 노동자의 소외

현상을 네 가지로 분류하였다. 먼저 '유적존재로서의 소외'다. 인간이 신성한 노동을 통해서 자아를 형성하고 실현할 수 있다고 본 마르크스는 자본주의 경제에서는 노동이 상품으로 전락하면서 인간 본연의 유적존재로서의 의미를 상실한다고 주장하였다. 다음은 노동자가 단순한 부품처럼 취급된다는 것을 지적한 '노동과정으로부터의 소외'다. 즉 노동자는 생산과정에서 단순히 지시를 따르는 존재로 전락하며 창의성이나 자율성을 발휘할 기회를 얻지 못한다는 것이다. 그리하여 노동자는 자신의 일에 대한 자부심이나 성취감을 느끼기 어렵다. 세 번째는 '사회적 관계로부터의 소외'다. 자본주의는 인간관계조차도 경제적 거래로 환원시키는 경향이 있다. 사람들은 경제적 목적을 달성하기 위한 수단으로서 다른 사람들과 관계를 맺게 되며 이는 진정한 사회적 유대와 관계의 왜곡을 초래한다. 특히 자본가들에 의해 형성된 자본주의 경제의 합리적 관료조직은 인간이 서로를 이해하고 협력하는 본질적 관계로부터 멀어지게 만든다. 마지막으로 노동자는 '노동생산물로부터의 소외'를 경험한다. 마르크스는 노동자가 자신이 만든 제품에 대한 소유권이나 통제권을 갖지 못하는 상황을 지적하였다. 착취를 감내하며 생산한 제품에 대해 노동자는 그 제품이 어떻게 사용되거나 누구에게 이익을 주는지에 대한 관심을 가질 권한이 없다. 게다가 경제적 여유를 가지지 못하는 노동자는 자신이 생산한 제품을 살 수 없는 처지에 놓일 수 있다.

인간의 소외현상이 커지는 상황에서 마르크스는 자본주의의 또 다른 문제점인 상품 물신주의로 비판의 시선을 향한다. 상품 물신주의란 상품이 그 자체로 특별한 가치나 힘을 가진 것처럼 여겨지는 현상을 말한다. 자본주의 사회에서는 상품의 교환가치가 중시되며 사람들은 물질적 소유를 통해 자신의 사회적 지위를 평가받는다. 이는 인간관계가 물질적 가치에 의해 왜곡되고 사람들이 진정한 인간적 관계보다 상품 소유를 더 중요하게 여기게 만드는 현상을 초래한다. 이러한 경향은 갈수록 두드러지며 브랜드나 명품을 통해 자신의 정체성을 구축하려는 경향이 강하게 나타나고 있다. 예를 들어, 특정 브랜드의 옷이나 전자기기를 소유하는 것이 개인의 사회적 지위를 상징하는 경우가 흔한 일이 되었다는 의미다.

마르크스는 또한 자본주의의 불안정성을 지적했다. 그는 자본주의가 주기적인 경제 위기에 취약하다고 보았다. 자본주의는 시장에서의 경쟁을 부추기면서 끊임없는 성장을 요구하지만 이는 결과적으로 과잉 생산으로 이어진다. 그러나 임금 억제와 같은 이유로 노동자계급이 충분히 소비할 수 없게 되면서 경제는 침체에 빠지고 공황상태에 빠지게 된다고 경고하였다. 이러한 주기적인 위기는 자본주의가 지속가능한 체제가 아님을 보여준다. 2008년 금융 위기와 같은 현대의 경제적 사건들은 이러한 마르크스의 분석이 여전히 유효하다는 점을 시사한다. 이러한 위기들은 금융 시스템의 취약성을 드러내고, 자본주의가 지속가능한 사회 경제적 발전을 보장하지 못할 수 있음을 경고한다.

3) 대중문화에 대한 마르크스의 부정적 입장

마르크스의 비판은 자본주의 사회의 구조적 문제를 드러내며 이 체제가 어떻게 인간의 삶에 부정적인 영향을 미칠 수 있는지를 보여준다. 이러한 맥락에서 문화도 자본주의의 일부로 이해될 수 있다. 문화는 자본주의 사회에서 종종 상품화되어 제공되며 이는 소비를 통해 자본주의적 가치와 규범을 대중에게 전달하면서 자본주의의 이념을 내면화하도록 유도한다. 마르크스주의적 관점에서는 자본주의 문화가 한편으로는 이와 같은 자본주의가 가지는 근본적인 문제를 은폐하면서 다른 한편으로는 자본주의의 이념을 반영하고, 때로는 그것을 정당화하는 역할을 한다고 비판하였다. 나아가 문화는 지배계급의 이데올로기를 강화하며 그것이 자연스럽고 당연한 것으로 받아들여지게 만든다는 것이다. 자본주의 사회에서의 문화란 필연적으로 왜곡될 수밖에 없다고 본 마크스즈는 사회주의사회에서야 비로소 보편적 문화가 가능할 것이라고 주장하였다. 그와 그의 계승자에게 자본주의 사회에서의 문화 혹은 대중문화는 타파해야 하는 대상이 될 수밖에 없었고 그들이 사회주의 혁명을 강력하게 주장한 이유였다.

4) 대중문화에 대한 마르크스주의적 새로운 접근

그러나 정통 마르크스주의자가 부정적으로 규정한 문화를 긍정적으로 새롭게 해석한 사람들이 나타났다. 즉 문화 및 대중문화가 자본주의의 문제점을 적나라하게 드러내고 사회변혁의 잠재력을 일깨우는 역할을 할 수 있다는 점을 찾아낸 것이다. 이탈리아 출신 마르크스주의자 안토니오 그람시(Antonio Gramsci, 1993)는 '옥중 수고(Prison Notebooks)'에서 그의 핵심 개념 중 하나인 '헤게모니'를 통해 문화와 이데올로기가 어떻게 사회적 지배를 유지하는 데 사용되는지를 설명하였다. 동시에 그는 피지배계급이 대항 헤게모니를 통해 저항할 수 있는 가능성도 열어놓았다. 이는 문화가 단순히 지배 이데올로기를 강화하는 도구가 아니라 다양한 사회적 목소리가 표현되고 경쟁하는 공간이 될 수 있음을 시사하는 것이다.

그람시는 문화적 투쟁의 중요성을 강조하면서 사회적 집단들이 서로 다른 가치와 의미를 놓고 경쟁하는 과정에서 새로운 정체성과 사회적 의미가 형성될 수 있음을 주장하였다. 그는 대중이 수동적인 존재가 아니라, 능동적으로 문화를 소비하고 해석하는 주체일 수 있음을 강조한 것이다. 그람시의 변화된 마르크스주의적 관점에서 문화뿐만 아니라 대중문화는 사회변화를 위한 잠재력을 지닐 수 있는 장으로 간주될 수 있었다. 예를 들어 음악, 영화, 예술 등의 대중문화 매체는 기존 체제에 대한 비판이나 대안을 제시하며 사회적 변화를 촉진하는 역할을 할 수 있을 것이다.

찰리 채플린의 영화 『모던 타임즈』(1936)는 마르크스의 소외론을 영화를 통해 생생하게 보여주는 사례다. 이 영화는 20세기 초 산업화된 자본주의 사회의 모습을 풍자적으로 묘사하며 노동자가 겪는 다양한 형태의 소외를 다룬다. 모던 타임즈에서 채플린은 공장의 기계식 생산라인에서 일하는 노동자로 등장한다. 영화 곳곳에서 노동자는 단순히 기계의 부속품처럼 취급되며 이는 마르크스가 말한 '노동과정으로부터의 소외'를 잘 보여준다. 채플린의 캐릭터는 반복적이고 단순한 작업을 수행하며 이 과정에서 창의성이나 자율성을 발휘할 기회를 얻지 못하는 노동자의 모습을 표현한다.

또한 영화는 '유적존재로서의 소외'를 암시한다. 채플린의 캐릭터에게 노동은 자아를 형성하고 실현할 수 있는 신성한 활동이 아닌, 단순히 생존을 위한 수단으로 전락한다. 이는 자본주의 사회에서 노동이 상품으로 전락하면서, 인간 본연의 존재로서의 의미를 상실하는 과정의 표현이다. 더 나아가 모던 타임즈는 '사회적 관계로부터의 소외'를 드러낸다. 공장에서 사장이 모니터를 통해 지시하면 공장장으로 보이는 인물은 현장의 작업반장에게 사장의 지시를 전달하는 위계화된 질서에서 노동자들에게 정서적인 사회적 관계는 허락되지 않는다. 다시 말해 인간관계는 물질적 이득을 위한 수단으로 전락하면서, 서로를 이해하고 협력하는 본질적 관계로부터 소외되는 과정을 담고 있다. 마지막으로, 영화는 컨베이어벨트에서 기계부품처럼 취급되는 노동자를 통해 '노동생산물로부터도 소외'될 것이라는 점을 간접적으로 표현한다. 이처럼 모던 타임즈는 영화라는 매스미디어를 통해 자본주의 사회에서 노동자가 겪는 다양한 소외의 차원을 풍자적으로 보여주고 단순한 오락적 차원을 넘어, 사회적 비판과 인간의 본질적 가치를 되새기게 만드는 중요한 메시지를 전달한다.

5) 마르스크사상의 현대적 의미와 대중분화

비록 자본주의가 과거와 같은 영향력은 상실했지만 토마 피케티(2014)가 주장하는 것처럼 자본주의 문제점이 더욱 심화하고 심지어 세습자본주의가 언급되는 현시점에 마르크스의 사상은 여전히 유효하다. 마찬가지로 마르크스의 자본주의 사회에 대한 비판은 대중문화의 역할과 의미를 이해하는 데 중요한 시각을 제공한다. 자본주의 체제 속에서 대중문화는 단순한 오락이나 소비의 대상이 아니라 사회적 의미와 이데올로기를 전달하는 매개체로 작용한다. 따라서 대중문화를 분석할 때 그 사회적, 경제적 맥락을 함께 고려하는 것이 중요하다. 이러한 분석은 우리가 대중문화가 어떻게 사회를 반영하고, 때로는 변화시킬 수 있는지를 이해하는 데 도움을 준다. 나아가 다양한 스펙트럼의 마르크스주의의 이론은 단순히 경제적 분석에 그치지 않고, 인간의 삶의 질, 사회적 관계, 그리고 문화적 표현까지 폭넓게 아우른다. 이러한 이유로 마르크스주의적 사상은 현대 사회의 다양한 현상을 설명하고 비판하는 데 여전히 유효하고, 많은 학자와 활동가들에게 영감을 주고 있다. 자본주의와 대중문화의 관계를 이해하려는 노력은 단지 학문적 호기심에 그치지 않고, 보다 공정하고 지속 가능한 사회를 만들기 위한 실천적 의미로 이어지기도 한다.

오늘날의 대중문화는 디지털 미디어와 인터넷의 발달로 인해 더욱 복잡하고 다층적인 형태로 발전하고 있다. 소셜미디어 플랫폼은 개인과 집단이 자신의 목소리를 표현하고 공유하는 장을 제공하며 이는 전통적인 대중문화의 틀을 넘어서는 새로운 형태의 문화적 실천을 가능하게 한다. 이러한 변화는 대중문화가 자본주의적 가치와 규범을 재생산하는 동시에 그것을 비판하고 재구성하는 가능성을 함께 가지고 있음을 보여주는 것이다. 마르크스주의적 분석은 이러한 현대적 대중문화의 복잡성을 이해하고 그것이 사회적 변화의 잠재력을 어떻게 내포하고 있는지를 탐구하는 데 중요한 도구가 될 수 있을 것이다.

4. 문화산업의 그늘: 프랑크푸르트학파의 대중문화 비판

1) 초기 프랑크푸르트학파의 이론적 특징

(1) 아도르노와 호르크하이머의 문화산업 비판

프랑크푸르트학파는 20세기 초 마르크스주의에 대해 비판적 수용의 입장을 취한 학자들이 독일 프랑크푸르트에 설립한 사회과학연구소에서 시작하였다. 이 학파의 주요 인물인 테오도어 아도르노(Theodor Adorno)와 막스 호르크하이머(Max Horkheimer)는 마르크스주의의 한계를 극복하기 위해 베버와 프로이트의 이론을 도입하였다. 그들은 마르크스의 경제결정론을 보완하기 위해 베버의 '도구적 합리성' 개념을 활용하여 사회의 합리화 과정이 어떻게 인간의 자유를 제한하고 통제하는 억압적 구조로 이어질 수 있었는지를 탐구하였다. 또한 프로이트의 '무의식'이론을 통해 사회적 통제와 심리적 억압의 관계를 분석하며 자본주의 사회의 왜곡된 현실을 파악하고자 하였다.

프랑크푸르트학파는 좌우익의 교조주의에 대항하는 비판적 정신을 견지하였다. 그들은 자본주의 발전 과정의 극단적 대립 속에서 노동자들이 점점 더 무기력해지는 모습을 보며 지식인으로서 깊은 절망감을 느꼈다. 이런 현실에도 불구하고 그들은 좌우익 모두가 극단적 이데올로기로 사회를 해석함으로써 인간의 복잡한 현실을 단순화한다고 비판하였다. 이러한 접근방식이 이 학파를 '비판이론'으로 명명하게 했던 배경이었다. 비판이론가들은 현대사회가 전제한 이성을 통한 합리적 사회의 건설 가능성에 대해 근본적인 의문을 가졌다. 그들은 합리적인 사회가 될수록 인간의 자유는 더욱 제한되고 통제될 것이라는 베버의 경고를 수용하여 도구적 합리성이 전체주의와 같은 억압적 사회구조로 이어질 수 있다는 논리를 발전시켰다.

나아가 프로이트의 정신 분석에 영향을 받은 비판이론가들은 왜곡된 현실이 계몽주의가 순수한 이성의 힘을 과대평가하고, 그 과정에서 인간의 감정과 윤리적 고려를 간과한 결과라는 분석을 내놓았다. 마침내 그들은 이상과 모순된 결과를 낳은 계몽주의 철학을 하나의 신화로 규정하게 된다(아도르노·호르크하이머, 2001). 그들은 인간의 이성을 강조한 계몽주의 철학의 근본적인 전제를 부정하며 이성에 대한 지나친 신뢰가 어떻게 사회적 억압을 초래했는지를 추적하였다.

경제분석 외에 사회학적, 문화적, 심리학적 분석을 도입한 그들은 군중문화에 비판의 초점을 맞추었다. 사실 그들은 군중문화가 아닌 문화산업이라는 용어를 사용하였다. 프랑크푸르트학파는 군중문화가 단순한 오락이나 예술적 표현의 형태를 넘어서서, 거대한 '문화산업'의 일부로 기능한다고 보았다. 또한 이윤을 극대화하기 위한 수단으로 전락한 문화산업이 군중을 수동적 소비자로 전락시킨다고 비판하였다. 이런 현대사회의 문화산업 전략은 크게 두 가지 방향으로 나타난다. 하나는 문화산업이 획일화된 취향과 가치관을 확산시키며 개인의 자율성과 창의성을 억제한다는 것이다. 대중음악이나 영화 같은 문화 상품들은 표면적으로는 혁신적이거나 창의적으로 보일 수 있으나, 실제로는 자본주의적 가치와 소비주의를 강화하는 메시지를 담고 있다는 지적이었다. 비판이론가들에 따르면 군중은 문화산업이 제공하는 획일화된 콘텐츠에 의존하게 되며 개인들은 자신만의 독창적인 사고와 취향을 개발할 기회를 박탈당한다는 것이다.

문화산업의 또 다른 전략은 군중들의 비판적 인식을 약화하는 것이다. 대중기만의 수단이 된 문화산업을 통해 양산되는 상품들은 대중의 관심을 사로잡고 그들의 욕망을 조작한 결과 사회적 현상에 대한 비판적 인식을 방해한다는 것이다. 자본주의의 왜곡된 발전 속에 사회의 변혁조건은 무르익은 데 반해 사회를 변혁하려는 인간의 의식이 자본주의의 변화 속도를 따라가지 못하도록 문화산업이 계급적인 차이를 은폐시키고 계급의식을 차단하는 역할을 한다는 분석이었다.

비판이론가들은 여기에서 시장의 사물화 현상에 주목하였다. 사물화(Reification)는 마르크스주의 이론에서 인간의 사회적 관계가 물건이나 상품과 같은 것으로 취급되는 과정을 설명하는 개념이다. 이 개념은 특히 자본주의 사회에서 인간의 활동과 관계가 상품화되면서 사람들 사이의 질적인 관계가 사물들 사이의 양적인 관계로 환원되는 것을 의미하였다. 마르크스도 상품의 물신성이란 개념으로 상품을 우상화하는 경향을 비판하였지만, 경제영역에 국한된 의미로 사용하였다. 반면 프랑크푸르트학파는 독점자본주의 사회에서 사물화 현상은 단순히 경제영역만이 아니라 사회의 거의 모든 영역에서 나타나는 일반적인 현상으로 적용의 범위를 넓혔다. 즉 '질적인 차이를 양적인 차이'로, '인간적인 것을 사물적인 것'으로, '같지 않은 것을 같은 것'으로 환원하면서 문화산업이 사람들의 변화를 허용하지 않고 제자리에 붙잡아 두는 '사회적 시멘트'의 역할을 한다고 폭로하였다.

(2) 헤르베르트 마르쿠제의 대중문화 비판

비판이론가 중 한 명인 헤르베르트 마르쿠제(Herbert Marcuse, 2009)도 그의 저서 '일차원적 인간'에서 현대 군중문화의 문제점을 심도 있게 지적하였다. 마르쿠제는 아도르노와 호르크하이머의 문화산업 비판을 더욱 발전시켜, 매스미디어가 '일차원적

인간'을 만들어냄으로써 사회적 억압을 강화한다고 설명하였다. 그에 따르면 일차원적 인간이란 비판적 사고를 상실하고 주어진 사회적 조건에 안주하는 사람들이다. 군중문화는 이러한 일차원적 인간을 양산함으로써 지배적인 사회구조를 유지하고, 억압적인 사회 질서를 지속시키는 역할을 한다는 것이다.

비판이론가들은 군중문화의 표준화 정도가 단순히 일반적인 외양에만 그치는 것이 아니라 아주 구체적이고 실질적인 내용에까지 적용된다는 점을 밝혔다. 가령 하나의 대중음악적 표현이 성공을 거두면 그것은 어김없이 상업적 목적 안으로 포섭되고 유행으로 번지면서 다른 음악적 표현들과의 차이가 없어진다는 점을 명확히 하였다. 그리하여 한 군중음악의 일부분을 떼어 다른 음악에 삽입하더라도 차이가 없을 정도가 되면서 자본주의 사회는 표절의 논란에서 자유롭지 못한 상황이 펼쳐질 것을 경고하였다.

(3) 비판이론가의 관점에서 본 한국사회의 표절시비

비판이론가들의 경고는 한국사회에 많은 시사점을 제공한다. 최근 한국사회에서는 대중문화계뿐만 아니라 문학계의 표절시비로 논쟁이 뜨거웠다. 문학계에서 소설가 신경숙 작가는 단편 「전설」에 일본작가 미시마 유키오의 「우국」의 일부 문장을 그대로 사용했다는 이유로 표절작가라는 오명을 감수해야 했다. 하지만 문학계 안팎에서 신랄한 비난을 받았던 신경숙의 표절문제에 대해 일부 평론가들은 적극적으로 변호하였다. 작가의 의도적인 표절이 아니고 또한 몇몇 유사한 문장들이 있다고 해서 창조적 작품 전체에 대한 성과를 무시해서는 안 된다는 논리였다(윤지관, 2016). 표절시비는 대중음악에서도 뜨거운 감자였다. 대중들의 냉정한 비판이나 비난에도 불구하고 일부 학자들은 표절문제에 대해 신중한 접근을 요구하면서 개인의 상상을 통해 표현되는 음악 창작물이 외부 요소의 영향으로부터 완벽하게 자유로운 '순수창작'일 가능성은 거의 없다고 반박한 것이다(김평수, 2013).

하지만 시대가 변하면서 프랑크푸르트학파의 표절문제에 대한 해결책은 최근 논의와는 상반된 모습을 보여준다. 프랑크푸르트학파는 표절문제가 시장에서 상업적 이익을 목표로 작품활동을 하는 자본주의 사회의 필연적 결과라는 입장에 기초하여 기존의 음악문법에서 벗어나 새로운 음악의 형식을 추구할 것을 요구하였다. 특히 아도르노는 대중음악의 표준화를 비판하고, 아놀드 쇤베르크(Arnold Schoenberg)와 같은 작곡가들이 추구한 현대음악의 혁신적인 형식을 높이 평가하였다. 그는 쇤베르크의 음악이 기존의 조성음악 체계를 벗어나 새로운 음악적 언어를 개척했다고 보았으며 이는 상업적 목적에 의해 표준화된 대중음악과는 대조적인 예술적 성취라고 평가하였다. 이후 앞으로 소개할 포스트모더니즘이 프랑크푸르트학파의 비판이론에 기초하여 대중문화를 적극적으로 새롭게 해석한 것은 결코 우연이 아니다. 반면 최근 한국에서의 표절문제는 저작권을 통해 자신의 문화권력을 유지하고 강화하려는 세력에 의해 이루어진다는 분석이다. 포스트모더니즘에서 시도된 수많은 다양한 실험에도 불구하고 그것마저도 정형화되고 표준화되면서 과연 순수 창작물이란 것이 존재할 수 있는가라는 근원적인 의문을 제기한 것이다.

2) 하버마스의 비판이론적 특징

(1) 하버마스의 공론장 의미

프랑크푸르트 학파의 계승자인 위르겐 하버마스(Jürgen Habermas)는 그 스승들의 비판이론을 새롭게 구성하였다. 무엇보다 이성에 대한 강한 비판에서 시작한 아도르노와 호르크하이머와는 달리 하버마스는 이성을 긍정하면서 그의 비판이론을 전개하였다. 이성에 대한 긍정적 평가는 하버마스(2001)의 교수자격논문인 『공론장의 구조변동』에서 명확하게 드러났다. 여론이 형성되는 영역으로서 공론장(Öffentlichkeit)은 18세기에서 19세기 사이에 문학을 중심으로 사적 관심이 교환되던 장소였다. 이후 혁명의 시기를 거치면서 공론장은 점차 정치적인 문제들이 자유롭게 논의되는 영역으로 확대되었다. 다시 말해 전통적인 권위가 아닌, 이성에 기초한 합리적 토의가 가능하고 시민의 참여를 바탕으로 공적 사안이 합의되고 결정되는 영역이 된 것이다. 공론장의 등장은 비판정신과 성찰의지를 가진 대중(the public)이 있었기 때문에 가능하였다. 각 나라 별로 공론장은 다양하게 나타났다. 프랑스의 살롱, 영국의 커피하우스, 그리고 독일의 독서토론회가 초기 공론장의 대표적인 사례들이었다. 당시 시민계층은 단지 자신의 이익만을 대변하는 것을 넘어 전체사회의 의지를 상징적으로 대변하는 일반의지를 표방하는 영역으로서 공론장을 활용하였다. 그 결과 시민계층은 마침내 절대왕정의 권력에 대항하여 자유주의에 입각한 시민적 대의민주주의 체제를 채택하고 이를 공고히 할 수 있었다.

그러나 시민계층은 자신들이 목표로 삼은 합리적인 현대사회에 진입한 이후 부르주아를 중심으로 이성에 대한 독점권을 주장하기 시작하였다. 현대사회에서 모든 개인이 보편적으로 이성적인 사고와 행위를 할 수 있다는 전제에도 불구하고 현실적으로 나타나는 차이를 차별로 제도화한 것이다. 합리적인 사회의 작동원리를 이해하는 계몽된 자와 여전히 무지몽매한 그래서 계몽되어야 하는 자로 나뉘면서 나타난 결과였다. 자연스럽게 전자는 지배자, 그리고 후자는 피지배자가 되면서 공론장은 점차 왜곡되기 시작하였다. 공론장은 한편으로는 경제의 논리, 즉 돈에 종속되면서 대중조작 및 대중소비문화의 진원지이자 선전장으로 전락하였다. 다른 한편으로는 공론장이 정치에 종속되는 상황이 펼쳐졌다. 정치인은 권력을 장악하기 위해 공개적인 토론이 아닌 밀실정치를 선호하게 되면서 점차 시민은 비판적이고 합리적인 대중이 아닌 무비판적이고 수동적인 군중(mass)으로 전락하였다. 그리고 마침내 공론장이 점차 정치적 정당성을 확보하기 위한 군중동원의 수단으로 전락하였다는 것이 하버마스의 진단이었다.

(2) 공론장의 종류와 추상적공론장의 역할

『공론장의 구조변동』 이후 하버마스의 관심사는 공론장의 복원이었다. 그의 주저인 『의사소통행위이론』(2006)에서 하버마스는 정치체계의 권력과 경제체계의 돈에 의해 식민화가 된 생활세계를 해방하기 위해서는 공론장을 활성화해야 한다고 강조한다. 공론장에서의 의사소통 행위를 통해 행위자들이 상호이해에 도달하면서 생활세계가 정치체계나 경제체계의 지배에서 벗어날 수 있고 체계들과의 동등한 상호작용을 이룰 수 있다는 것이다. 그것을 위해 그는 공론장을 크게 세 가지 유형으로 나눈다. 첫 번째는 삽화적 공론장이다. 현대초기부터 형성된 공론장으로서 술집, 카페 혹은 거리와 같은 공공장소에서 행해지는 커뮤니케이션을 통해 형성된다. 두 번째는 임석공론장이다. 극장에서의 영화상연, 학부모 모임, 록 콘서트, 파티모임, 그리고 정당집회와 같이 기획된 행사의 특징을 가진다. 마지막으로 추상적 공론장이다. 전 세계적 규모로 분산되어 있는 개별 독자, 대중(the public), 시청자로 구성되는 공론장으로 매스미디어를 통해 형성된다. 정치체계와 경제체계로부터 생활세계의 해방을 주장하는 하버마스는 매스미디어의 역할을 특별히 강조한다. 그리고 추상적 공론장에서 매스미디어가 자신의 고유 기능을 수행하기 위해서는 중립적인 자세를 견지하는 것이 중요하다는 점도 덧붙인다.

(3) 미디어의 기능상실과 공론장의 문제점

그러나 하버마스의 의사소통이론의 구성과는 달리 현실은 녹록지 않다. 체계를 통한 생활세계의 식민화가 더욱 명확해지는 현실에서 공론장이 제기능을 상실하면서 사회병리적 현상이 더욱 두드러지게 나타나고 있는 것이다. 특히 대중문화와 관련하여 공론장은 공개토론의 장이 아니라 상품매매를 위한 공간이 되어 가고 있다(촘스키·허먼, 2006). 모든 것이 돈으로 치환되면서 대중문화도 이윤을 우선하는 상황이다. 언론사, 특히 방송사들은 더 많은 이익을 목적으로 치열한 경쟁에 뛰어들면서 공론장의 기능은 더욱 악화하고 있다. 선정적이고 자극적인 프로그램을 통해 시청률을 높이고 그것을 통해 광고 유치에 사활을 거는 것이 현 방송언론의 현실이다. 자연스럽게 시청자들은 선택의 여지가 없이 수동적인 시청자나 청취자의 위치를 강요받는다.

이런 현실에서 하버마스의 비판이론은 명백한 한계와 함께 현대인이 가져야 할 삶의 자세를 일깨운다. 하버마스의 비판이론의 지향점은 분명하다. 즉 매스미디어의 역할을 재고하며 생활세계에서의 자유로운 의사소통을 통해 더욱 포용적이고 참여적인 사회를 만드는 것이다. 그리고 그것에 기초하여 비판적 사고를 통해 현대사회의 성숙한 민주주의 사회를 구축하는 것이다. 그것을 위해 현대인들은 일상에서 대중문화를 접하는 자신들의 모습을 다시 한번 되돌아볼 필요가 있을 것이다.

5. 구조의 미학: 대중문화 속 기호와 의미 분석

1) 구조주의적 관점에서 본 대중문화

구조주의는 표면적 현상 밑바닥에 존재하면서 그 현상을 가능케 하는 체제인 구조를 파악하려는 이론적 접근이다. 동시에 인간의 사고와 문화를 구조적 관계로 설명하는 방법론이기도 하다(원용진, 2010). 구조주의는 대중문화의 사회적 메시지를 해석할 경우 그것의 기호와 의미의 관계를 구조적 분석을 통해 그 내면의 의미를 파악하려고 시도한다.

(1) 페르디낭드 소쉬르의 언어학적 구조주의

① 기표와 기의

언어학, 인류학, 문학 등 다양한 분야에서 적용된 구조주의의 이론가들 중 페르디낭 드 소쉬르(Ferdinand de Saussure)는 언어학에서 구조주의의 기초를 마련하였다. 그의 이론은 기표(signifier)와 기의(signified)로 나누면서 언어를 단순히 개별적인 단어와 문장의 집합으로 보는 것이 아니라, 기호들이 상호작용하며 의미를 형성하는 복잡한 체계로 이해하는 데 초점을 맞춘다. 소쉬르에 따르면 기표는 언어 기호의 물리적 형태, 즉 소리나 문자 등이고, 기의는 그 기호가 나타내는 개념이나 의미다. 소쉬르는 이 두 가지, 즉 기표와 기의의 관계가 자의적, 즉 임의적이라고 주장한다. 이는 특정한 소리나 단어가 특정한 의미를 가지게 된 것이 필연적이거나 자연스러운 것이 아니라 기표와 기의의 조합을 통해 언어의 의미가 형성된다는 것이다. 쉽게 말해 우리가 사용하는 단어와 그 단어가 뜻하는 것이 꼭 자연스럽게 연결된 것은 아니며 사회적 약속에 의해 그렇게 정해진 것이라는 설명이다.

② 랑그와 파롤

소쉬르의 관심은 랑그(langue)와 파롤(parole)의 구분으로 이어진다. '랑그'는 특정 언어의 규칙과 구조를 포함하는 사회적 체계로 공동체에 의해 공유되는 언어의 추상적 체계다. 반면 '파롤'은 개인이 실제로 말하는 구체적인 언어 사용을 지칭한다. 언어가 자의적인 기호 체계로 이루어져 있다고 본 소쉬르는 이러한 체계가 랑그를 통해 구조화되는 과정, 즉 규칙과 규범을 탐구한다.

구조주의를 설명하기 전 '구조'에 대한 간단한 이해가 필요하다. 구조의 개념을 이해하기 위해 대학 건물을 한번 생각해 보자. 이 건물은 5층으로 되어 있으며 각 층은 서로 다른 기능을 수행한다. 1층에는 안내데스크, 교수대기실, 행정실이 있고, 2층에는 강의실이, 3층에는 실험실과 학회실이, 4층과 5층에는 교수연구실이 있다. 이렇게 층별로 기능이 나누어진 틀 속에서 사람들은 각 공간의 목적에 맞게 생활하고 활동한다. 각 공간의 기능과 역할이 유기적으로 연결됨으로써 이 건물은 대학이라는 고유의 기능을 수행할 수 있게 된다.

이제 이 비유를 사회에 적용해 본다. 사회에는 정치, 경제, 종교, 교육과 같은 다양한 제도가 있다. 이들 각각은 고유한 기능과 역할을 가지고 있지만, 서로 연결되면서 전체 사회의 구조가 형성된다. 이러한 구조가 존재하기에 사람들의 생각과 행동은 이 틀에 의해 영향을 받는다. 사회적 구조는 개인의 선택과 행동을 형성하고 제약하는 역할을 하며 이를 통해 사회는 고유의 기능을 수행한다.

사회의 구조에서 특별히 중요한 것은 문화의 역할이다. 문화는 이러한 구조 속에서 사람들이 공유하는 가치, 신념, 관습을 포함하며 각 제도와 공간에 의미를 부여한다. 예를 들어, 대학 건물의 강의실은 단순한 물리적 공간이 아니라, 학습과 토론이 이루어지는 문화적 장소다. 마찬가지로, 사회의 교육제도는 지식 전달이라는 기능 외에도, 사회적 가치와 규범을 전수하는 문화적 역할을 수행한다.
사회적 구조와 문화는 상호작용하며 문화는 구조에 생명력을 불어넣고 구조는 문화를 유지하고 전파하는 틀이 된다. 만약 이 구조 중 하나라도 제대로 기능하지 않으면 전체 사회와 문화에 영향을 미칠 수 있을 것이다. 예를 들어 교육제도가 제대로 작동하지 않으면, 사회의 학습과 지식 전수에 문제가 생길 뿐만 아니라 사회적 가치와 문화적 전통의 전승에도 차질이 생길 수 있다. 따라서 사회적 구조와 문화는 개인의 삶에 깊은 영향을 미치는 중요한 요소이며 두 개념은 서로 긴밀하게 얽혀 사회의 기능과 의미를 결정한다.

기의와 기표 그리고 랑그와 파롤의 관계를 '나무(tree)'라는 단어를 통해 알아보자. 이 단어의 기표는 '나무'라는 문자나 발음이고 기의는 우리가 '나무'라는 단어를 들었을 때 떠올리는 이미지나 개념이다. 소쉬르는 이 둘의 관계가 자의적이라고 주장했다. 즉 '나무'라는 기표는 특정 소리나 글자로 표현될 뿐, 나무라는 실체와는 직접적인 관계가 없다는 것이다. 한국어에서는 '나무'로 불리지만, 영어로는 'tree', 독일어로는 'Baum'으로 불리는 것처럼, 기표는 자의적이다. 이러한 기표와 기의의 관계를 통해, 소쉬르는 언어가 단순히 사물과 그 이름의 대응이 아니라, 사회적 합의에 의해 규정된 기호 체계, 즉 '랑그'라는 사회적 체계를 통해 구조화되며 각 언어 공동체 내에서 공유된다고 주장한다.

③ 선택적 차원과 배열적 차원

소쉬르는 또한 특정 기호의 집합이 의미를 형성하기 위해서는 '음운적', '의미적' 그리고 '구조적' 차이를 바탕으로 선택적 차원과 배열적 차원을 거쳐야 한다고 주장한다 (원용진, 2010). 선택적 차원은 특정 위치에서 대체가능한 기호들의 집합을 의미하며 언어 사용자가 문장에서 선택할 수 있는 다양한 기호들을 가리킨다. 예를 들어 "나는 [ ] 을/를 먹는다"라는 문장에서 [ ] 자리에 '사과', '바나나', '빵' 등 다양한 명사를 선택할 수 있다. 이러한 선택은 그 기호들이 다른 기호들과의 차이를 통해 구별되기 때문에 가능하다. 배열적 차원은 기호들이 서로 결합되어 문장이나 문맥을 형성하는 방식을 의미한다. 이는 기호들이 시간적, 공간적으로 나열되는 방식으로, 특정한 문법적 규칙을 따른다. 예를 들어 "고양이가 쥐를 잡는다"라는 문장에서 주어, 동사, 목적어의 배열은 문법적 구조에 따라 기호들이 결합되어 의미를 형성하는 과정을 보여준다. 소쉬르는 언어가 이러한 선택과 배열의 차원을 통해 조직된다고 보았다.

④ 대중문화분석을 위한 소쉬르 구조주의의 의미와 적용

소쉬르의 구조주의 이론은 복잡한 기호 체계를 통해 다양한 메시지를 전달하는 대중문화를 특정한 사회적, 문화적 맥락 속에서 이해하고 분석하는 데 매우 중요한 기초를 제공한다. 예를 들어 패션은 특정한 기호를 통해 사회적 지위나 정체성을 나타내는 중요한 역할을 한다. 특정 브랜드의 로고나 색상은 소비자에게 특정한 이미지를 전달하며 이는 그 브랜드의 가치나 철학과 연결된다. 구조주의적 관점은 특정한 기호의 이미지에서 그 자체의 의미보다는 다른 기호와의 관계 속에서 의미를 찾는다. 이러한 기호 간의 관계는 대중문화가 고정된 것이 아니라 지속적으로 변화하는 맥락 속에서 새로운 의미를 형성한다는 것을 암시한다. 따라서 구조주의적 관점에서 기호의 상호작용을 이해하는 것은 대중문화의 본질을 파악하는 데 필수적이다.

대중문화 속 기호는 단순히 소비자의 주의를 끄는 역할을 넘어, 사회적 의미를 전달하는 중요한 기능을 한다. 다시 말해 종종 특정한 사회적 이데올로기를 강화하거나 저항하는 역할을 한다는 것이다. 이것은 대중문화의 본질적 특성이기도 하다. 가령 대중음악은 특정한 기호를 통해 사회적 메시지를 전달하는 강력한 매체다. 음악의 가사, 멜로디, 비주얼 등이 특정한 사회적, 정치적 메시지를 전달하면, 청중은 특정한 감정이나 생각을 일으킬 수 있으며 사회적 변화나 저항을 일으킬 수 있다. 예를 들어 구조적 관점에 따르면 방탄소년단(BTS)의 음악은 개별 노래들의 단순한 나열로 발표된 것이 아니라 "시·공간적, 사상적 배경, 신화, 지형, 테마, 메시지를 포함해 '작품 속에 설정된 세상'을 이해하는 방식"으로 구성되어 있고 그것을 청중에게 전달하면서 연대감을 형성한다는 것이다(김정섭, 2024). 그리하여 주류로서 사회의 억압구조를 폭로하는 노래 가사에 진정성을 부여하면서 BTS는 사회의 약자로서 청(소)년들의 동일시를 이끌어낼 수 있었다는 평가가 가능하다(윤지영, 2021).

(2) 클로드 레비스트로스: 인류학적 구조주의

① 내러티브

소쉬르의 언어론적 구조주의에서 클로드 레비스트로스(Claude Lévi-Strauss)의 인류학적 구조주의로 넘어가면 내러티브라는 새로운 개념이 등장한다. 인류학자인 레비스트로스는 각 문화권에 전승되어 온 신화가 단순한 이야기의 집합체가 아니라, 문화와 사회의 근본적인 구조를 반영하는 기호 체계임을 밝히는 데 중점을 두었다. 레비스트로스의 관점에서 신화는 대립하는 요소들의 조화를 통해 인간 경험의 복잡성을 해소하려는 시도로 이해될 수 있다. 다시 말해 신화는 자연과 문화, 생명과 죽음 같은 대립적 개념들을 통합하는 내러티브 구조를 통해 사회적 질서를 설명한다는 것이다. 나아가 그는 신화를 통해 인간 사회의 보편적 구조를 이해하고자 했으며 다양한 기호의 결합을 통해 형성된 복잡한 구조가 특정한 미적 경험을 제공한다고 보았다.

② 영화매체에 적용된 내러티브

레비스트로스의 내러티브 개념은 영화와 같은 매체의 분석에도 적용될 수 있다. 영화는 시각적, 청각적 요소를 결합하여 복잡한 의미를 전달하는 매체로서, 단순히 이야기를 전달하는 것을 넘어 관객에게 특정한 감정적 경험을 제공하고, 사회적 메시지를 전달하는 역할을 한다. 예를 들어 봉준호 감독의 영화 <기생충>(2019)은 다양한 기호를 통해 사회적 메시지, 즉 계급 갈등, 사회의 불평등, 그리고 빈부격차의 현실을 고발한다. 영화 속에서 반지하 집과 고급 주택의 대조, 비 오는 날의 사건, 두 가족의 상반된 의상 혹은 음식 등은 각각 상징적 의미를 지니고 있으며 이러한 기호들은 사회적 불평등과 계층 간의 갈등을 시각적으로 드러낸다(최영헌·이규혜, 2020). 이러한 기호의 구조적 분석은 영화가 전달하는 사회적 메시지를 깊이 이해하는 데 도움을 준다.

이처럼 레비스트로스의 신화 연구에서 강조된 내러티브 분석은 복잡한 기호 체계가 어떻게 의미를 형성하고, 이를 통해 관객에게 어떠한 경험을 제공하는지를 보여준다. 이를 통해 내러티브는 단순한 이야기 전달을 넘어서서, 사회적, 문화적 맥락을 반영하고, 이를 통해 관객에게 깊이 있는 이해와 경험을 제공한다.

2) 후기구조주의와 포스트모더니즘적 관점에서 본 대중문화의 미학

(1) 구조주의에 대한 후기구조주의 비판

1960년대 들어서면서 기존의 구조주의는 강력한 비판에 직면하였다. 후기구조주의로 불리는 새로운 이론적 흐름은 구조주의가 기호들의 상호관계를 통한 변화 가능성과 언어의 자의적 성격을 밝혀낸 성과에도 불구하고 여전히 진리체계에 의존하는 모순을 드러낸다고 주장하였다. 후기구조주의는 소쉬르가 강조한 랑그, 즉 전체를 이해할 수 있는 문법 혹은 법칙의 존재를 부정하였다. 또한 기표와 기의가 서로 연관되어 있다는 소쉬르의 기호론도 비판하며 지식이 의도하는 목적(의미)이 그 수단화(기표)와 합치될 수 있다는 기대는 환상에 불과하다고 규정하였다.

(2) 자크 데리다

① 해체

자크 데리다(Jacques Derrida)는 구조주의의 한계를 비판하고, 언어와 의미의 불확정성을 강조한 대표적인 후기구조주의 학자다. 그의 '해체(deconstruction)' 개념은 후기구조주의의 핵심 방법론 중 하나로, 텍스트와 기호의 의미가 고정되지 않고 끊임없이 변화하며 다양한 해석이 가능하다는 점을 전제한다. 또한 데리다는 구조주의가 전제한 엄격한 체계에 도전하며 의미가 기호의 차이(differ)와 지연(defer)을 통해 형성된다는 '차연(différance)' 개념을 통해 구조주의의 한계를 벗어나고자 한다. 즉 의미가 다른 기호나 단어와의 차이로부터 생겨나지만 그 의미가 계속해서 미뤄지고 완전히 확정되지 않는다는 것이다. 그의 설명은 기호가 정확한 의미를 전달할 수 있는지에 대한 의문을 제기하는 것이다.

② 음성중심적 편견에 대한 비판

후기구조주의는 서구의 전통적인 관념으로서 음성 중심주의적 편견에 대해서도 비판적이다. 음성 중심주의는 말하기가 글쓰기보다 더 진정성 있고 직접적인 자기 표현 방식이라고 간주하는 사상이다. 서구사회는 인간이 즉각적으로 자신의 의미를 창출하고 표현할 수 있다는 점에서 말하기를 글쓰기보다 높게 평가하는 전통이 있었다. 예를 들어 플라톤은 대화를 통해 진리를 발견할 수 있다고 믿었고, 그의 철학적 전통에 기초하여 구술적 표현이 더 신뢰할 만하다는 생각이 오랫동안 지배적이었다. 그러나 이러한 철학적 전통의 해체를 시도하는 후기구조주의자들은 구술적 진리가 하나의 서사구조, 즉 이야기일 뿐이라고 주장한다. 의미가 항상 맥락에 의존하며 완전히 확정될 수 없어서 음성이나 글쓰기 모두가 고정되지 않은 의미의 망을 형성한다는 것이다. 이러한 관점에서 후기구조주의는 모든 형태의 표현이 고유한 한계를 가지고 있으며 어떠한 표현도 절대적인 진리를 전달할 수 없다는 점을 강조한다.

③ 미셸 푸코: 권력이론을 통한 사회와 문화분석

또 다른 후기구조주의 학자인 미셸 푸코는 권력과 지식의 관계, 담론의 형성과 그 영향을 탐구하면서 사회와 문화를 분석한다. 그는 지식이 단순히 정보의 축적을 의미하는 것이 아니라 권력의 작용을 통해 사회를 조직하고 통제하는 하나의 수단이 되고 있다는 점을 명확히 한다. 나아가 권력과 담론을 하나의 단위로 이해한 푸코는 권력을 통해 조직된 담론이 권력체계의 재생산에 기여한다고 주장한다. 예를 들어 정신치료적 담론이 환자가 정신병리적 상태로부터의 해방을 보장하는 과정이 아니라 환자에 대한 의사의 권력관계를 보여줄 뿐이라는 것이다. 이러한 관점에서 푸코는 지식이 중립적이거나 객관적이지 않으며 오히려 권력관계를 강화하고 유지하는 도구로 작용할 수 있음을 밝힌다. 이를 통해 그는 권력의 미시적 작동 방식과 그것이 일상생활에 미치는 영향을 강조한다.

3) 후기구조주의와 포스트모더니즘과의 관계

이처럼 언어의 불안정성과 권력의 재생산구조를 강조한 후기구조주의적 관점은 이후 언어, 문학, 철학 등 다양한 분야에 큰 영향을 미쳤으며 포스트모더니즘에도 상당한 영향을 주었다. 후기구조주의가 주로 이론적, 철학적 담론에 집중하는 반면, 포스트모더니즘은 후기구조주의의 철학을 토대로 건축과 예술과 문화를 포함한 다양한 분야에서 발전하였다.

20세기 중반까지 거의 자명한 것으로 수용됐던 이성의 절대성, 자아의 명증성, 과학의 확실성, 언어의 도구성, 사실의 우위성 등에 대해 강력한 비판으로 대응하는 후기구조주의 혹은 포스트모더니즘의 경향은 논리적 특징상 통일된 이론으로 정리될 수 없는 한계를 가진다(김태상, 2013). 그것은 포스트모더니즘의 이론적 특징을 정의하는 상반된 관점에서부터 비롯된다. 한쪽에서는 포스트모더니즘을 후기자본주의의 문화논리로 간주하지만 다른 한 쪽에서는 포스트모더니즘에서 저항의 강력한 메시지를 찾아내기도 하기 때문이다.

4) 포스트모더니즘을 통한 『올드보이』 해석

한국영화 『올드보이』(2003)는 포스트모더니즘적 요소를 포함하면서 다음과 같은 특징을 보여준다(김태상, 2013; 한원희, 2022). 먼저 비선형적 서사구조를 가지고 있다는 점이다. 『올드보이』는 전통적인 시간 순서에 따른 서사 구조를 따르지 않고 플래시백과 현재의 사건이 교차하는 방식으로 이야기를 전개한다. 이러한 비선형적 서사는 관객에게 혼란을 주고, 주어진 정보를 재구성하도록 유도하는데 이는 포스트모더니즘의 특징 중 하나다. 다음으로 『올드보이』에는 다양한 장르가 혼합되어 있다. 즉 스릴러, 드라마, 미스터리, 액션 등 여러 장르 요소가 혼합되어 있어서 특정 장르에 국한되지 않는 복합적인 경험을 제공한다. 이것은 포스트모더니즘이 강조하는 고정된 장르 구분을 해체하는 시도와 연결된다. 세 번째로 영화 『올드보이』는 전통적인 예술과 문화의 경계를 허물고, 혼합과 자기 반영을 특징으로 하는 포스트모더니즘적 요소를 메타적 요소와 자기 참조를 통해 드러낸다. 메타적 요소는 작품이 스스로의 창작물임을 인식하게 만들고, 자기 참조는 작품 내의 다른 요소들을 언급하여 관객이 작품의 허구성을 깨닫도록 하는 방식이다. 『올드보이』에서 이러한 요소들은 관객이 영화의 허구성을 인식하고, 단순한 이야기 이상의 의미와 메시지를 탐구하도록 유도한다. 이는 관객이 영화가 단순히 이야기를 전달하는 것이 아니라, 예술적 메시지나 사회적 비판을 담고 있음을 이해하도록 만든다. 따라서 관객은 영화의 세계를 깊이 탐구하며 그 속에서 다양한 해석과 의미를 발견할 수 있다. 네 번째 요소로서는 진리와 의미의 불확정성을 가진다는 점이다. 영화는 복수와 폭력, 인간의 본성에 대한 복잡한 질문을 던지며 명확한 답변을 제공하지 않는다. 이러한 불확정성은 관객에게 다양한 해석 가능성을 열어주는 포스트모더니즘의 진리와 의미에 대한 회의적인 태도를 반영한다. 마지막으로 『올드보이』는 강렬하고 독창적인 시각적 스타일과 상징을 사용하여 관객에게 강한 인상을 남긴다. 이러한 스타일적 실험은 전통적인 영화 문법을 넘어서는 포스트모더니즘적 시도의 일환이기도 하다. 이처럼 『올드보이』는 포스트모더니즘의 다양한 요소들을 활용하여 관객에게 새로운 영화적 경험을 선사한다. 이러한 영화적 접근은 비단 영화 산업에만 국한되지 않고, 대중문화 전반에 걸쳐 나타나고 있다.

포스트모더니즘은 이처럼 대중문화의 여러 영역에서 고정된 장르와 스타일의 경계를 허물고, 새로운 형태의 창작물들을 만들어낸다. 음악에서는 다양한 장르를 융합한 하이브리드 스타일이 등장하며 이는 전통적인 음악 장르의 경계를 넘어서는 새로운 트렌드를 형성한다. 팝과 힙합, 록과 일렉트로닉 음악의 결합은 대중에게 신선한 경험을 제공하며 각 장르의 특성을 해체하고 재구성하는 포스트모더니즘적 접근을 보여준다. 심지어 포스트모더니즘적 미학에 따라 예술음악과 대중음악의 '경계 넘나들기'가 시도되면서 기존의 고정된 관념이 허물어지고 있다(오희숙, 2003).

5) 포스트모더니즘시대 대중문화의 의미

디지털 기술의 발전과 함께 포스트모더니즘은 대중문화에서 상호작용적인 요소를 강조하는 방향으로 나아가고 있다. 비디오 게임과 가상 현실(VR) 콘텐츠는 사용자에게 이야기를 단순히 소비하는 것이 아니라, 직접 참여하고 영향을 미칠 수 있는 기회를 제공한다. 이러한 상호작용적인 매체는 사용자에게 더욱 몰입감 있고 개인화된 경험을 제공함으로써 포스트모더니즘이 추구하는 참여적이고 다층적인 의미 생성 과정을 실현하고 있다.

포스트모더니즘은 대중문화의 다양한 분야에서 창작자와 소비자 모두에게 새로운 가능성과 도전 과제를 제시한다고 평가되고 있다. 그리하여 전통적인 경계를 넘어서 새로운 형태의 표현과 소통 방식을 실험하도록 만든다. 대중문화는 이러한 포스트모더니즘적 특성을 통해 끊임없이 진화함으로써 현대 사회에서의 문화적 다양성과 창의성을 촉진하는 중요한 동력으로 작용하고 있다.

제3장

대중문화 분석틀(Cultural Diamond)

대중문화 분석틀은 현대 사회에서 문화적 현상을 이해하고 해석하는 데 필수적인 역할을 한다. 분석틀을 구성하기 위해 3장에서는 클리포드 기어츠의 문화연구와 제프리 알렉산더의 문화사회학을 웬디 그리스월드의 문화 다이아몬드와 연결할 것이다. 그리스월드의 문화 다이아몬드 모델은 복잡하고 변화하는 대중문화를 분석하는 유용한 도구다. 그리스월드의 문화 다이아몬드는 창작자, 문화적 대상, 수용자, 사회적 세계라는 네 가지 요소 간의 상호작용을 시각적으로 나타내어, 대중문화가 어떻게 생산되고 소비되며 사회적 맥락에서 어떤 의미를 가지는지를 종합적으로 이해할 수 있게 해준다. 이러한 틀은 특히 한류와 같은 글로벌 문화 현상을 분석하는 유용한 도구가 될 것이다.

1. 대중문화 분석 도구

1) 클리퍼드 기어츠

전통적으로 문화는 사회학에서 그리 주목받지 못한 영역이었다. 특히 미국 사회학은 과학적 방법론에 중점을 두었고, 이를 통해 측정가능한 경험적 데이터에 집중하는 경향이 강했다. 경험적 또는 양적 방법론은 문화와 같은 추상적이고 복잡한 개념을 다루기에는 한계가 있었다. 그러나 점차 문화가 사회적 현상을 이해하는 데 있어 핵심적인 역할을 한다는 인식이 조금씩 확산되었다.

일찍이 문화에 대한 관심은 인류학을 중심으로 발전하였고 그 중심에 클리퍼드 기어츠(Clifford Geertz)가 있었다. 기어츠(1998)는 "두꺼운 묘사(thick description)"와 "얇은 묘사(thin description)"라는 개념을 통해 문화적 행위의 해석을 설명한다. 그에 따르면 얇은 묘사는 단순히 관찰가능한 행동이나 사건을 있는 그대로 기술하는 것을 의미한다. 이 경우 행위의 표면적인 측면만을 기록하고 그 이면에 있는 문화적, 사회적 맥락이나 의미를 고려하지 않는다. 예를 들어 어떤 사람이 눈을 깜박이는 것을 얇은 묘사로 기술한다면 단순히 "그가 눈을 깜박였다"라고 기록하는 것이다. 두꺼운 묘사는 단순한 행동의 기술을 넘어 그 행동이 일어나는 사회적, 문화적 맥락과 그 행동의 상징적 의미까지 해석하는 것을 의미한다. 다시 말해 두꺼운 묘사는 "눈을 깜박이는 것이 단순한 반사가 아니라 다른 사람에게 신호를 보내는 의도적인 행동(예: 윙크)일 수 있다"라는 식으로 그 행위의 문화적 의미를 해석한다.

기어츠는 문화가 상징적 의미의 체계라고 보았으며 이를 '두꺼운 묘사'(thick description)라는 방법을 통해 심층적으로 이해하고자 했다. 그의 '두꺼운 묘사' 개념은 대중문화의 맥락적 의미를 깊이 이해하기 위한 중요한 개념으로 앞으로 소개할 웬디 그리스월드의 문화 다이아몬드에서 창작자, 수용자, 사회적 세계, 문화적 대상 간의 복잡한 상호작용을 분석하는 좋은 길잡이가 될 것이다.

2) 제프리 알렉산더

기어츠에 이어 주목해야 할 학자는 제프리 찰스 알렉산더(Jeffrey Charles Alexander)다. 사회학자 알렉산더는 탈코트 파슨스의 구조기능주의의 영향을 받았다. 파슨스는 사회를 부분체계인 경제체계, 정치체계, 사회 공동체체계 그리고 사회문화체계로 이루어진 상위체계로 보고, 각 부분체계가 상호작용을 통해 사회의 안정과 질서를 유지할 수 있다고 설명한다. 그는 문화가 사회의 규범과 가치를 전달하며 사회적 통합을 이루는 중요한 역할을 한다고 강조한다. 알렉산더(알렉산더·사이드만, 1995; 알렉산더, 2007)는 이러한 파슨스의 관점을 비판적으로 계승하여, 문화체계가 단순한 도식적 기능체계에 머물지 않고, 사회적 행위를 이끄는 강력한 힘이라고 간주한다. 알렉산더의 이러한 관점은 문화적 의미와 상징이 사회적 맥락과 어떻게 얽혀 있는지를 이해하는 데 초점을 맞추는 것으로 그리스월드의 문화 다이아몬드에서 문화적 수행성과 연관될 수 있을 것이다.

3) 웬디 그리스월드

웬디 그리스월드(Wendy Griswold, 1994)는 이러한 학문적 배경을 바탕으로, 문화의 역할과 그 사회적 함의를 체계적으로 분석하기 위한 틀을 제안한다. 그에 따르면 (대중)문화는 현대 사회에서 차지하는 중요성과 복잡성을 감안할 때 더욱 포괄적이고 체계적인 분석 도구를 필요로 한다. 그가 대중문화를 분석하기 위한 도구로서 제시한 개념이 문화 다이아몬드 모델이다.

문화 다이아몬드는 대중문화의 복잡한 상호작용을 이해하는 데 필요한 네 가지 주요 요소, 즉 창작자, 수용자, 문화적 대상, 그리고 사회적 세계로 구성된다. 각 요소는 대중문화가 사회적 맥락과 어떻게 상호작용하며 그로 인해 발생하는 다양한 사회적 의미를 분석할 수 있는 기반을 제공한다. 이러한 분석틀은 대중문화가 단순히 소비되는 것이 아니라 끊임없이 재구성되고 사회적 담론을 형성하며 사회적 변화에 기여하거나 반영할 수 있음을 보여준다.

그리스월드의 접근방법은 복잡하고 급변하는 대중문화 연구에 있어 필수적이다. 대중문화는 현대 사회에서 중요한 사회적, 경제적, 문화적 현상으로 자리잡고 있으며 다양한 형태로 표현되고 소비되고 있다. 더불어 세계화와 함께 대중문화는 전 세계로 빠르게 확산하고 있다. 따라서 문화 다이아몬드 개념은 한류의 경우처럼 한 국가 내에서 뿐만 아니라 전 세계적으로 대중문화가 어떻게 생성되고 발전하며 사회적 가치와 규범에 영향을 미치는지를 이해할 수 있는 안목을 제공해 줄 수 있을 것이다. 나아가 현대 사회의 문화적 현상을 이해하는 데 있어 크게 기여할 것이다.

2. 창작자, 문화적 대상, 수용자, 사회적 세계 (Creator, Cultural Object, Receiver, Social world)

1) 문화 다이아몬드 모델의 의미

세계화 시대의 대중문화는 단순히 한 국가 내의 수용자를 대상으로 하지 않고 전 세계인을 대상으로 하는 글로벌 문화현상이 되었다. 그러나 사회학 분야에서는 이러한 현상을 총체적인 관점에서 다룬 연구가 상대적으로 부족하였다. 주로 부분적인 현상에 대한 경험적이고 양적인 연구가 주를 이루었다. 이처럼 대중문화에 대한 종합적 연구가 부족한 현실에서 웬디 그린스월드의 문화 다이아몬드 모델은 대중문화 연구에 많은 시사점을 제공한다.

기본적으로 대중문화의 변화와 관계를 중시하는 그리스월드(Griswold, 1994)는 문화적 다이아몬드 개념을 다음과 같이 정의한다: "문화 다이아몬드는 어떤 문화적 대상이 사회적 세계와 맺고 있는 관계를 보다 완전하게 이해하도록 돕기 위한 분석 도구(device)다. 이 도구는 각 요소 간의 관계가 어떠해야 한다고 규정하지 않으며 단지 관계가 존재한다는 점만을 강조한다." 이 모델은 문화현상에 대한 분석을 단순화한 것처럼 보일 수 있지만 창작자, 수용자, 문화적 대상, 그리고 사회적 세계의 관계적 차원에 초점을 맞춤으로써 대중문화 연구에 대한 총체적인 관점을 제시하고 있다. 즉 대중문화와 사회, 그리고 문화를 생산, 소비, 유통, 분배, 매개하는 모든 과정이 서로 긴밀하게 연결되어 있음을 강조한다는 것이다(서영은, 2022).

그리스월드는 문화 다이아몬드 모델의 네 가지 구성요소를 다음과 같이 설명한다.

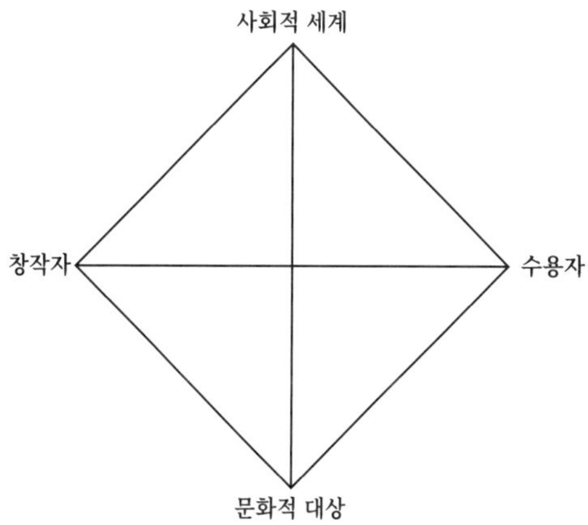

출처: Griswold, W., 1994.

[그림 3-1] 문화 다이아몬드

2) 문화 모델의 네 가지 구성요소

먼저 '문화적 대상(cultural object)'이다. 문화 다이아몬드 모델의 한 축을 담당하는 문화적 대상은 사람들이 공통적으로 이해하고 있는 의미가 어떤 형태로 표현된 것을 말한다. 예를 들어 음악, 책, 영화, 그림 등은 모두 문화적 대상이 될 수 있다. 이러한 대상은 단순히 개인적인 것이 아니라 사회나 문화 속에서 많은 사람들이 공유하는 의미를 담고 있다. 따라서 문화적 대상은 그 자체로 문화체계의 한 부분을 이루고 있으며 사람들은 그 대상을 통해 공통된 생각이나 감정을 나누게 된다. 문화적 대상은 그 자체로 의미를 갖지만 그것이 생산되고 소비되는 맥락에 따라 변할 수 있다. 다시 말해 문화적 대상의 지위는 대상 자체에 내장되어 있지 않고 특정 사회적, 문화적, 역사적 시대에 공동체의 상상력이 지향하는 정도에 따라 다양하게 표현된다는 것이다. 예를 들어 비틀즈의 「Yesterday」(1965)는 문화적 대상이다. 그것은 단순한 노래가 아니라 그것을 듣는 사람들에게 다양한 기억, 애착, 갈망을 불러일으키는 음악이다. 뒤르켐에 따르면 이 노래는 공유된 의미를 환기함으로써 사람들을 하나로 묶고 공동체를 형성한다. 그러나 「Yesterday」는 1960년대와 1970년대 초 영국인뿐만 아니라 전 세계의 문화적 대상이 되었다. 태국, 일본 그리고 한국 어느 곳에서도 여전히 들을 수 있는 음악인 것이다(Hongladarom, 1999).

문화 다이아몬드 모델은 다음 요소로서 한 명 이상의 '창작자(creator)'를 제시한다. 창작자는 각 문화적 대상에 의도와 가치를 통해 그 본질을 정의하는 존재다. 그리스월드에게 문화 다이아몬드의 창작자 요소는 대중문화 자체의 개인이나 집단의 창작자만을 지칭하는 것이 아니라, 대중문화의 콘텐츠를 재생산하고 재해석하는 시스템, 즉 지구 곳곳으로 그것을 전파하는 행위자 전체를 포함한다. 예를 들어 대중음악의 경우 작사가, 작곡가, 가수, 프로듀서, 마케팅, 홍보 모두의 의도 배경, 사회적 위치 등이 문화적 대상을 형상하는 데 중요한 영향을 미친다. 이러한 설명은 문화 다이아몬드 모델이 단순히 직접적 관계자뿐만 아니라 문화적 대상을 지원하는 집단과 수용자의 역할도 강조하고 동시에 여러 관계의 복잡한 상호작용을 다룬다는 것을 잘 나타내고 있다. 창작자의 특징에 대해서는 다이아몬드 모델을 한류에 적용할 때 를 소개하면서 조금 더 자세하게 설명할 것이다.

세 번째 요소로서 '수용자(receiver)'는 문화적 대상을 소비하고 해석하는 개인이나 집단을 의미한다. 수용자는 대상의 의미를 해석하고, 자신의 사회적, 문화적 배경에 따라 다르게 이해할 수 있다. 수용자의 반응은 문화적 대상의 사회적 영향력을 측정하는 중요한 요소이지만 수용자를 동질적인 개인 집단으로 전제할 필요는 없을 것이다. 가령 대중음악의 수용자는 한편으로는 동일한 감정적 자극에 따라 반응할 수도 있지만, 다른 한편으로는 다양한 성향의 개인이라는 점에서 이질적일 수 있기 때문이다. 따라서 대중문화의 창작자들은 수용자들과 끊임없이 상호작용하여 관심이나 흥미를 유도하는 것이 중요하다.

마지막 네 번째 요소로서 '사회적 세계(social world)'다. 사회적 세계는 문화적 대상이 존재하고 상호작용하는 더 넓은 사회적, 역사적, 경제적, 기술적 맥락을 의미한다. 따라서 세계화 시대에 특히 중요한 요소인 사회적 세계를 이해하기 위해서는 역사에서 나타난 문화의 세 단계 주요 혁명을 이해하는 것이 필요하다. 먼저 구전문화는 마법으로 가득 차 있고 신비한 힘과 영혼에 매료된 시기에 해당한다(Griswold, 1994). 이 시기에는 사실과 신화 사이에 명확한 경계가 없었다. 구전언어는 말하는 사람과 듣는 사람이 같은 장소에 있어야 한다는 점을 전제한다. 그런 이유로 대부분의 구전문화 커뮤니티는 제한된 범위에 한정되어 있었다. 구전문화는 공동체의 정체성과 연대감을 강화하는 역할을 하며 이야기를 전달하는 과정에서 사람들 간의 직접적인 교감을 통해 사회적 유대가 강화되었다. 이러한 문화는 공동체 내의 규범과 가치관을 전승하는 데 중요한 역할을 했다.

다음으로 인쇄문화는 역사와 신화의 구별이 확실히 이루어지는 특징을 보여준다. 인쇄문화는 지식의 보존과 선파를 획기적으로 변화시켜 계몽주의와 같은 지적 혁명을 촉발하였으며 개인의 사고와 독립적인 판단을 가능하게 했다. 인쇄 매체의 확산은 편지 쓰기와 서적 및 저널의 출간을 통해 관계적 커뮤니티를 형성시켰다. 나아가 교육과 학문의 발전을 촉진하였고 다양한 사상과 이념이 전파될 수 있는 기반이 되었다.

마지막 디지털 문화는 인터넷의 발전과 함께 정보의 생성, 전파, 소비 방식에 근본적인 변화를 가져왔다. 사람들 간의 상호작용과 커뮤니케이션 방식을 변화시켰고 소셜미디어, 온라인 커뮤니티 그리고 가상 세계를 통해 새로운 형태의 사회적 상호작용을 가능하게 했다. 수용자는 단순한 수동적인 소비자가 아니라 적극적인 콘텐츠 제작자이자 배포자가 되면서 쌍방향적 정보 생태계가 형성될 수 있었다. 디지털 기술은 전 세계적으로 정보에 대한 접근성을 높이고 사용자 생성 콘텐츠의 급증을 촉진하며 문화적 경계를 허물고 있다. 또한 글로벌 커뮤니케이션을 강화하여 지리적 한계를 뛰어넘은 문화적 교류와 상호작용을 가능하게 하고 있다. 디지털 문화 단계는 사회적 세계의 변화를 반영하며 경제적, 정치적 변화와도 긴밀하게 연결된다. 예를 들어 디지털 문화는 글로벌 경제의 디지털 전환과 맞물려 새로운 산업과 직업의 탄생을 이끌고 있다. 사회적 세계는 또한 각 문화적 단계에서 발생하는 도전과 기회를 포괄하며 창작자, 수용자, 문화적 대상 간의 상호작용을 통해 대중문화를 역동적으로 변화시키고 있다.

[그림 3-1]을 통해 앞의 내용을 요약하자면 다이아몬드 모델의 꼭지점은 사회적 세계(구조), 창작자, 수용자, 문화적 대상으로 이루어져 있고 여섯 개의 선으로 이루어져 있다. 그리스월드는 대중문화와 사회의 상호작용을 이해하기 위해서는 각각의 꼭짓점과 그것을 잇는 여섯 개의 연결선을 모두 살펴보는 것이 중요하다고 주장한다. 대중문화라는 것은 갑자기 어느 순간에 독립적으로 탄생하는 것이 아닌 창작자 개인이나 집단에 의한 창조물이기에 그를 둘러싼 관계를 이해하는 것이 중요하다는 것이다. 대중문화는 사회에 바로 맞닿아 있지 않고, 수용자와 맞닿아 있다. 이 수용자 또한 사회와 연결된 사람이다. 대중문화가 일반사회에 스며들게 되는 과정에서는 개인의 특성, 사회적 네트워크에 의해 영향을 받는다. 한편 사회적 세계는 창작자와 대중문화가 분배되는 과정에서 수용자에게 영향을 주고 이러한 영향들을 통해서 결과적으로 대중문화가 형성되고 있다(서영은, 2022).

3. 문화 다이아몬드로 본 한류 분석

1) 사회적 세계

웬디 그리스월드의 문화 다이아몬드 모델을 한국사회에 적용할 때 중요하게 다루어질 수 있는 요소는 사회적 세계다. 1990년대 중반까지 한국사회는 주변 국가로부터 대중문화를 수용하는 입장이었다. 영화, 대중음악, TV 드라마나 오락프로그램은 미국이나 일본으로부터 수입된 콘텐츠가 대부분이었다. 그러나 2000년대를 넘어서면서 상황은 급변하였다. 한국의 대중문화 콘텐츠가 국내에서만 소비되던 그동안의 관례에서 벗어나 해외로 수출되면서 전 세계적으로 소위 한류열풍을 불러온 것이다. 한류열풍은 갑작스러운 현상은 아니었고 잠재력이 폭발할 수 있는 동력이 서서히 축적되고 있었다. 대중음악의 경우 1980년에는 팝송이 사람들의 기호를 지배하였다. 1990년에 들어서면서 서태지와 아이들의 열풍은 사람들의 관심을 팝송에서 한국 가요로 전환하는 결정적인 계기였다. 1987년 민주화운동 이후 자유로운 표현을 위한 욕구와 경제적 호황은 서태지와 아이들로 대변되는 새로운 문화현상의 부상을 위한 강력한 원천이었다. 트로트, 댄스, 발라드의 단조로운 한국의 대중가요에 실험적인 랩, 레게, 힙합과 같은 장르가 사람들의 공감을 얻으면서 대중가요의 다양성을 가능성에서 현실로 바꾼 것이다. 이후 사람들은 팝송이나 일본 가요보다 한국의 대중음악을 통해 자신의 감성을 표현하고자 했다. 한국의 대중가요에 대한 관심이나 애정은 차츰 드라마나 영화와 같은 다른 영역으로 확산되었다. 여기에 결정적인 역할을 한 것이 전 국민을 대상으로 한 컴퓨터와 인터넷 보급이었다. 1997년 발생한 외환위기는 디지털문화의 토대 위에 오히려 새로운 도약을 위한 발판으로 작용하였다.

세계화 흐름과 디지털문화의 결합은 한국사회의 의식구조를 바꾸어놓았다. 과거 문화사대주의에 갇혀 있던 한국사회가 다른 국가 혹은 다른 문화와의 교류를 통해 고유의 문화 혹은 대중문화를 전파하기 시작한 것이다. 한국사회는 이전에는 한편으로는 민족주의적 토대 위에 폐쇄적이고 전통적인 의식구조에 갇혀 있는 경향과 다른 한편으로는 후발 현대국가로서 대외의존적인 발전 전략 사이에 갈등하던 사회였다. 하지만 세계화 흐름을 적극적으로 수용하면서 외부 문화를 받아들이는 한편 자체의 대중문화 콘텐츠도 실험적으로 창작하고 전파하는 용기를 보여주었다. 디지털문화는 이런 용기와 자신감을 위한 촉매제였다.

그리스월드는 외부 문화를 접할 때 상반된 반응이 나타날 수 있다고 주장한다. 한편으로는 인터넷을 통해 국내 구성원뿐만 아니라 다른 나라 국민이나 문화권의 시민들과 긴밀한 연대감이 형성될 수 있다. 세계화가 가져온 긍정적인 측면이다. 반면 자신의 정체성을 위협한다고 느껴지는 경우 외부의 힘을 거부하고 보수적인 태도로 돌아갈 수 있다. 즉 공동체가 자신의 정체성과 결속을 강화하고 외부의 압력이나 변화로부터 자신을 보호하려는 보수적인 경향이 강해질 수 있다는 것이다. 세계화가 불러온 부정적인 측면이다. 따라서 세계화와 지역화의 상호조화는 각 국가가 해결해야 할 가장 중요한 과제다. 한국사회는 후자보다는 전자에 초점을 맞추며 빠르게 교류의 공간을 확장했다. 이른바 오프라인뿐만 아니라 온라인 혹은 가상공간을 적극적으로 활용한 것이다. 2000년대 들어서면서 정보를 저장하던 장치가 플로피 디스크에서 CD, MP3 플레이어, USB 등의 전자장치를 거쳐 다양한 SNS(social network service), 특히 유튜브가 활용되면서 공간의 장벽은 허물어졌고 사람들의 연대감은 더욱 높아졌다.

한국사회의 대중문화는 국내에서만 유통되고 소비되는 것이 아니라 점차 범위를 넓혀나갔다. 2000년대 초에는 일본, 중국, 대만과 같은 주변국가에 한정되지만, 점차 동아시아국가로 전파되었다. 그럼에도 불구하고 당시 한류는 아시아 지역 안에서 이루어지는 작은 변화로 인식되는 경향이 강하였다. 유교 혹은 아시아적 공동체정서를 한국의 대중문화가 어느 정도 대변한다는 평가였다. 그러나 디지털문화의 강세과 함께 한류는 아시아 지역을 넘어서 미국과 유럽뿐만 아니라 전 세계로 확장될 수 있었다. 2012년 세계를 강타한 싸이의 「강남스타일」은 한류가 단지 지역을 넘어서는 전 세계적 현상이라는 것을 극적으로 보여준 사례였다. 한때 한류는 더욱 다양하고 풍요로운 세계문화의 한 조류로서 남을 것인지 아니면 획일적이고 상업화된 기획 상품들만 진열하다 후발 주자들에게 밀려 잊히게 될 것인지를 판가름할 분기점에 있다고 진단되기도 했다(홍석경, 2013). 그러나 한류는 이후 BTS의 전 세계적 열풍과 봉준호 감독의 영화 『기생충』의 출현까지 이어지면서 단지 아시아라는 지역적 혹은 일시적 현상이 아닌 전 세계적이고 지속적인 현상으로서 더욱 심층적인 분석이 필요한 대상임을 명확하게 보여주었다(최창현·임선희, 2018).

2) 문화적 대상

이어서 웬디 그리스월드의 문화 다이아몬드 모델에 따라 사회적 세계를 새롭게 설정할 수 있었던 배경으로서 '문화적 대상'을 살펴볼 수 있을 것이다. 그는 문화적 대상을 '사람들이 공통적으로 이해하고 있는 특정 형태로 표현된 것'으로 정의한다. 이러한 문화적 대상은 단순히 개인적인 것이 아니라, 그 사회나 문화 속에서 많은 사람들이 공유하는 의미를 담고 있다. 그리스월드의 정의에 따르면 대중문화는 대중에게 널리 소비되고 사랑받는 다양한 형태의 콘텐츠와 표현물이라 할 수 있다.

한국의 대중문화 콘텐츠는 중국과 대만에서 1997년 드라마 『사랑이 뭐길래』 그리고 가수 '클론'과 'H.O.T' 노래가 등의 음악콘텐츠가 인기를 끌면서 한류의 시작을 알렸다. 1997년부터 2000년 초반까지의 한류가 주로 중화권에 한정되었다면 드라마가 강세를 보인 2002년부터 2000년대 중반까지 월드컵과 함께 한류는 지역적으로 점차 확대되었다. 일본에서 선풍적인 인기를 얻은 『겨울연가』(2002)와 이후 중화권뿐만 아니라 동남아시아, 중앙아시아 그리고 동유럽에서 높은 인기를 얻은 『대장금』(2003)은 한국 드라마의 우수성을 알리고, 한류 붐을 글로벌로 격상시키는 데 중요한 역할을 하였다(한국문화산업교류재단, 2009). 이 시기에 드라마가 강세를 이루기는 했지만 다른 콘텐츠의 성과도 무시할 수 없을 정도로 성장하였다. K-pop뿐만 아니라 영화와 온라인 게임까지도 경쟁력을 확인시켰고 이후 한류는 만화, 캐릭디, 한식 그리고 한글까지 그 범위를 넓히면서 이제 전 세계시민이 함께 즐기는 인기 콘텐츠로 자리잡을 수 있었다.

3) 창작자

한류의 요인으로 사회적 세계나 문화적 대상에 이어서 '창작자'도 매우 중요한 요소다. 창작자의 역할을 분석한다는 것은 '누가' 문화적 대상을 무엇으로 만들었는지, '누가' 그것을 특징짓는 이미지를 정의했는지 탐구한다는 것을 의미한다(Ieracitano, 2019). 대중문화가 산업으로 분류되는 상황에서 창작자는 단순히 개인이 아니라 다양한 행위자를 포함하는 경우가 대부분이다. 일반적으로 대중음악의 경우 작곡가, 작사가, 가수, 프로듀서를 창작자로 분류하지만 산업화되면서 기존의 창작자에 대규모 투자자나 기획사가 포함된다. 그들은 장기간의 기획과 육성과정과 마케팅 활동을 통해 아이돌을 탄생시킨다. 여기에서 좀 더 시야를 넓히면 창작자의 범위는 더욱 확대된다. 기획사가 구성한 아이돌을 통해 창작물이 시장에 나올 수 있도록 지원하는 정부 관계자도 창작자에 범위에 포함될 수 있다. 예를 들어 1990년대 후반 H.O.T.는 성공적인 음반판매를 거두었다. 그것을 발판 삼아 이수만 SM기획 대표는 중국 공연을 시도하였다. 당시 중국과의 정치적 관계나 가수 개개인이 처리해야 할 행정적인 장벽이 있는 상황에서 문희상 국가정보원 기획조정실장과 박지원 문화관광부장관은 정치적, 행정적 지원을 아끼지 않았고 그 결과 H.O.T.의 중국공연은 기대 이상의 엄청난 성공을 거두었다(김윤지, 2023). IMF 금융위기 이후 정부의 문화산업 지원, 기획사의 전략, 투자자의 결정이 결합된 한류 공연의 성공은 창작자의 범위를 넓게 보는 웬디 그리스월드의 문화 다이아몬드 모델과 명확히 부합한다. 여기에 디지털문화는 창작자에 대한 관점을 더욱 확장시켰다. 창작자와 수용자의 경계가 서서히 허물어지고 있다는 것이다. 예전의 경우 단순한 대중문화의 수용자로 간주되었던 사람들이 창작물에 관여하면서 새로운 가치창출에 참여하고 있기 때문이다.

4) 수용자

따라서 그리스월드의 문화 다이아몬드의 마지막 구성요소로인 '수용자'가 새롭게 해석될 필요가 있다. 한류 현상의 수용자 중에는 기존의 방식처럼 대중문화의 콘텐츠를 듣고 보는 것으로 만족하는 층도 분명히 존재한다. 하지만 단순히 수동적인 역할에 만족하지 않는 사람들이 갈수록 증가하고 있다는 것도 분명한 사실이다. 기존의 창작자들은 단순히 창작물을 통해 경제적 보상과 새로운 형태의 가치창출에 만족했다. 그러나 그들은 점차 창작활동에 긍정적인 자극을 얻기 위해 수용자로부터 다양한 피드백을 기대하고 쌍방향의 커뮤니케이션을 위해 노력하였다. 창작자들의 노력에 부응한 적극적인 수용자들은 디지털문화를 통해 과거 수용자의 모습에서 탈피하여 스스로 대중문화의 콘텐츠 공유를 원했다. 그리하여 그들은 대중문화, 특히 한류를 통해 국내뿐만 아니라 국경 밖의 수용자들과 새로운 공동체를 만들어 가고 있다. 이미 음원에 열광한 전 세계적 수용자들은 많은 굿즈와 음반을 구매하며 K-pop 팬으로서 소속감을 느낀다. 그리고 팬심을 극대화하면서 각국의 팬들은 한국의 가수나 아이돌의 비싼 공연장 티켓을 구입한다. BTS는 이런 현상을 보여주는 극적인 사례다. 과거 한국의 아이돌 그룹은 아시아 지역의 팬덤 현상에 기대어 안정적 수익을 올릴 수 있었다. 반면 BTS는 압도적 서구 팬덤, 소위 아미(army)를 앞세워 미국, 영국, 프랑스 일본, 사우디아라비아 등에서 수만 명이 관람하는 대규모 해외 공연장에 관객을 불러들였다(김윤지, 2023). 수용자는 여기에 만족하지 않고 창작자의 역할까지 담당한다. 즉 팬들은 단순히 기획사들이 제작한 굿즈나 콘텐츠의 구매에서 한발 더 나아가 자발적으로 팬아트, 창작 영상물, 굿즈, 트위터나 SNS 글, 짤(이미지) 등 다양한 콘텐츠를 생산하면서 팬덤을 통해 창작자로서의 새로운 역할을 기꺼이 수행하고 있는 것이다(김윤지, 2023).

문화컨텐츠의 특성상 K-pop만큼의 팬덤을 형성한 것은 아니지만, 한류의 다른 축들인 영화와 드라마도 비견할 정도의 성과를 거두고 있다. 봉준호 감독의 영화『기생충』이 2019년 칸 영화제의 황금종려상과 2020년 미국 아카데미 시상식의 작품상과 감독상 등을 수상한 큰 업적을 남긴 것에 이어 2021년 넷플릭스의 한국 드라마『오징어 게임』(2021)이 세계적인 성공을 불러일으킨 것도 한류 열풍의 같은 맥락에서 이해될 수 있을 것이다.

이처럼 그리스월드의 문화 다이아몬드 모델은 한류 현상을 설명하기 위한 유용한 분석도구로 평가될 수 있다. 즉 디지털문화를 통해 변화하는 사회적 세계, 문화적 대상, 창작자 그리고 수용자는 개별적으로 존재하는 것이 아니라 서로 긴밀하게 상호작용하면서 정적인 대중문화의 분석이 아닌 동적인 대중문화의 변화과정을 적질하게 설명하고 있다.

제2부

한국대중문화의 변화

우리가 사회적 존재로 한 사회의 구성원으로 성장한다는 것은 약속이나 문화 속으로 들어감으로써 다른 사람과 소통이 가능해진다는 의미다. 이러한 문화는 한 사회의 집단이 오랜 세월을 두고 자연과 싸우면서 자연을 변화시켜온 물질적·정신적 과정의 산물이다. 이는 문화라는 것이 절대 고정불변하는 것이 아니라 역사 속에서 만들어진 것이며 역사와 함께 끊임없이 변화하는 뜻을 담고 있다는 것이다.

이를 바탕으로 등장한 대중문화는 '문화'와 '대중'이라는 개념을 통해 만들어지며 다수의 대중이 공통으로 쉽게 접하고 누리는 문화를 말하며 대중매체에 의해 만들어지고 확산되는 것이다. 이밖에 대중문화는 산업화로 인해 사람들의 삶의 수준이 많이 달라지고 교육의 기회 또한 많이 확대되어 이를 통해 사람들은 문화적 즐거움을 얻으려고 하면서 발달해 왔다.

한국대중문화는 특히 TV나 신문 등과 같은 대중매체가 발달하면서 널리 퍼지게 되었으며 한국에서 활발하게 전개되기 시작한 것은 1960년대부터다. 1970년대인 이 시기는 사업방송이 대거 개국했으며 많은 대중적 주간지들도 창간되었다. 뿐만 아니라 1960년대 초부터 시작된 경제개발계획의 추진으로 국민소득이 증대됨에 따라 문화 상품에 대한 구매력도 높아졌다. 이와 같은 토대 위에서 한국의 대중문화는 1970년대에 들어와 폭발적인 현상을 나타내게 되었다. 이러한 현상은 대중문화 매체들이 성장할 수 있는 바탕인 산업의 발전과 대중들의 오락 지향적 욕구의 상승에 기인한 것이라 할 수 있으며 대중문화는 다양한 지식과 정보를 제공하고 삶에 활력과 즐거움을 주어야 한다.

지금의 대중문화는 상품화된 문화를 통해 이윤을 창출할 수 있다는 점에서 상업성에 치우치고 있다. 그러다 보니 지엽적이고 선정적인 말초신경을 자극하는 오락성으로 흐르는 것들로 양산되고 있어 사회문제로 이어지고 있다. 여기에는 시대를 대표하는 다양한 문화 텍스트와 작가만이 아니라 이를 둘러싼 생산과 소비, 산업과 시장의 문제, 제도와 정책, 이데올로기적 지배와 저항, 기술과 매체, 세대 간 갈등과 차이, 대중의 일상적 삶과 저서 같은 문제들이 얽혀 있다.

따라서 2부에서는 대중문화의 시대적 변천 과정과 더불어 디지털 대중문화와 콘텐츠 시대를 열고 있는 다양한 문화 현상을 살펴보고 이를 통한 콘텐츠의 영향을 분석하고자 한다.

제4장

대중문화의 형성과 변천: 시대적 배경과 변화

우리는 지금 '한국의 대중문화' 속에서 살아가고 있다. 그래서 한국사회의 대중문화적 현실에 대한 관점을 세우고 이를 비판적으로 수용하며 창조적으로 실천하는 일이 아니라면 문화에 대한 정보와 문화이론에 대한 지식이란 의미가 없다. 우선 필요한 것은 한국에서 현대적 의미의 대중문화 현상이 형성·변화·발전해 온 역사적 과정을 짚어보는 것이다. 이러한 현대적 대중문화의 의미는 매스미디어의 도입과 함께 상품적 성격을 지니고 생산된 대중문화를 말한다. 왜냐하면 우리의 주요 관심사는 대중들이 즐기는 대중문화에 있고 그것의 뿌리는 일제강점기부터 만들어진 매스미디어 문화에 있기 때문이다.

4장에서는 이러한 대중문화가 일제강점기부터 근대화 시대를 넘어 2000년대에 이르기까지 시대적 변천 과정을 통해 어떤 변화를 가져왔는지 확인해 보고자 한다.

1. 일제강점기의 대중매체와 대중문화

1) 일제강점기의 대중문화

(1) 대중문화의 형성과 매스미디어의 도입

한국대중문화의 역사는 일제강점기부터 시작되었다고 볼 수 있다. 이 시기는 제국주의의 지배하에서 제한된 의미로 자본주의의 발전이 이루어지면서 자본가계급과 노동자계급의 분화와 성장이 이루어지고 무엇보다 현대적인 매스미디어가 도입되기 시작한 시기다.

1920년에 『동아일보』와 『조선일보』 등 대표적인 민간신문이 창간되었고 1927년에 콜롬비아, 1928년에 빅터 등 외국 음반회사의 지사가 설립되었다. 1933년에는 한국인에 의해 오케(Okeh)레코드사가 설립되었으며 1927년 2월 JODK라는 호출부호로 경성방송국이 최초로 라디오 방송을 시작하였다. 1923년에는 윤백남이 만든 『월하의 맹서』의 영화가 제작되었지만 이 영화는 조선총독부에서 저축장려를 목적으로 만든 영화였다. 그리고 한국인이 제작한 최초의 영화는 1924년 『장화홍련전』이었으며 당대의 천재 영화감독으로 알려진 나운규의 『아리랑』은 1926년 상영되어 큰 인기를 모았다.

한편 일제강점기에는 농촌을 기반으로 봉건적인 지주 및 소작관계가 여전히 광범위하게 유지되는 반면 전통문화의 위력이 강하게 남아 있었으며 매스미디어의 영향은 도시를 중심으로 일부 계층에 한정된 것이라고 할 수 있다. 하지만 양적으로 큰 비중은 아니더라도 문화산업적 생산과 자본주의적 상품 문화의 속성을 지닌 근대적 대중문화는 이 시기부터 급속도로 확산이 되며 뿌리를 내리기 시작했다. 그래서 일제강점기 대중문화의 성장과정은 문화적으로는 전통문화의 자생적인 근대화의 가능성을 차단하면서 일본을 통해 외래문화가 영향력을 확대해 가는 과정이었다. 정치적으로는 일제 식민지배를 용이하게 하는 이데올로기적 도구로서의 성격을 강화해 가는 과정이었다.

특히 근대적 대중문화는 대량 복제 기술을 기반으로 하며 구한말을 통해 근대적인 산문과 출판을 시작하게 되었으며 여기에는 사진이 소개되고 유성기가 들어왔다. 이는 영화, 음반, 방송 등 전자 기술을 통한 매스미디어의 도입인 일제강점기 특히 문화통치기인 1920년대에 주로 이루어졌다. 당시 농촌을 기반으로 전근대적인 전통문화의 위력이 강하게 남아 있었으며 근대 매스미디어의 영향은 도시를 중심으로 한 일부 계층에 한정되어 있었다. 그렇지만 양적인 비중이 크지 않다고 하더라도 문화 산업적 생산과 자본주의적 상품 문화의 속성을 가진 근대적 대중문화는 이 시기부터 빠르게 확산되어 뿌리를 내리기 시작했다.

따라서 일제강점기 대중문화의 성장과정은 문화적으로 전통문화의 자생적 근대화의 가능성이 차단되면서 일본을 통해 이식된 외래문화가 영향력을 확대해 가는 과정이었다. 이것이 정치적으로는 대중문화가 일제 식민지배의 도구로서 이데올로기 국가기구의 성격을 강화해 가는 과정이었다.

(2) 일제강점기의 대중문화의 흐름

일제강점기에 대표적인 대중문화는 '대중음악'이라고 할 수 있다. 이러한 '대중음악'은 일제강점기에 형성되었으며 상당히 대중적 위상을 확보했고 아직도 그 잔재가 남아 있다. 처음 음반이라는 매체가 대중적으로 알려지면서 대중음악 산업이 본격화된 계기는 윤심덕의 '사의 찬미'다. 일본에서 취입하게 된 사의 찬미는 가수 윤심덕과 극작가 김우진의 동반자살이라는 사건으로 대중들로부터 큰 관심을 끌었고 한국에 상륙한 일본 음반사업을 고무시켰을 뿐만 아니라 한국사회의 음반산업의 가능성을 확인시켜준 계기가 되었다.

또한 '대중음악'이 일본에 의한 강제병합 이후 일본 축음기 상회를 비롯한 외국의 음반회사가 들어와 서울에 지사를 설립하였다. 이를 통해 이들은 주로 신민요와 일본 번안 창가들을 발매했다.

특히 일제강점기의 대중문화사에서 중요히 다루는 음악형식은 바로 일본의 '엔카'[1]다. 이러한 엔카 형식이 주류를 차지하면서 우리 대중가요사에 중요한 계보를 형성했다고 할 수 있다. 초창기 대중가요의 대표적인 소재들은 '희망가', '낙화유수', '카츄사' 등 모두 일본 가요를 번안한 곡이었다. 이렇게 일본식 엔카와 일본식 트로트 리듬이 결합된 노래를 우리는 흔히 '뽕짝'이라고 불렀으며 이것이 초창기 '대중음악'의 한 형태다. 일본의 영향 속에 형성된 일제강점기 대중가요는 음악적 정서의 측면에서 일본식 문화와 정서가 폭넓게 자리잡는 계기가 되었다.

그래서 일제강점기 대중가요를 통해 읽을 수 있는 대중문화의 정서는 크게 두 가지로 나누어 살펴볼 수 있다.

첫째, 남녀 간의 사랑과 이별의 슬픔이며

둘째, 고향을 잃고 방랑하는 나그네의 설움이다.

이는 모두 식민지 상황의 비극성에서 비롯된 것이지만 해방이 된 이후에도 대중문화의 가장 중요한 정서적 내용으로 지속되었다. 당시의 이런 노래들은 식민지 백성의 뿌리 뽑힌 삶을 반영하며 당시 서민의 갈등과 고통을 감상적으로 드러낸다.

하지만 당대의 현실을 치열하게 받아들이며 고통을 극복하고자 싸워나가는 모습을 보이는 것이 아니라 무력감과 함께 고통을 받아들이고 체념하는 패배주의를 보여주며 이를 눈물로 해소하는 태도를 드러낸다. 이러한 패배주의적 자학과 신파적인 자기연민은 당시 대중가요가 일정하게 시대의 산물이면서 동시에 식민지배의 현실에 순응하는 이데올로기적 기제였음을 말해준다. 물론 이는 대중가요를 포함한 당대의 대중문화 산물들이 일제의 검열과 유·무형의 억압 속에서 존재했던 사실과 떼어놓고 생각할 수 없다.

또한 일제강점기에는 일제 당국에 의해 대중문화 산물에 대한 검열과 함께 금지와

1) 엔카: 일본의 대중가요의 장르이며 그 하나인 폭스트롯과 일본민요가 합쳐져 만들어진 장르로 1883년 무렵 일본에서 발생한 대중음악을 일컫는다. 메이지 시대였던 당시 일본에서는 젊은 지식인들에 의해 자유민권 운동이 활발히 이루어졌다. 그리고 민권운동을 부르짖던 지식인들은 거리에서 대중을 상대로 정치나 사회현실을 비판하며 자유민권 사상을 고취하는 연설을 하곤 했다. 그런데 연설 사이사이에 노래나 신파극을 무대에 올리곤 했는데 이때 부르던 노래를 '엔카'라고 하며 노래하는 예능인을 '엔카시'라고 불렀다(김창남, 2010).

압수 등 억압이 일상적으로 이루어졌다. 이는 해방 후에도 크게 달라지지 않은 채 지속되었다. 사실 일제강점기뿐 아니라 전 시대를 통틀어 대중가요의 가장 중요한 정서라고 할 수 있다. 그 원형은 일제강점기의 대중가요에서 형성된 것이다. 물론 시대에 따라 조금씩 그 내용에 변화가 있기는 하지만 흔히 트로트 가요의 특성을 비탄과 탄식이나 비애미라고 하는 것은 이 시대에 형성된 트로트 가요의 정조에서 비롯된 말이다.

또 하나 중요한 것은 일제강점기 대중가요에서 보이는 정서적 특징은 '망향의식과 나그네 정서'라고 할 수 있다. 조국을 빼앗긴 현실에서 비롯된 식민치하의 망향의식은 해방 후에는 국토분단으로 인한 실향의식으로, 다시 근대화 시대에는 이농과 도시화로 인한 탈향의식으로 변화하며 한국대중가요 정서의 주된 흐름을 형성한다.

(3) 일제강점기 대중문화의 정서와 검열정책

일제강점기의 대중문화 검열의 기본적인 틀과 내용은 광복직후는 물론 군사정권 시절까지 변함없이 지속되었다. 당시 총독부의 검열은 치안방해라는 명목으로 일제의 식민지 지배정책에 순응하게끔 하는 정치적 목적이 있었다. 이는 정치적 검열을 통해 일제지배에 저항하거나 현실을 부정적으로 인식하는 일체의 가능성을 차단함으로써 결과적으로 대중문화가 일제 식민지배의 충실한 도구 역할을 하도록 한 것이었다. 현실에 대한 비관적 표현이 불가능한 상황에서 당시의 대중가요는 대체로 망향과 실연을 노래하는 비관적이고 퇴영적인 정서의 노래가 주류를 차지하게 되었다. 여기에 대표적인 초기 대중가요에는 '희망가', '사의 찬미', '황성옛터'와 같은 노래는 모두 한없이 나락으로 떨어지는 듯한 비애의 정서로 당시 나라를 잃고 설움받는 대중의 정서를 다독여 주었다.

이와 더불어 식민지 현실의 삶을 긍정하고 찬미하는 노래나 일시적인 쾌락에 안주하는 내용의 노래가 또 다른 주류를 형성하였다. 여기에는 일제의 만주 침략을 찬양한 '복지만리'나 일제지배를 찬양한 '감격시대', 현실적인 쾌락주의를 보여주는 '세월아 네월아', '비단장사 왕서방' 같은 노래가 있었다. 이를테면 일제강점기 대중가요의 정서는 극단적인 비관적 정서와 극단적인 현실찬미의 정서라는 두 가지 형태로 대별된다. 이는 결코 건강한 모습이라 할 수 없으며 이러한 양상은 일제의 식민지배정책의 직·간접적인 결과라고 할 수 있다.

하지만 그 어떤 것도 조선총독부의 가혹한 검열법 아래 있었기에 '식민지 해방투쟁' 같은 반체제적 주제는 온전하게 드러날 수 없었다. 그렇기 때문에 예술가들은 다양한 은유와 상징으로 민족의식을 일깨우는 의도를 우회적으로 표현하려고 했다. 예를 들면 이규환 감독의 영화 「임자 없는 나룻배」(1932) 또는 이난영의 「목포의 눈물」(1935)은 한국 대중음악의 첫 번째 주류 장르로 부상하는 트로트의 대표곡으로 민중의 행간을 빠르게 읽어내는 감각을 발전시킨 대표적인 사례라고 할 수 있다.

2) 문화적 감각의 변화와 문화 소비층의 등장

대중문화의 소비를 이끌어 가는 세대는 무엇보다 젊은 세대이며 서구에서 발원해 일본을 거쳐 수입된 당대의 문화상품을 가장 먼저 받아들인 것은 주로 도시지역의 젊은 세대였다. 이들은 연애관이나 인생관에서 이전 세대와 분명 다르다. 도회지의 새로운 세대는 구한말에서 일제강점 초기를 주도했던 세대가 가지고 있던 계몽, 계급, 민족과 같은 문제의식에서 벗어나 있었다. 이들은 대중잡지와 자유연애, 서구적 패션 스타일에 관심을 가지고 이를 추구했다.

한편 1920년대부터 경성지역을 중심으로 생겨난 백화점, 카페, 잡화점 같은 근대 소비문화의 공간들이 새로운 주 무대가 되었다. 물론 서구문화에 열광하면서 패션과 소비를 추구했던 사람들은 젊은세대 가운데서도 극히 일부에 지나지 않았다. 이 소수의 젊은 세대로부터 소비문화의 근대적 주체가 조금씩 형성되기 시작했다. 이들의 소비문화는 새롭게 '부상하는 문화[2)]'였고 그만큼 사회적 관심의 대상이

2) 부상하는 문화(Emergent Culture): '부상하는 문화'는 새로운 아이디어와 실천으로 기존의 지배문화에 도전하는 문화를 말한다. 즉 영국문화연구의 비조 가운데 한 사람인 레이먼드 윌리엄스(Raymond Williams)는 그

되었다. 이들은 당대의 맥락에서는 다분히 경멸적이거나 비하적인 의미에서 모던 걸, 모던 보이라 불리었지만 이 용어가 본격적으로 등장한 것은 1927년이다(주창윤, 2015).

특히 1930년대는 한국에서 현대적 대중문화가 다양하게 등장하고 도시지역의 대중에게 크게 유행하면서 이른바 모던 보이와 모던 걸이라는 유행어가 등장했던 시기다. 이러한 모던 세대가 주로 활동했던 곳은 남촌이라 부르던 본정과 명치정 일대의 상가 지역이었다. 1930년대에 본정지역에 4개의 일본 백화점 3개가 있었고 본정과 명치정 일대에는 양복점, 양장점, 양화점 등 의류상점과 식료품점, 빵집, 과자점, 카페, 요리점, 음식점 등 다양한 상가들이 집중되어 있었다.

1926년에서 1931년 사이에는 시계점, 화장품점, 구두점, 양복점 등과 같은 소비상가와 음식점, 요리점, 카페, 제과점 등이 급속히 늘어났다. 이들 지역은 기본적으로 일본인 거주 지역이었고 상가의 상점 주인은 대부분 일본인이었다. 서구 자본주의와 일본문화 그리고 조선의 문화가 뒤섞이는 공간이었다. 일본인과 섞이어 근대적인 소비문화를 즐기는 모던세대에게 민족이나 전통 혹은 식민지 현실 같은 개념은 별 관심의 대상이 아니었다.

그래서 이러한 모던세대는 1920년대 후반부터 본격적으로 시작된 영화, 대중가요, 라디오 방송, 대중잡지 등 근대적인 미디어 문화상품을 가장 앞서서 수용함으로써 근대적 대중문화가 확산하는 데 큰 역할을 했다. 이들은 공적인 문제나 계몽적 의식보다 개인의 욕망과 충족에 더 많은 관심을 기울이며 문화 소비를 통해 정체성을 드러낸 첫 세대였다. 수적으로 많지는 않아도 그들의 문화는 동시대의 젊은 세대 전반에 많은 영향을 미쳤으며 한국의 대중문화가 식민지적 근대성의 틀 안에서 빠르게 성장하는 동력이 되었다. 이들이 만든 대중문화의 소비시장은 인천, 부산 등의 대도시를 중심으로 서서히 번지게 되었다. 그러면서 이를 노린 일본 회사들이 본격적으로 한국시장 공략에 나서며 이것이 지금의 한국 대중문화의 기반이 조성되었다.

의 주저 가운데 하나인 '마르크스주의와 문학'에서 한 시대의 문화가 지배문화, 부상하는 문화, 잔존하는 문화로 구성된다고 하였다(김창남, 2021).

이로 인해 모던세대에 대한 평가가 엇갈리는 부분이 있었다. 왜냐하면 당시의 모던세대들은 이전 시대에 천시되어 오던 '물질주의'와 '황금만능주의'에 찌든 속물이라는 평가를 받았기 때문이다. 가령 영화를 보고 패션을 따라 한다든지, 영화에 나온 과장된 연기를 실제 서양인들의 행동으로 착각하고 그것을 똑같이 모방한다든지, 이러한 일부 모던세대들의 몰지각한 행동으로 인해 당시의 많은 지식인들은 나라가 망한다는 쓴소리를 하면서 개탄을 서슴치 않았다.

3) 대중영화의 등장 및 대중가요의 개막

근대의 길목에 들어선 한국인들이 만난 가장 강력한 근대의 산물이 대중영화의 등장일 것이다. 영화는 서구의 발달 된 기술 문명의 경이를 시각적으로 구체화해서 보여준 것이다. 1910년대에는 일본 자본의 주도하에 경성고등연예관, 대정관, 황금관 등의 상설 영화관들이 생겨나기 시작했다. 또한 신파극과 전통 연희 중심이던 연예계에 영화가 중요한 흥행 종목으로 부상했고 일본 상업자본이 극장 산업을 주도하는 가운데 조선인 관객을 위한 조선인 전용 상설영화관이 생겨났다. 물론 이 영화들이 극장을 통해서만 상영되는 것은 아니었다.

한편 조선총독부가 주관하는 뉴스 실사 및 위생영화, 일본계 기업들의 홍보를 위한 무료 상영회, 신문사 또는 잡지사 등 사회단체, 병원, 교회 등이 주관하는 이동영사 및 순회 영사야말로 별다른 유흥시설이 없었던 농어촌의 대중이 영화를 경험하는 좋은 기회가 되었다. 이러한 영화는 1900년대부터 1910년까지 대부분 기생의 가무나 음악연주, 마술, 만담, 곡예 등으로 상영되었다면 1920년대 무렵에는 장편 드라마 영화가 본격적으로 수입되어 상영되었다.

1920년대 초에는 영화 관객이 통속 공연물과 신파극 등을 공연하던 연극장 관객의 두 배에 이르렀다. 이는 당시 경성지역을 포함한 경기도 인구가 200만 정도였다면 대략 절반의 인구가 영화를 1회씩 관람했다는 것이다. 대부분의 극장이 경성지역을 중심으로 형성되었음을 감안하면 이 무렵 이미 영화가 경성을 비롯한 도시인의 근대적 일상의 한 축을 형성하고 있음을 짐작할 수 있다. 또한 대중가요 시대에는 그 서막이 대중가요가 아닌 '유행가'란 말로 시작되었다. 유행하는 노래를 유행가라는 뜻으로 전해지지만 음반시장에서는 유성기 음반으로 나온 노래들 가운데 서양음악과 전통음악, 재즈송과 신민요 등을 제외한 통속적인 노래들을 의미하는 일종의 장르명처럼 사용되기도 했다.

이처럼 한국의 대중가요는 대부분 1920년대 말에 이르러 한국인의 대중가요 창작이 본격화 되기 시작되었다고 한다. 1929년 「세 동무」, 1930년 「봄노래 부르자」, 「유랑인의 노래」 등이 나왔다. 그 다음으로는 1931년에 「강남제비」, 「방랑가」, 「오동나무」 등의 많은 노래들이 발표되었다. 그래서 1930년대 초에 대중가요의 시대가 본격적으로 열렸다고 할 수 있다. 이러한 대중가요가 일제강점기에는 트로트와 신민요뿐만 아니라 재즈송이라 불리는 음악도 적지 않은 비중을 차지하였다. 당시 음반에는 표지에 유행가, 신민요, 재즈송같은 장르명을 표기한 경우가 많았다.

1930년대에는 음반산업이 활발히 발전하면서 악극단 배우나 가수들이 음반을 취입하기도 하고 음반회사들은 음반 판매촉진을 위해 악극단을 조직하기도 했다. 이후 악극단은 해방 이후에도 살아남았고 근대적 매체의 보급이 충분하지 않았던 1950년대까지 중요한 대중적 연예로 가능하지만 방송과 영화 등 현대적 대중문화가 발전하면서 차츰 쇠퇴하기 시작하였다.

2. 한국전쟁과 대중문화

1) 한국전쟁과 문화변동

한국전쟁은 한국 대중문화에 새로운 사조를 일으킨 동시에 새로운 억압도 낳았다. 한국전쟁 이후 이승만 정부는 반공을 국시로 내걸고 대중문화에 탄압을 가했다. 월북 작가의 작품은 모두 금지되었고 적성국가의 문화는 전부 접촉 불가였으며 이에

‘한국에서의 학살’을 그린 피카소도 포함되었다. 월북 작가들이 만든 대중가요는 금지되거나 작사자 및 작곡가의 이름이 바뀌어야 했으며 판매 금지나 방송금지 및 상영금지가 되었다. 문화검열은 이때부터 본격화되었다. 이렇게 정치권의 탄압은 1990년대까지 지속된 정치권력의 우위에 의한 것이었으며 검열도 정치권력이 경제권력에 밀리는 1990년대까지 진행되었다.

초창기 매스미디어 문화가 일본문화의 영향 아래서 성립되었던 것은 대중음악 및 영화방송 등 미디어 체계가 일본에 의해 도입되었기 때문이다. 예를 들면 대중음악은 일본의 엔카에 의해 초기 원형이 만들어지고 이후 오랫동안 일본식 음계와 정서를 가진 대중가요가 한국음악계에 주류를 이루어 왔다.

한편 광복에서 미군정 한국전쟁에 이르는 시기는 일본문화의 압도적 영향 아래 있던 한국의 대중문화가 미국문화라고 하는 새로운 외적 환경과 직접 대면하면서 새로운 구도로 재편되어 가는 과정이라고 할 수 있다. 해방과 더불어 시작된 미군정 시대부터 다분히 의도적이고 계획적인 방식으로 이루어졌다. 이는 당시 미 점령군이 방송을 직접 장악하여 관리했다는 사실에서 살 느러나 있나. 비군 하의 방송은 완전히 미군정청에 소속되어 일종의 국영체계로 이루어졌다. 그래서 방송을 매우 유용한 선전 수단으로 보았다고 할 수 있지만 이 시기는 라디오 보급이 적은 상황이라 한국 전반에 많은 영향을 미쳤다고 보기는 힘들다.

이러한 상황을 결정적으로 변화시킨 것이 한국전쟁이다. 전쟁은 매스미디어 체계가 잘 갖추어지지 않은 상황에서 다수의 대중이 미국문화를 직접적으로 대면하게 해 주었다. 무엇보다도 찬미 이데올로기를 내면화시켜 미국문화에 대한 맹목적 동경을 갖게 한 결정적 계기가 되었다. 이러한 한국전쟁은 무엇보다 냉전적 반공주의가 이 땅에 뿌리내리는 결정적 계기를 마련했다. 하지만 해방직후의 분단이 잠정적이고 유동적인 분단이었기에 전쟁후의 분단은 고정적이고 항상적인 구조로 정착되었다.

2) 미국문화의 유입과 검열제도의 고착

(1) 미국문화의 유입과정

한국의 대중문화는 전쟁 이후 주변국의 영향을 받아 성장하였고 해방으로 인해 조선은 다시 국권을 되찾았다. 하지만 독립의 기쁨도 잠시, 승전국인 미군이 한반도의 군정을 실시하면서 순식간에 미국의 대중문화가 밀려 들어왔다. 1948년 남한의 단독정부 수립과 1950년 한국전쟁은 남한의 미국 의존도를 심화시켰다. 이로 인해 전국적으로 형성된 미군 기지들을 중심으로 한 미국의 대중문화 콘텐츠는 한국 대중의 일상적인 배경이 되었다. 전쟁 직후 가장 대표적인 문화적 사건이 '맘보'와 '차차차'의 전국적인 춤 열풍이었다. 이는 전통적인 가정 윤리의 파괴로 이어져 사회적 파장을 불러일으켰고 이와 같은 춤바람에 힘입어 한국적 정서를 입힌 맘보와 차차차, 탱고와 블루스 같은 한국 오리지널 댄스 뮤직이 시작되었다.

하지만 일제강점기에도 미국을 비롯한 서양 대중문화의 유입은 이루어졌다. 개항기부터 서양 선교사를 통해 서양음악이 들어와 교회와 근대적 교육제도를 통해 확산되었다. 1920년대 말부터 1930년대 초는 재즈라는 이름으로 미국식 대중음악이 선을 보였고 미국과 유럽의 영화가 수입되어 상영되었다. 이들 서양영화의 인기가 일본영화보다 인기가 높은 것으로 나타났지만 이 문화가 직접적 문화접촉이라기보다는 일본이라는 또 다른 문화권을 통해 매개된 형태로 유입되었다고 할 수 있다. 광복 이후에는 미군이 진주하면서 미국 문화와의 접촉은 좀 더 직접적이고 본격적인 방식으로 이루어졌으며 방송을 통해 미국음악이 흘러나오고 극장가에는 미국의 영화가 본격적으로 진입을 하였다.

이렇듯 전쟁을 통해 만난 미국은 우리의 은인이었을 뿐 아니라 풍요롭게 사는 나라였으며 잘 사는 나라였다. 전후의 많은 대중가요에서도 드러났듯이 영어 가사나 미국적 풍물이 등장하는 것은 기본적으로 미국적 삶을 모방하고 닮고 싶은 대중의 욕망을 드러낸 것이다. 당시 대중에게 미국의 문화와 문물을 빨리 받아들이는 것은 세상의 흐름을 그만큼 앞서가는 것이었고 더 나은 삶의 수준으로 올라가는 것이었다.

이는 신분상승을 의미하기도 하였으며 전후에 형성된 이러한 대중적 심리는 오랫동안 지속되며 문화적으로 꾸준히 재생산되었다.

특히 1960년대는 1950년대와 달리 서구적 삶의 방식이 익숙하고 안정적인 모습으로 양상화 되었다. 이후 미국을 통한 팝 문화의 유입 또한 매스미디어의 발달과 함께 좀 더 직접적이고 다양한 방식으로 이루어졌다. 나아가 한국 대중음악 문화 전반에 중요한 외적 변수로 작용해 왔다. 이로 인해 사회의 가치 기준이 일본에서 미국으로 바뀌면서 벌어지는 정체성의 혼돈은 대중문화 전반에 깊은 흔적을 남기게 되었다.

(2) 검열제도의 고착

남북이 군사적으로 강력하게 대치하고 있는 상황은 반공주의 이외의 어떠한 이념도 허용하지 않는 경직된 이데올로기 체제를 정당화하는 근거가 되었다. 권력은 이를 정권안보와 장기집권을 위한 수단으로 활용해 왔다. 이는 대중의 삶에 큰 영향력을 행사하는 대중문화가 첨예한 정치적 통제의 대상이 된 것은 당연한 것이었다. 당시에는 다양한 형태의 검열이 이루어졌고 판매금지, 방송금지, 상영금지 등 대중문화의 정상적 유통을 가로막는 통제와 금압이 지속되었다.

보다 중요한 것은 그러한 정치적 검열이 거듭되면서 대중예술인 스스로 자신의 상상력을 통제한 자기검열의 메커니즘을 내면화하기에 이르렀다는 것이다. 전쟁의 참화를 직접 경험한 당시의 대중예술인들이 반공주의적 시책에 이의 없이 동조한 것은 자연스러운 일일 수밖에 없었다. 하지만 경직된 반공주의적 검열은 이념적으로 문제가 없는 작품에 대해서도 집요하고 가파른 통제의 잣대를 들이댔다. 그 결과 수많은 작품이 삭제 및 금지되거나 용공 혐의로 고발되는 수난을 겪게 되었다.

대중음악도 마찬가지로 1950년대 말 「물레방아 도는 내력」이 자유당 정권을 비판했다는 이유로 수난을 받았고 박정희 정권하에서는 검열이 한층 조직화 되면서 수많은 금지곡이 양산되었다. 이러한 검열의 메커니즘은 1960년대 이후 1980년대 후반까지 확대 또는 강화되어 왔다. 이는 많은 대중예술인들에게 무의식적인 자기검열의 습성을 심어 주는 계기가 되었다. 이와 더불어 대중문화에 대한 정치적 통제는 사실 광복 후 40년이 넘어 지속된 국가주의적 체계의 한 측면이기도 하다. 왜냐하면 지난 수십 년간 한국사회를 이끌어 온 가장 강력한 권력의 주체가 정치권력이기 때문이다.

이는 정치와 경제뿐 아니라 대중의 가장 일상적인 삶의 세계와 무의식의 세계까지도 통제하려 했다. 대중문화에 대한 검열은 그러한 통제의 가장 중요한 단면이 된 것이다. 이를테면 한국전쟁은 한국 대중의 의식구조 깊은 곳에 자리 잡으면서 정치권력의 입장에서는 언제든 그것만 건드리면 모든 것을 정당화할 수 있는 일종의 정치적 안전핀과도 같은 역할을 해 온 것이다. 이후 정치적 민주화와 함께 대중문화에서 개방과 자유주의의 물결이 일기 시작한 것은 어쩌면 우리의 사고가 전형적인 전쟁의 기억에서 조금씩 자유로워지기 시작했다는 의미일 것이다.

3) 문화산업 및 대중가요 시장의 변화

(1) 대중가요 및 레코드 산업

전쟁 중에도 노래는 만들어지고 불리어 왔으며 그렇다고 새로운 음악의 생산이 평시만큼 활발할 수는 없었지만 여건이나 제작기술이 열악했어도 전쟁의 상처와 고달픈 삶을 달래주는 노래들이 있었고 대중들은 그러한 노래들에 호응해 왔다. 전쟁이 끝난 후 부산과 대구로 모였던 레코드 산업은 다시 서울로 중심을 이동하였다.

1955년에는 킹스타 레코드가 개업했고 전쟁 중에 한복남이 부산에 설립했던 도미도 레코드까지 6개의 주요 음반사가 1950년대 음반산업을 이끌어 갔다. 대중음악 산업의 중심은 레코드 산업과 라디오를 중심으로 모여지기 시작했다. 전쟁의 폐허를 채 벗어나지 못한 데다 분단으로 인해 시장 자체가 반토막 난 상황이라 음반시장의 규모는 일제강점기에 비해 크지는 않았다. 하지만 방송 수신층이 확대되고 음반산업이 재건되면서 조금씩 대중음악 시장은 활기를 되찾기 시작했다. 가수들은 주로 음반회사의 가요 경연대회나 방송국의 전속 가수로 경력을 쌓아가는 경우가 많았다.

1950년대에는 대중음악 시장에서 전쟁과 분단을 소재로 한 노래들이 많이 나왔으며 이러한 노래들은 여전히 인기를 끌었다. 여기에는 흥남 철수를 배경으로 한 「굳세어라 금순아」, 「이별의 부산정거장」, 「단장의 미아리고개」 등이 있었다. 피난살이의 기억을 담고 남북의 비극을 다룬 노래들은 많은 인기를 모았다. 이외에도 실향민의 정서를 노래한 「꿈에 본 내고향」, 「삼팔선의 봄」 등의 곡들도 많이 쏟아져 나왔다. 이 시절의 노래들은 일제강점기의 트로트 양식이 가진 음악과 정서적 특징을 가지고 있었으며 이 시대를 거치면서 조금 더 본격적으로 외국 음악의 양식을 모방한 노래들도 다양하게 등장하였다.

(2) 문화산업과 대중가요 시장의 성장변화

전쟁이 끝난 후 영화판 사정은 열악하였고 영화제작 설비도 충분하지 않아서 그나마 주요 시설들이 주한미군 공보부에 속해 있었기 때문에 이들을 통하지 않고는 영화제작이 어려웠다. 그래서 영화인들은 주한미군 공보부에 기자재를 빌리기 위해 줄을 서기도 했다. 휴전 휴 미국의 직접적인 경제원조가 이루어지면서 자유당 정권의 부패에도 불구하고 사회 전반의 경제 상황은 조금씩 나아지기 시작했으며 전쟁으로 인해 바닥을 치기는 했지만 그나마 호전되기도 했다. 영화판도 마찬가지로 일부 기업인들은 정부와 긴밀한 관계를 맺고 은행의 대출을 받아 저간 극장이나 시설을 싸게 불하받아 영화 산업에 뛰어들었다. 이에 영세한 제작자들은 명동의 다방을 거점으로 삼아 돈 많은 투자자를 만나거나 배우와 감독에게 연락하기도 했다.

1950년대에는 충무로가 영화 중심지가 되고, 영화사들은 충무로에 사무실을 내고, 시나리오를 완성할 때까지 머물 수 있는 작가들의 숙박업소가 늘고, 배우들을 위한 미용실, 양장점, 연기학원 등이 자리를 잡기 시작했다. 이후에도 한국영화가 성장세를 탈 수 있었던 것은 국산영화 입장세 면세조치가 정책적인 호재가 되었기 때문이다. 하지만 1950년대 중후반을 기점으로 한 영화제작 편수가 늘고 영화시장의 규모가 커지기는 했지만 근대적인 제작 구조가 형성되거나 합리적인 산업화가 이루어지는 것과는 거리가 멀었다. 그렇기 때문에 한탕을 노린 영화들이 흘러들어오고 그로 인한 영화 제작이 활성화 되고 그래서 외형적인 활기가 나타나기 시작했다. 이 밖에도 문화적 산물이 여러 가지 형태로 상품화되어 부가가치를 생산하는 현상 자체가 오래전부터 나타났으며 일제강점기에 등장한 신소설 또는 근대소설이 영화 혹은 연극의 형태로 상품화된 사례는 적지 않게 나타났다.

1950년대는 대중소설이 본격적으로 등장하고 그 중 상당수가 영화화되면서 또 다른 부가가치를 창출하는 사례들이 활발하게 나타난 시기였다. 이와 더불어 전후 1950년대 중반부터는 라디오 방송의 외형적 성장도 두드러지게 나타났다. 전쟁으로 파괴된 방송시설을 복구하고 송신시설을 보강하면서 방송시간이 늘어나고 일반대중 대상의 방송, 대북방송, 해외방송 등 공보 성격의 방송으로 나누어졌다.

이와 더불어 정부는 수신 시 보급을 확대하기 위해 앰프촌 설치작업을 하기도 했으며 미국의 원조로 그나마 경제가 조금씩 나아가고 있을 무렵 문자 해독층이 증가하면서 출판 시장이 성장하기 시작했다. 잡지 창간도 줄을 이었고 이로 인한 독서인구가 가진 한계로 식자층 잡지일 수 밖에 없었던 것과 달리 1950년대 후반에는 지식인층과 구별되는 서민 독서인구도 늘어났다. 이와 함께 오락잡지가 붐을 이루기도 했다.

이러한 대중문화의 변천과정이야말로 일제강점기의 영향으로 인해 주로 일본 문화 속에서 형성되었다. 반면 해방 후 미군정기와 한국전쟁, 그리고 1950년대를 지나면서 한국 대중문화는 급속히 밀려 들어오는 미국을 비롯한 서구 대중문화의 영향을 받게 되었다. 특히 한국전쟁은 다수의 대중들에게 미국에 대한 맹목적 친밀감과 미국 문화에 대한 동경 심리를 형성하게 된 계기가 되었다. 이는 전쟁과 분단을 겪으면서 대중문화 전반에 친미주의와 반공주의의 이데올로기가 뿌리 깊게 자리 잡게 되었다.

3. 근대화 시대의 대중문화

1) 매스미디어 체제의 형성과 발전

한국정부의 1960년대의 시작이야말로 4·19혁명의 결과로 민주당 정권이 수립되었지만 불과 1년 만에 5·16군사정변으로 무너지게 되면서 시작되었다. 이후 한동안은 민주주의적인 사회 분위기가 형성되는 듯하면서 다양한 문화적 시도가 이루어졌다. 그 시기에 최인훈은 분단문학의 뛰어난 성과로 꼽히는 소설 '광장'을 발표했으며 영화감독인 유현목은 '오발탄'이라는 한국 리얼리즘 영화의 걸작을 내놓았다. 이때 박정희 정권은 반공 및 근대화 이데올로기를 확산시키기 위해 매스미디어 도입에 적극 나섰다. 여기에는 상업방송인 『문화라디오』(1961), 『동아라디오』(1963), 『동양라디오』(1964), TV(『TBC』, 『KBS』, 『MBC』) 등이 등장하게 되면서 본격적인 TV 시대가 개막되었다.

이는 매스미디어 체제의 완비와 미디어 보급이 빠르게 확산하여 대중문화의 생산이나 유통 및 소비의 구조적 기반이 완성되었음을 의미하였다. 차츰 1차 산업의 비중이 줄고 2차 산업, 3차 산업의 비중이 늘어나게 되면서 농촌 인구의 광범위한 이농과 대도시 집중이 이루어지게 되었다. 그래서 대도시를 중심으로 대중문화의 소비 공간이 확장된 것도 중요한 요인이 된다.

또한 1960년대에는 군사정권에 의해 급속한 산업화와 근대화 정책이 추진되면서 매스미디어가 확산이 되었다. 1968년 『선데이서울』이 창간된 것을 비롯해 대중적 주간지들이 속속 등장하면서 본격적인 대중문화의 시대가 열렸다. 그와 함께 대중문화는 한층 강력한 정치적 통제의 대상이 되었다. 박정희 정권에서 전두환 정권에 이르는 군사정권 기간 정부는 다양한 검열 기구를 통해 대중문화에 대한 사전 사후 검열을 시행했다.

특히 영화 필름은 검열의 가위질에 의해 재단이 되었고 많은 대중가요들이 금지곡으로 지정되어 대중들이 향유할 수 없도록 하였다. 당시 정부 정책을 찬양하는 관제 대중문화들이 육성되기도 했다. 하지만 대중가요 음반에는 정부에서 지정한 건전가요 가운데 하나가 반드시 들어가야 했고 유신 정권의 정책을 찬양하는 영화를 우수영화로 지정하여 영화 제작사에 외국영화 수입권을 주기도 했다.

2) 1970년대 매체의 보급과 현황

1970년대 들어서면서 한국사회는 대중사회의 성격을 띠게 되었다. 1960년대 초부터 박정희 정권에 의해 추진된 수출 주도의 고도성장 정책이 일정한 성과를 얻게 되었다. 이와 함께 한국사회는 본격적으로 상품화된 대중문화의 시대로 접어들었다. 이는 대중문화 산업의 소유주 혹은 광고주로서 절대적인 영향력을 지닌 독점자본이 확대되었다. 그리고 매스미디어 체제의 완비와 함께 미디어의 보급이 빠르게 확산됨으로써 대중문화의 생산 또는 유통의 구조적 기반이 완성되었음을 의미한다.

또한 1970년대 주요 매체의 보급 실태는 증대하는 상황이었고 당시의 매스미디어 보급이야말로 엄청난 속도로 이루어졌다. 특히 1970년에서 1979년까지 라디오의 보급은 3.7배, TV의 보급은 15.7배로 늘었다. 매체 보급의 확대는 독점자본의 입장에서는 광고시장의 확충을 의미하는 것이었고 대기업 광고비의 증가는 매스미디어 산업에서 독점자본의 영향력이 그만큼 커진다는 것을 의미했다.

이렇게 문화산업에서 독점자본의 영향이 커진다는 것은 대중문화의 상업주의적 경향이 그만큼 강화된다는 것을 의미한다. 대기업의 논리에 의하면 가장 잘 팔리는 상품을 생산하고자 하는 것이 대중문화 시장이다. 이는 표피적이고 감각적이며 향락적인 문화가 범람하게 된 중요한 원인이 된다.

하지만 아이러니한 것은 1970년대의 대중문화는 유신체제의 강화를 위한 도구의 성격을 강하게 띠고 있었다는 것이다. 드라마에서는 애정의 삼각관계, 처첩 간의 갈등의 탈 사회적 내용과 코미디의 만담식 웃음거리, 영화의 청소년 물이나 호스티스물로 상업주의와 향락주의 경향이 강화되었다는 것이다. 하지만 대중문화의 향락주의와 금욕주의적 가치관을 내세우고 서구지향적인 대중문화에 대한 전통문화 보호를 방패로 삼았던 것은 가부장적인 개발 독재에서 나타난 모순적이면서도 상호보완적인 관계를 지닌 것으로 해석될 수 있다.

3) 대중문화에 대한 국가의 개입 및 통제

근대화 시대의 대중문화는 매스미디어의 보급과 함께 확산하면서 그에 대한 규제와 검열장치도 함께 강화되었다. 대중문화에 대한 검열은 반드시 정치나 사회적 내용에 관해서만 이루어지는 것은 아니었다. 정치성과 함께 중요한 검열의 기준은 퇴폐·외설·폭력의 문제로 모아진다. 영화 검열의 시행규칙에도 잔인한 묘사라던가 사살행위 장려의 우려 또는 육체적 과잉노출과 선정성 등이 포함되어 있었다. 하지만 지극히 표피적인 수준의 표현을 문제 삼는 검열의 관행은 오히려 대중문화 전반의 선정성에 대한 욕구만을 광범위하게 부풀렸고 오히려 건전한 대중문화의 입지를 더욱 좁히는 결과를 낳게 되었다. 이는 정치적 상황과 사회 전반의 분위기가 경색되고 억압적으로 되어갈수록 쾌락주의의 경향이 더욱 확산되었다.

또한 대중문화에 대한 사전검열을 시행하기 위해 심의기구가 만들어졌으며 여기에는 영화윤리위원회, 방송윤리위원회, 예술윤리위원회 등이 있다. 이 기구들은 이후 이름이 바뀌기도 하고 통폐합되기도 하는 등 시대에 따른 변화를 겪게 된다.

이렇게 대중문화에 대한 국가권력의 개입과 검열은 유신체제로 접어들면서 더욱 적극적이고 억압적으로 되어 갔다. 이를 통해 지배구조의 물리적 강화를 도모하게 되며 문화예술에 대한 개입도 강해지고 이는 체계적인 형태로 나타났다. 1973년 공표된 제1차 문예진흥 5개년 계획이야말로 바로 이러한 문화정책의 기조를 나타내 보인다. 그리고 1970년대 중반 이후 긴급조치가 남발되면서 사회 분위기가 극도로 경색되어 갔다. 이와 함께 대중문화는 더욱 억압적인 통제하게 놓이게 된다. 폭넓게 확산되어 가던 청년문화의 맥이 끊어진 것도 이러한 맥락에서다.

이와 더불어 유신정권은 TV 프로그램 편성에서도 규제를 강화하였고 방송윤리위원회를 법정기관으로 하고 제재 규정을 강화하기도 했다. 하지만 대중문화의 향락주의와 문화정책의 엄숙주의는 때에 따라 모순으로 보이기도 하지만 이는 한국사회의 역사적 특성과 관련한 필사적으로 생겨날 수 밖에 없는 동전의 양면과도 같다. 이것은 정당성이 부족한 권력과 그 권력의 비호속에 성장하는 독점 자본주의 체제가 안정적으로 유지되기 위해서는 대중의 탈 의식화가 어느 정도 요구되기 때문이다.

4. 1980년대의 대중문화

1) 1980년대의 대중문화정책

1987년 6월 시민항쟁 이후 한국사회가 급속히 민주화되면서 대중문화 정책을 둘러싼 환경도 급변하기 시작했다. 이데올로기 정치적 검열이 약화하고 시장과 자본의 힘이 상대적으로 커졌다. 또한 정보통신 기술의 급속한 발전과 대중문화를 생산하고 유통하는 미디어가 빠르게 늘어났다. 이는 문화산업과 시장의 규모가 급성장하기 시작했다는 결과가 된다.

1980년대의 대중문화정책에서 빼놓을 수 없는 것은 제5공화국의 문화정책이다. 이 문화정책은 다음과 같은 특징으로 요약하고 있다. 먼저 물량주의와 업적주의다. 정권이 안고 있는 정통성의 약점을 해소하기 위해서 대규모 국제행사 같은 눈에 띄는 업적을 내놓지 않으면 안 되기 때문이다. 다른 하나의 특징은 강압적이고 폭력적인 방법과 비폭력적이고 간접적인 방법을 교묘히 섞고 있다는 점이다. 이는 1970년대를 거치면서 물리적인 폭력으로는 국민을 통제할 수 없을 만큼 국민들의 의식은 성장했고 집권 초기의 폭력성이 워낙 크게 국민들의 가슴에 각인되어 있던 터라 폭력적으로는 지배가 쉽지 않았기 때문이다.

또한 1980년대의 정권시절은 정치적이거나 사회비판적인 대중문화는 철저히 탄압했으며 소비적이고 향락적인 대중문화에 대해서는 방관하는 문화정책을 펼쳤다. 그 결과 강남의 유흥가가 발달하면서 향락 문화가 번성했고 경제성장과 더불어 10대 청소년 계층이 중요한 대중문화 소비자로 등장하기도 했다. 이렇게 1970년과 1980년대에는 군사정권의 억압에 저항하는 사회운동과 문화운동이 활발하게 벌어졌다.

특히 1980년대에는 다양한 민족문화운동 단체가 등장해 상업적 대중문화와 다른 문화 산물들이 제도권 미디어와 구별되는 독자적 유통망을 확보하였다. 이는 10대 청소년들의 문화가 대중문화 시장의 주류로 떠오르면서 컴퓨터와 인터넷의 발달과 함께 디지털 문화, 온라인 문화, 모바일 문화가 대중문화의 중요한 영역으로 부상을 했고 이에 따라 대중문화 산업 전반이 크게 변화했다. 여기에는 비디오, 음반 등 패키지 형태의 문화 상품을 파는 산업이 현저히 약화되었다. 반면 온라인과 모바일 등 통신망을 통한 문화 유통의 비중이 커지면서 산업의 구조가 달라졌고 그와 함께 대중의 일상적인 문화 수용이나 소비 방식도 크게 달라졌다. 이 시기 대중문화의 특징은 향락주의였다.

이후 컬러 TV 방송이 등장하고 비디오기기, 전자게임 등이 빠르게 확산하였으며 이 시기에 성장한 세대들은 1990년대의 영상 시대를 이끈 첫 영상 미디어 세대가 되었다. 이처럼 제5공화국인 1980년대의 문화정책은 물량주의와 업적주의로 소비적 대중문화는 양적으로 많은 성장을 하였고 저변에는 독점 대기업의 이익에 대한 노골적인 배려로 대기업의 문화분야 진출을 본격화시켰다.

그리고 박정희 정부 때부터 이어진 고도성장은 갈 데 없는 자본을 시중에 유통시켰다. 이는 경제활동에서 접대의 필요성 증대와 아노미 현상은 이 자본을 유흥산업에 불어넣었다. 이에 대한 정부의 일차적 대응은 탄압이었지만 동시에 전두환 정권은 국민 우민화를 위해 이 시기 대중문화를 스포츠(Sports), 섹스(Sex), 영화(Screen)로 대표되는 3S 정책을 밀면서 외설적이고 향락적인 문화 콘텐츠에 대한 통제를 완화하였다. 이를 통해 에로영화의 붐(1982년)이 시작되었고 불법 비디오와 외설 영화, 유흥업에 대한 시비가 1980년대를 거의 채웠다고 해도 과언이 아니다.

2) 민주주의 이행기의 대중문화

1980년대 후반부터 가속화된 시장개방의 압력은 세계보건기구(WHO) 체제의 등장으로 문화시장의 국제화와 함께 대자본의 문화산업 지배를 가속화하였다. 이때 등장한 10대 청소년 문화와 함께 신세대 문화는 새로운 감성과 영상 감각을 지닌 세대의 문화를 대변하였다. 이는 글로벌한 감성과 소비문화의 실천이라는 요인이 복잡하고 다면적인 구조로 변화시켰다. 대중문화의 쾌락주의적 경향은 영화나 음악, 광고 또는 드라마 등의 성과, 육체에 대한 감각적이고 오락적인 접근과 새로운 세대의 문화적 표현은 소비산업, 문화산업의 희생양이 되기도 했다.

하지만 IMF 사태 이후 문화산업의 경제적 가치 생산에 대한 욕구가 등장하면서 대중문화의 상업주의가 옹호되기 시작했고 이후 김대중, 노무현 정권의 보수적인 시장주의 강화는 문화적 공공성이 축소되는 경향을 보였다. 대중문화의 공간을 장악할 수 있는 것은 정치권력이 아닌 문화산업과 대중 사이의 끊임없는 갈등과 투쟁 또는 타협이라는 것이다.

이와 더불어 1980년대는 올림픽 유치라는 사회적 환경의 변화에 발맞추어 한국의 대중문화가 산업적 기틀을 갖춘 시대다. 비로소 '문화산업'이라고 불릴 만한 시장 체계가 갖추어졌고 컬러 TV의 등장과 보급은 '오빠부대'라는 신풍속도와 함께 10대를 문화 소비의 강력한 주체로 만드는 데 기여했다. 그래서 1980년대의 10대 세대야말로 1988년 서울올림픽 이후 등장한 X세대의 기틀이 된다.

이러한 청소년 문화의 대두는 대중음악에 여러 영향을 끼쳤다. 트로트 중심의 가요시장은 트로트와 발라드, 댄스로 삼분되었고 가창력보다 춤과 외모가 중시되는 비디오형 가수가 양산되기 시작했다. 노래의 형식은 서구의 팝과 거의 유사해졌지만 실제로 팝 음악도 유행을 타기 시작했다. 특히 남성 인기스타에게 광적으로 열광하는 오빠부대의 소녀 팬들은 1980년대부터 사회의 주된 문화 현상으로 등장하였고 본격적인 국내적 오빠부대는 '조용필 팬덤'을 그 시초로 본다.

이렇게 대중문화의 주요 소비자로 등장한 10대 청소년들은 문화의 소비자로 등장하였고 이들을 중심으로 점차 대중문화가 재편되었다. 1980년대부터 청소년 취향의 댄스 음악이 대중음악의 주류로 등장하기도 했으며 이와 더불어 청소년 드라마도 이때부터 등장하였다. 이러한 상황은 1990년대에 이르러 더욱 심화하기도 했다.

3) 소비문화의 성장과 문화적 저항

(1) 소비문화의 성장

컬러 TV 방송이 본격적으로 시작되었던 시기는 신군부 정권이 들어선 지 얼마 지나지 않아서다. 1961년 박정희 군사정권이 느닷없이 TV 방송을 개국했던 것을 떠올리게 하는 또 한번의 군사정권의 선물 같았다. 컬러 TV의 보편화와 함께 대중의 미디어 생활에서 TV의 비중은 더욱 커졌으며 대중의 미디어 접촉량은 계속 늘어났다. 반면 라디오나 신문, 잡지에 투여하는 시간은 오히려 줄게 되었다. 이렇게 컬러 TV는 대중의 일상적 감각을 바꾸어 놓았고 두발자율화 및 교복 자율화 등과 맞물리면서 세상은 점점 더 감각적이고 화려해지기 시작했다. 방송 스튜디오에서도 마찬가지로 화려한 의상, 화려한 분장으로 색감을 채우며 대중의 소비심리를 자극했다.

이와 더불어 프로야구 리그의 출범이 미국과 일본에 이어 세계에서 세 번째로 이어졌다. 이는 스포츠대통령 또는 스포츠공화국이라는 수식어가 만들어지기 시작했다. 전두환 정권이 프로야구를 비롯한 프로 스포츠리그를 출범시킨 것은 86아시안게임과 88올림픽을 앞두고 있어 사회통합을 위한 시도라고 본다. 특히 프로야구의 인기에는 미디어의 전폭지원이라는 뒷받침이 있었다. 정부에서는 신문에 스포츠면을 100% 이상 늘리도록 하였고 각 방송채널은 스포츠 프로그램의 비중을 대폭 높이기도 했다. 프로야구를 비롯한 당대의 소비적 스포츠가 억압된 대중의 욕구를 대리 배설해 줌으로써 권위주의적인 체제를 유지하는 데 기여했다.

또한 비디오 문화에 관한 VCR 보급이 늘고 이로 인한 비디오 대여점이 빠르게 늘어났다. 당시 공식적으로 불량·불법 비디오라 불리던 영상물들은 정품 비디오를 복제하고 국내수입이 금지된 성인용 영화이거나 극장 상영 중이거나 상영예정인 영화 등은 판권 없이 들여온 외국영화 같은 것들이다. 특히 해외에서 들어온 포르노그래피는 비디오 대여점 내 구석에 숨겨진 채 은밀하게 대여되면서 대여점의 주된 수입원이 되기도 했다.

이러한 비디오를 비롯해 폭력과 에로 및 향략의 산업화가 지속되었으며 비디오 산업이 확산되면서 극장 영화시장은 더욱 위축되었다. 1980년대 초 한국 영화시장은 사상 최악의 불황을 겪기도 했다. 왜냐하면 비디오가 보편화하기 때문에 굳이 극장에 가서 영화를 볼 필요가 없었던 것이다. 따라서 1980년대를 특정짓는 것은 새로운 수용자로서 10대들의 목소리가 점점 커지고 있었다는 사실이며 이러한 10대 청소년들은 단지 대중음악만이 아니라 소비문화 시장 전반에서 중요한 소비집단으로 자리매김하고 있었다. 이로 인한 신세대의 소비문화 확산이 시작된 것은 1980년대 후반부터 단초를 보이고 있었다.

(2) 문화적 저항

문화예술의 사회적 역할에 주목하고 지배적인 문화적 문법에 저항하는 새로운 대안에 대해 본격적으로 고민하기 시작한 것은 1960년대의 지식인들이다. 이들을 통해 민족 문학 담론이 활발히 논의되기 시작했고 당대의 현실을 고발하고 비판하며 풍자하는 문학작품들 또한 줄줄이 이어져 나왔다.

1980년 광주항쟁의 역사는 사회의 근본적 변화를 위한 문화 활동의 방향을 고민하는 예술인들이 늘어났다. 탈춤과 마당극 등 1970년대부터 시작된 연행예술운동은 물론 미술, 음악, 영화 등 문화예술 전 분야에 걸쳐 진보적이고 저항적인 활동이 싹트기 시작했다. 이는 1980년대 중반을 거치면서 조직적인 틀을 갖춘 문화운동으로 발전했다. 이러한 문화운동의 흐름에서 중요한 역할을 한 것이 부정기간행물인 MOOK(무크)의 활발한 간행이다. 진보적인 비평활동의 요람이었던 창작과 비평, 문학과 지성 등 주요 잡지들이 강제폐간이 되고 정기간행물 창간이 사실상 불가능한 상황에서 다양한 장르 형식의 MOOK가 발간되었다. MOOK는 잡지와 단행본의 합성어로 잡지 형식이 부정기적으로 발간되는 출판물을 의미한다.

1984년에는 문화운동 단체의 연합조직인 민중문화운동협의회가 결성되었고 1988년에는 다양한 분야의 예술인 839명을 발기인으로 한국민족예술인총연합이 결성되기도 했다. 이들은 여러 분야의 문화단체들과 함께 다른 분야의 사회운동 단체와 연대하며 조직적인 문화운동을 펼쳐 나갔다.

또한 1980년대는 문화운동을 통해 많은 마당극 공연이 이루어졌고 수많은 민중미술 작품이 탄생을 했으며 이 중 가장 대중적인 성과를 거둔 것이 '노래'였다. 노래는 어떤 매체보다 정서적 친화력이 강하고 대중적 확산력이 뛰어난 까닭에 오래전부터 어느 사회에서든지 정치와 밀접한 관련을 맺어 왔다. 이러한 노래야말로 1980년대 중반 이후 다양한 노래패들이 민중가요 테이프 제작 활동을 벌였고 많은 민중가요 창작자들이 비합법 테이프 제작과 현장공연 등을 통해 민중가요 보급에 나섰다. 이 가운데 적잖은 노래들이 대학가와 노동현장에서 많은 사람들에게 불리어졌다. 이는 1980년대 내내 민중가요를 사람들에게 널리 알리는 데 크게 기여했고 많은 운동단체의 활동비를 마련하는 토대 역할을 하였다.

5. 1990년대의 대중문화

1) 신세대 문화의 소비문화적 성격

1990년대 문화에서 가장 중요한 주제로 떠오른 것이 신세대 문화다. 문민정부의 등장을 전후한 시점에서 주로 압구정동 오렌지족이라 불리는 중산층 신세대의 소비문화를 겨냥하여 시작되었다. 이렇게 시작된 신세대 문화 논쟁은 한동안 1990년대 문화지형을 가늠하는 중심 주제로 떠오르기도 했다. 하지만 신세대 문화는 일부 계층의 과시적 소비문화와 일탈적 가치관으로 환원될 수 있는 것은 아니었다. 신세대

문화는 1980년대 이후 사회문화적 변화 가운데 성장하면서 새로운 감성과 감각을 지니게 된 새로운 세대의 문화다. 이들의 문화가 관심의 대상으로 떠오른 것은 그들의 감성과 문화적 감각이 기성세대와는 많은 차이를 보였고 1990년대 이후 2000년대까지 문화시장에서 가장 중요한 변수가 되었기 때문이다.

1990년대의 신세대 문화는 일부 계층의 과시적 소비문화와 일탈적 가치관으로 환원될 수 있는 게 아니었다. 그것은 1980년대 이후 사회문화적 변화 가운데 성장하면서 새로운 감성과 감각을 지니게 된 새로운 세대의 문화다. 이들의 문화적 감각은 이전 세대와 달랐고 이는 1990년대 문화시장의 흐름을 바꾸어 놓았다.

또한 1990년대의 신세대는 한국사회에서 최초로 등장한 본격적인 영상 세대다. 이들은 어릴 때부터 컬러 TV를 보며 성장을 했고 지금 시각으로 초보적이긴 하지만 비디오게임에 익숙한 첫 세대다. 이후 정보통신 혁명이 가속화되면서 다매체 다채널 시대가 열렸고 이들은 사회전반의 문화적 중심이 영상미디어로 옮겨간 시대에 적응되어 있는 그야말로 신세대다.

이러한 세대의 대표적인 새로운 문화적 아이콘이 '서태지'였다. 1992년 혜성같이 등장한 '서태지와 아이들'은 삽시간에 대중음악 시장을 석권하고 엄청난 화제를 몰고 왔다. 각종 연예 및 오락프로, 방송에 출연하지 않은 곳이 없었고 한국 대중음악을 지배하는 댄스음악 위주의 아이돌 팝 시대를 열었으며 음악적 스펙트럼 또한 상당히 폭이 넓었다. 서태지의 노래를 듣고 가출한 청소년이 집으로 돌아왔다는 후문이 생겼을 정도로 사회 전반에 큰 파장을 일으켰다. 힙합 문화로 무장해 등장한 서태지와 아이들은 1990년대 초반 '문화대통령'이라는 수식어가 붙었고 팬덤 또한 사회적 영향력을 지닌 강력한 조직체가 되었다.

한편 1996년 헌법재판소가 음반과 영화에서 사실상의 검열 기능을 수행했던 사전심의가 위헌이라 판결했다. 이러한 영향으로 인해 국내 대중문화에 본격적인 '표현의 자유' 시대가 열렸음을 알렸다. 그렇지만 '서태지와 아이들'은 혜성처럼 등장하고 충격적인 퇴장을 하며 그룹 해체 선언을 하였다. 이후 대형 기획사가 배출한 10대 취향의 아이돌 댄스 그룹들이 끊임없이 등장했다가 사라지고 있으며 이는 아이돌 패권의 각축장이 되어갔다.

특히 대중문화 담론의 영역에서 서태지 현상은 신세대 문화를 둘러싼 격렬한 논쟁을 불러일으켰고 1980년대적인 이념정치에 대비되는 문화정치 또는 정체성 정치의 새로운 국면을 형성하게 된다. 이처럼 스스로 새로운 문화를 창출하는 것이 아니라 주어진 문화와 상품을 소비하는 방식으로 정체성을 드러내는 신세대 문화가 문화시장을 장악하면서 한국의 대중문화는 소비문화의 속성을 강하게 띠게 된다. 이는 한국 사회의 신세대 집단이 보여주는 포스트모던한 특성들이 아직 불완전한 근대의 토대 위에 있다는 것에서부터 비롯된다.

이와 더불어 소비산업과 문화산업이 신세대를 새로운 소비 주체로 호명하는 방식은 광고에서 특히 잘 드러난다. 1990년대 TV 광고, 소비재 산업의 광고에서 가장 흔히 쓰인 개념이 '개성의 창조'라는 것이다. 화장품, 청바지, 음료수, 술, 휴대폰 등 다양한 상품들이 개성을 내세웠지만 상품을 통해 창조될 수 있는 개성은 없었다. 왜냐하면 상품 구매를 통해 개성에 대한 욕구를 표현하려는 순간 개성이 사라지기 때문이다. 이러한 신세대는 사회적 변화 속에서 분명 기성세대와 다른 감각과 의식, 욕구와 가치를 형성하고 있지만 이를 표출할 수 있는 정당한 통로를 가지지 못하고 있으며 이를 스스로 자생시킬 능력도 가지고 있지 못했다. 다만 소비행위를 통해 상징적으로 표현할 뿐이었다.

2) 세계화 시대의 문화산업과 민족문화

1990년대 이후 한국 대중문화 흐름은 그 사회를 사는 사람들의 사회심리, 정서구조를 매우 민감하게 반영해 낸다는 점에서 그 시대의 흐름에 따라 큰 변화를 가져온다고 볼 수 있다. 1990년대를 거치면서 세계화, 지구화, 글로벌화는 우리 사회의 중심 화두로 떠올랐다. 세계화는 정치, 경제, 문화 등 모든 분야에서 현실적으로 진행되어 왔고 우리 삶의 불가피한 환경으로 자리 잡고 있다. 세계화의 흐름은 그동안 우리가 당연히 받아들여온 국가 개념과 민족주의 개념을 대폭 수정할 것을 요구했다.

우리는 그동안 폐쇄적이고 전통적인 의식구조와 가부장적 국가권력에 의해 주도된 대외 의존적 전략이 공존하는 구조 또는 지연 중심의 비합리적 인간관계와 배타적 민족주의가 지배해 왔다. 하지만 세계무역기구(WTO) 체제의 출범 후 세계화의 흐름은 전통적 의식구조와 국가주도적 발전 전략의 공생관계가 원만하게 유지될 수 없음을 깨달았다. 무엇보다 우리의 일상에서 느끼는 세계화는 문화적인 것으로 뉴스나 영화 또는 TV, 음악, 광고, 소프트웨어 등의 다양한 문화상품이 세계 시장에 판매되고 그 생활양식과 취향이 확산된다는 것을 알게 되었다는 것이다.

그래서 문화의 세계화는 갑작스레 생겨난 것이 아니라 미국의 기반을 둔 다국적 기업들이 서구적 삶의 방식과 가치관을 전 세계에 심는 선봉장 역할을 해 왔다는 것이다. 그런데 이들은 기업 간 인수합병과 전략적 제휴를 통해 성장하면서 자기가 생산하는 문화 콘텐츠의 창구효과를 극대화하고 인간의 보편적 정서에 소구함으로써 문화적 할인율을 낮추는 전략을 사용한다고 볼 수 있다. 여기서 한국 사회의 문화적 세계화 양상은 소비대중 문화의 세계화가 진행되었고 잠시 감정적 민족주의 기호들이 나타나기 시작했다.

소비문화의 세계화적 경향은 세대나 계층 간의 문화단절을 심화시키기도 한다. 왜냐하면 유신정권이나 1980년대 국풍81[3]이나 씨름과 같은 민속경기를 통치 이데올로기로 삼고 있었기 때문이다. 1970년대와 1980년대의 저항세력은 미국의 제국주의적 상업화를 거부한 문화제국주의론을 모태로 삼았기에 기성세대에게는 민족문화가 중요한 정체성이었다는 점이다.

하지만 1980년대 후반부터 시작된 문화시장 개방과 단기체류 또는 장기체류 외국인 및 국제결혼은 이미 한국사회가 다문화 사회로 되어가고 있으며 다른 민족문화의 개념이 요구되고 있음을 알 수 있다. 나아가 수용자 차원의 자발적인 시민운동과 소비자 운동의 조직화를 통해 수용자가 스스로 문화의 주체로 서게 하는 것만이 바람직한 대중문화를 건설할 수 있는 길이다.

---

3) 국풍81: 민족문화의 주체성을 고취하고 우리 국학에 대한 젊은이들의 관심을 제고시키기 위한 문화축제로서 1981년 5월 28일 전두환정부가 기획하였으며 대규모 인원이 국풍81 행사에 참여했다.

3) 한국사회와 문화의 세계화

(1) 소비문화의 세계화

근대화 이래 문화와 미디어에 관해서는 경제적 중요성이 더 중요하게 주목받아 왔다. 문화산업의 경제적 중요성이 주목받은 것은 1990년대 이후 WTO 체제가 확립되고 시장개방의 여파 속에서 초국가 미디어 산업의 한국 진출이 본격화되면서부터다. 정부는 시장개방 요구를 받아들이는 동시에 1980년대까지 문화영역에 진출할 수 없었던 대기업이 문화시장에 적극 진출할 수 있도록 규제를 완화하는 정책을 취했고 이에 따라 많은 대기업들이 앞다투어 문화산업 분야에 진출했다. 중요한 것은 이러한 문화시장 전반의 변화와 함께 한국 대중의 문화적 삶 속에서 세계화의 과정이 좀 더 일상적이고 구체적인 양상으로 나타나고 있다는 점이다.

상품의 소비는 단순한 경제적 행위일 뿐 아니라 소비자의 정체성, 의식과 정서를 형성하고 표현하는 문화적 실천이다. 소비시장과 소비형태에서 빠르게 전개되는 무국적화 경향은 결국 소비자들의 문화가 그만큼 빠르게 세계화되어 간다는 것이다. 이처럼 소비 대중문화의 세계화가 진행되는 동안 다른 한편에서는 민족적 자존심과 정체의식을 주장하는 문화적 민족주의가 강한 설득력을 얻기도 했다.

1990년대 초 당시 영화 『서편제』는 한국영화의 흥행 신기록을 세웠다. 이는 관객 가운데 젊은 세대가 적지 않았던 배경이 있었다. 왜냐하면 판소리라는 문화가 젊은 세대에게 상당히 새롭고 이국적인 흥미의 대상으로 받아들여졌기 때문이다. 이러한 감정적 민족주의의 기호들이 이른바 세계화의 물결에 대한 반응이라고 해도 그것이 세계화에 대응하는 대안이 되기는 어려웠다.

(2) 계급·지역·세대 간 문화적 격차 심화

1990년대 신세대 문화담론이 압구정동이나 홍대 앞 등 특정한 지역을 중심으로 한

하위문화적 현상에 대한 관심에서 비롯되었다. 이를 통해 알 수 있듯이 같은 시대, 같은 세대에 속한다고 하더라도 개인이 속한 지역적 위치에 따라 그가 접하는 정보의 차이가 생겨나며 이것이 문화적 정체성의 차이로 연결될 수 있다. 서울과 지방의 차이는 말할 것도 없고 같은 서울이라 하더라도 강남과 강북의 차이는 크다. 그렇기 때문에 외래상품과 문화의 요소들이 그러한 차이를 생산하는 중요한 요소임에는 분명한 사실이다.

이른바 문화의 세계화는 주로 이러한 신세대를 가장 중요한 시장으로 여겨 전개되고 있다. 세계화가 진전되면 될수록 서구문화에 쉽고 빠르게 탐닉하는 신세대와 아직 전통적인 가치와 문화에 대해 최소한의 자의식을 가지고 있는 기성세대의 차이는 커질 수밖에 없다. 그래서 소비문화의 세대에 있어서는 결국 계급·지역·세대 간 문화적 격차가 심화되는 것은 당연한 일일 것이다.

6. 2000년대 이후의 대중문화

1) 디지털 혁명과 대중문화

(1) 디지털 혁명

대중문화는 시민혁명 등 근대사의 격변기를 지나왔다. 이에 대중은 정치적·사회적·경제적 영역에서 평등한 권리를 요구했다. 이를 토대로 민주주의의 확산을 불러왔으며 대중의 평등주의적 요구는 문화예술의 영역에서 주로 표출되었다. 이것이 교육의 보편화 또는 커뮤니케이션 기술의 진보, 여가시간의 확대 등에 의해 현실화되었다. 또한 20세기의 대중문화는 매스미디어를 통해 생산되고 확산된 문화로 채워지게 되었다. 이는 대중문화의 확산과 함께 문화영역 전반이 시장논리와 상업주의의 지배를 받게 되면서 과거 엘리트층의 전유물이었던 고급문화도 상업화되기 시작했다. 따라서 대중문화는 어느 시대, 어느 사회에서나 세대 간의 차이와 갈등이 가장 첨예하게 드러나는 영역이다.

1970년대 초 청년문화나 1990년대의 신세대 문화는 기성세대와 다른 문화를 추구했던 젊은 세대의 문화가 상업적인 성공을 거두며 주류의 반열에 올라섰다. 이 역시 당대의 기성사회와 적잖은 마찰을 빚으며 논란의 대상이 된 바 있다. 분명한 건 어느 시대에서나 대중문화의 가장 새롭고 활기 있는 부분은 젊은 세대의 문화라고 할 수 있다. 이러한 세대들은 시대의 변화나 세태의 흐름에 가장 민감하게 반응하며 늘 새로운 문화를 추구한다. 이는 분명 기성세대와는 다른 문화를 추구하며 이러한 젊은 세대의 새로운 문화가 기성문화와 갈등하는 과정에서 사회 전반의 문화적 지형이 또한 변화하는 것이다.

한편 디지털 혁명은 대중문화의 현재와 미래를 얘기할 때 가장 중요한 변수가 된다. 이는 단순히 기술적 차원의 문제가 아니라 사회구조의 체제, 우리의 일상의 삶과 의식에 이르는 다층적이고 폭넓은 변화의 문제와 연결되어 있다고 할 수 있다. 또한 미디어나 새로운 기술, 컴퓨터의 발달, 디지털 기술의 발전 등과 관련한 신기술은 우리의 의지와 상관없이 우리의 삶을 급속히 변화시키고 있다. 이는 우리의 문화생활에까지 깊숙이 영향을 미치고 있다.

(2) 대중문화 산업 및 글로벌화

매스미디어 시대에 대중문화는 소프트웨어의 형태에 따라 고정된 유통방식을 가졌고 그에 따른 대중문화 산업의 발전이 이루어졌다. 궁극적으로 모든 소프트웨어가 디지털화되면서 광대역 디지털 네트워크를 통해 유통될 것으로 전망된다. 이와 함께 수용자의 요구에 의한 서비스가 일반화되면서 패키지 형태의 문화상품은 점차 지위를 잃을 것으로 전망된다. 더불어 영화를 상영하는 극장도 그 존재 여부에 대해 논란이 일고 있는 것이다.

결국 유통방식의 전반적인 변화는 산업구조의 변화를 초래할 수밖에 없다. 그래서 문화산업의 핵심은 하드웨어가 아닌 소프트웨어가 될 것이다. 예를 들면 음반산업이 몰락하고 음원을 서비스하는 음원산업이 성장한다고 볼 수 있다.

2) 뉴미디어와 정보사회

뉴디어 정보사회의 대중문화는 인터넷과 모바일 환경이 대표적으로 빠른 변화를 일으켰다. 이는 대중문화의 생산과 소비 패턴을 빠르게 변화시켰다. 이로 인한 산업사회의 기술수준을 반영하며 형성된 기존 미디어와 장르의 경계는 해체되고 매체와 매체, 장르와 장르, 산업과 산업의 경계를 넘어 통합되기 시작했다. 이에 가장 대표적인 통합이 방송과 통신의 융합이다. 방송과 통신의 융합은 기술적인 네트워크의 융합이며 서비스의 융합이자 기업의 융합으로 변모했다. 각 통신사가 IPTV 서비스를 제공하고 케이블 TV 사업자는 전화 사업과 인터넷망 사업을 함께 진행했다.

이로 인해 방송 서비스가 다양하게 확대되면서 지상파 방송의 위상은 약화 되기 시작했다. 반면 한정된 전파 자원을 사용하는 공공서비스라는 점에서 공적 통제를 많이 받는 지상파와는 달리 IPTV나 케이블 방송 같은 유료방송은 훨씬 통제가 덜하다.

미디어와 대중문화의 문화를 바꾼 또 다른 계기는 2009년 애플의 아이폰이 국내에 소개되면서부터다. 당시 해외에서 아이폰을 비롯한 스마트폰이 크게 확산되고 있음에도 불구하고 정부와 휴대전화를 제조하던 대기업의 폐쇄정책으로 지연되고 있던 스마트폰의 시대가 뒤늦게 열린 것이다. 스마트폰의 사용으로 사람들은 언제 어디서든 쉽게 인터넷에 접속할 수 있게 되고 이는 단순한 휴대전화가 아니라 종합적인 기능을 처리하는 일종의 정보처리 단말기가 된다. 또한 컴퓨터와 TV를 한 손에 들고 다니는 것이다. 이러한 스마트폰은 사람들의 일상을 크게 바꾸어 놓았고 가정의 변화도 크게 나타났다.

또한 제2차 세계대전 후의 시대가 TV의 시대였다면 지금의 우리는 TV 이후의 새로운 미디어 시대를 살고 있다. 새로운 미디어는 정보처리 및 정보축적 기술로서의 컴퓨터와 정보전달 및 정보교환 기술로서의 통신기술의 결합이나 응용에 의해 새로운 기능이 부가된 미디어라고 할 수 있다. 이처럼 빠르게 변화해 가는 미디어와 함께 사회 전반의 구조와 성격도 많이 변화할 것이라는 전망이 등장하고 있으며 이를 이른바 정보사회론이라고 한다.

이러한 정보사회에 대한 이론가들의 시각과 입장은 다양하지만 정보사회 자체를 인정하지 않는 사람도 있다. 반면 정보사회의 특성 자체는 인정하지만 그것을 부정적 측면에서 주목하며 보는 사람도 있다. 그렇지만 중요한 것은 눈앞에서 현실화되고 있는 정보사회의 특성에 대해 살펴보고 그 속에서 미래의 대중문화가 어떻게 변화해 갈 것인지가 중요하다.

이렇듯 정보사회란 이전의 산업사회와 대비되는 개념으로 눈에 보이지 않는 인간의 지식, 창의력, 정보, 서비스 등이 가장 중요한 산업적 토대가 되는 사회를 일컬어 말한다. 즉 정보사회는 디지털 매체가 지배적인 위치를 점한 사회라고 할 수 있다.

3) 디지털 시대의 문화정경

(1) 온라인 모바일 시대의 문화

언제 어디서든 소통할 수 있는 모바일 환경은 우리의 일상에 미시적이고 친교적인 소통의 확대를 가져왔다. 사실 모바일 사용량의 증가는 업무처리 등 기능적인 이용보다 가족 및 친구들 사이의 친교 이용이 증가했기 때문이다. 전통적인 친밀성이 관계의 깊이에서 비롯되었다면 지금의 친밀성은 관계의 빈번함에서 나온다. 끊임없는 메시지 교환, 휴대전화의 수시 연락 등을 통해 존재를 증명하고 이는 달라진 매체 환경에서의 친밀성을 구축하고자 하는 몸부림이다.

사람들은 자기를 표현하고 서로 관계를 맺는 방식의 기술발전과 새로운 플랫폼이 등장할 때마다 바뀌었다. 한때는 블로그, 미니홈피 등을 통해 자신을 드러냈다면 이제는 스마트폰이 보편화되면서 트위터, 페이스북, 인스타그램, 카카오톡, 카카오스토리 등을 통해 자신을 드러내고 있다. 이러한 사이버 공간 속에서도 언제든지 새로운 문화가 등장하기도 하며 또한 많은 이들의 관심을 끌 수 있을지 아닐지는 사실 아무도 모른다. 그렇다 보니 사이버 공간이야말로 일터이기도 하고 놀이터가 되기도 한 것이다. 이로 인한 재택근무가 늘고 이제는 집과 일터의 구분이 사라지고 있다. 이것은 곧 사·공간의 경계가 사라지고 있다는 것이다.

(2) 디지털 시대의 시민사회

디지털 시대의 대중은 이제 더는 수동적이며 미디어 소비자가 아닌 적극적이고 능동적인 미디어의 이용자이자 생산자의 위치를 함께 가지게 된다. 또한 디지털 미디어는 대중이 쉽게 합성하고 복제하고 변경할 수 있는 특성도 가지고 있다. 이는 기술적 변화가 대중의 역할과 존재 방식을 바꾸어 놓았고 다시 대중이 주체가 되는 민주주의의 원리와 성격을 변화시키고 있다.

지난 2008년 미국산 소고기 수입으로 촉발된 촛불집회는 이러한 디지털 시대의 대중의 변화를 적극적으로 노출시켜 온 사례다. 이전의 집회와 달리 이를 통해 새로운 정치적 주체로 모습을 드러낸 집단이 과거와는 다른 성격의 대중이었다는 것이다. 특히 과거에는 사회적 주체로 인식되거나 대접받은 적이 없는 10대 청소년들의 참여가 매우 두드러졌고 이는 그들이 디지털 시대의 가장 적극적인 미디어 이용자라는 사실이다. 이들의 집회를 조직하는 방식은 과거와는 다르게 인터넷, 휴대전화, 디지털카메라, 노트북 등 다양한 디지털 기기를 자유롭게 사용해 자신들의 메시지를 전달하라는 것이었다.

그래서 디지털 시대의 시민사회는 평범한 시민들 한 사람 한 사람의 지식과 지혜가 협력하고 경쟁하는 과정에서 뛰어나고 있다. 이것은 합리적인 집단적 지혜가 형성된다는 의미가 있다. 다수의 대중이 그릇된 신념을 기반으로 비이성적인 모습을 보여준 사례도 많았다. 그래도 디지털 기술을 이용한 자유로운 정보의 소통과 수용자의 능동적인 실천 그 자체가 디지털 시대의 시민사회의 합리적 대중지성을 만드는 것이다.

(3) 디지털 시대의 문화생산기지

1990년대는 다양한 만화 잡지들이 창간된 시기였다. 패키지 형식의 문화상품을 유통하던 레코드점, 서점, 비디오 대여점이 차츰 사라지면서 기성의 콘텐츠를 유통하는 공간뿐만 아니라 새로운 콘텐츠가 창작되는 공간이기도 한 인터넷을 통해 공개되고 소비되는 것이 '만화'다. 여기에 대표적인 것이 '웹툰'이다.

웹툰은 출판만화와 비교해 여러 가지 면에서 다르며 사이버공간 속에 디지털 형식으로 구현되는 크기나 색깔, 분량 등에서 훨씬 자유롭다고 할 수 있다. 제한된 종이 지면의 한계를 넘어 비교적 자유로운 공간구성이 가능하고 스크롤 바를 움직이는 한 무한정의 화면이 제공되는 것이 웹툰이다. 여기에서 무엇보다 큰 차이점은 작품에 대한 평가나 작가에 대한 평가를 독자들이 한다는 것이다.

그래서 웹툰 작가들이 많이 늘어나고 이를 서비스하는 플랫폼과 에이전시의 권력이 막강해지면서 새로운 문제들이 불거지고 있다. 다양한 하위문화 코드가 발생하고 확산하는 주요 통로 가운데 하나인 웹툰이 인터넷상에서 자유롭게 자신을 표현하고 의미를 공유하는 시대가 되면서 다양한 하위문화들이 생겨났다.

이러한 하위문화의 성장이야말로 민주화 이후 디지털과 인터넷 공간에 적극 참여하면서 자신들의 독특한 문화적 감성과 의미를 드러내는 주체인 젊은 세대들이다. 이들은 사이버 문화 속에서 급속히 공유되는 세대다. 이 문화는 취업의 문이 좁아지고 삶의 불확실성이 커지면서 취업, 결혼, 출산, 육아로 이어지는 이른바 정상적인 생애가 불가능해졌다고 여겨지는 신자유주의 시대인 젊은 세대들이 관심을 가지고 참여할 수밖에 없는 현실이 되고 있다.

이와 더불어 콘텐츠 제공자가 미디어 파일을 인터넷에 올리고 수용자들이 이를 다운로드해서 청취하는 형태의 인터넷 방송인 '팟캐스트'와 같은 새로운 미디어도 함께 나타났다. 또한 2010년대 이후 이용자들이 스스로 만들어 올리는 콘텐츠의 주류는 동영상이며 이를 업로드해 유통하는 가장 중요한 공간이 '유튜브'다. 이러한 '유튜브'는 사람들이 욕망하는 정보와 콘텐츠를 가장 빨리 제공해 주는 소스가 되는 것이다. 그래서 정보화 시대니 디지털 시대니 인터넷 시대니 하는 말들이 나오면서 중요한 키워드 중 하나가 '쌍방향성'이다. 이는 대중들이 디지털 테크놀러지를 이용해 자신의 목소리를 내고 메시지를 생산하고 이제는 여러 방면에서 상호작용이 가능해졌다는 것이다.

제5장
뉴미디어 시대의 플랫폼

뉴미디어는 디지털화된 모든 형태의 미디어를 포괄하는 환경이며 디지털과 같은 기술을 사용하여 인터넷 및 기타 채널과 컴퓨터, 휴대전화 및 기타 단말기를 통해 사용자에게 정보 및 엔터테인먼트 서비스를 제공한다. 코로나19 확산 직후 미디어를 이용하는 방법이 PC에서 모바일로 폭발적으로 증가하며 이동하는 변화를 보였다. 뉴미디어 시대, 네크워크 기술의 지속적인 최적화, 기술 환경의 변화는 발전 방식과 형식을 변화시켰다. 인터넷 정보의 전송속도가 빨라짐과 동시에 이동통신 설비의 발전에 따라 전 세계를 향한 정보 속도도 빨라지고 정보 전송량도 많이 증가했다.

이외에도 일반 사용자도 휴대전화, 태블릿 PC, 컴퓨터를 통해 정보를 쉽게 받고 전송할 수 있게 되었다. 이제는 모든 사람이 전송하고 수신할 수 있게 되었고 일대다의 전송이 일대일 또는 다대다의 전파 유형으로 변하였다. 바로 이러한 배경 아래 뉴미디어 시대의 주류인 고품질의 콘텐츠 전파는 정보화 및 현대화 시대에 사람들의 단편적인 열람 습관의 산물이 된다. 이렇게 새로운 형태의 영상 및 사회매체로서 콘텐츠는 중요한 구성이 되며 그 보급 규모와 속도는 인터넷 정보 보급의 지속적인 발전을 촉진하고 있다(서가기, 2024).

이제 사람들은 달라진 콘텐츠 소비 습관으로 인해 최대한 짧고 빠른 영상을 선호한다. 짧을수록, 빠를수록 통하는 숏폼이 대세인 시대에 우리가 살고 있다. 15초에서 최대 10분을 넘기지 않는 짧은 영상으로 제작된 콘텐츠인 숏폼(Short Form)의 대표적인 플랫폼으로는 틱톡, 유튜브 숏츠, 인스타그램 릴스가 있다. 이밖에도 OTT(Over The Top), 인플루언서, 메타버스를 통해 현대 시대의 빠른 콘텐츠 트렌드를 확인할 수 있다. 따라서 본 장에서는 다양한 콘텐츠가 있음에도 불구하고 뉴미디어 시대에 발맞추어 많은 사람들이 선호하고 즐겨 사용하고 있는 콘텐츠인 유튜브(YouTube), 틱톡(TikTok), 인플루언서(Influencer), OTT(Over The top), 메타버스(Metaverse)에 대해 알아보고자 한다.

1. 유튜브(YouTube)문화의 부상

1) 유튜브(YouTube)의 블루오션 및 성공법칙

유튜브의 세상은 하루가 다르게 변화해 가고 있다. 초반에는 일반인들의 참여가 두드러졌다면 지금 사회는 방송국, 기업, 연예인, 셀러브리티 등 분야별로 다양한 전문가들을 포함한 일반 사람들도 앞다투어 유튜브 채널을 개설하고 있다. 방송국의 유튜브 진출이야말로 콘텐츠 전문 집단의 유튜브 전쟁이라고 표현해도 과언이 아니다. 왜냐하면 방송국은 방송을 다루는 기술을 가지고 있기도 하지만 콘텐츠 제작에 능숙한 PD, 작가, 스태프들로 구성되어 있으므로 다양한 형태로 유튜브에 진출하고 있기 때문이다. 이미 유명한 방송 콘텐츠들은 클립별로 글로벌하게 편집을 하는 형태로 세계를 넘나드는 콘텐츠 제작의 기술을 가지고 있다.

그래서 대표적인 예를 든다면 『MBC』의 「무한도전」, 「나혼자 산다」와 『SBS』가 제작한 「런닝맨」 등은 방송과 유튜브를 넘나드는 콘텐츠를 만들고 개발하고 있다. 이밖에도 MZ 세대를 겨냥한 『tvn』의 「뿅뿅 지구오락실」 같은 경우는 남녀를 불문하고 즐겨 찾는 채널이다. 이렇듯이 이제는 방송과 유튜브 채널의 경계가 없는 실정이기도 하다. 그러므로 유튜브의 세상은 매우 빠르게 변화해 가고 있고 어제까지도 참신하고 '핫'했던 콘텐츠는 하루가 지나면 평범한 콘텐츠로 남아 있는 것이 이제는 매우 당연한 일일 것이다. 이는 환경이 달라지고 문화가 바뀌고 시대가 바뀜에 따라 하루가 멀다 하고 콘텐츠의 시장이 급격한 변화를 하고 있기 때문이다.

그렇다면 앞으로의 미래야말로 유튜브로 성공하기 위해서는 무엇보다 새로운 법칙을 만들지 않으면 버티기가 어렵다. 왜냐하면 유튜브는 수익 다변화를 하지 않으면 살아 남기가 어려운 시대에 놓여 있기 때문이다. 그렇다면 유튜브를 다루는 유튜버들은 콘텐츠 업그레이드는 물론이고 다양한 시도를 접하면서 수익 면에서의 다변화가 필요하다. 예를 들면 유튜브 쇼핑 기능과 연계한 라이브 커머스와 같은 대책들을 강구하고 또 다른 플랫폼으로 콘텐츠를 확장하는 것을 고려해 보아야 한다.

과거에는 수익확대를 위해 관심을 받는 영상에 집중했다면 지금의 유튜브 시장은 수익 창출을 위해 다양한 고민을 이어가야 한다. 나아가 이제는 마이크로 유튜버도 기업과 협업하는 세상이 온다고 한다. 그래서 이러한 콘텐츠의 방향성을 설정할 때 협업을 염두에 두는 것은 당연한 일일 것이다.

그리고 이제는 자기 PR의 시대는 이미 지나갔다. 왜냐하면 유튜브를 통해 나를 소개하고 전문성도 솔직하게 알리고 무엇이든 설득력 있고 조리 있게 설명하는 시대가 되었기 때문이다. 그래서 유튜브는 조회수를 통해 수익을 창출하고 자신을 알리는 플랫폼이 되고 있다. 그렇지만 유튜브의 조회수를 기반으로 수익을 본다면 '레드오션'이 되겠지만 그렇지 않고 퍼스널 브랜딩을 위한 효과적 수단으로 본다면 항상 '블루오션'이 될 것이다.

한편 우리가 찾는 유튜브 중에 최근 빠르게 성장하고 있는 유튜브가 있다. 이는 바로 '여행 유튜버'다. 이 유튜브는 유명인이 아니라 일반인이라는 특징에 많은 이들의 관심을 끌고 있다. 왜냐하면 관심을 끌고 폭발적인 수익창출을 이루는 이러한 여행 유튜브가 일반인이고 누구나 할 수 있다는 것 또는 누구에게나 희망 메시지를 준다는 바로 그런 점에서 인기가 있다는 것이다. 이것이 나아가 구독자가 늘고 수익 창출의 길로 가게 된다.

이러한 맥락에서 유튜버는 콘텐츠 업그레이드에만 집중할 것이 아니라 다양한 시도를 하면서 수익을 다변화해야 한다. 그렇다면 이를 위해 유튜브 쇼핑 기능과 연계한 라이브 커머스와 같은 대책들을 강구하고 또 다른 유튜브 외 다른 플랫폼으로 콘텐츠를 확장하는 것 또한 고려해 볼 사항이다.

또한 최근 유튜브에서만 활약하던 크리에이터들이 쇼츠, 틱톡과 같은 숏폼 채널로 영역을 확대해 가고 있다. 이유는 콘텐츠 하나를 통해 다양한 형태로 편집함과 동시에 수익을 노릴 수 있기 때문이다. 이렇게 활약하는 크리에이터들은 방송 출연, 음원 발매 또는 기존의 연예인들이 진출했던 분야로도 적극적으로 나아가고 있다. 이처럼 과거에는 수익확대를 위한 영상에 집중했다면 지금의 유튜버들은 수익 창출을 위해 다양한 고민을 해야만 한다. 왜냐하면 이것이 유튜버로서 성공법칙 중의 하나가 되기 때문이다.

2) 유튜브(YouTube)의 가치상승요인

2010년대 이후 이용자들이 스스로 만들어 올리는 콘텐츠의 주류는 '동영상'이다. 이를 업로드해서 유통하는 가장 중요한 공간이 유튜브다. 이러한 유튜브는 사람들이 욕망하는 정보와 콘텐츠를 가장 빠르게 제공해 주는 경로이며 젊은 세대는 필요한 정보를 얻기 위해 주로 유튜브를 검색하게 된다. 이렇듯이 유튜브를 통해 음악도 듣고 영상물도 찾고 자기만의 콘텐츠를 주기적으로 올리고 이를 통해 수익을 얻는 '유튜버'라는 직업까지 생겨난 것이다.

이러한 유튜브에 올리는 콘텐츠에 대한 최고의 보상은 구독자 수와 클릭 수, 한마디로 '주목'이라는 단어다. 이는 주목을 받아야만 콘텐츠의 가치가 상승하고 이에 따른 보상이 따르기 때문이다. 이를 통해 수익을 올리고 돈을 번다는 것은 젊은 세대들에겐 충분히 관심을 가질만한 콘텐츠일 수밖에 없다. 유튜브를 통해 주목을 얻기 위해서는 좀 더 흥미롭고 좀 더 자극적인 내용을 담아야 한다. 이렇듯이 유튜브는 정치적으로도 다양하게 사용되었다. 2010년대 중반 이후 한국의 가장 중요한 정치적 담론의 장이 바로 유튜브였다. 이것은 보수 혹은 진보 성향의 다양한 정치 유튜버들이 자극적이고 전투적인 정치 논평을 쏟아내고 여기에 동조하는 지지자들의 주목을 끌어당겼기 때문이다.

따라서 유튜브는 '레드오션'의 길을 걸어 왔지만 그 과정에서 수많은 '블루오션'을 창조해 내기도 했다. 이에 대표적인 사례가 '유튜브 쇼츠'다. 초기 쇼츠에 뛰어든 수많은 채널은 상대적으로 많지 않은 경쟁자들 사이에서 폭발적 성장을 이루어냈다. 이렇게 '블루오션'의 새로운 전략의 중요 포인트가 새로운 기능들이 추가될 때마다 누구보다 빠르게 이를 선점하는 것이다.

이 다음의 기회는 아마 '유튜브 쇼핑'일 것이다. 이 쇼핑은 유튜브 플랫폼 내에서 콘텐츠와 쇼핑을 직접적으로 연계할 수 있다는 장점이 있으며 이미 실제 성과를 보여주고 있는 채널들이 생겨나고 있다. 이것은 콘텐츠와 쇼핑을 연계해서 시너지효과를 내는 좋은 사례가 되고 있다.

3) 유튜브(YouTube)의 퍼스널 브랜딩

앞으로의 세상에서는 나의 가치를 올리고 업그레이드를 해야 한다. 그러기 위해서는 유튜브를 통해 퍼스널 브랜딩[4]에 집중해야 한다. 유튜브는 이미 엄청난 '레드오션'이지만 누구에게나 열려 있는 시장이기 때문에 자기가 어떤 사람인지 효율적으로 드러내는 수단으로 본다면 늘 '블루오션'일 것이다.

그래서 너도나도 퍼스널 브랜딩을 외치며 이것이 마케팅의 최소 단위가 되고 있다. 예를 들면 아이를 키우는 엄마들은 아이들의 성장일기를 쓰기도 하고, 직장을 다니는 직장인들은 직장에서 배웠던 스킬들을 콘텐츠로 만들기도 한다. 기존에 사업을 하는 사람들은 그러한 본인의 경험을 바탕으로 콘텐츠로 녹여 내고 있다. 이렇듯이 우리는 하루에 몇 번씩 퍼스널 브랜딩 홍보에 노출되고 있다.

이러한 퍼스널 브랜딩이 사람들은 흔하다고들 하지만 그래도 본인이 시작하려면 어디서 어떻게 시작해야 하는지 막막해질 수밖에 없다. 그래서 주제와 콘셉트를 어떻게 잡을지, 어떠한 채널에서 퍼스널 브랜딩을 구축할지, 브랜드를 키워서 어떻게 수익화를 얻을지 등의 많은 도전을 해 보기 위해서는 지금의 뉴미디어 시대에 맞추어 따라가야 하는 연습이 필요할 것이다.

퍼스널 브랜딩으로 유명한 대표적인 유튜버로는 '드로우앤드류'가 있다. 드로우앤드류는 자기계발과 관련한 인터뷰 영상을 콘텐츠로 제작하고 SNS를 통한 퍼스널 브랜딩의 중요성을 강조하고 있다. 좋아하는 일로 먹고살기 위해서는 퍼스널 브랜딩이 무엇보다 중요하다고 하는 그의 말을 사람들은 응원하고 지지를 하고 있다.

이렇듯이 누구든지 SNS에서 말할 권리가 있고 그 중심에는 유튜브가 있고 유튜브가 퍼스널 브랜딩에 최적화된 이유는 우리가 바로 이러한 영상시대에 살고 있기 때문이다. 가령 취업준비생은 틀에 박힌 이력서 대신 자기의 장점을 유튜브 영상으로 제작해서 지원하고자 하는 기업이나 취업하고 싶은 곳에 전할 수가 있다. 또는 전문

---

4) 퍼스널 브랜딩(Personal Branding): 자신을 브랜드화하여 특정 분야에 대해 먼저 자신을 떠올릴 수 있도록 만드는 과정으로 개인의 이미지와 가치를 구축하고 홍보하는 것을 말한다.

성을 드러내기에도 적합하고 자신의 모습을 좀 더 어필하고 싶다면 유튜브 채널을 개설해서 기업의 메시지를 잘 녹인 블렌디드 콘텐츠를 제작하는 것도 효율적이다.

따라서 앞으로의 퍼스널 브랜딩은 점점 더 중요해질 것이다. 이를 효과적으로 잘 수행하기 위해서는 영상 콘텐츠를 제작해야 하고 그 맥락에서 유튜브는 퍼스널 브랜딩의 플랫폼으로 발돋움할 것으로 예상된다.

2. 트렌드의 시작, 틱톡(TikTok)

1) 틱톡(TikTok)의 Z세대 트렌드

틱톡(TikTok)은 사용자들이 짧은 음악, 립싱크, 댄스, 코미디, 챌린지와 같은 짧은 비디오를 촬영, 편집하고 이를 공유하는 데 초점을 맞춘 앱으로 중국의 기업 ByteDance가 개발한 소셜미디어 플랫폼이다.

2016년에는 'Douyin(진동하다)'이라는 이름으로 중국에 처음 출시 되었으며 2017년에는 '틱톡(TikTok)'이라는 이름으로 국제시장에 출시 되었다. 국제시장의 틱톡은 빠르게 글로벌 인기를 얻게 되었으며 특히 10대와 20대인 Z세대들 중심으로 전 세계적으로 수억 명의 사용자를 확보했다.

틱톡은 시계의 초침이 '째깍거리다'를 의미하는 의성인 Tick과 Tok을 바탕으로 만들어진 이름이다. 간결하고 리듬감이 느껴지는 이름은 짧은 순간에 재미와 창의성을 극대화하는 브랜드의 철학을 함축적으로 담아내고 짧고 쉽게 기억되는 발음은 브랜드를 각인하는 데 아주 유리하게 작용한다. 이 틱톡은 리듬에 맞추어진 비디오나 챌린지, 댄스 트렌드, 창의적 콘텐츠 제작 등을 통해 소셜미디어 플랫폼 중 가장 빠르게 성장한 앱으로 자리 잡았다. 사용자는 배경음악이나 효과음을 추가하고 빠른 템포의 콘텐츠를 편집하여 개성 있는 비디오를 만들 수 있다.

틱톡은 음악과 댄스 콘텐츠 중심으로 성장했지만 지금은 다양한 장르의 콘텐츠를 만들고 그것을 올리고 있다. 틱톡은 또한 라이브 방송 기능을 제공하기도 하고 사용자가 실시간 비디오 방송을 하며 팬들과 소통할 수도 있다. 이렇게 라이브 방송을 통해 틱톡에서 수익화하는 중요한 방법 중 하나가 팬들로부터 기부받을 수 있는 기능도 제공한다는 것이다.

최근의 틱톡은 쇼핑 기능을 강화하고 있다. 사용자가 비디오를 통해 상품을 구매하도록 하고 틱톡 쇼핑을 통해 브랜드나 인플루언서들이 제품을 소개하고 직접 판매하는 플랫폼으로 변화하고 있다. 이러한 틱톡의 가장 큰 강점은 추천 알고리즘이다. 사용자의 행동 패턴을 분석하고 개인화된 콘텐츠를 제공하고 이를 통해 유저참여를 유도하기도 한다. 이 알고리즘은 지속적인 사용자 경험을 최적화하며 매일 새로운 콘텐츠를 사용자에게 노출하는 중요한 역할을 한다.

이와 더불어 틱톡은 인공지능 기술을 활용하여 비디오를 편집한다든지 필터나 추천 시스템 등을 제공하기도 한다. 예를 들면 자동 자막 생성이나 음악 추천 등의 기능도 인공지능 기술을 기반으로 하며 이는 사용자가 콘텐츠를 더욱 쉽게 만들 수 있게 한다. 또한 데이터 분석을 통해 콘텐츠의 인기도와 성과를 실시간으로 파악하기도 하며 어떤 콘텐츠가 잘 반응을 하는지에 대한 인사이트를 얻을 수 있다.

틱톡은 Z세대를 중심으로 한 소셜미디어 트렌드를 선도하고 있다. 짧고 직관적인 비디오 콘텐츠, 트렌디한 챌린지, 댄스와 같은 요소들은 틱톡을 문화적 현상으로 만들어 주고 있으며 이는 변화해 가고 있는 현대사회 대중문화의 한 부분이다. 틱톡은 개인정보가 유출될 가능성에 대한 논란이 일기도 하면서 일부 국가에서는 틱톡 금지를 고려하기도 했다. 개인의 정보 보호와 안정성에 대한 정책 또한 사회적으로 지속적으로 개선해야 할 사안이 되겠지만 그렇다 해도 틱톡은 글로벌 시장에서 경쟁을 강화하고 있다.

틱톡의 다른 기능을 살펴보면 저작권이 있는 유튜브와는 달리 틱톡은 노래가 되든 영상이 되든 어떤 것에도 저작권 같은 것이 없다는 것이다. 틱톡을 비롯한 지금은 숏폼의 시대가 열리면서 영상도 콘텐츠도 점점 짧아지고 있다. 이제는 사람들이 밥을 먹을 때도 영상을 보고 있을 정도로 전 세계에서도 틱톡에 관심을 가지고 있다고 해도 과언이 아니다.

특히 틱톡은 Z세대 중심으로 파급력이 확대되고 틱톡의 10억 명 이용자 중 60%가 Z세대다. 이러한 Z세대는 글이나 사진보다는 확실히 영상 중심으로 미디어 소비를 원하고 있다. 미국의 흥미로운 조사 결과로는 미국 Z세대가 가장 많이 방문한다는 유튜브는 1년 전과 비교해 1%밖에 늘지 않은 것에 비해 틱톡은 1년 전 대비 방문 횟수가 12% 증가했다는 것이다. 같은 기간 인스타그램은 7% 감소했고, 페이스북은 8%로 감소했다. 틱톡은 미국의 일반 이용자보다 Z세대가 75% 더 많았다. 이러한 결과에서도 알 수 있듯이 틱톡은 미국 Z세대에서 주류 플랫폼으로 우뚝 섰다고 할 수 있다.

틱톡은 그야말로 가장 '핫'한 플랫폼임에는 분명한 사실이다. 그러한 이유는 틱톡이 주는 편의성이 기존에 존재하던 소셜미디어 플랫폼과는 달랐기 때문이다. 이러한 틱톡은 Z세대들을 스펀지처럼 끌어당기고 성장하게 하였다. 이 배경에는 틱톡의 알고리즘에 있다. 왜냐하면 페이스북이나 인스타그램, 유튜브, 트위터(X, 엑스) 등은 기존의 SNS에서 팔로워나 팔로잉 또는 구독을 중심으로 이용자의 피드를 구성하는 관계망 기반의 콘텐츠를 소비했기 때문이다.

따라서 이용자의 관심사 기반의 콘텐츠를 추천하기는 하지만 이용자 지인이 관심을 보인 사진이나 영상을 피드에 추천하기도 한다. 틱톡 역시 관계망 형성을 구성하고 있긴 하지만 철저히 관심사 중심으로 운영된다는 점이 다른 콘텐츠와는 차별화된다. 틱톡은 Z세대들에게 그야말로 기존의 SNS와 생태계 자체가 다르고 새로운 경험을 두려워하지 않고 적극적으로 받아들이며 당연히 화제의 중심이 되고 있다.

2) 틱톡(TikTok)의 음악시장

이제는 최신 트렌드를 따라잡기 위해서는 트렌드가 만들어지고 이러한 트렌드가 시작되는 플랫폼으로 가야 한다. 점점 마이크로 해지고 변화하는 속도도 빨라지고 있는 트렌드 시장이야말로 Z세대가 뛰어놀고 돌아다니는 공간이 되고 있다. 이제는 스마트 폰만 있으면 누구나 쉽게 틱톡을 활용할 수 있고 자유로운 통번역이 가능하며 150여 개 나라에서 75개의 언어로 서비스되고 있다.

2024년 기준 월간 틱톡 사용자 수는 이미 전 세계에 15억 명으로 추산되고 있다. 이러한 틱톡은 10대의 청소년들에게는 유튜브 이상의 영향력을 자랑한다. 중독성 있는 짧은 영상은 다양한 형태로 재가공하고 다양한 인터넷 커뮤니티에 재전파되고 있다. 유명가수의 신곡이나 영화 또는 드라마 등 홍보 플랫폼으로 활용되고 있으며 이는 시너지 효과를 내고 있다. 한국사회에서의 틱톡 이용자 수는 월 평균 260만 명으로 추정하고 있다.

또한 '틱톡'하면 먼저 챌린지와 해시태그[5]를 빼놓을 수가 없다. Z세대에서 급부상한 틱톡은 모두가 아는 유명한 사실이며 이제는 아이돌이 신곡을 발매할 때 틱톡을 통해 신곡 홍보를 하고 다른 아이돌 멤버와 같이 챌린지 영상을 찍어 올리는 것이 당연한 현상이 되었다. 이는 15초 남짓한 짧은 동영상에 불과하지만 해시태그를 타고 입소문이 퍼지며 그 파급력은 이루 말할 수 없으며 딱히 프로모션을 하지 않아도 틱톡을 통한 홍보 효과를 알았기 때문이다.

이러한 해시태그는 단순히 홍보수단이나 가벼운 주제를 묶어 보여주는 역할에서가 아니라 확대되고 있었다. 이는 정치나 사회의 이슈를 만들어내는 사회운동 역할을 말하며 초기에는 놀이문화로만 이용되었던 해시태그가 이제는 일종의 콘텐츠를 생산하는 역할을 맡기도 했다. 즉 이것은 사회운동 역할로 확장된 것이다. 해시태그를 통해 시민들의 용기 있는 고백이 모이고 이것이 모여 변화의 물꼬를 텄으며 심지어 오프라인으로 결집이 이어지기도 한다. 이는 언론에 의해 형성된 여론이 아니라 SNS에 의해 시민들 스스로가 주도하는 여론이 된다.

2023년에 유행했던 챌린지 중의 하나가 특수성이 있긴 하지만 당시에는 굉장히 유행했으며 이 챌린지를 '스모크 챌린지'라고 한다. 이는 틱톡 해시태그 조회수 4억 회를 기록하며 다양한 아이돌 중심으로 이 챌린지가 퍼져 나가고 있었다. 그런데 음원 공개 한 달이 지난 후 멜론 차트 4위에 오르기도 했다. 음원홍보가 목적이 아님에도 음원 차트 순위권으로 기록하고 있다는 것이다.

---

5) 해시태그: 해시(#)를 붙인 태그를 트위터 내용에 적어 두면 링크가 형성되어 같은 태그를 작성한 글들끼리 모아주는 기능으로 해시 부호 뒤에 특정 주제의 단어를 넣음으로써 그 주제에 대한 글이라는 것을 표현한다.

그래서 틱톡을 통한 음악시장을 이야기할 때 이제는 틱톡이 흥행척도가 되었다. 이는 음악을 소비하는 대중들의 청취 방식이 달라진 탓이고 노래가 인기를 끌기 위해 대중에게는 여러 번 반복적으로 노출되어야 하는데 이것은 다양한 사람들이 모인 틱톡이 그 역할을 하고 있기 때문이다.

최근 Z세대의 놀이방식이 조금 다른 것은 주어진 곡을 수동적 소비가 아닌 기존 챌린지를 변형하며 적극적이고 능동적인 챌린지 문화를 이끌어 가고 있기 때문이다. 이는 누구나 플레이어로서 놀이에 동참하고 있다는 것이다. 다양한 장소와 컨셉, 개성있는 무빙을 가미하며 챌린지에 재미를 더하고 있다. 공식안무가 없던 곡에 틱톡 크리에이터가 따라 하기 쉬운 댄스를 창작해 인기 챌린지가 된 사례도 많다. 이 중심에는 Z세대가 있으며 이들의 입맛에 맞추기 위해 음악도 길이가 더 짧아지거나 곡 핵심 안무가 따라 하기 쉽게 만들어지거나 아예 다른 다채로운 방식으로 숏폼에 잘 어우러지도록 바뀌고 있다.

이러한 Z세대야말로 틱톡으로 인한 대중음악을 통해 대중문화를 변화시키고 있다는 것은 분명한 사실이다. 결국 틱톡의 방향성은 사람들을 창의성과 재미로 연결하는 데 있다. 틱톡은 사용자들이 소통과 즐거움을 통해 세상을 이해하고 연결하도록 돕는 중심축이 되며 이는 한마디로 '소통의 플랫폼'이라고 할 수 있다.

3) 틱톡(TikTok)의 숏 브이로그

과거에는 온라인 카페나 페이스북 같은 플랫폼을 통해 글이나 사진 중심으로 소통했다면 이제는 일상을 기록하고 소통하는 주요 콘텐츠가 짧은 영상이 되며 틱톡으로 Z세대가 모이고 있다. 이 세대가 틱톡을 통해 진짜 생각과 일상을 공유하기 시작하면서 플랫폼으로 하나 둘 모이기 시작했고 평범한 일상을 공유하면서 그들만의 거대 커뮤니티가 형성되고 그 안에서 새로운 콘텐츠 트렌드가 유통되고 있다.

Z세대 트렌드가 시작되는 틱톡이 이제는 숏 브이로그라는 변곡점을 맞고 있다. 브이로그는 비디오와 블로그의 합성어로 인터넷에 개인의 일상에 관련된 모든 것을 콘

텐츠로 만들어 공유하는 것으로 글 대신 영상이라는 형태를 통해 일상을 기록하는 것을 말한다.

숏 브이로그는 기존의 유튜브에서 게시되던 15~20분 내외의 기존 브이로그와 다르게 1분 내외로 호흡이 짧다는 특징이 있으며 그날그날의 인상이 깊었던 순간이나 핫플레이스에 방문한 일과를 짧게 기록한다. 기록하는 것에 진심인 Z세대야말로 숏 브이로그를 하고 자신의 일과 또는 일상을 공유하고 싶어한다. 그렇다 보니 브이로그는 자기를 표현할 수 있는 좋은 형식 중의 하나다. 그래서 유튜브 외에 셀 수 없이 많은 브이로그가 있다.

하지만 자기의 일상을 자연스럽게 보여주고 그 속의 즐거운 순간을 캐치하고 공개한 브이로그나 많은 사람들의 사랑과 관심을 받고 일정 수준의 부수입도 생기다 보니 많은 사람들이 브이로그를 하고 싶어 한다. 브이로그의 장점은 촬영 장비나 편집 프로그램이 없이도 충분히 만들 수 있다는 것이다.

브이로그를 시청하는 사람들도 다른 사람의 일상을 보며 대리 만족을 경험하고 새로운 정보를 얻고 공감하기도 한다. 숏 브이로그는 엔데믹으로 일상이 제자리를 찾으면서 오프라인에서 활발한 일상을 즐기는 모습을 브이로그로 올리는 추세가 많이 늘어나고 있다. 이제는 숏폼을 이용해 리얼한 일상과 생각을 기록하는데 자연스러운 단계가 되었다.

실제 틱톡의 조사에 의하면 Z세대 응답자의 81.2%가 최근 6개월 이내 숏폼을 이용한 적이 있다고 하였으며 이 중 20.2%는 일상의 기록을 위해 올렸다고 했다. 이는 Z세대의 '핫'한 일상이 시시각각으로 담기기 때문에 정보의 매력도가 높다고 할 수 있다. 이와 함께 틱톡과 함께 성장한 Z세대 '본투비 크리에이터'들의 적극적인 콘텐츠 새생산도 중요한 키워드다. 단순히 음악이나 드라마·영화를 소비하는 데 그치지 않고 이를 자기만의 감성으로 재해석·재생산한 후 공유하는 것이다. 그러면서 이제는 음악과 관련된 틱톡 챌린지가 필수가 되었다. 단순히 '보고 듣는 음악'에서 '하는 음악'으로 진보한 것이다. 물론 연예기획사 등에서 만들기도 하지만 틱톡 커뮤니티 내에서 자생적으로 발생한 챌린지도 많으며 이들이 트랜드를 오히려 더 잘 반영하고 있다.

그래서 틱톡은 현재 글로벌 숏폼인 영상 플랫폼 시장의 점유율 약 70%를 차지하고 있다. 이는 AI 기반의 알고리즘과 유저 친화적 성격의 문화를 이끄는 강력한 플랫폼의 자리를 굳히고 있는 상태라고 해도 과언이 아니다.

3. OTT(Over-The-Top)의 시대

1) OTT(Over-The-Top)의 콘텐츠 유형

다용도 미디어 채널인 OTT(Over-The-Top)는 인터넷으로 전송할 수 있는 거의 모든 유형의 콘텐츠를 전송할 수 있다. OTT는 인터넷을 통해 제공되는 영상 콘텐츠 서비스이며 사용자가 TV 방송과 같은 전통적인 채널이 아닌 인터넷 환경에서 콘텐츠를 자유롭게 스트리밍하여 시청할 수 있는 플랫폼을 뜻한다.

기존의 미디어 방식은 방송망, 라디오 방송국, 또는 케이블 TV 사업자 같은 배포자가 콘텐츠를 엮어 정해진 시간에 따라 재생했다면 OTT는 배포자를 거치지 않고 소비자가 제작자의 앱이나 웹사이트에 접속해 언제든지 콘텐츠를 시청할 수 있다.

OTT는 시간과 장소에 구애받지 않고 다양한 장르의 영상 콘텐츠를 제공하는 TV나 스마트폰, 태블릿 등 여러 기기를 통해 접근이 가능한 특징이 있다. OTT의 인기는 모바일 환경과 고속 인터넷의 보급으로 인해 급격히 증가했으며 개인 맞춤형 콘텐츠 소비 트렌드의 확산과 함께 성장세를 계속해서 이어 나가고 있다. 이러한 OTT의 콘텐츠에는 영화, 드라마, 예능, 다큐멘터리, 스포츠 중계, 애니메이션 등이 있다.

지금 우리 사회의 OTT 플랫폼의 종류에는 『넷플릭스』, 『디즈니플러스』, 『웨이브』, 『쿠팡플레이』, 『왓챠』 등이 있다. 특히 넷플릭스는 TV와 스마트폰, 태블릿 등 모든 기기에 최적화된 UI(User Interface: 사용자 인터페이스)를 제공하고 있는 것이 특징이다.

디즈니플러스는 국내에서의 서비스가 2021년부터 시작되었고 국내 시청자들을 위해 현지화된 콘텐츠와 번역 서비스를 제공하고 있다. 이는 국내외 콘텐츠의 경계를 넘어 다양한 연령층이 함께 즐길 수 있는 강력한 콘텐츠 라인업을 갖추고 있다. 『웨이브』는 국내 지상파 방송사(『KBS』, 『MBC』, 『SBS』)와 SK텔레콤이 협력해 설립한 OTT로 드라마, 예능, 뉴스 등 지상파 프로그램뿐만 아니라 다양한 오리지널 콘텐츠와 해외 드라마 및 영화도 제공하여 많은 이용자층을 확보하고 있다.

『쿠팡플레이』는 쿠팡이 제공하는 OTT 서비스로 쿠팡 멤버십에 가입한 사용자에 한해 추가 요금 없이 제공되는 서비스다. 이는 영화, 드라마, 예능, 스포츠 중계까지 다양하게 다루고 있으며 특히 스포츠맨들에게 인기가 높다. 『왓챠』의 경우는 국내 OTT 서비스로 영화, 드라마, 애니메이션 등 다양한 장르의 콘텐츠를 보유하고 있다. 『왓챠』는 자체 오리지널 콘텐츠 제작에도 힘을 쏟고 있지만 구독이 유료 기반으로 운영이 되며 시청했던 이력과 평가 데이터를 바탕으로 사용자 맞춤형 추천을 제공해 개인화된 경험을 선호하는 이용자들에게 적합한 서비스다.

OTT의 기본개념은 단순하다고 하지만 복잡한 기술과 다양한 비즈니스 모델이 존재할 수밖에 없다. 이제 소비자들은 더는 정해진 시간에 TV를 시청하고 콘텐츠를 소비하는 것이 아니라 원하는 시간과 장소에서 콘텐츠를 소비할 수 있는 선택권을 가지게 되었다. 그러므로 방송사 및 제작사들은 변화해야 하고 콘텐츠 제작에도 또 혁신을 가져오도록 노력해야 한다.

특히 어릴 때부터 IT 서비스에 노출된 MZ세대들은 디지털 세상에서 취소와 구독, 또 취소와 재구독 패턴이 일상화된 집단이다. 이들이 구독하고 절독하는 것은 대화 중에도 식사 중에도 운전 중에도 할 수 있는 일이다. 이러한 OTT는 MZ 세대들에게는 다양하게 활용할 수 있는 콘텐츠가 되고 있다.

또한 극장의 영화 한 편 가격 대비 한 달 내내 마음껏 콘텐츠를 볼 수 있는 OTT 스트리밍은 취향에 예민한 이들에게는 어떻게 보면 과잉이 되고 있다. 다량의 콘텐츠를 무한하게 제공해준들 내가 보지 않으면 가성비가 좋다고 느끼지 않기 때문이다. 나아가 근본적인 문제는 동종 사업자들의 대거 등장과 이들의 저가 정책이 한몫한다는 것이다.

이러한 OTT 콘텐츠의 유형은 『넷플릭스』[6], 『아마존』[7], 『디즈니플러스』[8], 『애플TV』[9], 『맥스』[10], 『파라마운트플러스』[11]등 그야말로 OTT가 넘쳐나는 스트리밍이 전부인 시대다. 또한 각자가 매월 콘텐츠에 쓸 수 있는 돈은 한정되어 있다 보니 이 시장을 틈타 광고 기반의 무료 스트리밍 서비스 시장도 호황이 되고 있다. 그래서 OTT 스트리밍이야말로 MZ 세대에서 차지하는 시간 점유율이 늘어나고 있다고 해도 과언이 아니며 이는 케이블 TV와 IPTV 같은 유료방송의 시청시간이 더욱 줄어들고 있다는 뜻이기도 하다.

OTT 콘텐츠 유형의 하나인 넷플릭스의 경우 꾸준히 메가히트작이 나오고 있으며 대표적인 인기작의 예시로는 『오징어 게임』을 들 수 있다. 『오징어 게임』은 방영과 동시에 신드롬을 일으켰으며 시청시간을 거의 앞지르는 상황으로 성공하였고 이러한 성공에 힘입어 사회에도 적지않은 영향을 미쳤다.

한편 2022년 애플과의 경합 끝에 아마존은 '007', '록키시리즈'를 가지고 있는 MGM(Metro Goldwyn Mayer)을 한화 10조 원이 넘는 금액에 인수했다. 더불어 미식축구 NFL의 11년 독점중계권을 따내기도 했다. 이는 아마 역사상 스포츠를 혼자 중개하는 것은 TV가 아닌 OTT가 처음일 것이며 이러한 아마존은 차원이 다른 스케일

6) 넷플릭스(Netflix): 인터넷과 영화를 합성한 단어로 전 세계 190개국의 4억 명 이상의 고객들이 시청하는 2억 3천만 명의 회원을 보유한 스트리밍 엔터테인먼트 기업이다.

7) 아마존(Amazon.com.inc): 전자상거래와 아마존 웹 서비스의 이름인 클라우드 컴퓨팅 서비스를 제공하고 있는 미국의 기업이다.

8) 디즈니플러스((Disney Plus): 온라인 스트리밍 서비스로 겨울왕국, 토이스토리, 월트디즈니컴퍼니가 보유한 영화와 오리지널 TV 프로그램 등 다양한 콘텐츠를 볼 수 있는 온라인 스트리밍 서비스다.

9) 애플TV(Apple TV): 미국 애플사에서 출시한 셋톱박스로 애플의 아이튠즈 앱스토어를 통해 TV 프로그램, 영화, 음악 등 다양한 콘텐츠를 시청할 수 있다.

10) 맥스(Max): 미디어용의 시퀀서나 보이싱 프로그램을 잘 다룰 줄 아는 사람들을 위한 그래픽 음악 프로그래밍 환경을 뜻한다.

11) 파라마운트플러스(Paramount Plus): 미국의 지상파 방송국 CBS가 운영하는 온라인 스트리밍 서비스로, 업계 최고의 플랫폼 중 하나인 파라마운트플러스는 풍부한 콘텐츠, 최첨단 기능, 합리적인 가격을 결합한 특별한 경험을 제공한다. 여기에는 다양한 TV 시리즈와 라이브 쇼, 주요 영화개봉작을 제공한다(한겨레, 2022).

의 콘텐츠 투자를 하고 있다고 해도 과언이 아니다.

결국 OTT의 본질은 고객이 원하는 콘텐츠를 보기 위해서는 직접 돈을 내고 서비스에 들어오게 하는 것이다. 이것은 말 그대로 'Over The Top'인 OTT는 어느 디바이스에나 올라타서 내가 원하는 시간에 내가 원하는 장소에서 내가 원하는 콘텐츠를 시청하는 서비스라고 할 것이다.

2) OTT(Over-The-Top) 산업의 프랜차이즈

한국시장의 콘텐츠 산업에서 프랜차이즈라는 말은 자주 쓰인다. 예를 들어 『범죄도시』의 경우 시즌 1부터 시즌 4까지 프랜차이즈 형태로 천만관객을 몰고 온 돌풍을 일으킨 영화로 개봉되었다. 이렇게 단순히 동일한 제목과 스토리 설정에 대한 유사성을 가지고 이어가면 통상 프랜차이즈라고 부른다. 『범죄도시』는 미국의 1970년대와 1980년대를 주름잡았던 헐리우드의 『록키』 또는 『람보』 등의 시리즈를 연상시키는 것과 비슷하다고 할 수 있다. 이러한 프랜차이즈를 구분하자면 시간순으로 이어지는 가장 일반적인 시퀄, 과거로 돌아가는 프리퀄, 특정 캐릭터가 별도로 독립한 스핀오프(예: 겨울왕국, 울라프) 등이 있다.

좀 더 살펴보면 이순신의 일대기를 그린 시리즈물로 『명량』(2014), 『한산』(2022), 『노량』(2023) 순으로 개봉한 영화도 마찬가지다. 이와 함께 영화 『타짜』 역시도 시즌 1, 시즌 2로 개봉되었으며 이 또한 OTT 시장의 프랜차이즈라고 할 수 있다. 이밖에도 지난 시간 개봉한 영화 중에 『공공의 적』이나 『가문의 영광』도 시리즈물로 프랜차이즈의 연작이라고 할 수 있다.

이러한 한국시장의 프랜차이즈는 규모와 빈도에서 할리우드에 비할 바는 아니지만 2000년대에 이르러 비교적 산업화의 길로 먼저 들어선 극장 영화에서 물꼬를 트기 시작했다. 이제는 프랜차이즈가 OTT 세상에서 일어나고 있고, 전 세계를 잇는 OTT 그물망에서 다양한 브랜드들이 프랜차이즈 사업을 시작하고 있다고 해도 과언이 아니다.

또한 2022년 글로벌 박스오피스 수익 상위 5편에 포함되는 영화는 『아바타』, 『탑건 매버릭』, 『쥬라기월드』, 『닥터 스트레인지』, 『미니언즈』로 모두 프랜차이즈 영화였다. 따라서 그동안 박스오피스 수익 상위권은 대부분 프랜차이즈 영화의 몫이었다고 할 수 있을 것이다. 프랜차이즈 영화는 시리즈를 거듭하며 팬층을 형성하고 있으므로 상대적으로 높은 수익이 보장되고 전작에서 창출된 수익이 후속편의 제작비로 활용되기 때문에 높은 완성도를 높이기도 한다. 그래서 프랜차이즈에 대한 기대감이 높은 수준으로 형성되어 있다는 사실을 고려했을 때, 오리지널 영화에 대한 관심이 높다는 것은 더욱 놀랍다고 할 수 있다.

이러한 프랜차이즈가 관심을 끄는 또 다른 이유는 '검색과 검증'이라는 시대적 분위기 때문이다. IT 소셜미디어가 지배하는 2020년대는 '검증'의 역할이 더욱 가중되었다. 혼자 공부를 하면 평생을 해도 소화하지 못할 내용들을 검색 포털사이트를 통해 쉽게 대용량의 정보를 찾을 수 있고 대중들의 의견보다 사실이, 설득보다 검증이 당연한 세상을 만들어내고 있어서 프랜차이즈가 주목을 받고 있다.

OTT의 프랜차이즈는 이렇게 콘텐츠 방식이 매우 다양해지고 흥미롭게 변화해 가고 있다. 소설이나 웹툰 등의 방대한 내용을 영상에 전부 담지 못할 때에도 시즌으로 나누어 영상에 담고 있다면 이 또한 '프랜차이즈의 효과'라고 할 수 있다. 한때는 프랜차이즈 성격의 콘텐츠를 비판하고 경외시하기도 했지만 지금 시대에 봉착한 미디어 산업 환경과 팬덤문화 트렌드로 프랜차이즈 콘텐츠의 산업화는 더욱 등장할 것으로 보인다.

또한 코로나19로 인해 전 세계적으로 급성장하게 된 OTT는 공급과잉이 끊임없이 이어지고 합체되었다가 사라지고 있으며 콘텐츠는 더욱 폭발하고 있다. 이러한 흐름에서 고객들은 시간을 쪼개어 써야 하고, 서비스 간의 시간 뺏기는 전쟁이 되고 있다. 왜냐하면 서비스 제공자들은 우리가 일상에서 늘 지니고 다니는 스마트폰을 통해 쇼핑, 시청, 검색, 게임, 뱅킹, 영화, 운동에 이르기까지 각종 다양한 서비스를 즐길 수 있다 보니 고객들의 시간을 서로서로 뺏게 되는 경쟁을 하게 되는 것이다.

물론 코로나19로 인해 어려워진 산업 자체도 있지만 가장 크게 성장한 영역 중의 하나인 OTT는 이용량이 많이 늘어나 성장했으나 극장을 찾는 관객 수는 많이 줄어들었다. 이에 대한 가장 큰 이유는 아마 OTT 중심의 동영상 소비일 것이다. 그래서 OTT가 가진 특징이야말로 콘텐츠 출시에 따라 가입자 유입과 이탈이 빈번하게 일어난다는 것이다. 이는 디지털 구독 경제가 가진 기본적인 특징이기도 하다.

이러한 디지털 대전환 환경에서의 특징은 이용자가 원할 때 언제든지 구독을 해지할 수 있다. 그렇기 때문에 OTT 사업자들은 이탈을 방지하기 위해서라도 앞으로 콘텐츠 수급에 더욱 신경을 쓸 수밖에 없다.

3) OTT(Over-The-Top) 시대의 진화하는 플랫폼

(1) 구독경제의 정체와 광고 플랫폼으로의 진화

『넷플릭스』의 등장(2007년)으로 시작된 OTT 시장은 2020년대까지 급속한 성장을 거듭했다. 하지만 최근 넷플릭스 가입자의 증가가 감소를 보이고 국내 OTT의 가입자 증가세도 둔화하고 있다. 이러한 상황에서 OTT 플랫폼들은 새로운 성장동력으로 광고 요금제를 내세우고 있다. 광고 요금제는 기존의 요금제와 달리 광고를 시청하는 대신 저렴한 가격으로 서비스를 이용할 수 있는 제도다. 그래서 이들은 기존의 제도와는 다른 제도를 내보이며 성장가세를 이어가고 있다.

(2) 스포츠중계, 공연실황, 뉴스 등으로의 영역 확장

OTT 2.0 시대는 콘텐츠의 영역확장을 특징으로 하고 있다고 해도 과언이 아니다. 기존의 OTT가 영화와 드라마 중심의 콘텐츠를 제공했다면 2.0 시대는 스포츠중계, 공연실황, 색다른 예능과 다큐멘터리, 뉴스 등으로 확장되고 있는 추세다. 이는 OTT가 단순한 콘텐츠 소비의 플랫폼이 아닌 생활전반을 아우르는 슈퍼앱으로 진화하고 있음을 의미한다. 따라서 OTT는 이용자들에게 보다 다양한 콘텐츠를 제공함으로써 이용자들의 충성도를 높이고 시장 지배력을 강화하고 있다.

(3) 무료광고 기반의 동영상 스트리밍 FAST의 출현

OTT 2.0 시대에서 무료광고 기반 동영상 스트리밍 서비스인 'FAST(Free Ad Supported Streaming Television)'의 출현을 빼놓을 수 없다. 이는 광고를 시청하는 조건으로 무료 콘텐츠를 이용할 수 있는 OTT다. FAST는 구독료를 부담스러워하는 이용자들에게 새로운 선택권을 제공하고 있으며 기존의 OTT와의 경쟁을 촉진하며 스트리밍 시장의 성장을 이끌고 있다.

(4) 글로벌 플랫폼과 로컬 OTT 연합의 경쟁

로컬 OTT 플랫폼은 지금도 글로벌 플랫폼과의 경쟁 중이다. 넷플릭스의 구독자 수는 2023년 3분기 발표기준으로 2억 4,715만 명이고, 디즈니플러스의 3분기 전체 구독자 수는 1억 5,020만 명이다. 국내 OTT인 4개사의 오리지널 플랫폼(티빙, 쿠팡플레이, 웨이브, 왓챠)의 구독자 총합은 사용자 기준 1,511만 8,236명으로 집계되었다. 이 수치는 넷플릭스 전체 구독자수의 6.1%, 디즈니플러스의 10%에 불과하다.

이러한 구독자 수의 간극은 제작 환경의 큰 격차로 연결될 수 있다. 그래서 이제는 글로벌 플랫폼과 로컬 OTT 간의 경쟁도 연합으로 이루어져야 한다. 그렇지 않으면 OTT 시장 점유율도 점차 축소될 것으로 전망된다.

4. 인플루언서(Influencer) 마케팅

1) 소셜미디어의 인플루언서(Influencer)

인플루언서(Influencer)는 2000년대 이후 생겨난 표현으로 사회적으로 대중에게 영향력을 행사하는 개인을 의미한다. 즉 '영향력 있는 사람'이라는 뜻이다. 이러한 인플루언서는 유튜브, 인스타그램, 틱톡, SNS 등에서 파급력과 영향력을 지닌 사람들이다. 이들에게는 직접 소통하는 소셜미디어가 주 활동 무대가 되어 대중화된 표현이라고 할 수 있다.

특히 인플루언서는 SNS에서 영향력이 높아지면서 다수의 팬들에게 소셜미디어 플랫폼을 통하여 개인의 의견 및 라이프 스타일, 경험과 지식을 공유하며 팔로워들에게 영향을 주고 서비스와 브랜드의 인지도를 높이는 사람들이다. 이러한 인플루언서의 수익모델도 지금은 다변화되어 가고 있고 시장도 점점 커져 가고 있다. 인플루언서는 소셜미디어를 활용해 다양한 플랫폼에서 다른 형태의 콘텐츠를 전달할 수 있으며 개인에게 맞춤형 콘텐츠를 만들어 브랜드 메시지를 효과적으로 커뮤니케이션할 수 있어 기업과의 제휴를 통해 다양한 마케팅과 홍보 방법으로도 활용되고 있다.

그래서 이제는 점점 트렌드가 바뀌어 가고 있으니 이에 맞추어 많은 제작사들도 빠르게 움직이고 있다. 온라인의 빠른 리뷰 생산을 위해 다양한 매체를 통해 인플루언서를 활용한 마케팅을 실시하기도 한다. 이렇게 현재 전 세계적으로는 10억 명 이상의 사용자를 보유하고 있고 한국사회의 성인 94%가 이용하고 있는 동영상 플랫폼 유튜브를 기반으로 이제는 인플루언서를 활용한 마케팅을 많이 활용하고 있다(이다정, 2020).

이는 소셜미디어 내에서 콘텐츠를 생산하고 공유하는 과정에서 개인의 영향력을 폭발적으로 확장하는 사용자들이 늘고 있다는 것이다. 인플루언서로 불리는 이들은 음악, 헬스, 패션 등 다양한 영역에서 팬들을 확보하고 있다. 그렇기 때문에 소셜 플랫폼에서 인플루언서의 일부 발언은 사람들의 태도와 인식에 많은 영향을 끼치고 있다. 인플루언서는 보통 자신이 익숙한 분야에서 활동하며 스스로 축적한 전문지식을 바탕으로 사람들과 소통한다. 이를 통해 팔로어(follower)와 일반 대중의 신뢰를 얻고 대중의 의사결정 과정에 영향력을 행사하기도 한다.

다시 말해 소셜미디어 인플루언서는 소셜미디어 내에서 정보원의 역할을 수행하며 양질의 콘텐츠를 지속적으로 생산해 일부 소셜미디어 사용자들의 태도 및 행동에 영향을 줄 수 있는 사람들이다. 소셜미디어 플랫폼의 발달과 함께 성장한 인플루언서는 이미 10여 년 전부터 온라인에서 자신들이 활약할 만한 공간을 확보하였다. 이러한 인플루언서들의 마케팅은 뷰티, 게임, 맛집, 생방송 등 다양한 분야에 활용되고 있다.

뷰티 업계의 경우 소셜미디어를 통한 일반인 광고는 매스미디어에서 활동하는 연예인 광고보다 구매의도를 더 높일 수 있다(장약설, 2021). 또한 소셜미디어에서 활동하는 일반인 인플루언서는 우리와 비슷한 특성이 있으며 우리는 이를 유사한 사람으로 인식하고 있다. 그러므로 일반인 인플루언서에 대한 친밀감이 높아지고 신뢰가 생기며 일반인 인플루언서는 연예인 인플루언서에 비해 소셜미디어 상에서 더욱 친근한 대상이 되어 있다.

광고효과에 대해서는 일반인과 연예인의 영향력을 살펴보면 연예인은 일반인에 비해 상당한 인지도가 있다. 특히 연예인은 공인으로서 일반인에 비해 대중의 신뢰도가 높기 때문에 많은 사람들로부터 우상이 되는 경향이 있다. 그리고 주로 정보원으로 활용되며 소비자의 브랜드 태도와 광고효과에도 많은 영향을 미치고 있다. 그럼에도 불구하고 대중은 연예인과 심리적 거리감이 멀기 때문에 그들과 다른 부류에 속한다고 판단하기 쉽다. 따라서 연예인은 이상적인 대상으로 인식되기도 하지만 시기의 대상이 되기도 쉽다.

그래서 이러한 인플루언서들은 인터넷에서 높은 인지도를 얻고 있으며 유튜브, 틱톡 등 사용자 생성 콘텐츠 중심으로 돌아가는 플랫폼에서 다양한 활동을 한다. 그렇기 때문에 팔로워 수가 많을수록 관심을 끌게 된다. 또한 이들을 팔로워 수에 비례해 메가 인플루언서(100만 명 이상), 매크로 인플루언서(10만~100만 명), 마이크로 인플루언서(1만~10만 명), 나노 인플루언서(1만 명 미만)로 나누어 부른다.

2) 인플루언서(Influencer) 마케팅의 효과

우리는 인플루언서들이 전달하는 정보를 기업이 활용하여 홍보하는 것을 '인플루언서 마케팅'이라 부른다. 인플루언서 마케팅은 마케팅 담당자나 기업 및 브랜드가 선택한 인플루언서에 투자하여 인플루언서들의 팔로워와 브랜드의 타겟 소비자 모두에게 그들의 브랜드에 대한 콘텐츠를 제작 및 또는 마케팅 형태를 말한다. 인플루언서가 제작한 콘텐츠는 브랜드 자체 생성 광고보다 잠재고객과 더 유기적이고 진실하게 직접적인 접촉을 하는 것으로 간주 되고 있다. 그래서 인플루언서 마케팅의 인기는 기하급수적으로 증가하고 있다고 해도 과언이 아니다.

인플루언서 마케팅은 인플루언서의 영향력을 활용하여 브랜드의 메시지를 콘텐츠로써 고객들에게 전달하는 것을 말한다. 과거의 마케팅은 주로 연예인들의 방송 속 이미지를 통해 일방적 메시지를 전달했다면 소셜미디어의 등장과 함께 부상한 인플루언서 마케팅은 온라인에서의 적극적인 활동을 통해 타인들과 연결되어 있다. 이를 통해 영향을 끼치는 개인들을 통해 진정성과 소통형 메시지를 전달한다.

이러한 인플루언서 마케팅은 기업 입장에서는 다른 마케팅에 비해 저렴한 가격과 빠른 진행으로 시의성을 가진 마케팅을 하는 것이 가능하다고 할 수 있다. 또한 기존의 다른 미디어에 비해 높은 가성비와 가심비(가격 대비 만족도와 가치)를 가지고 있다. 많은 브랜드가 빠르게 성장하고 있는 소셜미디어 플랫폼 시장에서 비즈니스 목표를 달성하기 위한 효과적인 방법과 광고 채널로서 인플루언서를 찾는 사례는 지금도 계속 증가하고 있다.

또한 인플루언서 마케팅이 뜨는 이유는 단순히 네트워크를 통해 만들어진 친밀성이라기보다 구체적인 상품 구매과정에서 더 많은 영향을 미치고 있다. 이는 제품에 대한 정보나 이미지를 강조하는 것을 넘어 상품이나 서비스를 직접 써보고 평가하는 흐름으로 바뀌고 있기 때문이다. 특히 유튜브나 인스타그램 등 많은 구독자를 보유한 인플루언서에 대한 업계 선호도가 크다. 이들은 단순한 홍보가 아니라 스토리를 녹여낸 콘텐츠로 재미를 잡은 것은 물론 광고를 보고는 알 수 없는 정보까지 전달해 주기 때문에 신뢰도가 점점 높아지고 있다(김유진, 2021).

이러한 인플루언서의 존재는 소셜미디어를 전제로 한다는 점에서 현실의 자아보다 디지털 자아, 또는 가상의 자아의 개념으로 볼 수 있다. 일반적으로 자신의 현실 자아가 디지털 자아에 투영되지만 아바타인 '나'는 나와 구별되는 또 다른 '나'로 어떤 이데올로기의 지배를 받지 않고 웹 공간을 떠돌아다니는 탈근대적 주체다. 소셜미디어가 자아 표현의 수단이 되기도 하지만 소셜미디어의 특성상 디지털 자아는 자신이 드러내고 싶은 부분만 편집되어 보여주는 경향이 있다. 이렇듯이 인플루언서는 대개 팔로워로 수치화되는 명성을 얻은 데서 시작한다. 인플루언서들이 자신의 영역에서 구축한 영향력은 일차적으로 가상세계에서 이루어진 것이지만 그 파급력이 현실로 침투하여 권력으로 작용하기도 한다.

또 다른 인플루언서 마케팅의 효과를 살펴보면 인플루언서들이 팔로워들과 축적해 놓은 관계나 그 관계에서 비롯되는 신뢰성을 마케팅에 이용하기 때문에 인플루언서들의 콘텐츠에 자신의 브랜드 제품이나 서비스가 들어갈 수 있도록 하여 그 인플루언서들의 팔로워나 타겟 고객층에게 자연스럽게 제품이나 서비스가 노출될 수 있도록 한다. 즉 인플루언서는 이때 광고의 정보원 역할을 하기도 한다.

그리고 콘텐츠 창작과 소비를 즐기며 자라온 Z세대는 인플루언서의 투박한 콘텐츠가 오히려 꾸미지 않은 진짜라고 여기며 자연스럽게 받아들인다. 그렇기 때문에 소셜미디어에서 진정성은 콘텐츠의 품질보다는 수행적인 과정이 중요해지며 자기만의 장르와 자기 표현적 요소를 통한 준 사회적 전략이 되기도 한다. 이는 진정성을 인위적으로 연출하고 자신이 아마추어인지 아닌지에 관계없이 덜 완성되어 보이고 자연스러운 모습을 연출하는 행위로 이어지기도 한다.

특히 인플루언서 마케팅의 가장 큰 효과야말로 팔로워와의 상호작용이 '공감'에서 온다는 것이다. 나처럼 평범하고 나와 비슷한 사람이 내 이야기를 들어주고 함께 한다는 느낌을 주, '공감'은 기존 미디어 스타들과 차별화되는 인플루언서의 장점이자 효과인 것이다. 이러한 속성을 바탕으로 인플루언서들의 역할은 소셜미디어 상에서 정보의 선택에 있어 디폴트 옵션을 선정하는 것이 된다고 할 수 있다.

3) 마케팅에서 인플루언서의 역할 및 장·단점

(1) 마케팅에서 인플루언서의 역할

이제 소셜미디어 인플루언서들은 단순히 제품을 홍보하는 역할을 넘어 브랜드의 파트너이자 크리에이터로 진화하고 있다. 이들은 자신만의 개성과 전문성을 바탕으로 브랜드 스토리텔링에 참여하고 소비자들과 공감대를 형성하는 데 중추적인 역할을 수행하고 있다. 과거의 인플루언서들은 주로 제품 정보를 전달하고 홍보하는 데 중점을 두었다면 지금의 인플루언서들은 브랜드의 스토리를 창의적으로 해석하고 전달하는 스토리텔러로 그 역할이 진화하고 있다. 이들은 브랜드의 가치와 메시지를 자신만의 언어로 재해석하여 소비자들의 공감을 이끌어내고 있다.

그래서 마케팅에서 인플루언서의 역할이야말로 일반 대중에게 영향력 있는 이들의 한마디가 상품의 닉네임이 되어 바이럴이 되고 그들의 컨셉이 바로 브랜드가 되어간다는 것이다. 그래서 기업의 경우 말하고자 하는 스토리를 전달하는 커뮤니케이터 역할을 인플루언서에게 맡기는 경우가 많다. 이는 인플루언서들의 스토리텔링은 기업 브랜드에 개성과 생동감을 부여하고 소비자들과의 정서적 유대감을 강화하는 데 기여하기 때문이다.

다시 말해 인플루언서들은 단순히 콘텐츠를 제작하는 것을 넘어 브랜드의 크리에이티브 파트너로서 역할을 수행하고 있다. 그래서 소비자들의 관심을 사로잡는 데 큰 역할을 하며 브랜드와 인플루언서의 공동창작 과정이야말로 시너지 효과를 발휘하게 되며 이는 차별화된 콘텐츠를 탄생시키고 있다.

이밖에도 인플루언서들은 진정성과 투명성의 가치를 지켜나가는 중요한 역할을 수행한다. 소비자들은 인플루언서들에게 정직하고 진실된 정보 전달을 기대하며 이것은 브랜드에 대한 신뢰로 이어진다. 또한 인플루언서들은 브랜드와 소비자 간의 소통창구의 중요한 역할도 담당한다. 이들은 쌍방향 소통을 통해 브랜드에 대한 공감대를 형성하고 고객충성도를 높이는 데 일조하게 된다. 더불어 위기상황에서는 소비자들과의 원활한 소통을 이끌어 내는 가교역할을 수행하기도 한다.

이제 대중은 기업이나 다소 거리감이 느껴지는 전통적인 미디어 스타보다 편안하게 느껴지는 인플루언서의 이야기를 더 신뢰할 수밖에 없다. 이들이 콘텐츠 형태로 이야기를 시작할 때 사람들은 좀 더 편안하게 이야기를 경청한다. 앞으로의 기업은 자사의 이야기를 브랜디드 콘텐츠로 소화하여 소비자와 기업의 소통을 돕는 이러한 조력자의 역할을 인플루언서에게 맡기게 될 것이다.

이렇게 소셜미디어 인플루언서의 역할은 끊임없이 진화하고 있다. 브랜드는 인플루언서들을 단순한 홍보 수단이 아닌 가치 있는 파트너로 인식하, 협력 관계를 발전시켜 나가야 한다. 인플루언서들의 창의성과 전문성을 존중하고, 그들과의 진정성 있는 소통을 바탕으로 상생의 관계를 구축해야 한다.

앞으로의 인플루언서 마케팅 시대에는 브랜드와 인플루언서가 함께 성장하고 혁신하는 동반자로서의 역할을 수행해야 하며 통합 마케팅 플랫폼을 효과적으로 활용해야 한다. 데이터 기반의 인플루언서 마케팅 전략을 수립하고 지속 가능한 성과를 창출해 나가야 할 것이다. 왜냐하면 소셜 미디어 인플루언서의 진화하는 역할을 이해하고, 적극적으로 활용하는 것이 브랜드 성장의 핵심 동력이 될 것이기 때문이다.

(2) 마케팅에서 인플루언서의 장점

첫째, 다양한 콘텐츠를 생성하고 공유한다. 인플루언서는 다양한 형식의 콘텐츠를 생성하고 공유할 수 있다. 이는 블로그 유튜브, 인스타그램, 트위터 등 다양한 플랫폼을 통해 소비자들에게 다양한 경험을 제공할 수 있다.

둘째, 광고 차단 기술의 영향을 받지 않는다. 누군가가 유튜브 프리미엄을 이용하고 있다면 가장 큰 이유는 아마 광고일 것이다. 플랫폼을 유료로 이용하면서까지 광고를 보고 싶어 하지 않는 이용자가 늘고 웹사이트에서 광고를 차단하는 기술사용 또한 이전부터 빠르게 증가하고 있다. 그래서 인플루언서 마케팅은 광고 차단 기술에 영향을 받지 않기 때문에 전통적인 광고 캠페인 대신 인플루언서 마케팅이 적극적으로 활용되고 있다.

셋째, 소셜증명 및 영향력을 발휘한다. 마케팅에서 인플루언서는 대부분 자신의 소셜 미디어 플랫폼에서 많은 팔로워를 보유하고 있다. 그래서 이들의 긍정적인 상호작용은 제품이나 서비스에 대한 신뢰성을 높이는 것이 되며 동시에 제품에 대한 관심을 유발하기도 한다.

넷째, 브랜드의 권위와 인지도를 높일 수 있다. 기본적으로 팔로워들은 인플루언서를 신뢰하기 때문에 인플루언서가 자신의 채널에 브랜드와 관련된 콘텐츠를 게시하면 팔로워가 해당 브랜드의 제품이나 서비스를 신뢰하게 된다. 이후 팔로워들은 자신의 소셜미디어 계정에 콘텐츠를 공유하기 시작한다. 결과적으로 추가 비용 없이 인지도 향상과 더 많은 트래픽을 유도할 수 있을 것이다.

다섯째, 구글 검색 결과 노출 순위에 긍정적인 영향을 준다. 인플루언서 마케팅은 높은 가치의 백링크를 제공하기도 하며 인플루언서가 우리 브랜드의 제품이나 서비스에 관련된 콘텐츠를 게시할 때 웹사이트 주소를 함께 남긴다. 이는 우리 웹사이트에 대한 백링크로 간주한다. 고품질의 백링크는 웹사이트의 구글 검색 결과 노출 순위를 높일 수 있다(이승윤 외, 2018).

여섯째, 마케팅 비용절감 및 타겟팅을 보유한다. 인플루언서 마케팅은 광고 캠페인에 비해 비교적 저렴하다. 대형 광고 캠페인이나 광고 비용을 절감하는 대신 인플루언서와의 협력을 통해 저렴하고 효과적인 마케팅 전략을 구축할 수 있다. 또한 인플루언서는 특정 타겟 그룹에게 직접적으로 접근할 수 있는 플랫폼을 보유하고 있다. 그래서 기업들은 자신의 제품이나 서비스를 특정 시장이나 소비자 그룹에게 보다 집중적으로 홍보할 수 있을 것이다.

(3) 마케팅에서 인플루언서의 단점

첫째, 과도한 광고 비용이 발생한다. 마케팅업체 미디어킥스에 따르면 1만명 정도의 팔로워를 가진 '나노 인플루언서'는 게시물 1건당 최대 500달러를, 필로워 5만~50만명을 거느린 '미드티어 인플루언서'는 1건당 2,000~1만 달러를 광고비로 받고 있다. 팔로워가 수백만 명 이상인 인기 연예인의 경우 게시물 1건의 가치는 50만 달러(약 5억 8,500만 원)에 달한다고 하였다(이승윤 외, 2018).

우리나라의 경우 일반적으로 팔로워 50만 명이 넘는 인플루언서들은 게시글 한 건에 500만 원 정도의 금액을 받는다고 알려져 있다. 특히 팔로워 100만 명을 넘는 인기 인플루언서들은 명품 브랜드를 협찬받을 때 광고 한 건에 최고 2,000만 원까지 올라가는데 브랜드 제품에 따라 광고 단가는 천차만별이라 퀄리티에 따라 비용이 커지기도 한다(김수현, 2019).

둘째, 광고효과의 검증이 객관적으로 어렵다는 것이다. 문제는 값비싼 광고비 지출에도 기업들이 실제 광고효과를 객관적으로 검증하기도 어렵고 인플루언서의 광고 게시물이 많은 사람에게 노출이 된다 해도 실제 구매로 이어지기란 쉽지 않다. 또한 일부 인플루언서들은 실체가 없는 가짜 팔로워 계정을 사기도 한다.

셋째, 인플루언서의 신뢰관계가 한순간에 무너질 수 있다. 사실 인플루언서들은 자신의 팔로워들에게 실제로 사용하지 않은 제품에 대한 긍정적인 리뷰를 제공할 수 있다. 이는 인플루언서 마케팅의 신뢰성에 의문을 제기할 수 있어 이러한 인플루언서들이 대중의 질타를 받거나 법의 심판대에 오르기도 한다. 그런데 이러한 경우가 점점 증가하고 있다는 것이 문제다.

인플루언서가 인기를 얻게 된 이유는 이웃집 언니·오빠·형·누나의 친근한 이미지를 바탕으로, 과장되지 않고, 있는 그대로의 정보전달이라는 점이 컸었다. 더불어 인플루언서가 전하는 진정성 어린 정보는 소비자를 현혹하기 위해 과장된 기업 광고와는 차별된 장점으로 여겨졌기 때문이다.

그렇지만 최근 다수의 인플루언서들이 허위·과장 광고와 함께 직접 사용해 보지도 않고 제품을 소개하는 경우까지 발생하고 있다. 또한 직접 사업에 나선 인플루언서의 경우도 만찬가지로 유명 브랜드제품을 모방하면서 판매에만 치중하고 있는 경우도 있다. 고객을 대하는 태도가 소홀해 질타를 받는 경우도 일어나고 있으며 일부는 직접 인스타그램을 운영하면서 인플루언서와 정면으로 맞서기도 한다(황봄, 2019).

넷째, 성과측정의 어려움이 나타날 수 있다. 마케팅에서 인플루언서 마케팅의 성과를 정량적으로 측정하는 것은 어려울 수 있다. 그래서 일부의 성과지표는 객관적이지 않을 수 있다. 이는 성과에 대한 효과를 평가하는 것이 어려울 수밖에 없다.

이러한 마케팅에서 인플루언서의 장·단점을 고려할 때 기업들은 신중하게 인플루언서 마케팅 전략을 구축하고 실행해야 한다. 나아가 인플루언서 선택에 있어 올바른 판단, 콘텐츠 전략의 적절, 투명성 유지가 무엇보다 중요한 요소로 작용한다고 볼 수 있다.

5. 메타버스(Metaverse) 트렌드

1) 메타버스(Metaverse)의 세계

메타버스(Metaverse)는 사이버 공간과는 대조적으로 완전히 몰입할 수 있는 3차원의 디지털 환경이다. 스마트폰, 인터넷과 같은 디지털 미디어에 담긴 새로운 세상이고, 현실의 물리적 지구를 초월하거나 지구 공간의 기능을 확장해 주는 디지털 환경의 세상이다. 이는 단순한 3차원 가상세계가 아닌 현실과 가상이 상호 연결된 초월적 경험의 디지털 환경이다.

이러한 메타버스에 이목이 집중되는 요인은 여러 가지가 있겠지만 코로나 19로 인한 사회적 배경이 주된 요인 중 하나인 것은 분명한 사실이다. 이는 사회적 거리두기를 위해 실내에 머무는 시간이 많이 증가했고 오프라인 만남이 온라인으로 옮겨갔기 때문이다. 그리므로 메타버스는 온라인에서 사람들이 모이고 활동할 수 있는 좋은 플랫폼을 제공해 주고 있다.

이제 메타버스는 가상공간에서의 일과 삶이라는 새로운 가능성을 보여주고 있기도 하지만 비대면 기반 교육 현장에서도 메타버스를 예의주시하지 않으면 안 된다. 이 외에도 가상의 세계, 가상공간, 새로운 세상이라는 공통된 표현들이 사용되고 있다. 즉 메타버스는 가상현실, 증강현실, 혼합현실 기술을 접목하여 현실세계와 가상세계를 융합한 3D 가상공간을 말한다. 하지만 이러한 플랫폼은 사용자 또는 개발자가 시간이 지남에 따라 보상을 축적하고 콘텐츠나 자산을 수익화 할 수 있도록 해 준다는 특징도 있다. 이러한 메타버스의 유형에는 <표 5-1>과 같다.

<표 5-1> 메타버스의 유형

구 분	증강현실 (Augumented Reality)	라이프로깅 (Lifelogging)	거울세계(반영) (MirrorWorlds)	가상세계 (Virtual Worlds)
정 의	현실공간에 가상의 불체를 겹쳐 상호작용하는 환경	사물과 사람에 대한 정보를 가공 및 공유 거래기술	실제 세계를 그대로 두영하되 정보적으로 확장된 가 상세계	니지털 데이터로 구축한 가상세계
특 징	위치기반 기술과 네트워크를 활용해 스마트환경 구축	센서, 카메라, 기술을 활용해 사물과 사람의 정보 기록 및 가공 재생산 공유	3차원 VR 지도, 라이프로깅 기술활용, 위치식별 모델링	사용자의 자아가 투영된 아바타 간 상호작용
활용분야	스마트폰, AR Glass AR 협업, 차량용 HUB	웨어러블, 디바이스, CCTV	지도기반서비스	온라인 멀티플레이어 게임, 소셜가상세계
대표사례	포켓몬고, 디지털교과서 실감형 콘텐츠	페이스북, 애플워치, 삼성헬스 나이키플러스	구글어스, 카카오지도, 배달의민족, Airbnb	마인크래프트, 게더타운, ZEP, 이프랜드, 호라이즌

출처: Acceleration Studies Foundation(ASF), 2007; 계보경, 2021 재구성.

메타버스에서 주로 활동하는 MZ 세대들이 메타버스 속의 활동이 흥미롭다고 하는 이유에는 무엇보다 플랫폼들이 제공하는 자유도에 있다. 이용자들은 자신들이 원하는대로 새로운 공간을 창조하고 변형하며 체험할 수 있다. 가상세계의 메타버스는 단순히 화면을 보는 것에 그치는 것이 아닌 가상세계에 직접 참여하면서 창작자의 경험을 할 수 있다는 점에서 자유와 경험치를 무한하게 확장할 수 있는 공간이다. 무한히 주어진 자율성을 가지고 공간 내에서 스스로 탐색하고 다른 사람들의 창작물을 감상하면서 자기 주도적으로 학습할 수 있다. 그래서 메타버스 안에서의 자유도 또한 긍정적인 교육적 효과를 가져올 수 있다.

메타버스 기술을 바탕으로 공간 속에 들어온 학습자 간의 의사소통을 통해 가상공간에서도 유의미한 교육 활동이 가능하다. 메타버스를 기반으로 한 교육은 제한 없는 공간과 광범위한 자료의 활용이 가능하고 오프라인 수업의 한계를 극복하는 대안으로 주목받고 있으며 시공간의 제약을 뛰어넘는 대면교육 수준의 상호작용을 가능하게 하고 있다(이승환, 2021).

학생들은 자신을 대신하는 아바타를 통하여 현실 세계의 모습과는 다르게 질문하고 행동할 수 있으며 실감형 콘텐츠를 체험하면서 실제 경험하는 것 같은 효과를 느끼며 능동적으로 수업에 참여할 수 있다. 메타버스 기술의 발전으로 현실 공간을 디지털 트윈의 모습으로 체험할 수 있다면 학습자들은 그 속에서 더 큰 몰입감을 느끼면서 학습에 참여할 수 있다.

따라서 메타버스는 다양한 형태로 교육분야에 빠르게 스며들고 있고 미래 학교에서는 메타버스의 이해를 넘어 그 속에서 자유롭게 사회 경제적 활동을 수행할 수 있는 미래 역량을 기르는 교육을 해야 한다. 이에 메타버스를 교육현장에 활용하여 능동적으로 대응하면서 미래를 주체적으로 살아갈 수 있는 역량을 가르치는 것 또한 미래 교육의 중요한 역할이 될 것이다.

2) 메타버스(Metaverse)의 플랫폼

메타버스(Mctavcrsc)의 플랫폼에는 게더타운, 제페토, 로블록스, 이프랜드, 마인크래프트, 디센트럴랜드, 페이스북, 호라이즌 등이 있다. 여기에 게임기반의 메타버스 플랫폼은 다양한 게임을 만들고, 플레이할 수 있는 온라인 게임용 메타버스 플랫폼인 로블록스는, 2006년 출시된 게임 플랫폼 및 게임 제작 시스템이라고 할 수 있나. 바인크래프트는 블록을 이용하여 자유롭게 건축하고 창작할 수 있는 게임 플랫폼으로 무엇이든 만들 수 있어 자유도가 높은 게임이다.

디센트럴랜드는 사용자가 가상 부동산을 소유하고 개발할 수 있는 메타버스 플랫폼으로 블록체인 기반의 메타버스 플랫폼에 포함된다. 이는 가상의 부동산, 게임, 소셜 활동을 제공하고 있다. 소셜 메타버스 플랫폼으로는 구 페이스북에서 개발한 친구들과 만나 게임 및 작업 엔터테이먼트를 즐길 수 있는 공간을 제공하는 VR 메타버스 플랫폼인 호라이즌이 있다.

이외 주요한 메타버스 플랫폼인 제페토는 2018년에 출시된 3D 아바타를 통해 소통하고 다양한 콘텐츠를 즐길 수 있는 메타버스 플랫폼으로 네이버에서 개발하였고, 이를 기반으로 다양한 서비스를 제공하고 있으며 특히 10대들에게 인기가 있다. 제페토는 국내 메타버스의 대표적 플랫폼이라고 해도 과언이 아니다. 이용자는 자신만의 3차원 제페토 아바타를 생성하고 이를 기반으로 다양한 가상활동을 할 수 있다. 이를 더해 제페토는 사용자에게 크리에이터라는 아이덴티를 추가로 부여하는데 이는 제페토 월드를 구현할 수 있는 플랫폼의 세계관을 구축하기도 하였다.

그리고 현실세계의 데이터를 반영함으로써 가상공간에서 오프라인 활동을 대체할 수 있는 온라인 서비스를 개발하고 제공하는 데 주력하는 게더타운이 있다. 게더타운의 플랫폼들은 이용자들이 가상의 공간에서 만나 대화와 업무를 할 수 있는 온라인 플랫폼이다. 이용자들은 게더타운에서 제공하는 가상공간 내에서 아바타를 만들어 소통할 수 있고 일정거리 내에서 다른 이용자들이 마주한다면 본인 커뮤니티의 카메라와 마이크를 이용해 실제 본인들의 모습으로 소통할 수 있다. 이는 단순히 가상의 차원만이 아닌 메타버스가 수용 가능한 차원의 도메인을 현실까지 넓힌 사례라고 할 수 있다.

특히 메타버스의 인기에는 부캐(부캐릭터의 줄임말)의 유행도 한몫을 차지했다. 최근 방송 미디어계에서는 부캐가 인기 있는 콘텐츠 소재로 자리 잡고 있다. 이러한 부캐는 실제 본인이 아닌 다른 인격의 캐릭터를 생성하고 페르소나를 부여하여 해당 캐릭터에 본인을 투영시키는 것이다. 이것도 디지털 기반 서비스에서 쉽게 확인할 수 있다. 최근 주목받고 있는 메타버스 부캐의 하나인 '아바타'는 본인의 아바타를 생성하고 아이디어를 부여하여 메타버스 세계관 내에서 다른 이용자들과 활발히 활동하고 있다.

이제는 사람들의 이목이 메타버스에 집중하게 되면서 메타버스 내에서 일어날 수 있는 경제활동, 메타버스 역할 자체에서 오는 사업적 가치가 화두에 오르고 있다. 특히 메타버스를 기반으로 제작된 콘텐츠는 메타버스에 대한 이해와 에듀데크를 활용할 수 있는 다양한 역량이 요구되고 있다. 앞으로 확대되는 교육과정의 흐름 또한 메타버스 플랫폼을 잘 활용할 수 있도록 여러 가지 대안 및 여건이 마련되어야 한다.

3) 메타버스의 트렌드 변화

(1) 메타버스의 새로운 마케팅 채널

마케팅과 광고야말로 메타버스의 트렌드 시대에 대표적으로 변화하고 있는 모습이다. 검색 엔진(웹1.0)과 소셜 미디어(웹2.0) 시대에 그랬던 것처럼 메타버스(웹3.0) 시대를 이끄는 원동력으로 꼽힌다고 할 수 있다. 아직은 개념이 확실하게 정립되지 않았으나 국제적인 금융기관부터 나이키나 구찌 같은 브랜드까지도 이제는 메타버스에 자리를 잡기 시작했다.

즉 메타버스는 고객 경험 측면에서 탁월한 장점을 가지고 있지만, 십여 년간 구글이나 페이스북 등 검색이나 소셜이 만들어온 마케팅 기반에는 아직 못 미치는 것은 사실이다. 이에에도 많은 기업들이 자체 플랫폼을 제작하거나 기존 메타버스에 합류하는 등 연구와 개발을 진행하고 있다. 그래도 확실한 성공 전략은 등장하지 않았지만 그만큼 치열한 전투가 펼쳐지는 메타버스 전장이 마케팅 분야라고 할 수 있다(AI타임스, 2023).

(2) 기업의 메타버스 트렌드 변화

메타버스는 마케팅 수단 이외에도 원격으로 또는 효율적으로 비즈니스를 수행할 수 있는 새로운 플랫폼으로 주목을 받고 있다. 안전한 디지털 환경에서 새로운 아이디어를 시뮬레이션할 수 있는 '디지털 트윈'이 그 핵심이다. 풍력 발전 단지에서 포뮬러 1 자동차에 이르기까지 설계자는 가상 세계에서 물리적 실험을 수행할 수 있다. 이것은 비용과 시간이 획기적으로 줄어든다. 또한 공간의 제약없이 접근할 수 있는 가상 사무실과 교육 분야 등에서도 이제는 잠재력이 큰 분야가 되고 있다.

(3) 웹 3.0과 탈중앙화의 메타버스 변화

웹 3.0의 개념은 컴퓨터가 웹페이지에 담긴 내용을 이해하고 개인 맞춤형 정보를 제공할 수 있는 지능형 웹 기술을 말한다. 이보다 더 중요한 것은 웹 2.0의 핵심인 읽기와 쓰기를 넘어 '소유'의 개념이 더해진 것으로 블록체인 기술과 가상화폐에 내재한 자동화 프로그래밍 기술로 관리자의 개입 없는 웹 이용이 가능하다는 점이다. 암호화 기술을 활용한 NFT(대체불가토큰)로 데이터의 소유권도 주장할 수 있다. 데이터의 저장과 사용, 소유가 네티즌에게 주어지는 완전히 개인화된 인터넷 환경을 만들 수 있다는 개념으로 이를 '탈중앙화'라고 부른다.

탈중앙화의 한 측면인 NFT는 금융 기업부터 개인까지 사업자를 메타버스로 모으는 원동력이 된다. 하지만 탈중앙화된 커뮤니티 혹은 개인 소유라는 메타버스의 이상은 독점적인 메타버스를 구축하려는 메타나 마이크로소프트와의 목표와는 다소 거리가 있다.

4) 메타버스의 발전된 아바타 기술

메타버스에서 아바타를 만드는 것은 비디오 게임에서 플레이할 캐릭터를 고르는 것이나 소셜 미디어에서 아이콘을 고르는 것보다 훨씬 중요한 문제가 되고 있다. 이제는 사실적인 모습의 아바타 생성을 넘어 표정을 통한 감정 전달과 모션 캡처를 통한 동작 구현까지 더욱 진보한 아바타 기술의 등장이 예고되고 있다.

제6장
날개를 단 K-콘텐츠

최근 한국의 드라마는 OTT 플랫폼을 통해 세계적인 인기를 끌고 있으며 K-pop은 BTS, 블랙핑크 등의 활약으로 글로벌 음악 시장에서 주류 장르로 자리 잡았다. 뿐만 아니라 K-웹툰, K-푸드 등 다양한 한국의 문화콘텐츠가 한국적인 요소를 뜻하는 'K' 접두어를 붙이고 지속적으로 확산되어 전 세계적인 인기를 끌고 있다. 이러한 한류 현상은 1990년대 후반부터 시작해 30년 가까이 지속되고 있다. K-콘텐츠는 한국의 문화를 전 세계적으로 알리는 강력한 수단이 되었으며 단순한 유행을 넘어 한국의 국가 브랜드를 강화하는 역할을 하고 있다. 앞으로도 디지털 미디어, 글로벌 플랫폼을 활용한 지속적인 발전이 예상된다. 따라서 이 장에서는 K-콘텐츠의 글로벌 성장과 영향력을 다룬디.

1. 세계 속의 K-콘텐츠

1) 한류와 K-콘텐츠

한류란 한국의 문화콘텐츠가 전 세계적으로 인기를 끄는 초국가적 문화 현상을 의미한다. 누군가는 곧 사라질 일시적 유행, 단발적인 현상이라 예단하기도 하였으나 현재까지 30년 가까이 한류가 지속되어 왔고 보다 확대되고 있다. 최근 글로벌 무대에서의 한류는 세계적으로 그 유래를 찾기 어려울 정도다.

한류(韓流), 영어로는 'Korean Wave'라고 표현되는 한류라는 용어는 1998년 대만에서 처음 등장하였다. 이보다 앞서 1997년 대만 신문에서 한류라는 용어를 처음 사용하였으나 이는 문화 현상이 아닌 경제적인 측면에서 한국의 금융 위기가 대만 경제에 악영향을 미치는 상황을 빗대어 한류(寒流)로 표현한 것이었다. 이후 1998년 가수 클론의 인기를 시작으로 대중문화 영역에서 한국의 문화가 확산되는 것을 한류(韓流)로 표현하여 사용하기 시작하였다(홍유선 외, 2018).

오늘날 우리가 말하는 한류 현상의 시작 역시 이 시기쯤이다. 1997년 당시 드라마 『사랑이 뭐길래』가 중국에서 큰 인기를 얻었고 일반적으로 이를 한류의 기원으로 보고 있다(김창남, 2021). 한류의 초기에는 『사랑이 뭐길래』(1991), 『별은 내 가슴에』(1997), 『겨울연가』(2002), 『대장금』(2003) 등의 TV 드라마가 국내를 거쳐 동아시아에서 높은 시청률을 기록하며 한류의 성장을 견인했다.

이후 한국의 문화콘텐츠가 본격적인 해외 진출을 시작하면서 한류 열풍을 가져왔다. 특히 K-pop의 시작이라 할 수 있는 서태지와 아이들의 등장으로 한국 대중음악 역시 초기 한류를 견인하는 역할을 톡톡히 하였다. 이 외에도 영화, 애니메이션 등과 같은 여러 문화콘텐츠 역시 비슷한 시기에 한류의 역사에서 중요한 역할을 담당했다.

한류의 시작이라 할 수 있는 1997년, 한국은 외환위기를 겪으면서 정부를 중심으로 대중문화의 해외 수출에 주력하였다. 당시 방송사에서는 드라마를 중심으로 한 방송콘텐츠의 수출이 한창이었고 문화체육관광부는 이러한 수출 독려를 새로운 국가전략산업으로 내세웠다. 실제로 드라마를 중심으로 한 방송콘텐츠의 수출은 2005년까지 급속한 성장을 기록하였고 1990년대 중반 이후 약 10년간 20배 이상의 수출 규모[12]를 달성하였다(박장순, 2014).

수출지역에 있어 동남아시아 중심에서 아시아 전역으로 확대되고 중동, 아프리카, 유럽, 북미, 남미 지역 등으로 점차 뻗어갔다. 콘텐츠 역시 방송콘텐츠에만 국한되지 않고 K-pop, 게임, 애니메이션 등 다양한 영역의 문화콘텐츠가 폭넓게 전해졌다. 한국 정부의 문화정책은 한류의 주요한 성장 동력이었고 양질의 문화콘텐츠를 생산해낸 문화산업계의 노력과 디지털 미디어의 발달로 오늘날 글로벌 수용자의 공감을 이끌어낼 수 있었다.

우리가 사용하고 있는 문화콘텐츠라는 용어도 한류 열풍을 계기로 등장하였다. 한류가 성장함에 따라 드라마, K-pop, 영화, 게임, 애니메이션 등과 같은 한류의 중심에 있는 소재들을 통칭할 용어가 필요했고 1999년 한국디지털콘텐츠학회에서 문화콘텐츠의 개념이 처음 사용되었다. 이후 2001년 문화관광부는 한국문화콘텐츠진흥원(현 한국콘텐츠진흥원)을 설립해 한류의 중심인 문화콘텐츠를 진흥하고자 하였다. 이때부터 문화콘텐츠라는 용어가 대중적으로 사용되기 시작하였다(전충헌, 2009).

문화콘텐츠는 문화와 콘텐츠의 합성어로 사람들을 즐겁게 해주기 위한 상품을 의미한다. 문화콘텐츠라는 서비스를 중심으로 생산 주체와 소비 주체 간의 커뮤니케이션을 통해 소비 주체에는 재미와 즐거움을 주고 생산 주체에는 상업적 가치 창출의 기회를 제공한다.

이러한 의미에서 문화콘텐츠는 상업성, 대중성, 오락성, 창의성이라는 키워드로 나타낼 수 있다. 먼저 문화콘텐츠에는 상업적 가치 창출의 수단이라는 의미가 내포되어 있다. 대중에게 서비스를 제공하고 대중으로부터 재화를 취득할 수 있을 때 문화콘텐츠는 완성된다. 이와 같은 문화콘텐츠의 상업성은 대중성을 전제로 한다. 그리고 문화콘텐츠가 대중의 흥미를 유발하고 즐거움을 주기 위해서는 창의와 예술을 기반으로 한 오락성이 가미되어야 한다. 오락성이 떨어진다면 대중성은 사라지고 상업성

12) 대중문화의 해외수출 초기인 1995년에는 방송콘텐츠의 수출 규모가 500만 달러였으나 10년 뒤인 2005년에는 1억 2,350만 달러의 수출 규모를 나타냈다.

을 잃게 된다. 그렇다면 문화콘텐츠로서의 가치는 없는 것이다(박장순, 2014).

이처럼 소비 주체를 전제로 한 상품은 소비 주체의 자발적인 참여와 수용으로 완성된다. 대중의 흥미, 능동적인 참여, 적극적인 수용을 이끌어내기 위해 문화콘텐츠는 우리의 삶과 밀접하게 관계되어 있다. 때문에 한류의 중심에 있는 문화콘텐츠는 한국을 연상시키는 주요 요소가 된다. 한국의 문화콘텐츠에 대한 세계적 관심은 곧 한국에 대한 이해와 관심으로 이어지고 있으며 한국적인 것이 하나의 장르가 되고 있다.

한국의 문화 경쟁력을 나타내는 말 가운데 '가장 한국적인 것이 가장 세계적이다'라는 말이 있다. 생산 주체가 창의성, 예술성, 오락성에 기반을 두고 탄생시킨 문화콘텐츠가 한국적인 것 또는 한국적임으로 해석되면서 한류의 소재들은 K-콘텐츠로 불리게 되었고 그것이 가장 세계적인 것이 되었다.

2) 한류에서의 'K' 정체성

한국의 문화콘텐츠를 지칭하는 데 사용되는 'K'는 Korean Wave(한류)의 첫 글자로 주로 '한국적인', '한국의'라는 뜻을 가진다. 한류의 문화콘텐츠에는 접두어 K를 사용하여 K-pop, K-드라마, K-애니메이션, K-영화 등으로 표현하는 것이 일반적인 현상이 되었다.

그렇다면 한국적인 것은 무엇일까? 정(情), 인(仁), 한(恨), 흥(興) 등은 한국적인 것을 대표한다. 그리고 역동성이 새롭게 한국적인 것으로 이해되고 있다(Chang, 2011.9.16.). 한국적인 것은 한국인들이 공감하고 공유할 수 있는 역사와 문화, 한국인들의 삶의 전반에 연계된 것을 의미한다. 그렇기에 K는 시간의 흐름에 따라 변화할 수 있는 것이다. 즉 한국 사회와 한국인의 변화에 따라 K의 의미 역시 변화할 수 있다.

이러한 맥락에서 최근 K-콘텐츠에서 한국적인 것에 대한 논쟁이 빈번하다. 한국의 문화콘텐츠에서 점차 한국적인 요소가 상실되는 것은 아닌가에 대한 관심이 쏟아지고 있으며 어떤 것이 한국적이고 한국적임을 어떻게 드러낼 수 있는가에 대한 논의가 잇따르고 있다.

과연 지금의 K-콘텐츠는 한국적인 것을 내포하고 있을까? 한류 열풍으로 한국의 문화콘텐츠가 전 세계적인 인기를 이어가고 디지털 미디어의 발달로 문화 생태계가 변화하면서 새로운 형태의 K-콘텐츠가 등장하였다. 문화콘텐츠의 장르나 주제가 변화하고 생산의 경계도 허물어지고 있다.

예를 들어 영화 『부산행』(2016), 『킹덤』(2019), 『#살아있다』(2020) 등이나 드라마 『지금 우리 학교는』(2022)과 같이 기존에 다루지 않았던 좀비를 소재로 한 콘텐츠에 주목하거나 한류의 중심에 있는 K-pop은 해외 작곡가, 안무가와 협업하는 일이 자연스러워지고 한국적이기보다는 글로벌 팝의 트렌드를 따르기도 한다. 또한 가수 VCHA(비춰)처럼 그룹 내 한국 국적자가 전혀 없거나 가수 제니의 「Mantra」처럼 가사에 한국어가 전혀 없는 노래가 제작되기도 한다.

한편 장르가 한국이라 불리는 드라마 『파친코』(2022)의 경우 한국이 아닌 외국의 자본과 제작진의 문화상품에 한국 국적의 배우가 참여하고 한국의 역사를 다루어 한국적인 요소를 반영했다. 이처럼 글로벌 기업에서 한국의 문화적 코드를 활용하는 일도 적지 않게 일어나고 있다.

'K' 접두어를 사용한다는 것은 한국적인 요소를 잘 담아내고 한국 사회와 문화를 잘 표현하는 것이다. 그럼에도 불구하고 오늘날 K-콘텐츠는 한국적임을 표현하기도 하지만 드러내지 않는 경우도 있다. 그렇다면 K-콘텐츠는 그 정체성을 잃은 것인가?

결론부터 이야기하자면 정체성을 잃은 것이 아니라 문화 텍스트 내에서 표현하는 방식에 변화가 일어나는 것이다. 그리고 그러한 변화 속에서도 변하지 않는 것이 한국 사회와 한국인이 공감하고 공유할 수 있는 보편적 가치다. 오히려 한류에서 K-콘텐츠는 역동적이고 변화하는 사회상을 잘 담아내고 표현하고 있다.

K-콘텐츠의 정체성은 한류의 성장 과정에서 이루어진 문화혼종화를 살펴보면 쉽게 이해할 수 있다. 문화혼종화란 지역적으로 문화적으로 이질적인 요소들이 혼합되는 과정을 의미한다. 서로 다른 문화권의 이질적인 문화적 요소가 결합되어 새로운 형태를 만들어 내는 것이다. 이 과정에서 원래의 문화적 요소가 완전히 사라지는 것이 아니라 새로운 맥락에서 재해석되고 새로운 의미를 갖게 된다.

한류의 성장 과정에서 문화혼종화는 끊임없이 일어났다. 그리고 서로 다른 문화정체성을 지닌 사람들 간의 공감과 공유는 이러한 문화혼종화를 통해 가능했다. 문화의 쌍방향 소통을 통해 서로가 공감하고 공유할 수 있는 보편성을 K-콘텐츠에 담아내고자 했던 노력은 한류의 성장을 촉진하는 촉매제였다.

오늘날 K-콘텐츠는 글로벌 수용자들의 거부감을 낮추고 공감을 얻기 위해 다양한 장르를 아우르며 혼종화되어 변화하고 있다. 한국의 문화콘텐츠가 국내 수용자만 아니라 글로벌 수용자를 대상으로 하는 문화콘텐츠로 성장하면서 혼종화의 필요가 제기되고 일각에서는 적극적인 문화혼종화를 강조하고 있다. 그러다 보니 다른 한편에서는 한류에 있어 K를 얼마나 반영하고 있는가에 대한 의문을 가지고 K가 사라졌다는 지적이 나오기도 한다.

하지만 혼종화의 과정에서 한국적인 요소를 상실했다기보다는 한국의 독특한 색을 바탕으로 변화하는 한국적인 것을 반영하고 글로벌 수용자들이 받아들일 수 있는 보편성을 실현한다고 보는 것이 더 정확하다. 즉 K-콘텐츠는 한국적인 고유한 특성만 강요하는 것이 아니라 새로운 형태의 K를 발전시켜 문화 텍스트 내에 내포하면서 성장하고 있다.

한류는 더 이상 주변부 문화가 아니라 전 세계인들의 문화적 소통의 결과물이다. 한류의 초창기와 달리 한국의 문화적 정체성을 가지고 혼종성을 양립하는 것이 가능한 시점이다. 이제는 문화혼종화 속에서도 K-콘텐츠 내에 한국적인 요소가 충분히 들어 있으며 최근 들어 한국성이 돋보이는 콘텐츠들이 국내뿐만 아니라 세계인들에게까지 더욱 사랑받고 있다.

일례로 가수 BTS의 노래 「IDOL」에는 한국어 가사, 특히 한국의 전통 음악인 국악에서 주로 사용하는 추임새인 '얼쑤', '지화자 좋다', '덩기덕 쿵더러러'와 같은 우리말이 사용되고 해당 노래의 뮤직비디오에는 '북청사자놀음'이 등장한다. 가수 로제의 「APT.」는 한국의 술자리에서 행해지는 '아파트 게임'이 모티브가 되었다. 해당 노래의 시작에는 '채영이가 좋아하는 랜덤 게임'이라고 우리말로 소개되기도 한다.

드라마 『오징어 게임』(2021)에서는 '무궁화 꽃이 피었습니다', '딱지치기', '구슬치기', '달고나 뽑기' 등 한국인이라면 누구나 한 번쯤 해봤을 추억의 전래놀이가 다양하게 등장한다. 영화 『기생충』(2019) 역시 봉준호 감독이 "한국인이라야 100% 이해할 것"이라고 직접 밝혔을 만큼 한국적인 요소들로 가득 차 있다.

한국적인 것은 과거의 유산이자 끊임없이 변화하는 현재다. K-콘텐츠에 있어 K에 대해 의구심을 보이는 것은 어쩌면 과거의, 전통의, 기존의 한국적인 것에 기초한 해석일지도 모른다. 물론 전통적인 한국성도 해외의 대중에게 공감을 사며 사랑받고 있지만 오히려 혼종성 덕분에 K-콘텐츠가 전 세계적인 반향을 일으켰다고도 할 수 있다.

한국 사회에서 보편적으로 이해되는 가치, 폭넓은 의미에서의 한국적인 것에 대한 개념으로 K를 이해할 필요가 있다. 한국의 현실을 더하지도 빼지도 말고 반영하는 것, 역동적이고 변화하는 사회상을 그대로 드러내는 것, 이것이 K-콘텐츠의 정체성이다. 그리고 이러한 특성은 세계의 보편성과 충분히 연결되어 있다.

3) K-콘텐츠의 글로벌 영향력

K-콘텐츠가 전 세계로 확산되면서 한국문화의 글로벌 경쟁력은 강화되었다. 글로벌 수용자들의 K-콘텐츠 사랑과 해외 소비자의 한국 소비재에 대한 선호도 상승으로 매출 증대 효과가 나타나고 있다. K-콘텐츠 수출 호조로 2023년 한국의 지식재산권 무역수지는 역대 최대 흑자를 냈다. 특히 문화예술 저작권 부문에서 처음으로 연간 10억 달러를 넘어서며 전체 지식재산권 흑자를 이끌었다.

한국국제문화교류진흥원의 '2023 한류의 경제적 파급효과 연구'에 따르면 2023년 한류에 따른 총수출액은 141억 6,500만 달러로 이 가운데 문화콘텐츠 상품 수출액이 76억 500만 달러(53.7%), 소비재 및 관광 수출액 65억 6,000만 달러(46.3%)를 차지하였다. 코로나19의 앤데믹 전환에 따른 관광과 소비재 수출이 대폭 증가하여 총수출액을 견인했다고 할 수 있다.

또한 '한류지수'의 상승으로 해외의 한류에 대한 인식과 K-콘텐츠 소비 역시 전반적으로 증대되는 추세다. 한류지수는 한류의 대중화 정도를 나타내는 '한류현황지수'[13]와 한류 인기의 변화 정도를 나타내는 '한류심리지수'[14]로 구분된다. 2023년 해외 26개국의 한류현황지수는 3.3점으로 한류확산단계에 있는 것으로 나타났으며 한류심리지수는 123.3점으로 중간성장그룹에 있는 것으로 분류된다.

이러한 성장은 단지 최근의 동향이 아닌, 오랜 기간 지속되어 온 결과로 한류 열풍과 함께 K-콘텐츠의 국제경쟁력은 나날이 높아지고 있다. 무역특화지수[15]에서도 알 수 있듯이 한국은 수입특화국에서 수출특화국으로 바뀌었고 현재까지 안정적인 플러스(+)값을 유지하며 국내 주요 문화콘텐츠 산업에 있어 수출에 특화된 모습을 보이고 있다(김현수 외, 2023).

한류와 K-콘텐츠의 확산은 단순한 문화콘텐츠 수출의 확대만이 아니라 문화를 통해 연관 산업의 성장을 견인했고 관광, 식품, 화장품 등과 같은 직접적인 연관 산업 외에도 IT, 자동차 등과 같은 제조업 전반에 긍정적인 파급효과를 가져왔다. 전반적인 국내 생산의 증가는 생산요소의 수요 증가라는 선순환 과정을 통해 국민경제에 큰 영향을 미친다. 문화콘텐츠 산업의 성장이 높은 고용유발효과를 가져온다는 점 역시 한류와 K-콘텐츠의 경제효과를 보여주는 것 중 하나다(정상철, 2012).

이뿐만 아니라 K-콘텐츠의 대중적인 소비는 단순히 콘텐츠의 수출에 그치지 않고 다양한 분야에서의 문화적 교류와 이해를 촉진하여 한국의 산업을 발전시키고 한국의 이미지를 제고하는데 기여하고 있다. 이제 K-콘텐츠는 한국의 대중문화를 넘어 글로벌 생활문화로 확장되고 있으며 전 세계인들의 K-브랜드에 대한 관심과 사랑을 이끌어내 '한국'이라는 국가 이미지와 신뢰를 드높이고 있다.

한 국가에 대한 호감과 신뢰도는 그 사회에 대한 매력도를 통해 나타난다. 한국은 1998년 서울올림픽을 통해 세계인들에게 한국이 민주화와 산업화를 이뤄냈음을 알렸다. 이후 IT 강국으로 위상을 떨치던 한국은 한류를 통해 한국문화의 힘을 세계인들에게 보여줌으로써 한국의 매력을 세계에 알리고 한국이라는 국가 브랜드 제고에

---

13) 한류현황지수(인기도)는 5점 만점으로 측정되며 3.5점 이상은 한류대중화단계, 2.5점 이상 3.5점 미만은 한류확산단계, 2.5점 미만은 소수관심단계로 본다.

14) 한류심리지수(성장도)는 100점을 기준으로 그 이하는 한류쇠퇴, 그 이상은 한류성장으로 해석하며 100-129점은 중간성장그룹, 130점 이상은 고성장그룹으로 분류한다.

15) 무역특화지수(Trade Specification Index, TSI)는 순수출 개념을 활용하여 국가 간의 경쟁력을 나타내는 대표적인 경쟁력지수로 그 값이 0~1이면 해당 상품의 교역이 흑자를 기록하게 되어 국제경쟁력을 가지고 있다고 평가한다.

기여하였다(문화체육관광부, 2013).

한국에 대한 호기심과 애정을 가진 사람들이 늘어난 덕분에 한국을 알리는 활동이 한결 수월해졌다. 한류의 확장은 문화콘텐츠의 수출을 통한 직접적인 경제효과 외에도 제조업 및 서비스업의 해외 진출을 통한 간접적인 경제효과를 촉발하고 더 나아가 국가 이미지의 제고를 통해 한국의 지속적인 성장동력으로 작용하고 있다.

4) 세계 대중문화의 흐름과 K-콘텐츠 성장

세계 대중문화는 미국 등 서구 국가들을 중심으로 흘러가고 있다. 물론 미국과 같은 서구 국가에서도 비서구 국가에서 생산된 대중문화를 수입하기도 하지만 대부분 자국에서 만든 대중문화를 대규모로 수출하면서 비서구 국가로부터의 수입은 제한적인 모습을 보인다. 이는 과거 수십 년 동안 나타난 세계 대중문화의 흐름이며 서구, 특히 미국을 중심으로 비서구 국가로의 전파가 이루어지는 일방적인 흐름이었다.

이러한 서구 중심의 문화 생산과 흐름에 있어 한류는 독특한 현상으로 대중문화의 다양한 영역에서 글로벌 시장의 문을 두드리고 있다. 그리고 비서구 국가에서 서구 국가로 대중문화가 흘러가는 새로운 궤적을 그려나가고 있다(진달용, 2022). 주변 국가를 넘어 전 세계에서 드라마, 예능, 음악, 웹툰, 음식 등 한국의 대중문화를 일상적으로 소비하는 경향을 보이고 있으며 글로벌 수용자들에게 K-콘텐츠는 자연스러운 문화적 소비의 대상이 되었다.

대중문화 수입국에서 수출국이 된 한국은 전 세계 문화 시장을 대상으로 K-콘텐츠를 확산시키고 있으며 전통적인 문화강국이라 할 수 있는 미국에까지 확대되면서 세계 대중문화의 흐름을 교차하기에 이르렀다. 이뿐만 아니라 특정 장르의 문화에 한정된 한류가 아니라 한국의 대중문화 전 영역이 서구에까지 확대되고 있다는 점은 세계 대중문화 역사에도 큰 의의를 지닌다.

현대사회에서 개인의 정체성과 생활방식은 개개인이 적극적으로 탐색하여 축적한 문화자본에 의해 결정된다(Bourdieu, 1984). 2000년대 이후 다양한 미디어를 통해 지역적인 경계를 넘어 K-콘텐츠는 적극적으로 소비되고 있으며 누군가의 가치관과 생활 방식을 정의할 만큼 중요한 문화자본으로 자리 잡고 있다.

그동안 서구 국가에서 비서구 국가로 일방적으로 흐르던 문화적 흐름에 변화를 가져와 서구 문화에 대한 문화적 종속이 아닌 상호 간 문화적 변동을 기대할 수 있게 되었다. 실제로 K-콘텐츠를 소비한 글로벌 수용자들은 한국문화 전반에 관심을 갖게 되고 이를 계기로 여행과 같은 단기 방문이나 유학, 취업 등의 장기 거주를 실현하는 사례가 늘어나고 있다. 이를 통해 세계인들은 한국이라는 정체성을 공유하게 되었다.

사람들은 자신이 기반하고 있는 사회적·문화적 맥락에서 삶의 방식을 구축한다. 그리고 개인의 삶의 방식은 곧 그의 정체성과 동일시된다. 여전히 서구의 문화가 대중문화의 흐름을 주도하고 있는 것이 사실이다. 하지만 이러한 제한적인 상황에서도 전 세계인들이 K-콘텐츠를 적극적으로 소비하기 시작하면서 이들의 삶의 방식을 구축함에 있어 한국 사회와 문화에 상당 부분 영향을 받게 되었고 이 역시 사실이다.

이제 K-콘텐츠는 글로벌 문화의 중심에 있으며 글로벌 수용자들의 가치관과 생활 방식에까지 영향을 미치고 있다. 이러한 흐름이 지속된다면 한국의 글로벌 영향력은 더욱 확대되고 한국문화와 관련 산업은 세계에서 더욱 중요한 위치를 차지하게 될 것이다. 이를 위해서 세계인들에게 다양한 문화적 영감을 줄 수 있는 K-콘텐츠로 성장할 수 있도록 이에 대한 노력이 지속되어야 할 것이다.

2. K-콘텐츠의 성장

1) 한류의 시작: 한류 1.0

1990년대 후반 중국과 일본 등에서 시작된 한류 현상은 이제 아시아를 넘어 미주, 유럽 등 전 세계로 확대되어 다양한 영역에서 나타나고 있다. 30년 가까이 한류가 지속되면서 한류가 갖는 글로벌 영향력은 상당한 수준에 이르렀다.

한국의 대중문화에서 한류는 문화적으로, 역사적으로 의미 있고 중요하다. 일반적으로 대중문화사를 논할 때 문화정책과 수용자, 주요 콘텐츠, 디지털 기술의 변화 등을 바탕으로 한 대중문화의 국내 발전에 초점을 두는 반면 한국의 대중문화사에서는 문화콘텐츠의 해외 확산에 많은 관심을 둔다(진달용, 2022).

이에 한류를 모르고는 한국의 대중문화사를 논할 수 없다. 그리고 한류의 시기적 특성을 모르고는 한류를 제대로 이해할 수 없다. 지금까지의 한류는 일정한 간격을 두고 변화를 거듭해오며 성장했다. 따라서 적절한 시기 구분을 통해 한류를 이해하는 것이 필요하고 이를 통해 대중문화의 역사를 보다 잘 파악할 수 있다. 시기적인 분류를 통한 한류에 대한 이해는 대중문화의 분석을 돕는다는 점에서도 매우 중요하다.

<표 6-1> 한류의 시기적 분류

구분	한류 1.0	한류 2.0	한류 3.0	신한류
시기	1997년~ 2000년대 중반	2000년대 중반~ 2010년대 초반	2010대 초반~ 2019년	2020년 이후
특징	한류의 태동 영상 콘텐츠 중심	한류의 확산 아이돌 스타 중심	한류의 세계화 세계적 스타 상품 등장	한류의 다양화 + 세계화(온라인 소통)
핵심 분야	드라마	대중음악	대중문화	한국문화 + 연관 산업
대상 국가	아시아	아시아, 중남미, 중동, 북아메리카 일부 등	전 세계	전 세계 (전략적 확산)
소비자	소수 마니아	10~20대	세계시민	세계시민 (맞춤형 접근)

출처: 대한민국 관계부처 합동, 2020.

한국정부는 2019년 2월 '한류협력위원회'를 출범시켰으며 그해 6월에는 문화체육관광부에 '한류지원협력과'를 신설하여 한류 지원 정책의 총괄 기구를 구축하였다. 이후 한류의 지속적인 확대를 기대하며 '신한류 진흥정책 추진 계획'(2020)을 발표했다. 정부는 여기서 한류의 시기적 특성을 분석해 네 단계로 구분하고 2020년 이후 정부가 지향하는 한류를 '신(新)한류(K-Culture)'[16]라 정의 내렸다(표 6-1).

한류의 시작은 1997년 중국 CCTV를 통해 방영된 드라마 『사랑이 뭐길래』다. 당시 문화교류가 활발하지 않았던 중국에서 해당 드라마는 시청률 4.2%를 기록했다. 약 3,900만 명의 시청자가 매주 일요일 오전을 기다려 드라마를 시청하였다. 이러한 중국 대중의 관심은 『사랑이 뭐길래』가 일회성 프로그램이 아닌 연속극이라는 점에서 더 큰 의미를 지닌다.

이 시기에 한국 문화콘텐츠의 해외 진출이 본격적으로 시작되면서 『별은 내 가슴에』(1997), 『의가형제』(1997), 『목욕탕집 남자들』(1995)과 같은 한국 드라마들이 해외에서 연이어 높은 관심을 얻고 대중가요 역시 인기를 끌었다. 일례로 1998년 드라마 『의가형제』가 베트남에서 대중의 큰 사랑을 받았고 대만에서는 가수 클론이 「빙빙빙」을 발표하면서 큰 인기를 얻었다.

한편 중국 북경의 서울음악실(漢城音樂廳)에서 소개되기 시작한 한국의 대중가요는 한류 열풍에 결정적인 역할을 하였고 2000년 2월 가수 H.O.T.의 베이징 공연은 K-pop 한류의 시작을 알렸다. 만 명이 넘는 중국 팬들의 열광적인 반응을 두고 국내 언론에서도 한류라는 용어를 본격적으로 사용하였고 중국을 넘어 아시아에서 한류를 의미 있는 사회현상으로 받아들여 한류라는 명칭을 회자하였다.

한류는 1990년대 후반부터 중국, 대만, 베트남 등지에서 시작되었고 드라마 『겨울연가』(2002)와 『대장금』(2003)이 일본에서 크게 인기를 얻으면서 새로운 지역으로 확대되었다. 2003년 일본 NHK의 위성방송에서 방영된 드라마 『겨울연가』는 일본 대중, 특히 중년 여성들의 폭발적인 호응을 이끌었고 당시 최고 시청률은 20%를 넘을 정

16) K-Culture는 신한류의 영문 명칭 겸 국제 홍보브랜드다.

도였다. 해당 드라마의 인기로 배우 배용준은 '욘사마'라는 별명과 함께 한류스타가 되었고 일본에서의 한국인 이미지가 완전히 바뀌는 계기가 되었다.

이후 드라마 『대장금』이 2004년 대만과 일본에서 큰 인기를 끌고 2005년 중국과 홍콩에서 대대적인 성공을 거두면서 한국 드라마의 해외 진출은 동남아시아는 물론 중동, 아프리카, 동유럽 등으로까지 확산되었다.[17] 드라마 『대장금』의 인기는 한국 음식에 대한 유행을 낳고 아시아에서의 한국 이미지가 제고되는 계기가 되었다.

이처럼 1990년대 후반부터 2000년대 중반에 이르기까지, 대만과 중국에서 시작해 일본을 거쳐 아시아 전역으로 퍼져가는 한류의 태동기를 한류 1.0 시대라고 칭할 수 있다. 한류 1.0 시대에는 드라마가 한류의 탄생과 성장에 지대한 공헌을 하였음을 알 수 있었다.

이 시기에 한류 현상이 등장할 수 있었던 것은 내부적으로는 한국의 문화 환경과 지형이 바뀌면서 대중문화가 성장하고 도약하던 시기였기 때문으로 해석된다. 여기에 외부적으로 케이블TV, 위성방송 등과 같은 미디어의 발달과 아시아라는 지역적인, 문화적인 접근성이 더해져 한류의 태동과 확산에 동력을 얻었다고 할 수 있다.

2) 한류의 진화: K-pop과 한류 2.0

1998년 대만에서의 가수 클론의 인기, 2000년 중국에서의 가수 H.O.T.의 인기 등에서 한류라는 용어의 사용이 시작되고 하나의 의미 있는 사회현상으로 받아들여진 데서 알 수 있듯이 한국의 대중가요는 한류를 선도하기 시작하였다.

2000년대 초반 한국의 대중가요는 해외에서의 K-드라마의 인기에 힘입어 K-pop 열풍의 초읽기에 들어갔다. K-pop은 한류의 중요한 소재로 부상하고 한국의 연예기획사에서는 아이돌 가수를 중심으로 지속적인 해외 진출을 도모하였다.

가수 보아는 일본에서 「Listen To My Heart」로 2022년 3월 오리콘 차트 데일리·

17) 홍콩에서 드라마 『대장금』의 최종화 시청률은 47%로 홍콩 방송 사상 최고 시청률을 기록하였고 이란에서는 평균 시청률 88%를 기록하였다.

위클리 1위를 기록하였고 영국의 '파이낸셜타임스'와 프랑스의 '르몽드'로부터 집중 조명을 받았다. 다음 해 「Valenti」를 발표해 한국인 사상 첫 일본 100만 장 돌파를 기록하고 2004년 아시아의 가장 영향력 있는 가수상을 수상하였다.

가수 비는 2003년 「나쁜 남자」의 대만 발매를 시작으로 2004년 태국과 중국으로 활동 범위를 확대하고 2005년 일본 시장에 진입했다. 2005년부터 시작된 비의 해외 콘서트는 일본~홍콩~중국~대만~미국~태국으로 이어졌다. 비의 미국 뉴욕 맨해튼 매디슨 스퀘어 가든에서 열린 콘서트는 아시아 연예인으로는 첫 단독 공연이었다. 이에 '뉴욕타임스'는 미국의 아시아계 청소년들이 한류의 주된 소비자로 부상하고 있다는 내용과 함께 K-pop과 한류에 대한 이야기를 상세히 다뤘다.

이후 세븐, 동방신기, 슈퍼주니어, 빅뱅, 원더걸스, 소녀시대, 카라, 2NE1 등 한국 가수들의 활발한 해외 음악 활동이 이어졌다. 이처럼 2000년대 중반부터 2010년대 초반까지는 소위 아이돌 스타라고 불리는 보이그룹과 걸그룹이 대규모로 등장하면서 K-pop의 현재를 형성하는 시기로 돌입하였다.

K-pop이 하나의 고유명사가 된 것은 2011년 프랑스 파리에서 열린 'SM타운 월드 투어'다. 당시 SM타운 콘서트는 이탈리아~프랑스~독일~영국~미국으로 이어질 계획이었으나 프랑스 K-pop 팬들이 파리 공연의 연장을 요구하며 루브르박물관에서 플래시몹 커버댄스를 춘 것을 계기로 공연이 하루 연장되었고 이 일이 프랑스의 '르 피가로'에 크게 보도되었다. 문화적으로 보수적이라 하는 프랑스, 그 중심에 있는 파리에서 K-pop 공연이 대성황을 이루고 이를 기점으로 K-pop의 인기는 전 세계적으로 확산되었다(장원호, 2019).

2011년 한국의 대중문화가 유럽과 미국 언론의 관심을 받고 유튜브와 빌보드에 K-pop 장르가 신설되었다. 예상치 못한 현상에 오히려 국내에서는 한류를 다시 생각하는 계기가 되었다. 2011년 신한류(新韓流)라는 말이 새롭게 등장하게 되었고 사람들은 K-pop을 중심으로 달라진 한류를 기대하게 되었다. 이 시기의 한류는 아시아를 넘어 중남미, 중동 등 더 넓은 세계로 뻗어나갔고 세계의 대중 특히 10~20대 젊은 층의 사랑을 받았다.

이처럼 2000년대 중반부터 2010년대 초반에 이르기까지, K-pop과 아이돌 스타를 중심으로 한류가 글로벌화한 시기가 한류 2.0 시대다. K-pop 열풍을 중심으로 한류 2.0 시대가 이어졌으나 이것이 곧 K-pop을 의미하는 것은 아니었다. K-pop이 K-콘텐츠의 핵심이었지만 드라마나 영화, 게임 등 다른 K-콘텐츠들도 지속적인 해외 진출을 이어왔고 각 분야에서 일정한 성과를 거두었다.

한류 1.0에서 한류 2.0으로의 진화에는 유튜브와 SNS의 역할이 컸다. 케이블TV와 위성방송 등을 매개로 한류 1.0 시대가 탄생하였다면 한류 2.0의 주요 매개체는 유튜브와 같은 동영상 공유 사이트와 페이스북, 트위터(현 X) 등의 SNS였다. 2005년 유튜브 서비스가 개시된 후 유튜브는 K-pop이 세계의 대중과 만날 수 있는 주요한 창구가 되었다. SNS 역시 K-pop에 대한 세계적 관심과 확산을 이끌었고 SNS나 유튜브로 K-pop을 접한 해외 팬들은 자신의 눈으로 직접 확인하고 싶어 했다.

물론 이러한 외부적 조건 외에도 내부적으로는 한국 연예기획사와 정부의 노력으로 K-pop의 세계적인 인기를 이끌 수 있었다. 또한 한국식 아이돌 문화 전반이 하나의 전략으로 큰 성공을 거두었다. K-pop에 내재되어 있는 다이내믹한 군무, 경쾌함, 친근함 등은 세계의 대중에게 새로운 것으로 받아들여졌고 이는 대중의 호기심을 자극하여 쉽게 다가갈 수 있도록 하였다.

3) 글로벌 한류: 한류 3.0과 신한류 시대의 개막

한국의 아이돌 스타와 대형 연예기획사의 의지, 문화 환경의 뒷받침으로 한류는 한류 1.0에서 한류 2.0 시대로 진화하였다. 이제 한류 탄생에 시내한 공을 세운 영상 매체가 아닌 한국의 대중가요, K-pop이 한류의 핵심 장르이자 대세가 되었다.

K-pop 아이돌 스타의 인기는 폭발적이었고 세계의 대중에게 호기심을 자극하기에 충분했다. 하지만 전 세계로 확장되기보다는 아시아 시장 내에서의 한류로 한계를 보이는 듯했다. 앞서 이야기한 해외 시장에서의 성과를 일시적인 기록이라 여기는 사람들이 많았다. 영미권 시장에까지 한국의 대중가요가 통할 리 없다는 불신이

다수의 대중에게 존재했고 한류의 전 세계로의 확장은 크게 기대하지 않았다.

하지만 한류 3.0 시대에서 한국의 대중가요는 전 세계에서 사랑받는 당대의 팝이 되었다. 2012년 가수 싸이의 「강남스타일」이 발매되었고 국내·외 각종 음원 차트에서 정상을 차지하였다. 「강남스타일」을 공개할 때 본격적으로 해외 시장을 겨냥한 것은 아니었으나 해당 노래의 뮤직비디오가 유튜브에서 폭발적인 반응을 얻으면서 전 세계적인 사랑을 받았다.

뮤직비디오가 유튜브에 공개된 지 40일이 되는 날 조회 수 5,000만 회를 넘겼고 미국 아이튠즈 뮤비 차트에서 1위를 차지했다. 그리고 2014년 6월 유튜브 사상 최초로 20억 뷰를 돌파하는 파괴적인 기록을 세웠다. 해당 동영상은 2025년 3월을 기준으로 조회 수 55억 회를 기록하고 있다.

「강남스타일」은 K-pop 역사상 가장 높은 빌보드 순위를 기록하기도 하였는데 미국 빌보드 핫 100에서 2012년 9월부터 7주 연속 2위를 차지했다. 또한 영국, 독일, 프랑스, 오스트레일리아, 캐나다, 이탈리아, 스페인, 네덜란드 등 30개국 이상 국가의 각종 공식 음원 차트에서 1위를 기록하였다.

싸이의 「강남스타일」을 기점으로 한류의 영향력은 전 세계로 확장되고 K-pop은 정점에 올랐다. 이를 통해 한류의 패러다임이 전환되었고 「강남스타일」은 한류 2.0의 종착점인 동시에 한류 3.0의 시작점이 되었다(최현철, 2021).

2011년 한류 열풍이 유럽발이라면 2012년 한류 열풍은 전 세계에서 동시다발적으로 일어나는 하나의 신드롬이었다. 그리고 대중음악의 중심이라 할 수 있는 미국을 관통하였다. 실제로 2012년 옥스퍼드 영어 사전에 'K-pop'이라는 단어가 등재됨으로서 K-pop은 국제적인 공인을 받았다.

이제 한류의 주요 시장은 아시아와 유럽을 넘어 전 세계로 확대되었고 국가별 팬층도 다양해져 세계시민이 한류의 소비자가 되었다. 하지만 한류 3.0 시대의 초기에는 일련의 정치적 사건과 국제적 악재로 위기를 맞이한다. 국내 유명 연예기획사의 불공정한 전속계약으로 소속 가수와 분쟁이 이어지기도 하고 아이돌 가수들의 그룹 탈퇴 러시가 이어지기도 했다.

또한 일본과 중국을 중심으로 '반(反)한류' 현상이 나타나기도 하였다. 한·일관계의 악화로 2011년부터 극우단체들을 중심으로 반한류·혐한류 기류가 형성되고 혐한(嫌韓) 시위가 잇따라 벌어지면서 일본의 한류는 날개가 꺾이게 되었다. 중국 역시 2016년 한국의 고도미사일방어체계(THAAD, 사드) 배치로 비공식적인 한한령이 내려져 중국 내에서 한국 음악과 영화, 드라마 등이 제한되었다.

당시 일본에서의 한류 재점화를 기대하기 어렵다는 관측이 나오거나 중국인 소비 의존도가 높았던 K-콘텐츠 관련 업계의 주가는 큰 타격을 입기도 하였다. 국가 간 정치적 갈등에 대책 없이 휘둘리는 모습으로 인해 한류가 특정 국가에 의존하기보다 전 세계와 공감할 수 있어야 한다는 여론에 힘이 실렸다. 이에 유럽, 미국, 아랍 등 한류 시장을 다각화하기 위한 활로 개척에 최선을 다했다.

이 같은 문화산업계의 노력과 당시 인터넷과 모바일 환경의 변화로 한류는 악재를 이겨내고 다시 도약할 수 있었다. 2014년 드라마 『별에서 온 그대』가 중국의 인터넷 동영상 사이트에서 40억이 넘는 조회 수를 기록하는 쾌거를 이루고 2016년에는 『태양의 후예』가 25억이 넘는 조회 수를 기록하였다.

특히 『별에서 온 그대』 여주인공 천송이(전지현)의 "눈 오는 날엔 치맥인데"라는 대사 한 마디로 중국에 '치맥 열풍'을 불러오기도 하였다. K-콘텐츠의 장르가 드라마, 음악 등을 넘어 음식, 패션 등으로 외연이 넓어지고 한국문화 그 자체가 한류가 되기 시작하였다. 이처럼 스타에만 초점을 맞추지 않는 것도 한류 3.0의 특징이다.

한류 3.0 시대의 새로운 이정표를 세운 것은 가수 BTS와 영화 『기생충』(2019)이다. 2017년 가수 BTS가 빌보드 뮤직 어워즈에서 톱 소셜 아티스트 상을 받은 것을 시작으로 미국은 물론 유럽과 아프리카 등 여러 해외 국가에서 뜨거운 사랑을 받으며 세계적인 스타로 부상했다. 그들은 무수한 업적들을 세우며 전 세계적인 영향력을 행사하고 한국 사회에서도 공식적으로 한류의 성공을 인정받았다.

2019년 '21세기 비틀즈'라는 찬사를 받으며 'CNN'에는 「대한민국의 한 보이밴드가 어떻게 세계에서 가장 거물이 되었나」라는 제목의 기사가 실리기도 했다(Julia, 2019.06.08.). 2022년 조 바이든 제46대 미국 대통령은 BTS와의 단독 대담 중

"사람들은 여러분이 하는 말에 귀를 기울인다. 그리고 여러분이 하는 일은 모든 이들에게 선한 것이다"라는 메시지를 건넸다.

이제 K-pop이 아시아에서만 인기 있거나 특정 팬층만이 소비하는 장르가 아니라 전 세계 음악의 주류(main stream)가 되었다는 점을 보여줬다. 사람들은 한류 4.0이 시작되었다고 주장하기도 하고 이후의 한류를 신한류로 명명하기도 하였다.

이 시기 넷플릭스가 자체적으로 제작한 최초의 한국 오리지널 드라마 시리즈 『킹덤』(2019)은 세계적인 관심과 찬사를 받았고 영화 『기생충』(2019)은 영화에서 가장 권위 있는 상이라 할 수 있는 아카데미 시상식에서 작품상, 감독상, 각본상, 국제장편영화상 등 주요 4개 부문을 수상하는 성적을 거두었다. 이렇게 한류의 위상은 정점에 이르렀고 세계인들은 한류를 지역적 현상에서 글로벌 현상으로 인식하게 되었다.

2020년에 들어 신한류의 시대가 시작되었고 언제 어디서든 24시간 접속이 가능한 초연결미디어 덕분에 초국가적 문화의 가능성이 펼쳐졌다. 실제로 2020년 코로나19의 확산으로 세계보건기구(WHO)는 팬데믹을 선언하였으나 한국은 K-콘텐츠 수출에 힘써왔던 문화산업계의 그동안의 노력과 정보통신기술 발전으로 지속해서 K-콘텐츠를 공급할 수 있었다. 게다가 K-pop 콘서트와 공연 역시 온라인 실시간 라이브를 통해 팬데믹 상황에서도 팬들과 끊임없이 소통을 이어갔다.

이제 한류의 범위와 대상은 넓어졌다. 한류는 문화콘텐츠 자체로 끝나는 것이 아니라 관광, 화장품, 패션, 미용 등에 영향을 주고 K-콘텐츠 문화 산업은 팬데믹 이전보다 더욱 활발해졌다. 그리고 K-콘텐츠가 글로벌 플랫폼을 통해 디지털 플랫폼 시대에 최적화된 문화콘텐츠로 거듭나면서 그 성장세는 더욱 두드러지고 있다.

지금의 한류는 드라마에서 K-pop으로, K-pop에서 한국문화 일반으로까지 확장되었다. 한류와 K-콘텐츠는 궁극적으로 한국의 국가 이미지와 브랜드 가치, 한국의 소프트 파워를 높이는 데 기여하고 있다.

3. K-콘텐츠의 주요 부문

1) K-드라마

'2023 한류백서'에 따르면 K-콘텐츠를 크게 6가지로 대표하고 있다. 방송, 영화, 음악, 공연, 게임, 만화·웹툰 등이 그것이다. 여기에 3대 소비재·서비스산업으로 음식, 뷰티, 패션 등을 더해 9가지로 K-콘텐츠를 가름하고 있다(한국국제문화교류진흥원, 2024a). 여기서는 드라마, 음악, 웹툰, 음식 4가지 부문에 대해 그 특징을 살펴보고자 한다.

K-콘텐츠의 시작이자 한류의 시작은 바로 드라마다. 1997년 중국에서 방영된 드라마 『사랑이 뭐길래』는 한류의 주역이었고 이후 다양한 장르를 넘나들며 많은 드라마 작품이 글로벌 수용자의 사랑을 받았으며 K-드라마는 여전히 한류의 중심에 있다.

K-드라마의 등장을 알린 1990년대 드라마의 대표작으로는 『질투』(1992), 『별은 내 가슴에』(1997) 등이 있다. 한국 최초의 트렌디 드라마로 불리는 『질투』는 K-드라마에서 절대 빠질 수 없는 요소라고 할 수 있는 로맨스 장르를 개척하였다. 그리고 드라마 주제가에 대한 관심을 불러일으킨 첫 드라마로 평가된다. 『별은 내 가슴에』의 경우 전형적인 신데렐라 드라마로 이 역시 K-드라마의 특징 중 하나다.

드라마를 통한 한류의 성공 가능성을 알린 2000년대 드라마의 대표작으로는 『겨울연가』(2002), 『대장금』(2003), 『태왕사신기』(2007) 등이 있다. 일본에서 큰 사랑을 받은 『겨울연가』는 일명 '욘사마' 신드롬을 일으켰고 일본에서의 한류 열풍은 K-드라마의 급속한 성장을 가져왔다. 『대장금』의 경우 한국의 음식과 건축 등 문화를 널리 알린 '웰메이드 역사 드라마'다. 이러한 역사, 사극 장르는 K-드라마의 인기 요인이자 하나의 특징이다.

K-드라마 열풍을 일으킨 2010년대 드라마의 대표작으로는 『뿌리깊은 나무』(2011), 『해를 품은 달』(2012), 『별에서 온 그대』(2013), 『태양의 후예』(2016), 『사랑의 불시착』(2019) 등이 있다. 한국 사극의 매력과 재미를 널리 알린 『뿌리깊은 나무』는 세종대왕과 한글의 역사를 세계에 알렸다. 『해를 품은 달』 역시 사극과 로맨스라는 K-드라마

의 특성이 잘 나타났다. 중국과 동남아 지역에 신드롬을 일으킨 『별에서 온 그대』는 일본에서의 『겨울연가』를 떠올리게 할 정도였다.

세계적으로 OTT 시장이 확대되면서 한국 역시 OTT 시장에 참여해 해외에 K-드라마를 선보였다. 넷플릭스를 통해 방영된 『사랑의 불시착』은 아시아 전역 시청률 TOP10에 들 정도로 폭발적인 인기를 얻었다. 이후 미국 '워싱턴포스트'의 반드시 봐야 할 국제적 시리즈 추천작에 선정되고 '포브스'에서 2019년 최고의 한국 드라마에 선정되었다.

2020년대는 코로나19와 시기적으로 맞물리면서 OTT 서비스를 통한 K-드라마의 확산이 이루어졌다. 이 시기에는 『이태원 클라쓰』(2020), 『빈센조』(2021), 『오징어 게임』(2021), 최근에는 『더 글로리』(2022), 『무빙』(2023) 등 다양한 작품들이 전 세계 시청자들의 사랑을 받았다.

웹툰을 원작으로 한 『이태원 클라쓰』는 글로벌 수용자들에게 한국의 웹툰을 접하게 만드는 계기가 되었다. 그리고 K-드라마 열풍을 전 세계적으로 확산시킨 드라마가 바로 『오징어 게임』이다. 이보다 앞서 한류를 이끌었던 대다수의 K-드라마는 국가별 한류 현상으로 이어졌으나 『오징어 게임』은 한류의 글로벌화로 전 세계인들의 주목을 받았다.

2020년대 들어 한국의 많은 드라마가 글로벌 OTT를 통해 전 세계로 송출되고 있다. 지금 K-드라마는 글로벌 OTT 서비스가 열어준 기회를 통해 거대한 성장과 성숙을 이루어낼 것인지 막대한 외국 자본에 종속되어 재앙을 맞이할지의 기로에 서 있다. 글로벌 OTT 시대에 맞는 K-드라마의 독자적 성장 전략이 필요한 때다.

2) K-pop

한국국제문화교류진흥원의 '2024 해외한류실태조사'에 따르면 한류의 글로벌 수용자들이 한국에 대한 이미지로 가장 많이 떠올린 것이 K-pop이었다. 이는 2017년부터 7년 연속 이어져 온 결과로 이제 K-pop은 한류의 대표 장르이자 한국을 대표하는 문화콘텐츠로 자리 잡았다.

K-pop의 해외 진출은 1990년대 말 클론, H.O.T. 등의 댄스음악을 중심으로 시작되었다. 중국과 대만에서 시작된 K-pop 한류는 아시아를 주 무대로 하였고 이후 일본, 동남아시아를 넘어 유럽, 중남미에 이르기까지 다양한 지역에서 인기를 얻었다. 그리고 2019년부터 미국 시장에까지 확대되어 글로벌 팬덤을 통해 K-pop을 전 세계로 확산하고 있다.

1992년 서태지와 아이들이 「난 알아요」로 데뷔하면서 한국에 힙합과 댄스, 그리고 지금의 아이돌 그룹의 형식을 한국 대중가요 시장에 도입했다. 서태지와 아이들로 인해 댄스, 록, 힙합 등 다양한 장르의 음악이 등장하고 아이돌 그룹의 시초라 할 수 있는 H.O.T.와 같은 아이돌 그룹이 대거 양산되면서 아이돌 음악이 대중가요 시장에 재편되었다.

K-드라마에 이어 한류를 이끌었던 K-pop은 2000년대 중반에 들어와 본격적인 한류의 성장을 견인했다. 2000년대 중반은 불법 무료 음원들의 공유로 한국의 음악시장이 위축된 시기다. 이에 연예기획사들은 소비가 제한된 국내 음악시장에서 해외 음악시장으로 관심을 돌렸다. 연예기획사에서는 소속 아이돌 가수들에게 다양한 국가의 언어를 학습시키고 외국인 멤버들을 영입하는 등 글로벌 음악시장을 겨냥하기 위한 노력을 이어갔다.

비슷한 시기에 유튜브와 같은 동영상 공유 사이트와 SNS가 대중화되었고 디지털 환경이 진전되면서 K-pop이 아시아를 넘어 서구 문화권에서도 인기를 끌기 시작했다. 2004년 데뷔한 동방신기는 국내에서 서태지와 아이들 이후 최초로 신인상과 본상을 수상하면서 당대 최고의 아이돌 그룹으로 떠올랐다. 중국과 일본에서 열광적인 인기를 누린 동방신기에 이어 슈퍼주니어, 빅뱅, 원더걸스, 소녀시대 등 아이돌 보이그룹과 걸그룹이 K-pop의 글로벌화에 기여하였다.

전 세계적인 K-pop 열풍을 일으킨 2010년대의 중심에는 K-pop 아이돌 스타들이 있다. 연예기획사를 중심으로 한 장기적인 트레이닝 시스템과 치열한 경쟁은 K-pop의 눈부신 성장의 밑거름이었다. 2012년 가수 싸이의 「강남스타일」은 전 세계적인 사랑을 받으며 K-pop 신드롬을 가져왔고 K-pop의 영향력은 전 세계로 확장되었다.

한편 2010년대에는 연예기획사 내의 분쟁과 일본과 중국을 중심으로 한 반한의 감정 등으로 K-pop의 성장에 빨간불이 켜졌다. 하지만 2016년 가수 BTS의 등장으로 전환기를 맞이한다. 글로벌 K-pop의 시작을 알린 BTS는 미국에서까지 인기를 얻으며 아미(A.R.M.Y.)라는 글로벌 팬덤을 등장시켰다. 같은 해 데뷔한 블랙핑크 역시 세계적인 인지도를 넓혀갔다. 다국적 아이돌 그룹인 블랙핑크는 세계 최대의 걸그룹이라는 타이틀을 얻으며 '월드 스타'의 반열에 올랐다(Hugh, 2020.12.07.).

2016년부터 빌보드에서는 매년 최고의 K-pop 리스트, 한 해를 빛낸 노래 및 앨범을 선정하고 있다. 이제 K-pop은 지역과 세대를 넘어 글로벌 음악이 되었다. 2020년대에 들어와 K-pop과 아이돌 스타는 진화하였고 이제 K-pop 스타에서 아티스트로 불리기 시작한다. 뉴진스, 에스파, 르세라핌, 아이브 등의 여성 아이돌 그룹이 K-pop의 성공적인 세대교체를 이뤄내면서 K-pop은 전 세계 음악의 주류가 되었다.

최근 글로벌 수용자들이 스포티파이, 애플 뮤직, 유튜브와 같은 인터넷 스트리밍 플랫폼을 이용해 음악을 듣기 시작하면서 K-pop은 이들 플랫폼의 글로벌 네트워크를 통해 전 세계 수용자에게 빠르게 공유되고 있다. 특히 K-pop은 아이돌과 팬들 간의 긴밀한 관계를 통해 성장한다. K-pop 스타들은 콘서트와 팬 사인회 등을 통해 글로벌 팬덤과 소통하며 이러한 초국가적 팬덤의 적극적인 개입으로 K-pop의 성장세는 두드러지고 있다.

3) K-웹툰

최근 몇 년간 한국의 문화적 역량을 입증하는 선봉장에는 웹툰이 있었다. 웹툰은 'Web'과 'Cartoon'의 합성어로 온라인에서 연재되는 만화다. 1999년 인터넷 만화방송사이트인 애니비에스(AniBS)에서 웹툰이라는 용어를 처음으로 만들어 사용하였고 대략 2000년대 초반 지금의 형식을 갖추기 시작했다.

웹툰은 종이가 아닌 디지털 플랫폼을 통해 독자들에게 정기적으로 제공되며 화면을 세로로 이어서 보는 스크롤 웹툰이다. 그리고 독자들은 실시간 댓글을 통해 의견을 남기고 스토리 구성에 참여하는 등 작가와 독자 간의 양방향 소통 방식을 채택하고 있다. 이처럼 웹툰만이 가지고 있는 특수성으로 인해 해외에서 웹툰은 한국에서 유래한 디지털 만화이자 웹코믹[18]의 특수한 형식으로 인식된다.

한국만화가협회 부설 만화문화연구소에서는 웹툰의 역사를 크게 네 단계로 나누고 있다. 먼저 2000년에서 2004년은 웹툰 초창기에 해당한다. 이 시기는 웹툰 관련 플랫폼이 활성화되기 이전으로 웹툰 작가들은 주로 블로그나 인터넷 커뮤니티 사이트 등과 같은 개인 미디어를 활용하여 독자들에게 작품을 제공하였다.

그러다가 2003년 다음에서 '다음 웹툰'의 전신인 '다음 만화속세상'을 런칭하면서 강풀의 『순정만화』(2003)를 연재하게 된다. 2000년대 초기만 해도 웹툰은 단편작 위주의 가벼운 만화라는 인식이 있었는데 강풀의 『순정만화』가 대히트를 기록하면서 웹툰에 대한 종전의 이미지는 바뀌게 된다.

이를 계기로 파란, 엠파스 등의 경쟁 포털사이트에서도 웹툰 서비스를 도입하면서 웹툰의 연재시스템이 정착하게 된다. 엠파스에서 연재된 강도하의 『위대한 캣츠비』(2004), 파란에서 연재된 양영순의 『천일야화』(2004) 등이 인터넷에서 폭발적인 인기를 끌면서 웹툰 장르의 다양화가 이뤄졌고 웹툰 연재시스템의 활성화를 가져왔다.

웹툰이 킬러 콘텐츠[19]가 되면서 웹툰에 대한 시장의 관심과 투자는 보다 적극적인 모습이 되었다. 2005년부터 2009년까지를 웹툰 태동기라 할 수 있는데 2005년 네이버에서 웹툰 서비스를 시작하고 2006년 대규모 개편을 진행하면서 조석의 『마음의 소리』(2006), 김규삼의 『입시명문 사립 정글고등학교』(2006) 등을 앞세워 본격적인 추격에 나섰다. 조석의 『마음의 소리』가 공전의 히트를 거두며 웹툰 시장은 일대 전기를 맞이하였다.

네이버는 국내 1위 포털사이트라는 입지를 활용해 공격적으로 규모를 키워나갔고

---

18) Webcomic은 해외에서 인터넷 만화를 통칭하는 단어다.

19) Killer contents는 미디어 시장의 판도를 재편할 만큼의 영향력을 지닌 매력적인 핵심 콘텐츠를 의미한다.

2007년 다음을 제치고 네이버가 웹툰 업계 1위를 차지하게 된다. 이후 네이버의 네이버웹툰과 다음의 만화속세상을 중심으로 웹툰이 연재되기 시작하였다. 이 시기 만화속세상에서 연재된 윤태호의 『이끼』(2007), 네이버웹툰에서 연재된 주동근의 『지금 우리 학교는』(2009) 등은 향후 드라마나 영화로 제작되면서 K-드라마, K-영화 등의 인기에 편승해 한 번 더 인기를 끌었다.

네이버와 다음, 양대 포털사이트에서 웹툰을 꾸준히 밀어주면서 2010년대 웹툰은 한국에서 가장 영향력 있는 만화 매체로 등극하였다. 2010년부터 2017년은 웹툰 확장기로 한국의 웹툰 산업이 빠르게 성장하면서 해외에서도 큰 인기를 얻게 되었다. 그리고 웹툰이 유료화되기 시작한 시점이기도 하다.

네이버웹툰은 2014년 영어 서비스를 시작으로 한국 웹툰의 해외 진출에 앞장섰다. 이에 다음(카카오)[20], NHN 등 국내 기업들이 해외로 진출하면서 글로벌 웹툰 시장을 조성하였다. 초기에는 한국어 콘텐츠가 대부분이었지만 10년이 지난 지금 수많은 한국 웹툰이 번역되어 세계 각지에서 인지도를 쌓고 한국식 웹툰 연재시스템이 해외에 도입되어 많은 작품이 배출되었다. 또한 한국 웹툰이 진출한 해당 국가들에서도 출판 만화에서 디지털 만화 위주로 만화시장이 재편되는 모습을 보이기 시작하였다.

한편 2010년대를 전후로 스마트폰이 확산되면서 스마트폰을 기반으로 웹툰의 유료화 비즈니스 모델이 등장했다. 특히 2013년 웹툰의 유료화를 지향하는 레진코믹스가 설립된 이래로 유료 웹툰이 활발해지고 양질의 콘텐츠를 확보하는 데 유리해지면서 웹툰 시장의 크기와 다양성은 더욱 강화되었다.

웹툰 유료화로 웹툰 자체의 매출이 늘어나자 웹툰 매니지먼트 사업의 형태도 변화하였다. 기존의 1인 창작자 중심에서 다수의 작화가와 스토리 작가가 분업해서 웹툰을 제작하는 스튜디오 시스템으로 변화하였다. 이러한 스튜디오 시스템으로의 변화로 집단 창작 체제가 본격화되면서 완성도 높은 웹툰의 대량 생산이 가능해졌고 국내를 넘어 해외에서도 그 관심이 높아지게 되었다.

---

20) 2014년 다음과 카카오의 합병이 있었다. 합병 당시 회사명을 다음카카오로 변경하였고 이후 2015년에 다음카카오에서 카카오로 다시 한번 변경하였다.

유럽과 미국 시장에서도 K-웹툰 열풍이 불기 시작하고 글로벌 수용자들은 유료인 미리보기까지 할 정도로 한국의 웹툰에 큰 관심을 보이게 되었다. 한국국제문화교류진흥원의 '2023 해외한류실태조사'에 따르면 2022년 기준 해외에서 가장 많이 소비된 한국 문화콘텐츠는 웹툰이었다. 말 그대로 글로벌 웹툰 시대가 도래한 것이다.

이처럼 K-웹툰 열풍을 일으킬 수 있었던 것은 플랫폼 기술이다. 전 세계적인 웹툰 플랫폼인 네이버웹툰과 카카오페이지[21], 카카오 웹툰[22] 등의 지속적인 서비스 개선과 모바일 기기에 최적화된 UI[23]와 UX[24]의 제공은 사용자의 경험을 향상시키고 글로벌 수용자들이 언제 어디서든 웹툰을 즐길 수 있게 하였다. 웹툰이라는 '콘텐츠' 자체를 수출하는 것을 넘어 소비하는 방식과 플랫폼을 수출함으로써 세계 각지의 수요가 증가하였다.

웹툰의 적극적인 해외 진출로 만화 강국인 일본에서도 한국의 기업에서 구축한 플랫폼을 통해 K-웹툰을 구독하는 독자들이 늘어나고 있다. 특히 한국의 웹툰은 영상 스토리보드와 그 형식이 비슷하여 드라마, 영화, 애니메이션 등 원 소스 멀티 유즈(OSMU)로 활용 가능성이 높다. 이에 K-웹툰은 드라마, 영화, 애니메이션 등으로 제작되어 보다 많은 팬덤을 확보할 수 있었고 웹툰 시장은 앞으로도 지속적인 팽창을 이어나갈 것이다.

4) K-푸드

2010년 이전까지만 해도 주로 드라마와 K-pop을 중심으로 한국의 문화콘텐츠를

---

21) 2013년 출시된 카카오페이지는 웹툰 외에도 소설, 영화, 책 등을 포함한 멀티 콘텐츠 플랫폼으로 자리 잡았다.

22) 다음-카카오 합병 이후 2021년 다음 웹툰을 전격적으로 리뉴얼해 카카오 웹툰으로 새롭게 선보였다.

23) UI(User Interface)는 애플리케이션 아이콘 형태 및 화면 구성과 같이 사용자가 직접적으로 상호작용하는 접점의 시각적 요소를 의미한다.

24) UX(User Experience)는 애플리케이션 사용의 편리함, 만족감과 같이 서비스를 이용할 때 느끼는 사용자의 전반적인 경험을 의미한다.

논의했으며 한류 스타의 인기와 성공에 초점을 맞췄었다. 하지만 2010년 이후 다양한 장르로 한류의 범위가 확대되면서 스타 중심의 대중문화에 그치지 않고 한국에 대한 글로벌 수용자의 인식과 태도로 그 관심을 넓혀나갔다.

이제는 드라마, K-pop으로 대표됐던 콘텐츠 중심의 한류에서 소비재 산업까지 영역을 확장하여 한류를 이해하고 K-콘텐츠로 촉발된 한국의 음식과 뷰티, 패션 등에 대한 글로벌 수용자의 관심은 글로벌 플랫폼을 통해 소비되고 있다. K-콘텐츠의 장은 확장되었고 K-pop에 이어 한국 음식은 한국 하면 가장 먼저 떠오르는 이미지 2위를 차지하기에 이르렀다(한국국제문화교류진흥원, 2024c).

"두유 노우 김치?(Do you know Kimchi?)", 과거 한국인들이 외국인에게 한국을 소개할 때 혹은 한국에 대해 알고 있는지 물어볼 때 많이 던지던 질문이다. 하지만 이제 "두유 노우 김치?(Do you know Kimchi?)"의 시대는 끝났고 "아이 노우 화채!(I know Hwache!)"의 시대라고 말한다.

2023년 한 틱톡커가 화채를 먹는 영상이 1억 7,000만 뷰를 넘기면서 때아닌 '화채 챌린지' 열풍이 불었다. 한국에서 주로 사용하는 수박 대신 각 지역에서 구할 수 있는 다양한 과일을 넣은 뒤 우유나 사이다, 아이스크림 등을 넣어 자신만의 방식으로 제조하는 것이 유행이었다. 이는 동남아 지역에서 압도적인 인기를 얻었고 미국, 캐나다 등 영미권에서도 한국의 차가운 과일샐러드라 소개되며 관심을 끌었다.

또한 BTS가 먹은 떡볶이와 라면, 영화 『기생충』 속 짜파구리, 드라마 『별에서 온 그대』 속 치맥, 드라마 『오징어 게임』 속 달고나 등 한국의 드라마나 영화, K-pop 아이돌 등을 통해 한식은 전 세계인의 관심사로 떠오르고 있다. K-푸드는 K-콘텐츠 가운데서도 존재감이 뚜렷한 분야로 다양한 미디어를 통해 K-푸드에 대한 소비 심리를 높이고 훨씬 더 다채롭게 범위를 확장하고 있다. 한식은 한국을 넘어 세계인들에게 주목받고 있으며 세계적인 음식문화를 이끄는 메가트렌드로 자리 잡아가고 있다.

1990년대 초반 한국 외식 기업들의 본격적인 해외 시장 진출을 계기로 한국 음식이 세계에 알려지기 시작하였다. 1990년대 중반에는 세계무역기구(WTO) 체제가 출범하고 인터넷 기술이 발달하면서 글로벌 시장이 형성되었고 이에 한식의 세계화를 위한 기틀이 마련되었다. 2000년대에는 월드컵으로 한국의 인지도가 높아졌고 이후 드라마 『대장금』이 인기를 얻으면서 한식을 세계적인 음식으로 이끄는 등 한국 음식의 세계화가 활발히 이루어질 수 있는 환경이 점차 마련되어갔다.

2010년대에 들어와 K-드라마와 K-pop이 세계적인 사랑을 받으면서 자연스럽게 한국의 음식 역시 전 세계의 관심을 받기 시작했다. 이 시기 한국 음식에 대한 문화적 관점의 중요성이 대두되면서 한류의 확산과 K-콘텐츠의 성장에 맞춰 한국 음식을 홍보하려는 노력이 본격화되었다. K-푸드는 다양한 K-콘텐츠들과 결합되어 전 세계로 퍼져나갔다.

K-푸드는 단순히 음식 자체가 아닌 한국의 음식문화, 생활문화로서 전 세계에 확산되고 있다. 드라마나 영화, K-pop 등을 통해 한국의 음식을 소개받고 한국 음식의 매력을 직접 느껴보고자 하는 글로벌 수용자들이 늘어나면서 SNS와 유튜브 등을 통해 한국 음식에 대한 챌린지나 유행이 빠르게 번지고 있다. 나아가 K-푸드의 인기로 음식 및 미식 탐방을 위해 직접 한국을 방문하는 외국인 관광객이 증가하고 있다.

지금의 K-푸드로 불리는 한식은 과거 전통음식 외에도 퓨전음식이나 간편식 등 모든 이들이 함께 즐길 수 있는 음식을 기반으로 새롭게 자리 잡고 있다. K-푸드에 대한 세계인의 관심과 인기는 나날이 높아지고 있으며 이를 증명하듯 K-푸드와 관련한 한국어 표제어가 옥스퍼드 영어 사전에 등재되고 있다. 일례로 먹방은 'mukbang'으로 고유명사화되었고 해외에서도 음식을 먹는 방송을 먹방(mukbang)이라 일컫는다.

세계인들의 K-푸드에 대한 사랑으로 이제 세계는 한국 음식을 즐기는 단계로 나아가고 있다. 세계가 사랑하는 K-푸드에는 김치, 비빔밥, 불고기, 치킨 등에서부터 불닭볶음면, 떡볶이, 김밥, 막걸리 등에 이르기까지 다양하다. 이러한 음식들은 맛뿐만 아니라 한식 문화를 경험할 수 있다는 점에서 전 세계인들을 매료시키고 있다. 지난 2023년 8월 미국 로스앤젤레스에서 열린 K-pop 콘서트에 K-푸드 부스가 함께 세워졌다. 이는 K-콘텐츠의 확장을 보여준 직접적인 장면이라 할 수 있다.

제3부

문화소비자가 주도하는 문화

대중문화는 기술과 인간, 그리고 사회적 흐름의 결합으로 지속해서 변화하고 새롭게 형성되고 있다. 기술의 혁신과 더불어 개인의 취향은 다양해지고 참여의 기회는 늘어나게 되면서 대중문화의 정의는 변화하고 있다. 특히 인공지능(AI), 가상현실(VR), 증강현실(AR) 등의 발전은 대중문화를 창작하고 소비하는 방식에 혁신을 가져왔다. 또한 대형 미디어 기업 중심에서 1인 미디어, 스트리밍 플랫폼 등의 개인 창작자가 대중문화를 주도하는 방향으로 변화하였다. 팬덤문화와 디지털 플랫폼을 통한 개인화된 콘텐츠 소비의 증가로 대중문화 소비자는 단순한 소비자에서 적극적 창작자로 변모하였고 소비자의 참여는 확대되었다.

대중문화는 미디어와 기술 발전에 따라 끊임없이 변화하고 있으며 개인 참여와 기술 혁신이 주도하는 방향으로 진화할 것으로 전망된다. 따라서 제3부에서는 팬덤문화의 역동성과 스포츠와 대중문화, 기술변화에 따른 대중문화의 변화를 다루고 이를 통해 대중문화의 미래와 대중문화에서 문화소비자인 개인의 역할을 분석하고자 한다.

제7장

팬덤문화의 역동성

미디어의 발전으로 스타의 영향력이 커지면서 특정 인물을 열광적으로 좋아하는 팬덤이 형성되었다. 초기 팬덤은 전통 미디어 중심의 수동적 소비 형태를 보이는 추종자형 팬덤이었으나 인터넷과 온라인 커뮤니티의 활성화로 후원자의 역할을 수행하는 참여형 팬덤의 모습으로 변화하였다. 이후 팬들은 직접 스타를 기획하고 제작에 참여하는 단계로 발전하고 더 나아가 스타보다 팬 자신이 중심이 되어 콘텐츠를 창작하고 공유하는 형태로 팬덤문화를 변화시키고 있다. 팬덤문화는 단순한 스타 소비에서 벗어나 사회적·문화적 영향을 미치는 강력한 힘으로 자리 잡고 있다. 특히 디지털 시대에 접어어 팬덤은 더욱 창조적이고 조직적인 형태로 진화하고 있으며 사회적 연대와 문화적 생산성을 갖춘 공동체로 성장하고 있다. 따라서 이 장에서는 팬덤문화의 주요 특성과 기능, 진화과정을 통해 팬덤문화의 역동성을 살펴보았다.

1. 팬과 팬덤문화

1) 스타와 팬덤

매스 커뮤니케이션의 발전으로 대중문화는 대량 생산이 이루어지고 그 문화적 영향력도 광범위해졌다. 이에 각종 미디어를 통해 대중에게 노출되는 스타의 지위는 점차 높아지고 그들의 인기와 명성을 활용한 스타 시스템이 등장하게 되었다.

스타덤과 맞물려 성장하게 된 스타 시스템은 1910년대 할리우드에서 그 모습을 갖추기 시작하였다. 한국 역시 1990년 이후 영화산업이 고도로 발달하면서 스타의 영향력이 커지게 되었고 이에 콘텐츠의 생산, 관리, 소비 등 전반적인 과정에서 스타의 역할이 강조되고 점차 스타 시스템에 의존하게 되었다.

팬은 스타가 등장하면서부터 이들 콘텐츠를 소비하고 좋아하는 사람들을 지칭하는 용어로 사용되었다. 그리고 팬덤은 열광적인 사람을 뜻하는 'fanatic'과 접미사 '-dom'의 합성어다. 특정 인물이나 문화 텍스트를 열광적으로 좋아하는 수용자를 의미하며 팬의 복수형 또는 그러한 문화 현상을 지칭한다. 연예인은 다양한 활동을 통해 자신의 영향력을 넓히며 팬과 팬덤을 형성하고 스타덤을 구축한다.

미디어와 매니지먼트를 통해 스타를 만들어내지만 스타를 스타덤에 올리는 것은 소비자, 즉 대중과 팬이다. 일부 소비자들은 스타를 소비하고 호감을 나타내는 것에 그치지 않고 애정을 가지고 맹목적으로 따르고 높은 충성도를 보이며 스타에 열광한다. 이러한 팬들이 모여 팬클럽이 생겨나고 집단행동이 발생하면 팬덤이 된다.

팬은 소비자인 동시에 생산자이며 팬과 스타는 미디어가 만들어 낸 이미지를 두고 상호작용한다. 즉 팬과 팬덤은 대중문화의 산물이다. 팬은 단순히 문화상품을 소비하는 데 그치지 않고 스타의 연예 활동에 적극적으로 개입하기도 한다. 팬들의 활동이 점차 활동적이고 집단적으로 변화하고 개인 혹은 소규모 집단의 모임에서 거대한 형태를 갖추면서 팬덤이 되는 것이다.

스타는 자신의 이미지를 통해 그 가치가 부여되고 스타의 가치는 희소성으로부터 나온다. 그리고 이 희소성에 팬들은 열광한다. 팬덤은 자신이 열광하는 스타의 가치를 높이기 위해 프로슈머로서 동반자가 되기도 한다. 사회학자 페리스와 해리스(Ferris & Harris)의 말대로 팬이 없다면 스타의 인기와 명성은 존재할 수 없고 미디어가 없다면 팬도 없는 것이다(Ferris et al., 2011). 결국 대중문화의 확산으로 팬덤문화라는 말까지 나타나게 된 것이다.

사실 팬이라는 용어는 17세기 후반 영국에서 종교적으로 지나치게 열성적인 광신도를 줄여 부르는 말로 처음 등장하였다. 그러다 19세기 말 미국에서 야구 관중의 열정적인 모습을 묘사하기 위해 기자들이 사용하였고 이를 본떠 지금은 열정적인 대중문화 수용자들을 표현하는 데 사용하고 있다(Abercrombie et al., 1998).

1910년 미국의 한 영화사[25]에서 대중의 요구에 따라 자사 배우들의 이름을 공개한 것을 시작으로 스타 시스템이 탄생했다. 이어 전국 영화 팬 잡지[26]가 나오기 시작하였고 이 무렵 최초의 팬클럽이 생겨났다. 이후 1950년대에 이르기까지 영화 팬들의 능동적인 수용과 참여는 지금의 할리우드를 형성하는 데 상당히 기여하였다.

초기 팬들은 자신이 좋아하는 스타에게 팬레터를 보내는 정도였으나 스타 시스템을 통해 공격적인 마케팅이 이루어지면서 팬들 역시 팬클럽을 형성하여 좋아하는 스타를 위한 잡지를 주기적으로 출간하기도 하고 영화 캐스팅을 위해 로비를 하는 등 문화산업에서 적극적인 목소리를 내었다.

한국에서의 팬덤은 가수 조용필의 등장으로 시작되었다. 조용필은 1975년 「돌아와요 부산항에」를 발표하며 본격적으로 이름을 알리고 1980년대 최고의 히트 가수가 되었다. 이전에는 좋아하는 노래를 듣는 것 외에 팬 이름도, 별다른 행동도 없었다. 하지만 조용필의 팬은 '오빠부대'라는 용어를 만들어내며 오늘날의 팬클럽처럼 조직적인 활동을 하였다.

이후 1992년 서태지와 아이들의 데뷔로 한국에서 '팬덤'이라는 용어가 등장하였

---

25) Independent Moving Picture Company(독립활동사진회사)

26) Motion Picture Story Magazine(활동사진스토리매거진)

다. 당시 서태지와 아이들의 팬클럽은 가수에 대한 컬트(Cult)적인 태도가 강했고 이러한 요소를 바탕으로 팬클럽 형성, 팸덤을 조직화하였다. 이들은 음반을 소장하고 스타의 모습을 모방하는 정도를 넘어 자발적이고 적극적인 집단 활동을 통해 우리 사회에 팬의 막강한 영향력과 힘을 보여주었다.

일례로 당시 '서울방송(SBS)'에서 서태지와 아이들에 대한 불리한 기사를 내보내자 이에 반발한 팬들은 방송국에 직접 항의하고 해당 프로그램을 후원하는 광고주들에 압박을 가해 결국 농심, 에뛰드, 태평양화학, 제일제당 등이 해당 프로그램에 광고를 중단하는 일이 벌어지기도 하였다.

이후 연예기획사를 통한 스타 시스템이 본격적으로 등장하였다. 서태지와 아이들의 팬덤을 통해 팬과 팬클럽이 미치는 영향력을 새롭게 인식하게 된 연예기획사에서는 소속 가수의 인기를 위해 공식 팬클럽을 만들어 대규모로 조직화된 팸덤을 형성하고자 하였다. 2000년대 초중반까지의 1세대 팬덤은 이처럼 공식 팬클럽에 가입하는 것으로 팬 활동을 시작하였고 이들을 지칭하는 일명 '빠순이'라는 경멸과 조롱 섞인 단어에서 알 수 있듯 팬덤문화에 있어 부정적인 측면을 많이 양산하였다.

하지만 당시 10대 중심의 팬덤문화는 짧은 시간 동안 보다 폭넓게 확장되고 발전해 왔으며 점차 정교하고 조직적이고 전문적인 모습을 갖추어가고 있다. 지금의 팬과 팬클럽은 과거의 부정적이고 일탈적인 시각에서 벗어나게 되었다. 팬덤은 긍정적이고 창조적인 형태의 놀이로 인식되고 하나의 문화 공동체로서의 특징을 보이고 있다.

2) 팬덤의 주요 특성

팬덤은 등장과 함께 단기간에 우리 사회의 주요한 관심사로 대두되었다. 이는 특정 스타를 좋아한다는 이유만으로 대규모의 조직적인 집단이 형성된다는 점과 이들이 만들어내는 집합적인 행위가 대중문화, 나아가 사회에 미치는 막강한 힘이 있기 때문이다. 팬덤은 주로 팬클럽 활동으로 우리 사회에 가시화되고 있다. 팬클럽은 팬 공동체의 가장 일반적인 형태로 이를 통해 팬들은 스타에 대한 동일시의 감정을 느끼고 공유한다(추동균, 2023).

팬이라는 용어의 기원에서도 알 수 있듯이 이들의 열정적이고 열광적인 특성에는 부정적인 의미가 붙어있다. 과거 팬이라는 말은 과도하고 적절하지 못한 열정과 일탈로 이해되기도 했다. 특히 초기 팬클럽 회원의 대다수가 10대 청소년이라는 점에서 팬덤문화는 청소년기에 한때 있을 수 있는 특유의 문화로 그 의미가 축소되어 왔다.

하지만 이러한 부정적인 시각에도 점차 팬과 팬덤의 생산성이 두드러지면서 이들의 사회문화적 의미와 그 중요성에 주목하고 새로운 관점에서 조명되기 시작했다. 이제 팬들은 그저 소비하는 역할만을 하는 것이 아니라 그들만의 방식으로 대중문화에 참여하고 생산하며 다양하고 새로운 문화를 창출해나가고 있다. 특히 한류 열풍을 통해 더욱 부각 된 팬 생산성은 사회적으로 다양한 현상을 제시하고 있다.

팬들은 적극적인 주체가 되었고 대중문화의 일부가 되어 변화를 주도하고 있다. 이들은 대중문화의 소비자인 동시에 생산자이자 참여자로 끊임없이 성장하고 있다. 젠킨스(Jenkins, 1992)의 지적대로 더 이상 팬덤은 병리적이거나 일탈적인 것이 아니라 창의성에 바탕을 둔 적극적인 활동으로 정의되고 있다.

팬을 능동적인 수용자로 정의한 젠킨스는 일반적인 수용자와 구분되는 팬 활동이 지니는 사회적 의미와 그 중요성을 다섯 가지로 제시하였다. 첫째는 특수한 텍스트 수용 양식을 갖춘 활동이라는 것이다. 팬들은 일반 수용자들과 달리 텍스트를 수용하는 데 보다 세밀하고 집중적이고 반복적인 행태를 보인다. 텍스트에 대한 감정적인 근접성을 보임과 동시에 비판적 거리를 유지하고자 하는 것 역시 팬 활동의 특징이다. 또한 텍스트를 소비하는 것에 그치는 것이 아니라 함께 공유하고 사회적으로 상호작용함으로써 그 의미를 풍부하게 한다.

둘째는 특수한 비판적 해석이 이뤄지는 공동체 활동이라는 것이다. 특정 팬덤 내에 있는 팬들과 일반 수용자 간에는 분명한 경계가 있다. 팬덤의 구성원이 되기 위해서는 그들만의 선호된 해독 방식을 학습해야 한다. 텍스트를 있는 그대로 수용하기 보다는 드러나지 않은 심층과 잠재성을 적극적으로 탐구하고 원작을 뛰어넘는 해석을 통해 집단 정체성이 드러나는 메타텍스트[27]를 구축한다.

셋째는 팬 활동이 소비자 행동주의의 좋은 토대를 마련한다는 것이다. 팬들은 자신들의 취향이 문화산업에 녹아날 수 있도록 적극적으로 의견을 피력한다. 프로그램의 내용 전개나 시리즈 연장 등에 대한 의견 표명의 권리를 주장하고 제작사들 역시 이러한 피드백을 실행에 옮기고자 최대한 노력한다.

넷째는 팬덤 고유의 문화적 생산, 미학적 전통과 관행을 소유하고 있다는 것이다. 제작자는 팬 공동체가 보이는 특수한 관심사를 자극해 창작 동기를 유발하는 작품을 제공한다. 이 과정에서 팬덤은 텍스트를 그대로 소비하는 데 그치지 않고 자신들만의 미학적 전통을 가진 팬 텍스트를 생산하게 되고 이를 통해 팬덤 고유의 장르를 발전시키고 새로운 문화적 창작을 이뤄낸다.

다섯째는 팬 활동이 대안적 사회공동체로서 기능한다는 것이다. 이들은 인종, 성, 지역, 정치, 직업 등의 차이를 인정하고 미디어 텍스트를 중심으로 정의되는 민주적 소비자 공동체다. 팬 개개인의 차이를 인정함과 동시에 공동체 이익을 위해 노력한다. 이러한 특성 때문에 팬 활동에 주된 참여자들은 지배문화에서 종속적 지위에 있는 경향이 강하다.

한편 문화연구자 피스크(Fiske, 1992)는 맹목적으로 스타를 추종하는 팬덤문화라는 기존의 부정적인 관점에서 벗어나 팬들에 의해 선택된 문화이며 즐거움과 긍정적 의미를 파생시키는 하나의 문화 현상으로 팬덤을 이해하고자 했다. 이에 피스크는 팬덤의 주요 특징을 세 가지로 제시하였다.

첫째는 차별과 구별의 특성이다. 팬들은 자신들이 속한 팬덤 내의 수용자들과 일반 수용자 간에 분명한 차이가 있다고 보며 외부와의 경계를 명확히 하는 특성이 있다. 이들은 예민한 차별성을 보이며 팬 공동체와 그 밖의 세상 간에 경계선을 명확하게 그어둔다. 이들은 대중과의 구별을 통해 팬덤의 정체성을 구축하고 이처럼 타 집단과의 차별과 구별을 시도하는 것으로 문화의 생산 과정에 개입하게 된다.

27) 메타텍스트성은 텍스트가 스스로에 대한 언급과 주석을 내포하고 있는 경우를 지칭한다. 즉 작품 내부에 자기반영적인 언급을 내포하는 것이다.

둘째는 참여와 생산의 특성이다. 팬들은 대중문화의 수용자이자 참여자이며 생산자다. 팬들은 일차적으로 생산된 텍스트 외에도 그것과 관련한 기사, 비평, 광고 등과 자신의 일상을 연계해 새로운 텍스트를 재생산해낸다. 팬 공동체는 자신들만의 의미를 창조하고 독자적인 텍스트를 만들어 간다. 이처럼 팬들은 적극적인 참여를 통해 동료와 소통하고 단순한 수용자가 아닌 생산자로서 자신의 정체성을 구축한다. 그 결과 새로운 대중문화를 탄생시키게 된다.

셋째는 자본축적의 특성이다. 팬들은 텍스트 외에도 스타와 관련된 상품을 소비하는 것으로 지속적인 관심을 나타내고 소속감과 안정을 느낀다. 스타에 관한 문화상품을 수집하고 소유함으로써 문화적 자본을 축적하고 이러한 문화 자본을 팬 공동체 내에서 행사하는 것으로 정체성을 구축하며 집단의 참여를 유도하게 된다.

3) 극성팬과 안티팬

대중문화의 영향력이 커지고 팬덤의 규모도 커지면서 팬덤문화에도 성숙함이 요구되고 있다. 초기 팬덤이 형성되던 시기에 비하자면 지금의 팬덤은 분명 성숙해진 것이 사실이다. 그리고 팬들은 앞으로도 보다 성숙한 팬 문화를 만들기 위한 노력을 게을리하지 않을 것이다.

하지만 팬덤문화에는 여전히 부정적인 측면이 존재한다. 일부 팬덤은 스타에 과도한 집착을 보이거나 타인에 대한 배타적인 태도를 야기하고 자칫 타인에게 불편함을 주기도 한다. 이로 인해 사생활 침해 문제나 지나친 대립 구도가 형성되기도 한다. 또한 일부 팬덤의 극단적인 행동은 사회문제로까지 비화하고 있다.

일반적으로 팬들은 팬클럽을 통해 자신이 좋아하는 연예인들의 일정을 따라 무리지어 다니며 스타를 향해 환호성을 지르고 그들의 상품을 수집하는 것에 몰두한다. 자신의 스타가 곤경에 처하면 적극적으로 나서 옹호하고 스타가 높은 인기를 구가하고 스타덤에 오를 수 있도록 애를 쓰며 그것을 자신의 본분이라 생각한다.

때때로 이러한 열정이 왜곡되어 자신이 좋아하는 스타만이 최고라 생각하며 이에 대한 어떤 비판도 허용하지 않는 경향을 보이기도 한다. 스타에 대한 비판에 즉각적으로 반응하며 심지어 협박이나 욕설과 같은 모습으로 대응하기도 한다. 이와 같은 맹목적이고 배타적인 추종은 팬클럽의 집단적인 일탈행동을 불러오기도 한다.

일부 팬들은 스타가 있는 곳이라면 어디든지 몰려들어 단체로 노래하고 괴성을 지르거나 자신의 의견을 피력하기 위해 소속사 건물의 유리를 부수거나 낙서하는 등의 행동을 하기도 한다. 이같이 공공성을 침해하는 행동을 서슴없이 하거나 심지어 다른 스타의 명예를 훼손하고 인권을 침해하기도 한다.

다른 한편으로는 자신의 스타만을 위한 팬들의 집단행동으로 인해 일반적인 수용자인 대중에게 왜곡된 정보가 제공되기도 한다. 예를 들어 팬클럽의 일탈행동으로 불공정한 과정을 거쳐 특정 스타가 각종 순위나 수상자로 결정된다면 대중은 현실이 제대로 반영되지 못한 왜곡된 정보를 제공받는 셈이다. 이는 말 그대로 여론조작이다.

이처럼 지나치게 열광적이고 극단적인 행동을 하는 팬들을 극성팬이라 부른다. 이들은 연예인의 매력에 빠져 과도한 충성심을 보이거나 집착을 넘어 엽기적인 행동[28]을 하거나 스토킹에 가까운 행위를 이어 나가는 사생팬이 되기도 한다.

사생팬은 부정적인 팬덤의 단면으로 스타의 사생활을 쫓고 감시하는 극성팬을 말한다. 매일같이 연예인에게 전화를 걸거나 숙소에 침입해 물건을 훔치기도 하고 성희롱, 성추행 등 잘못된 방식으로 사랑을 표현하기도 한다. 이들은 국내는 물론 해외까지 쫓아다니며 극성스럽게 행동한다. 스타에게 접근하기 위해 코디나 매니저로 위장하거나 스태프와의 연예도 마다하지 않는다. 심지어 이런 팬들에게 돈을 받고 관련 자료를 사고파는 사람들도 있다(동아일보, 2015.05.22.).

이상에서 나열한 행동들은 범죄다. 그럼에도 불구하고 기술의 발달로 해킹, GPS 추적 등 사생팬의 수법은 다양해지고 있으며 K-pop 열풍으로 아이돌의 극성팬들은 더욱 늘어나고 최근 들어선 배우까지 그 이슈가 확산되고 있다. 소속사 차원의 법적

---

28) 2009년에서 2010년 사이 한국 아이돌의 극성팬들이 이른바 '혈서'를 만들어 인터넷에 제재한 사건이 있었다. 생리혈서 사건, 동맥혈서 사건, 손목혈서 사건 등으로 불린 일련의 사건들은 아이돌을 향한 지나친 팬심의 극치를 보여주었다.

대응이 이어지고 이를 멈추기 위해 피해 당사자인 스타들이 직접 근절을 호소하고 있으나 이 같은 범죄 행위가 사라질지는 의문이다(월요신문, 2024.06.12.). 팬덤이 스타와 사회에 긍정적인 영향을 미치기 위해서는 팬들의 책임 있는 행동이 필수다.

한편 대중의 문화적 선택권이 늘어나면서 전문적인 문화비평가의 권력이 축소되고 있다. 이에 특정한 문화적 취향에 대해 적극적으로 애정이나 증오를 표하는 수용자들이 그 자리를 채우기도 한다(마크 더핏, 2016). 이들이 팬과 안티팬이다.

일반적으로 문화비평가는 보통 비평가와 애호적 비평가로 나누어볼 수 있다. 보통 비평가는 대중문화를 광범위하게 살피고 그것을 정의 내리고 가치를 분석하며 판단한다. 이를 위해 중립적이고 객관적인 태도를 유지하고 비난이나 비방이 아닌 어디까지나 비평한다.

반면에 애호적 비평가는 대상과 스스로를 분리하는 데 어려움이 있다. 이들은 열정의 대상으로부터 비판적인 거리를 유지하지 못한 채 특정 텍스트나 인물, 장르에 집중해 감정적으로 살피고 때로는 실망하기도 한다. 팬은 애호적 비평가라 할 수 있다.

이들의 반대편에 있는 사람들이 안티팬이다. 안티팬은 단순히 불만이 있는 수용자를 지칭하는 것이 아니다. 특정 텍스트나 대상과 밀접하게 관계하며 자신이 주목하는 대상을 강렬히 거부하고 싫어한다. 이를 넘어 증오하고 혐오한다(Gray, 2003). 이 때문에 안티팬을 증오적 비평가라 할 수 있다. 안티팬은 문화를 즐기기보다 공격하는 데서 즐거움을 찾는다. 스타에 대한 혐오를 표출하는 것에 서슴없고 폭력적인 인신공격에 근거 없는 소문을 퍼트리기도 한다.

안티팬이 형성되는 원인에 대해서는 다양한 설명들이 존재한다. 대표적으로는 경쟁 상황에서의 경외와 두려움, 개인의 가치나 신념, 유희 등을 원인으로 꼽을 수 있으며 이러한 동기에 의해 대상 자체나 대상의 팬들을 싫어하는 안티 팬덤이 구축된다.

실제로 A라는 스타의 팬이기 때문에 그와 경쟁상대인 B라는 스타의 안티팬이 되기도 한다. B에 대한 증오와 혐오는 A를 위한 것이며 안티팬에게는 이것이 사랑의 표현이다. 상대에 대한 경외와 동시에 두려움이 안티팬 활동을 하게 하는 것이다.

또한 대중문화의 콘텐츠가 자신의 가치와 신념에 해가 되는 것으로 느껴진다면 해당 텍스트나 대상에 대해 반대하고 적대감을 표현하게 된다. 그리고 이러한 대상을 추종하는 팬들에 대해 거부감을 느끼게 된다. 심지어 분명한 동인 없이 단순한 재미로 조롱하거나 비하하는 행위를 일삼는 경우들이 있다. 온라인상의 거대한 놀이로 변질되어 안티팬 활동이 나타나기도 한다.

누군가는 스타에 열광하기도 하고 이를 넘어 극성스러운 모습을 보이기까지 한다. 스타가 흠모의 대상이 되기도 하지만 혐오 표출의 대상이 되기도 한다. 일각에서는 팬과 스타, 그리고 텍스트 간의 일정한 거리 유지를 강조하고 있다. 대중문화의 발전을 위해 서로를 존중하는 것에 대한 중요성을 다시 한번 확인할 필요가 있다. 누구나 자신의 열정을 표현할 자유가 있으나 타인에게 피해를 주어서는 안 된다는 것을 인지하고 자신의 비평이 누군가의 생명을 위협할 정도의 무서운 힘을 가졌음을 알고 건강한 비평을 할 수 있도록 주의해야 할 것이다.

2. 팬 공동체의 문화적 기능

1) 팬덤의 정체성

팬덤은 그들이 속한 사회에서 독립적인 개성과 정체성을 보이는 일종의 하위문화다. 선호하는 스타와 장르, 특정한 플랫폼이나 기기 등에 있어 수많은 차이와 다양성을 가지고 여러 형태로 존재한다. 이 때문에 팬덤은 개인의 정체성을 구성하고 드러내는 활동이자 축적된 문화 자본으로 팬 공동체의 집단 정체성을 구현하게 된다.

팬덤은 차별화 기제를 통해 팬덤과 외부 세계, 다른 팬덤 간의 차이를 만들어 내고 구별짓기 하면서 공동체를 형성해간다. 예를 들어 아이돌 팬덤의 경우 외부와의 차별과 구별을 위해 팬클럽 가입을 위한 별도의 조건을 둔다던가, 지속적인 활동을 통해 레벨을 올려야지만 팬클럽 소속을 유지할 수 있게 한다. 또한 고유한 색깔이나 특정 모양의 응원 도구를 사용하고 플래카드, 구호 등에서 팬덤의 고유 이미지를 사용한다.

> **"아미들, 사랑하고 '보라'합니다."**
>
> BTS의 멤버 뷔(V)가 연말 시상식에서 팬들에게 전한 수상 소감이다.
> 보라색은 가수 BTS와 이들의 팬클럽인 아미(A.R.M.Y.)를 상징하는 색이다.
> '보라한다'는 말은 이들의 세계에선 '사랑한다'는 뜻으로 통한다.
> 좋아하는 연예인의 굿즈(Goods)를 사서 의미를 부여하는 것과 같이
> 팬덤에서 색은 스타와 팬이 공유하는 정체성이 되는 것이다.
> 색은 스타와 팬을 상징하고 매개한다.
> 그리고 색을 통해 스타와 팬은 가치와 감정을 공유한다.
>
> 출처: 조선일보, 2020.02.29.

팬덤은 자신들만의 차별화를 통해 집단의 정체성을 구축하는 것이다. 이는 팬들 사이에서 더욱 밀접한 공감대를 형성하게 하고 팬들 간의 공동체성을 통해 팬으로서의 사회적 정체성을 형성하게 한다. 팬 공동체 내의 팬들은 이러한 소속감과 결속력, 자부심 등에 기인해 팬 활동에 더욱 몰입하게 된다.

문화적 영역에서의 차별화는 결국 사회적 정체성을 구성하는 데 영향을 미친다. 특히 팬들 간의 교류와 연대를 통해 구성된 팬 공동체는 이들에게 대안적 공동체가 되고 팬덤 자체가 중요한 정체성이 된다(Jenkins, 1992). 팬은 팬덤을 통해 현실에서는 경험하지 못했던 공동체에 대한 욕구를 충족하고 이를 바탕으로 사회적 정체성을 형성할 수 있게 되는 것이다.

피스크(Fiske, 1992)는 팬덤을 통해 사회적 정체성을 구성하는 사례로 마돈나를 꼽았다. 당시 마돈나의 파격적인 음악과 뮤직비디오는 기존의 '올바른 여성성'의 경계를 무너뜨렸고 10대 여성 팬들은 단순히 팝스타 마돈나에 환호하는 것을 뛰어넘어 여성의 정체성을 재구성하는 과정에 함께 했다. 마돈나의 팬덤은 미국의 가부장제 사회에 저항하고 억압에서 탈피해 자신의 사회적 정체성을 구성하고자 하였다.

한편 일반적으로 팬들은 팬 공동체를 통해 특정 스타나 장르에 대한 사랑을 표현하고 실천한다. 그리고 이 과정에서 팬들 간의 적극적인 교류가 일어난다. 팬들은 팬덤 내에서 공동의 관심사와 가치관을 공유하면서 강력한 유대감과 소속감을 형성하고 공동체 정신을 배운다. 팬들은 서로 연결되고 팬덤은 적극적인 참여와 소통을 유도함으로써 사회적으로 연결된 커뮤니티의 역할을 한다.

팬덤은 특정 대상에 대한 관심과 호감을 시작으로 형성된다. 대중문화를 향유 할 때 대상이 지니는 매력에 빠져 관련 콘텐츠나 정보 등을 직접 찾아보고 접하게 되면서 그 대상에 대한 호감이 높아지게 된다. 이후 팬클럽 가입을 통한 팬 활동을 이어가면서 대상에 대한 애정은 더욱 깊어진다.

그리고 팬들은 온라인 커뮤니티, 소셜 미디어, 팬 페이지 등을 통해 다른 팬들과 정보를 공유하고 자연스럽게 그들과 관계 맺는다. 공동의 관심사를 가진 팬과 팬은 서로 연결되어 정보를 공유하면서 소속감과 행복감을 느끼게 되고 적극적인 교류와 연대 의식을 통해 그들만의 문화 공동체를 만들어 낸다. 이 과정에서 팬덤은 확대되고 활성화된다.

팬들은 자신이 좋아하는 대상에 관한 정보 공유에 그치지 않고 공동의 목표 아래서 함께 참여하고 헌신하며 더 큰 유대감을 쌓아나간다. 팬 미팅 참여, 팬 아트 제작 등 다양한 공동 활동을 통해 팬들은 팬덤 내에 고유한 문화를 만들어 내고 팬덤의 정체성을 구성한다. 이는 팬들에게 소속감과 자부심을 제공하고 팬 활동을 더욱 의미 있게 만든다.

이러한 맥락에서 스타를 매개로 한 생산적인 팬덤 활동은 하나의 놀이로 이어질 수 있다. 서로 간의 동질감을 강하게 느끼는 팬덤 구성원은 공감하고 소통하며 공동체 의식을 형성해나간다. 이에 스타와 팬의 관계가 아닌 팬과 팬의 관계에서 다양한 교류가 활발하게 일어난다. 이들은 팬 활동뿐만 아니라 특정 대상을 매개로 한 긍정적인 관계를 지속함으로써 사회성을 키우고 자기만족이나 성취감을 느끼기도 한다.

디지털 기술의 발달과 함께 팬덤문화는 그 어느 때보다 광범위하게 확산되고 있다. 인터넷과 스마트폰을 통해 팬덤 구성원들은 훨씬 능동적이고 적극적인 참여와 소통이 가능하게 되었다. 공통의 관심사를 통해 함께 모여 팬 활동을 하면서도 새로운 관계를 맺고 봉사나 기부 등의 사회활동을 잇는 등 사회적으로도 시너지 효과를 가져온다. 즉 팬덤은 사회 발전에 기여하는 하나의 방법이 되기도 한다.

또한 공개방송 참석, 콘서트 관람 등 제한적이었던 과거 팬 활동과 달리 SNS 발달로 활동 영역은 넓어지고 진입장벽은 낮아졌다. 참여의 접근성이 높아지면서 국내 팬들뿐만 아니라 해외 팬들과도 소통하며 초국가적 팬덤을 형성하고 있다. 이와 같은 인터넷 커뮤니티를 활용한 초국가적 공동체 형성은 최근 팬덤문화의 특징 중 하나다(Gray, 2017).

팬덤문화는 기존의 팬덤이 가지고 있던 배타적이고 폐쇄적인 성향을 강조하기보다 전 세계인들과 공유하고 함께 참여하며 소통하는 문화로 발전하고 있다. 스타와 실시간으로 직접 소통하기도 하고 팬들 간의 상호작용도 활발해지고 개방적인 형태로 변화하고 있다.

이뿐만 아니라 팬덤은 집단적인 행동을 통해 다방면에 영향력을 행사하고 있으며 팬덤문화를 통해 스타와 팬은 함께 활동하게 되었다. 팬들은 자신의 의견을 적극적으로 표출하고 받아들여질 수 있도록 노력한다. 실제로 최근 가수들은 자신들의 타이틀곡을 정할 때 팬들의 의견을 묻는 경우가 많다. 팬들은 더 이상 수동적인 위치에 있지 않다. 기획사에서 기획한 상품을 소비하는 것에 그치는 것이 아니라 자신이 원하는 곳에서 자신이 원하는 서비스 제공을 바란다.

2) 팬덤의 문화적 생산

팬덤에 대한 스테레오타입은 대중문화를 분석함에 있어 여전히 유용하다. 팬을 미성숙하거나 유아적이고 무지하다고 해석하는 등의 부정적 시각이 지배적이던 때가 있었다. 특히 다수의 미디어는 팬덤문화의 부정적 측면을 부각해 왔다. 일례로 미디어에서의 '그루피'에 대한 묘사는 팬덤에 대한 부정적 인식을 단적으로 보여준다.

그루피

그루피는 1960년대에 등장한 용어로 자신이 좋아하는 뮤지션과 로맨틱하고 성적인 관계를 맺으려는 여성 팬을 일컫는다.

영화 『타마라 드류(Tamara Drewe)』(2010)에서 밴드 드러머인 '벤'을 흠모하는 '조디 롱'이 벤의 집에 무단침입하고 그를 유혹하기 위해 어설픈 시도를 하는 등 순진하고 어리석은 모습을 보여준다.
서구 문화에서는 스타와 직접적인 성관계를 가지는 것이 목적인 그루피의 존재가 익숙하다. 일례로 2017년 BTS는 미국 토크쇼(The Ellen Show)에 출현해 콘서트 후 그루피들과 자본 적이 있냐는 직접적인 질문을 받기도 하였다.

팬덤문화의 부정적 측면이 완전히 사라진 것은 아니지만 팬을 정의함에 있어 대중문화를 무분별하게 추종하는 사람, 단순히 소비하는 사람, 무가치한 행위를 하는 사람, 환상에 빠진 사람이라는 전통적 시각으로부터 점차 벗어나게 되었다.

팬은 어떠한 대상을 추종하고 대상과 어떤 관계를 맺을지 스스로 결정한다. 미디어 속 캐릭터가 허구라는 사실을 알면서도 실제처럼 느끼며 공감하고 스스로의 전문성을 키워 팬 지식을 교환하는 것에 즐거움을 느낀다. 연구에 따르면 팬 지식을 추구하는 것은 고도로 발달된 형태의 리터러시를 나타내기도 한다(Harrington et al., 1995).

팬덤문화에 대한 젠킨스(Jenkins, 1992)의 학문적인 접근 이후 팬덤을 미디어 산업의 도구로 보는 관점에서 벗어나 능동적으로 참여하고 생산하는 하나의 공동제라는 인식이 확산되었다. 실제로 디지털 기술의 발전으로 팬덤은 적극적으로 미디어를 변형하고 전유하는 창조적인 생산자로 참여하고 있다.

팬덤문화의 기능적 측면 가운데 하나가 문화적 생산성이다. 팬덤은 수동적 존재가 아닌 문화 활동의 능동적인 주체로 변모하고 있다. 피스크(Fiske, 1992)는 팬덤이 지니는 생산성을 세 가지 측면에서 설명하였다.

첫째는 기호학적 생산성(semiotic productivity)이다. 이는 문화상품에서 나타나는 기호학적 자원들로부터, 즉 어떠한 의미가 만들어지고 소비되는 모든 것으로부터 사회적 정체성을 형성하고 그 의미를 생산하는 것을 뜻한다. 마돈나의 팬들이 가부장제 사회에 대항해 '올바른 여성성'에 대한 그들만의 정의를 새롭게 내렸던 것이 그 예다.

둘째는 언술적 생산성(enunciative productivity)이다. 이는 팬들로부터 생산된 의미를 외부에 표명하는 것을 뜻한다. 팬들은 기호학적 자원들로부터 전달된 의미를 수용하고 이를 해석하고 재구성한다. 그리고 이렇게 만들어진 의미를 다른 사람에게 전달하고 공유한다. 이를 통해 '의미'는 사적인 영역에서 공적인 영역으로 확대된다.

대상에 대한 특정한 의미를 만들어 내고 이를 유통시키는 것은 개인적 차원의 기호학적 생산성이 공동체 차원의 언술적 생산성으로 변화하는 것이다. 언술적 생산성은 언어적 행위에만 국한되지 않고 특정 헤어스타일이나 의상, 액세서리 등과 같이 비언어적 행위들을 통해서도 생산된다. 그리고 이러한 언술적 생산은 인스타그램, 유튜브, 틱톡 등 다양한 미디어를 통해 이루어진다. 이를 통해 팬들은 자신이 특정 팬덤의 구성원임을 드러내고 정체성을 구축한다.

셋째는 텍스트 생산성(textual productivity)이다. 이는 팬들이 자신들이 좋아하는 대상을 두고 직접 콘텐츠를 생산해 내는 것을 뜻한다. 팬 공동체는 좋아하는 대상이 중심이 되는 공동 이익을 위해 보다 인간적이고 민주적인 공동체 문화를 창조한다. 이 때문에 텍스트 재생산은 이윤추구가 아니라 온전히 팬들의 즐거움을 위한 것이 목적이다.

팬들은 연예인의 자료를 기반으로 패러디 사진이나 동영상, 글 등 새로운 콘텐츠를 재생산해내고 종종 해당 분야 공식 작품만큼 가치 있는 텍스트들을 생산하고 유통한다.[29] 텍스트 재생산을 통해 대상과 팬은 하나의 생산 공동체로 묶이게 되고 예술가

29) 팬덤의 텍스트 생산성으로 수용자들이 만든 사진, 동영상, 글 등의 제작물을 지칭하기 위해 손수 제작물(user-generated content)이라는 용어가 등장했다. 팬픽(fanfic), 팬 아트(fanart), 팬 비디오(fanvid), 팬 음악(fan music) 등은 팬 제작물의 대표적인 유형이다. 이러한 문화적 생산물을 인터넷의 발달로 그전보다 훨씬 많이 생산되고 있다.

와 수용자의 간극을 최소화한다. 이로써 스타를 바라보기만 하는 팬이 아니라 스타와 함께 문화를 창조하는 능동적인 소비자가 된다(정현주, 2016).

현대 대중문화 수용자의 변화된 지위를 지칭하기 위해 프로슈머(prosumer)라는 용어를 사용하고 있다. 프로슈머는 생산자와 소비자의 역할을 동시에 하는 사람을 나타낸다. 기술의 혁신과 수용자의 참여 고조로 생산 활동과 소비 활동의 경계가 모호해지면서 소비자는 프로슈머가 되는 것이다. 팬덤문화에서 나타나는 문화적 생산성은 팬들이 진정한 의미의 프로슈머로 진화하고 있음을 보여준다.

3) 팬덤의 실천과 집단지성

팬들은 자신이 좋아하는 가수의 콘서트에서 떼창을 하고 자신들만의 응원 도구를 사용해 응원한다. 미디어에 노출된 스타의 의상과 행동을 따라하기도 하고 팬픽을 만들거나 '움짤'과 같은 영상물이나 사진을 편집해 공유하기도 한다. 여기에 그치지 않고 커버댄스팀을 만들어 거리에서 공연을 하거나 커버송을 만들어 인터넷에 올리는 등 적극적인 문화적 실천을 한다.

일반적으로 팬은 스타를 만나 말을 걸고 사인을 받는 일 등과 같이 자신이 좋아하는 대상에 대한 단순한 관여를 통해 일차적인 즐거움을 느낀다. 이는 수동적인 소비나 수용 이상의 과정으로, 능동적으로 의미를 만들고 참여하는 것을 의미한다.

또한 특정 대상과 밀접하게 연관된 자료를 다양하게 수집하고 이를 개인의 정체성을 표현하는 수단으로 사용한다. 수집된 대상물은 문화 자본이 되고 어떤 방식으로든 사회에 드러내며 사회적인 의미로 실천하기도 한다.

인터넷과 디지털 미디어의 발달로 이러한 팬덤의 참여는 이전보다 개방적인 양상이 되었고 그 활동 영역은 무한해졌다. 팬들은 축적된 문화적 지식을 활용해 문화를 재생산하고 공유한다. 온라인상에서 팬 활동을 하는 사람들은 이러한 참여자와 수집가로서의 행위를 한다고 볼 수 있다.

팬들은 자신이 좋아하는 대상과 관련된 콘텐츠를 제작하고 공유하며 새로운 문화를 창조하고 있다. 스타에 대한 일방적인 종속이 아니라 생산적인 문화적 실천을 하는 것이다. 이에 팬덤문화는 더욱 성숙해질 수 있었다.

이 같은 팬덤의 문화적 실천은 팬덤이 수동적이라는 기존의 생각이 하나의 편견이자 고정관념이었음을 보여준다. 팬은 능동적으로 즐거움을 추구한다. 이를 위해 팬들은 선호하는 대상에 대한 정보를 찾고, 관계 맺고, 창조하고, 설득하고, 영향력을 행사한다. 팬은 이러한 실천을 통해 자신을 발견한다(마크 더핏, 2016).

오늘날 팬덤의 문화적 실천은 피에르 레비(Pierre Levy, 2002)의 '사이버 공간에서의 집단지성'을 통해 설명할 수 있다. 피에르 레비가 기대한 이상적인 사회는 수많은 개인들이 자발적으로 참여하고 협력을 통해 지식이 생성되고 호혜적으로 공유되는 사회다. 집단적 참여와 협력은 극도로 뛰어난 한 개인의 능력을 넘어서는 것이다. 그리고 지금의 사이버 공간은 이러한 집단지성30)이 생성되는 새로운 공간이다.

현대사회는 인터넷의 발달로 지식과 정보의 교환은 주로 온라인상에서 이루어지고 있다. 우리가 알고 있는 위키피디아(Wikipedia)는 온라인상에서 집단지성이 어떻게 작동하는지를 보여주는 대표적인 사례다. 팬덤 구성원 역시 인터넷 공간에서 집단적으로 주어진 정보의 의미를 해석하고, 토론하고, 생산하고, 공유하는 등 집단지성을 구현하는 모습을 보인다(홍종윤, 2014).

팬덤의 집단지성은 대상에 대한 정보를 공유하고 개인의 전문성을 발휘하는 커뮤니케이션 현상으로 볼 수 있다. 집단지성은 온라인상에 넘쳐나는 게시글과 댓글 등의 버즈(buzz)를 만들어 내고 집단적인 소비 현상을 가져온다. 팬들은 온라인 커뮤니티를 통해 집단지성을 실현하고 참여함으로써 팬으로서 힘과 영향력을 부여받는다.

특히 디지털 기술의 발전으로 인한 문화적 컨버전스(Convergence)의 심화로 트랜스미디어 스토리텔링[31](Transmedia Storytelling)현상이 나타나게 됨에 따라 문화생산에 있

---

30) 집단지성(Collective Intelligence)은 수많은 개인들의 협동과 집단적 노력으로 생성되고 공유되는 집합적인 지성을 뜻한다.

31) 트랜스미디어 스토리텔링(Transmedia Storytelling)은 컨버전스(Convergence)의 한 현상으로 여러 미디어 플랫폼에 걸쳐 전달되는 개별적인 이야기들이 모여 하나의 이야기를 구성하고 경험하는 것을 뜻한다.

어 팬덤의 '참여'는 필수가 되었다. 그리고 팬덤의 집단지성을 통해 문화적 컨버전스는 진척될 수 있었다.

이처럼 디지털 미디어 시대에서는 생산이 곧 소비이며 소비가 곧 생산이 된다. 생산자와 소비자의 명확한 구분 없이 특정 대상을 기반으로 여러 행위가 뒤섞이고 하나의 세계를 완성해나간다. 이제 팬덤은 생산자 집단에 대한 저항적 태도보다 협력적인 입장을 취하고 있으며 이들의 집단지성으로 팬 공동체의 생산 능력은 이전보다 훨씬 강해졌다(김수정 외, 2015).

한편 온라인상의 집단지성은 다시 오프라인으로 넘어와 그 영향력을 미치기도 한다. 대중문화와 관련된 문제를 사회적 문제로 확대하여 팬덤의 힘을 행사하기도 하고 스타와 함께 기부나 봉사활동을 하는 등 선한 움직임을 보이기도 한다. 디지털 기술이 발전함에 따라 팬덤의 사회적 영향력은 앞으로도 계속해서 확장될 것이다.

팬덤의 집단지성과 그 영향력

2009년 가수 동방신기의 멤버 가운데 3인(영웅재중, 믹키유천, 시아준수)이 소속사를 상대로 '전속계약 효력정지 가처분 신청'을 냈다. 약 3년간 진행된 이들의 법적 분쟁에서 팬덤의 역할은 지대했다.
포털 사이드를 통해 '해체 반대 및 노예계약서 내용 변경 요구 서명 운동'을 벌이고 여러 일간지를 활용해 대중에게 알리고 다양한 매체의 기자들에게 해당 내용을 제보하는 등 자신이 좋아하는 가수의 정당한 권리 회복을 함께 주장하였다.
당시 팬덤의 탄원서는 동방신기의 분리소송 승소에 크게 기여하였는데 이는 법 지식이 없다면 불가능했을 일이다. 팬은 한 명이 아니다. 다양한 연령층의 팬과 그들의 인맥을 동원해 집단지성을 발휘해 문제 해결 능력을 갖추었다. 이들은 지식 공동체로서의 역할을 충분히 해내었다.

출처: 이민희, 2013.

3. 팬덤문화의 진화

1) 팬덤 1.0: 추종하는 관객으로서의 팬덤

팬덤은 대중문화의 산물이다. 좋아하는 대상에 대한 애정을 표현하는 방식이 집단적으로 나타나면서 팬덤이라는 용어가 널리 사용되기 시작하였다. 팬은 언제나 있었다. 하지만 이들이 모여 팬클럽을 결성하고 집단행동을 하면서 팬덤이 되었다.

한국에서도 1960년대 가수 남진, 나훈아를 거쳐 1980년대 조용필에 이르는 동안 팬들은 점차 조직적인 모습을 보이기 시작했다. 팬클럽의 효시라 할 수 있는 조용필의 팬클럽은 조용필이 노래를 부르는 곳이면 어디든 따라가서 '오빠'라는 함성을 질렀다. 하지만 이때까지만 해도 집단행동을 하는 것이 기술적으로 쉽지 않았다.

팬들이 조직적인 집단행동을 하게 된 배경에는 인터넷의 발달이라는 기술적 배경이 존재한다. 1990년대 PC 통신의 사용이 보편화되면서 팬클럽의 수는 폭발적으로 증가하였다. 이어서 인터넷 보급이 광범위하게 이루어지면서 이른바 '네티즌'이라 불리는 사람들이 생겨나고 온라인을 통해 팬 활동에 참여하는 수가 늘어났다(추동균, 2023).

수동적인 입장에 머물렀던 팬 활동은 인터넷의 발달로 인해 보다 능동적이고 구체적인 모습으로 변해갔다. 서로 간의 정보 교환이 수월해지고 자신의 생각을 즉각적으로 표현하고 공유하는 것이 가능해졌다. 적극적인 커뮤니케이션은 새로운 집단을 형성하고 상호작용하기에 이르렀다. 이를 통해 팬덤문화는 진화하게 되었다.

일각에서는 팬덤문화의 진화과정을 사회 변화와 미디어 산업의 발전에 따른 소비자의 관점에서 팬덤 1.0에서 팬덤 3.0까지의 3세대로 구분하여 설명하거나 더 나아가 팬덤 4.0까지로 확장하여 팬덤문화의 변화와 성장을 논의하고 있다(김보름, 2024).

<표 7-1> 팬덤문화의 진화과정

구분	팬덤 1.0	팬덤 2.0	팬덤 3.0
스타와 팬의 관계	추종자	후원자	기획자 + 창작자
커뮤니케이션 채널	지상파 케이블, 라디오, 신문 등 전통 미디어	팬 카페 등 인터넷 커뮤니티	소셜 미디어 등 디지털 플랫폼
커뮤니케이션 방식	Top-Down	Bottom-Up	쌍방향 소통
팬 활동 방식	수동적 소비	능동적 소비	적극적 소비 + 독자적 생산

출처: 김보름, 2024.

팬덤 1.0으로 분류되는 초기 팬덤은 TV, 라디오, 신문 등의 전통 미디어를 통해 좋아하는 대상을 수동적으로 소비하였다. 이들은 시청자, 청중, 독자 등으로 불리는 수신자의 역할에 충실했다. 이 시기 팬덤에서는 주어진 콘텐츠를 수동적으로 소비하는 성격이 강하게 나타났다.

1990년대 이후 대중문화산업의 주도적인 소비자로 10대가 주목을 받으면서 이들은 연예기획사의 타깃이 되었다. 당시 연예기획사에서 소속 연예인의 인기를 위해 10대를 겨냥한 공식 팬클럽을 만들었다. 이에 10대 청소년, 특히 여성 팬들은 자신이 좋아하는 스타의 팬클럽에 가입하고 이를 무조건적으로 추종하는 팬 활동을 보였다.

이들은 자신이 좋아하는 스타와 경쟁상대에 있는 스타나 팬덤에 대해 배타적인 성향을 보이거나 스타에 대한 자신의 맹목적인 사랑을 표현하는 과정에서 성숙하지 못한 태도를 보이는 일이 잦았다. 이 때문에 팬덤을 부정적인 시각으로 바라보는 경향이 있었던 것도 사실이다.

팬덤 문화의 출발점이 된 1990년대, 그리고 등장한 '빠순이'

1996년 H.O.T.의 등장으로 한국 가요계는 커다란 변화를 맞이하였다. 이 시기에 K-팝 문화가 태동하였고 H.O.T.의 팬클럽(Club H.O.T.)은 오늘날 팬덤의 시초가 되었다. 이들은 같은 색의 옷과 풍선, 야광봉을 들고 자신의 스타를 응원하는 모습을 보였다.
팬들은 팬클럽을 통해 자신이 좋아하는 스타를 옹호하고 맹목적으로 추종했다. 자신의 스타를 지키기 위해서라면 물불을 가리지 않았고 자신들의 반대 세력과 맞서는 공격성도 보여줬다.

한때 우리 사회는 '오빠'만을 추종하는 청소년들에 대해 '빠순이'라는 이름을 붙여 부르기도 하였다. 이 단어는 특정 분야의 '매니아'라는 의미로 쓰이기도 했지만 팬들이 보이는 극단적인 집착과 맹목적으로 추종하는 모습이 미디어를 통해 대중에게 노출되면서 부정적인 의미로 사용되기도 하였다.
실제로 1999 LIVE IN SEOUL 콘서트에서 H.O.T.의 멤버 문희준이 무대에서 추락하는 사고가 있었고 해당 공연을 보던 여학생 200여명이 집단 실신하는 일이 발생해 큰 이슈가 되었다. 심지어 멤버의 부상에 좌절한 한 여고생이 유서를 쓰고 자살하는 사건이 벌어지기도 하였다. 유서에는 "사랑하는 오빠가 다쳐서 지치도록, 눈물이 마르도록 울었다. 아무런 도움이 될 수 없는 내가 싫다"라는 내용이 담겼다.

출처: 하재근, 2013; 중앙일보, 1999.09.21.

그렇다고 팬덤이 마냥 수동적이지만은 않았다. 팬덤 1.0에서는 하향식(Top-Down)의 소통방식을 택했지만 충분히 적극성을 발휘하여 정보를 취사선택하는 모습을 보였다. 이들은 주어진 정보를 수용하면서도 정보를 피드백하고 전파자가 되어 교환하고 전달하였다.

이들은 좋아하는 대상에 무리지어 환호하는 것에 그치지 않고 집단을 기반으로 텍스트를 해독하고 대규모로 조직화된 팬덤을 토대로 고도의 선택을 하는 것으로 막강한 권력을 뽐내기도 하였다.

2) 팬덤 2.0: 참여하는 팬덤

팬덤문화의 시작은 수동적인 입장에서 좋아하는 대상을 일방적으로 추종하는 것이었다. 팬들은 단순히 시청하고 소비하는 것으로 대중문화를 향유하고 팬 집회, 면대면 모임, 팬진, 펜팔 등의 활동을 통해 소통했다. 이에 팬덤 1.0에서 스타와 팬의 관계는 수직적이었다.

이후 팬덤의 구성 주체가 20대, 30대로 확장되면서 팬덤문화의 양상은 변화했다. 10대가 주류였던 이전 팬덤에 비해 팬 활동은 보다 구체적으로 바뀌었다. 스타에 대한 단순한 애정 표현을 넘어 주체적이고 적극적인 소통으로 공유와 생산에 참여하기 시작하였다. 단순한 '문화소비자'가 아닌 '문화생산자'로 자리매김하게 되었다.

이러한 변화에는 2000년대 이후 본격적으로 이루어진 인터넷의 보급이 지대한 영향을 미쳤다. 팬들은 TV를 시청하는 동시에 온라인 커뮤니티의 게시판을 이용하고 직접 팬 페이지나 블로그 등을 만들어 팬 활동을 이어 나갔다. 인터넷에 등장한 팬 커뮤니티는 팬덤의 활동 영역을 넓히고 그 경계를 허물어 팬의 스펙트럼을 확장했다.

온라인 팬덤의 등장과 K-팝의 한류 열풍

2000년대에 들어와 동방신기, 소녀시대, 빅뱅 등의 2세대 아이돌이 등장하면서 삼촌팬, 누나팬 등이 생겨났다. 아이돌은 대중문화산업의 주류가 되었다. 이들의 팬덤은 1세대 아이돌 팬덤과 달리 온라인에서의 활동이 아주 활발했다. 일례로 2세대 아이돌의 시초인 동방신기의 경우 공식 팬카페인 '유애루비'의 회원수가 최대 100만 명을 기록하기도 하였다. 그리고 이러한 온라인 팬덤은 한국을 넘어 해외로 확장되면서 K-pop의 한류를 이끌었다.

인터넷은 팬들의 적극적인 상호작용을 도왔고 정보에 대한 접근성을 높였다. 공식 팬클럽 외에도 비공식 팬클럽이 증가함에 따라 팬들 간의 커뮤니케이션은 더욱 활발해졌다. 또한 시간과 장소에 구애받지 않고 텍스트, 사진, 비디오 등을 내려받거나 스트리밍하면서 특정 대상에 대한 지식을 확장할 수 있게 되었다.

이러한 접근성은 팬들이 자신의 스타를 더 가깝게 느낄 수 있는 기회를 제공하고 능동적으로 소비하게 하였다. 인터넷 공간은 정보 공유나 팬들의 참여를 한층 용이하게 만들었고 팬카페와 같은 온라인 커뮤니티를 통해 스타와 팬 간의 소통이 활발하게 이루어지도록 하였다. 이는 스타에 대한 친밀성을 높이고 팬들 간의 유대감을 강화하는 데 중요한 역할을 수행하였고 팬들이 점차 능동적인 참여자로 변모할 수 있는 계기를 마련하였다.

이처럼 인터넷은 팬덤문화를 완전히 변화시켰다. 인터넷을 매개로 다양한 문화 수용자들이 한곳에 모일 수 있게 되었고 온라인에서의 팬 활동은 능동적이고 주체적인 생산 활동을 할 수 있게 도왔다. 팬덤 2.0에서는 인터넷을 통한 그들만의 독립적인 문화가 형성되었고 이에 팬들의 소속감과 결속력이 한층 더 높아지게 되면서 팬들은 보다 적극적으로 스타를 지지하고 지원하는 후원자가 되었다.

팬이 주체가 되어 만드는 문화

팬덤 1.0 시기의 팬 문화 산업은 소속사가 공급하는 굿즈와 같은 문화상품을 구매하는 식의 일방적인 형태였다. 하지만 팬덤 2.0 시기에 들어와 팬이 주체가 되어 문화상품을 직접 생산하는 방식으로 변화하였다. 소속사 중심에서 팬 중심의 생산으로 문화 산업의 범위가 확대된 것이다.

그 대표적인 예가 '홈마'다. 홈마는 '홈페이지 마스터'의 줄임말로 아이돌이 좋아서 그들을 찍는 사람을 의미한다. 예전에는 홈페이지 운영이 필수였고 홈마들이 자신들이 촬영한 사진과 영상물 등을 자신의 페이지에 업로드해 공유하였다. 이뿐만 아니라 달력, 엽서, 응원봉 등의 굿즈를 만들어 판매하고 판매 수익은 좋아하는 아이돌을 위한 서포트 비용으로 사용되었다. 이처럼 팬들이 생산한 2차 문화는 새로운 시장을 형성하기도 하였다.

출처: 매거진한경, 2017.10.17.

3) 팬덤 3.0: 기획하고 창조하는 팬덤

인터넷은 팬과 스타, 팬과 팬의 관계를 돈독하게 해줄 뿐만 아니라 팬 자신을 효과적으로 드러낼 수 있는 장이 되었다. 팬들은 팬 활동을 통해 2차 문화를 생산하기도 하고 텍스트를 만들어 온라인에 공유하며 자신들의 정체성을 구성해나갔다. 인터넷 공간에서의 팬덤은 문화 소비의 주체이자 생산자로서 그 지위와 영향력을 확대하였다(Hills, 2002).

디지털 기술의 발달로 소셜 미디어를 비롯한 다양한 디지털 플랫폼이 등장하면서 팬덤문화는 또 한 번 변화를 맞이하였다. 소비자로서 역할은 보다 강화되었고 스타를 발굴하고 육성하는 과정에까지 직접 참여하는 단계에 이르렀다.

국민 프로듀서가 된 소녀 팬

'당신의 소녀에게 투표하라'는 슬로건을 내건 <프로듀스 101>이라는 프로그램에서는 시청자를 '국민 프로듀서'라 칭했다. 101명의 연습생 가운데 누가 걸그룹으로 데뷔할 수 있을지는 모두 시청자에게 달렸다. 이전의 서바이벌 프로그램과는 달리 출연자의 반응은 매우 즉각적이었고 시청자들은 자신이 응원하는 연습생의 데뷔를 위해 적극적으로 투표에 참여하였다.

> '국민 프로듀서'라는 호명 덕분에 팬덤의 연령대는 40대 이상으로까지 확장되었고 팬들은 인터넷에서 직접 연습생에 대한 정보와 이슈를 생성하고 유통했다. 그리고 비슷한 생각을 하는 사람들끼리 연대하여 그들의 손으로 스타를 탄생시켰다.
>
> 그 시절 '국민 프로듀서'들의 손에서 탄생한 스타들은 이제 K-pop을 이끄는 차세대 주자로 시대를 대표하는 아이콘으로 돋보이는 행보를 걷고 있다.
>
> 출처: 팬덤 3.0, 2019.

디지털 미디어 시대는 즉각적인 반응과 상호작용이 가능한 환경을 마련한다. 팬들은 그 어느 때보다 집단적 행위를 하는 데 유리한 상황에 있다. 인터넷과 미디어 환경의 변화는 팬들을 능동적으로 만들었다. 미디어와 팬 공동체의 시너지로 팬 현상은 유래없이 빠른 속도로 생겨나고 효율적으로 성장하고 있다.

스타라는 상품은 기획사를 통해 만들어지는 것이 당연했으나 팬덤 3.0에서는 팬들이 직접 자신의 취향을 담은 스타라는 상품을 만들어 소비한다. 자신들이 원하는 상품을 직접 기획하고 제작을 요구한다. 이들은 상품을 소비하는 과정에서도 끊임없이 피드백하고 관리한다.

이에 스타와 팬, 그리고 팬과 팬 간의 연대가 보다 단단해지고 비교적 수평적인 관계를 유지하게 되었다. 여기에는 팬덤의 집단지성과 쌍방향 미디어의 발달이 큰 역할을 하였다. 제작과 기획에 팬덤이 참여하는 달라진 팬 문화로 인해 팬들은 자신들이 스타와 끈끈한 상호작용을 하고 있다고 느낀다.

팬덤 3.0에서의 팬들은 다양한 경로를 통해 스타를 발굴하고 육성하는 과정에 직접 참여하면서 보다 적극적이고 주체적인 소비를 보이고 있다. 이들은 기획자이자 생산자로서 새로운 정체성을 만들어가며 스타와 함께 성장한다.

한편 팬덤은 사회와 상호작용하며 변화해 왔다. 혹자는 최근의 팬덤을 팬덤 4.0이라고 구분하기도 한다. 팬덤 3.0을 넘어서는 또 다른 방향의 새로운 문화가 형성되고 있다고 보는 것이다. 이제 팬들은 단순히 자신들이 좋아하는 대상에 대한 소비에 초점을 맞추는 것이 아니라 '나'라는 정체성에 초점을 두고 가치를 소비한다.

흔히 말하는 '덕질'[32]하는 '나'에 초점을 두기 시작했다. 즉 스타를 추종하는 것이 아니라 팬 자신이 주체가 되어 자신의 일상과 덕질하는 모습을 공유하는 것이다. 팬덤에서 이야기하는 '네임드'의 정의도 바뀌었다. 과거에는 사진을 잘 찍는 홈마가 네임드였다면 이제는 콘텐츠 편집에 능하고 밈[33]을 잘 녹여내고 글을 재미있게 쓰는 사람이 네임드가 되었다.

자신이 좋아하는 대상, 스타에 대한 추종이나 지원을 넘어 능동적인 소비 주체가 된 팬들은 한발 더 나아가 자신이 좋아하는 대상 없이도 자신만을 위한 콘텐츠를 만들고 소비하는 과정 자체를 즐기게 되었다. 이들은 크리에이터로서 정체성을 새롭게 지니고 팬 활동을 통한 다양한 경험과 과정 자체에 집중한다.

최근의 팬덤은 독자적인 콘텐츠를 생산하여 유통에까지 이르는 모습을 보인다. 이처럼 팬들 간의 교류, 상호작용을 누리는 독자적인 팬덤 생태계는 궁극적으로는 팬 스스로가 주인공이 되는 팬덤문화를 형성하는 단계에 이르렀음을 보여준다.

32) 덕질이란 어떤 분야를 열성적으로 좋아하여 그와 관련된 것들을 수집하거나 파고드는 일을 뜻한다.

33) 밈(Meme)이란 인터넷을 통해 퍼져나가는 여러 문화의 유행과 모방 경향, 사람들 간에 전파되는 어떤 생각, 스타일, 행동 따위를 뜻한다.

제8장

스포츠와 문화

현현대 대중문화 시대에서 스포츠는 가장 대중적이고 강력한 오락이자 문화로 자리 잡고 있다. 스포츠는 단순히 신체적 경쟁이나 기술적 경연에 그치지 않고, 사회적 정체성과 집단적 에너지를 형성하는 중요한 수단으로 작용한다. 특히 현대 자본주의 사회에서는 스포츠가 거대한 규모의 문화산업으로서 중요한 위치를 차지한다. 2002년 한일 월드컵은 스포츠가 단순한 오락을 넘어 사회적, 경제적 분위기까지 변화시킬 수 있는 강력한 힘을 지니고 있음을 보여준 대표적인 사례다. 당시 월드컵은 한국 사회의 역동성과 변화를 상징하며 특히 젊은 세대가 가진 새로운 문화적 에너지가 사회 전반에 영향을 미칠 수 있음을 실감하게 했다.

스포츠는 다양한 미디어와 결합하며 그 사회적, 문화적 영향력을 더욱 확대했다. TV와 같은 대중매체는 스포츠의 대중화를 촉진하며, 경기 중계와 해설을 통해 관객들에게 더 깊은 몰입감을 제공했다. 이는 스포츠를 단순한 현장 이벤트가 아닌, 전 세계적으로 동시에 소비되는 거대한 미디어 콘텐츠로 전환시켰다. 이러한 과정에서 스포츠는 문화적 자부심과 글로벌 네트워크를 강화하며 각국 간의 교류를 촉진하는 매개체가 되었다. 또한, 글로벌 스포츠 이벤트는 특정 국가의 이미지를 홍보하거나, 경제적 성장을 도모하는 도구로 활용되기도 한다.

스포츠가 이처럼 막대한 사회적 영향을 미칠 수 있는 이유 중 하나는 TV라는 강력한 매체와의 결합이다. TV는 특성상 시청자에게 흥미로운 볼거리를 제공해야 하며, 신체의 격렬한 움직임과 시각적 자극을 담고 있는 스포츠는 이를 충족시키는 데 적합한 콘텐츠다.

TV가 없던 시대의 스포츠와 TV 시대의 스포츠는 사회문화적 의미에서 큰 차이를 보인다. TV를 통해 중계되는 스포츠는 단순한 경기의 형태를 넘어선 화려한 시각적 볼거리가 되었으며, 올림픽이나 월드컵과 같은 국제 스포츠 이벤트는 전 세계적으로 수십억 명의 시청자를 사로잡는 문화적 현상이 되었다. 이 과정에서 TV는 스포츠 이벤트 중계를 통해 막대한 광고 수익을 얻었으며 스포츠 또한 이러한 미디어 결합을 통해 더욱 상업화되었다. 스포츠 경기의 룰이 광고 시간에 맞춰 조정되거나 시각적 자극이 풍부한 종목이 인기를 얻는 반면, 그렇지 않은 종목은 점차 주변으로 밀려나는 현상이 나타나기도 했다.

결국 TV와 뉴미디어, 스마트폰 시대의 스포츠는 단순히 신체적 경쟁이나 기술적 경연의 차원을 넘어 높은 부가가치를 창출하는 문화산업이자 거대한 미디어 이벤트로 자리 잡았다.

1. 스포츠의 즐거움

1) 현대인의 스포츠

오늘날의 사회에서 스포츠는 자연스러운 일상의 한 부분으로 자리 잡았다. 많은 사람들이 스포츠를 단순한 오락을 넘어 삶의 중요한 요소로 받아들이고 있다. 하지만 스포츠를 즐기는 방식은 사람마다 다양하다. 직접 스포츠를 하며 신체적 건강을 추구하는 사람도 있고, 관람하며 만족을 느끼는 사람이 있다. 또 자신이 지지하는 팀을 열광적으로 응원하며 스포츠에 몰입하는 팬들도 있으며 단순히 시간을 때우기 위해 스포츠를 소비하는 사람들도 존재한다.

그렇다면 왜 사람들은 스포츠를 이토록 열광적으로 즐기는 것일까? 그 배경에는 인간의 본능적 욕구와 사회적, 문화적 요인이 복합적으로 얽혀 있다. 축구를 예로 들어보자. 축구는 단순한 스포츠를 넘어 인간의 원초적인 욕망을 자극한다. 공을 쫓아 뛰는 선수들의 모습은 원시시대 사냥감을 쫓던 인간의 본능적 에너지를 떠올리게 한다. 빠른 스피드, 지칠 줄 모르는 체력, 그리고 뛰어난 신체 능력을 발휘하는 선수들의 모습은 단순한 경기 이상의 스펙터클로 다가온다. 이는 우리에게 신체의 자유로움과 아름다움을 체감하게 하며, 이를 통해 대리 만족과 즐거움을 얻게 된다.

이와 같은 스포츠의 본질은 축구뿐만 아니라 농구, 야구, 테니스와 같은 다른 스포츠에서도 유사하게 나타난다. 특히 농구는 선수들이 보여주는 다채로운 묘기로 인해 많은 팬들에게 감동을 선사한다. 레이업슛, 덩크슛, 속공, 공중 탭슛 등 경기가 만들어내는 역동적인 순간들은 스포츠가 단순한 신체 활동이 아니라 하나의 예술로 받아들여지게 한다. 이러한 장면들은 인간의 한계를 넘어서는 신체적 능력을 보여주며, 이를 통해 관람자들은 통쾌함과 흥분을 느낀다. 이는 현대 사회에서 억압된 신체적 욕구를 해소할 수 있는 하나의 통로로 작용한다.

스포츠의 또 다른 즐거움은 경쟁에서 비롯된다. 맞붙은 두 팀 간의 대결은 관람자들에게 강렬한 몰입감을 제공한다. 경기가 엎치락뒤치락하며 긴장감을 조성할수록 그 재미는 배가된다. 특히 특정 팀을 응원하는 팬들에게 스포츠는 단순한 놀이가 아니라 자신을 투영하고 동일시할 수 있는 감정적 경험의 장이 된다. 월드컵 축구는 이러한 경쟁적 즐거움과 감정적 동일시를 극대화하는 대표적인 사례다. 월드컵이 전 세계적으로 열광적인 이유는 그것이 국가 대항전이라는 성격을 띠고 있어 각국 국민들이 자연스럽게 자부심과 연대감을 느낄 수 있기 때문이다.

2) 스포츠에 열광하는 이유

스포츠는 또한 자본주의의 논리를 충실히 반영한다. 프로스포츠는 공정한 규칙 아래 이루어지는 경쟁이라는 점에서 자본주의 사회의 이상을 축소판으로 보여준다. 모든 선수는 동일한 규칙 속에서 경쟁하며 결과는 철저히 실력에 따라 결정된다는 믿음을 제공한다. 하지만 이 공정한 규칙 속에서도 불균형과 불평등이 존재한다. 신체적 조건, 자본의 규모, 그리고 국가 간 자원의 차이는 경기가 시작되기 전부터 결과에 영향을 미친다. 그럼에도 스포츠는 여전히 공정성과 기회균등을 상징하며, 이러한 메시지를 통해 사회의 이상을 재생산한다.

스포츠는 단순한 육체적 경쟁을 넘어 대중의 억압된 욕구를 해방시키고, 이를 통해 일시적이지만 깊은 몰입과 즐거움을 제공하는 축제의 장이 되었다. TV와 뉴미디어를 통해 전국적, 세계적으로 중계되는 스포츠는 그 자체로 현대적 제의(ritual)의 성격을 지니며 대중의 욕망을 효과적으로 관리하고 승화시키는 중요한 역할을 한다. 결과적으로 스포츠는 단순한 오락 이상의 의미를 지니며, 현대 사회에서 인간의 본능과 문화적 가치, 그리고 자본주의의 이상이 교차하는 중요한 매개체로 자리 잡고 있다. 한편, 영국의 스포츠 학자 캐시모어는 이 모두를 아우르는 좀 더 일반적인 배경으로 스포츠가 주는 즐거움 즉, 스포츠에 열광하는 이유를 다음과 같은 세 가지 요인을 제시하였다.

첫 번째 요인은 발달 된 선진 사회를 사는 현대인의 삶이 너무 뻔하게 되어버렸다는 점이다. 현대 사회는 고도로 조직화 되고 관료화됨으로써 고도로 예측 가능한 사회가 되었다. 스포츠의 인기가 높은 안정된 선진 사회에서는 일상의 리듬을 파괴하는 갑작스러운 사건이나 사고가 거의 일어나지 않는다. 행여 그런 일들이 벌어진다 하더라도 이미 완벽하게 준비되어 있는 처리 조직이 금방 일상을 회복시킨다. 이런 예측 가능성은 사람들에게 편안함을 주기도 하지만 흥분을 경험할 기회를 박탈해 일상생활을 지루하고 재미없게 만들기도 한다.

스포츠의 매력은 예측 불가능성에 있다. 지난 2002년 월드컵에서 실감나게 확인한바 있듯이 객관적 전력이 곧바로 승부의 결과로 이어지는 것은 아니다. 그렇다면 굳이 경기를 애써 벌일 필요 없이 그냥 양 팀의 전력을 분석하여 승자와 패자를 결정할 수 있을 것이다. 그러나 공은 둥글고 경기의 과정에는 항상 이변의 여지가 존재한다. 예측 불가능성은 너무 뻔하게 예측 가능한 현대 사회의 삶에 신선한 청량제가 되어줄 수 있다.

두 번째 요인은 현대 사회에서의 삶이 지나치게 예의 바르다는 점이다. 문명화된 사회는 폭력의 사용을 국가가 독점하고 사적 개인의 폭력을 철저히 억압하는 사회이기도 하다. 공격성이 동물로서의 인간이 지니고 있는 본능 중 하나라 하더라도 문명화된 사회에서 개인의 동물적 기질을 표출할 기회는 최소한으로 억제된다. 일상생활에서 이른바 매너가 정착됨으로써 사람들 사이의 일상적인 상호관계는 부드럽게 진행되지만 그 과정에서 사람들은 미처 발산하지 못하는 동물적 본성 때문에 스트레스를 받는다. 마음에 맞지 않은 일이 생겨 화가 나더라도 풀 기회는 마련되지 않는다. 일부 심리학자들은 이런 상황이 정신병의 증가를 가져오기도 한다고 설명한다. 이때 스포츠는 이 동물적 본성을 발산할 수 있는 훌륭한 장이 된다.

평소 길을 지나면서 다른 사람들과 몸이라도 부딪칠까 조심하며 걷는 사람들도 조기 축구회에 나가 축구를 할 때에는 과감하게 마음껏 몸을 부딪치며 상대편 선수의 공을 뺏기 위해 노력한다. 일상생활에서는 허용되지 않는 행위들도 스포츠 활동 과정에서 용인되는 사례를 숱하게 찾아 볼 수 있다. 이는 단순히 스포츠를 관람할 때에도 마찬가지다. 그냥 다소곳이 앉아서 명상을 즐기거나 동행한 사람과 편안히 담소를 즐기기 위해 경기장을 찾는 사람은 거의 없다. 대부분의 관객은 소리를 지르고 몸을 움직이기 위해 경기를 찾는다. 그들은 응원하는 팀의 상대 팀이나 심판에게 공격성을 마음껏 발산한다.

특히 하층 계급의 성원들처럼 사회생활에서 스트레스를 많이 받는 사람들의 경우 스포츠 관람에서도 우리 편과 상대편을 명확히 구분하고 경기의 결과에 열을 올리며 상대편 선수나 심판에게 욕설이나 비난을 퍼붓는 사례가 훨씬 더 많다고 한다. 주로 하층 계급 출신 청소년들로 구성된 축구 경기에서의 훌리건들처럼 때로 그런 공격성을 직접적인 형태로 표출하여 상대 팀의 응원단에 폭력을 휘두르는 사례조차 심심치 않게 찾아볼 수 있다.

세 번째 요인은 현대 사회의 일상생활이 너무 안전하다는 것과 연관된다. 환경 문제나 핵 위협 또는 대량 살상무기의 등장 등 과거에 존재하지 않던 전 지구적 위험이 증가한 것은 사실이다. 하지만 대부분의 일상생활은 과거에 비해 월등히 안전해졌다. 인간이 통제할 수 없는 천재지변은 많이 줄어들었으며 통제 가능한 질병의 종류는 훨씬 늘어났다. 밤길을 가다가 무서운 동물과 맞닥뜨려 목숨을 잃을 가능성은 거의 사라졌다.

현대 도시의 밤거리에서 가장 두려운 존재는 바로 인간이지만 잘 조직된 경찰 조직이 그런 위험성을 완화한다. 교통사고와 같은 새로운 위험이 발생하고 있지만 곧 위험을 제거할 안전한 수단이 개발된다. 안전성의 증가는 거꾸로 모험에 대한 인간의 욕망을 부추긴다. 그러나 이미 안전에 길들어 있는 현대인들의 모험이 과거의 순수한 위험과 동일할 수는 없다. 대다수의 현대인은 모험을 즐기면서도 위험의 양을 일정한 한계 안으로 묶어놓고 싶어한다.

즉 현대인들이 추구하는 위험은 순수한 위험이라기보다는 관리된 위험이라고 할 수 있다. 산악 자전거나 스카이 보드처럼 많은 젊은이들이 열광하는 극한 스포츠나 번지 점프 같은 오락이 대표적인 예이다. 극한 스포츠와 같은 위험한 스포츠에 몰입하는 사람들도 그런 활동이 목숨을 잃을 만큼 위험하지 않다는 것을 잘 알고 있다. 말하자면 그들은 최소한 자살의 한 방법으로 극한 스포츠를 택하는 것이 아니다. 이들 활동은 기본적으로 모험의 욕망을 충족시키도록 마련된 것이지만 극단적인 위험은 피할 수 있도록 다양한 장비들이 개발되어 있고, 참여자들은 그 장비의 안전성을 신뢰하기 때문이다.

결국 현대인들은 스포츠가 제공하는 예측 불가능성, 공격성을 발산할 기회, 모험 욕구의 충족 기회 등을 얻기 위해 스포츠에 몰입한다고 할 수 있다. 물론 스포츠를 좋아하는 사람들 개개인에게는 훨씬 다양하고 복잡한 이유가 있을 수 있지만 현대 사회에서 스포츠가 각광을 받는 전반적인 맥락으로는 여러 요인들이 있을 수 있다. 따라서 예측 가능성이 좀 더 높고, 좀 더 문명화 되고 더욱 안전한 사회일수록 스포츠의 인기가 높아질 것이라고 짐작해 볼 수 있을 것이다.

2. 스포츠 스타와 집단 소속의식

1988년 서울올림픽과 2002년 한일 월드컵의 성공적인 개최, 그리고 박세리, 박찬호, 박지성, 김연아, 손흥민과 같은 세계적인 스포츠 스타들의 활약은 한국 스포츠에 대한 국민적 관심을 크게 높이는 계기가 되었다. 이로 인해 스포츠 스타는 단순히 경기의 주체를 넘어 사회적 영향력을 가진 문화적 아이콘으로 자리 잡았다. 이러한 스포츠 스타들은 단순히 경기를 뛰어난 실력으로 이끄는 것을 넘어 그들의 이미지와 성취가 국민적 자부심으로 연결되는 상징적 역할을 수행하고 있다.

스포츠 스타의 인기는 대중문화의 중심에 있는 연예인과 견줄 만큼 강력한 영향력을 발휘하며, 기업들이 이를 적극적으로 활용하게 만들었다. 스포츠 스타를 광고 모델로 기용하는 것은 단순히 상품을 홍보하는 것을 넘어, 스타가 가진 역동성과 성취감을 상품 이미지와 결합시켜 소비자들에게 신뢰감을 준다. 이는 구매 욕구를 자극하는 데 매우 효과적이며, 특히 스포츠 스타들이 보여주는 성공의 이미지는 소비자들에게 제품이 성공과 동일시되는 메시지를 전달한다. 더욱이 최근에는 스포츠 스타가 운동용품뿐만 아니라 자동차, 전자제품, 화장품 등 다양한 산업 분야의 모델로 활약하며, 스포츠와 비스포츠 산업의 경계를 허물고 있다.

스포츠에서 스타의 존재는 경기의 대중성과 인기를 보장하는 핵심 요소이다. 스포츠 경기는 한 편의 드라마와 같아서 전개 과정을 쉽게 예측할 수 없고, 이 과정에서 스타들은 마치 드라마의 주인공처럼 팬들의 관심을 끌고 몰입을 유도한다. 팬들은 스타가 보여주는 뛰어난 경기력에 환호할 뿐만 아니라 그들의 도전과 승리를 통해 자신들의 경험을 투영하며 강렬한 동일시를 느낀다.

특히 TV 중계는 클로즈업과 느린 화면, 다양한 각도의 보조 카메라를 활용하여 스타들의 이미지를 더욱 강화하고, 관람객들에게 강렬한 감정적 몰입을 가능하게 한다. 이런 몰입과 동일시는 때로 스포츠 스타를 단순한 선수에서 벗어나 국가나 지역을 대표하는 상징적 존재로 만들기도 한다. 유럽의 프로축구 리그처럼 지역적 정체성을 강조하는 구조에서는 도시 간 경기가 지역 주민들에게 하나의 제의(ritual)처럼 작용하며, 팬들의 열광과 결속을 강화한다. 예를 들어 스페인의 레알 마드리드와 바르셀로나의 경기는 단순한 스포츠를 넘어 역사적, 문화적, 정치적 갈등이 투영된 '전쟁'과 같은 양상을 띠기도 한다.

이러한 현상은 국가 대항전에서 더욱 극명하게 드러난다. 한일 축구 경기가 두 민족의 자존심 대결로 비화되는 한국의 경우, 스포츠 스타들은 단순한 선수를 넘어 국민의 염원과 자부심을 대표하는 상징으로 작용한다. 손흥민이나 김연아와 같은 선수들이 국제 무대에서 활약할 때, 그들의 성공은 개인적 업적을 넘어 국가적 성공으로 받아들여지며 국민들에게 커다란 자긍심을 안겨 준다.

하지만 동시에 이러한 국가주의적 시각은 스포츠 스타들에게 과도한 압박을 가하고, 때로는 그들의 자유로운 성장을 방해하기도 한다. 스포츠 이벤트가 국가적 정체성과 국민적 자존심을 강하게 투영하는 이유는 바로 이 때문이다. 올림픽과 월드컵 같은 대규모 스포츠 이벤트는 단순한 경기 이상의 의미를 지니며, 국가적 이미지를 제고하고 정치적으로 활용되기도 한다. 그러나 스포츠와 정치, 상업화의 결합이 지나칠 경우, 스포츠의 순수한 즐거움과 본질이 왜곡될 가능성도 함께 내포하고 있다.

결과적으로 스포츠와 스포츠 스타는 단순한 경기 이상의 문화적, 사회적, 그리고 정치적 상징성을 가지며, 현대 사회에서 대중의 정체성과 욕망을 반영하고 이를 강화하는 중요한 요소로 작용하고 있다.

3. 스포츠와 경제

1) TV 중계 기술이 만든 관람의 혁신

올림픽이나 월드컵은 세계적으로 엄청난 사람들의 관심을 끄는 대규모 스포츠 이벤트다. 이러한 행사가 지금과 같은 거대한 규모의 이벤트로 자리 잡게 된 데에는 TV의 역할이 결정적이었다. TV를 통해 스포츠 경기가 중계되기 시작하면서 사람들이 스포츠를 접하고 소비하는 방식은 혁명적인 변화를 맞이했다. TV는 경기장을 찾는 데 필요한 시간과 비용을 줄여주었고, 많은 이들에게 거의 무료로 다양한 스포츠 이벤트를 즐길 기회를 제공했다. 이는 자연스럽게 스포츠 팬의 범위를 대폭 확대하는 결과를 가져왔다.

특히 TV 중계 기술의 발전은 관람 경험 자체를 바꾸어 놓았다. 클로즈업, 슬로우 모션, 다양한 각도의 카메라 워크 등은 경기장에서 경험할 수 없는 감동과 흥분을 안겨 주었다. TV가 제공하는 표현 기법은 실제 경기장에서의 경험을 능가할 정도로 박진감 넘치는 순간을 연출하며, 스포츠의 대중성을 크게 확대하는 데 기여했다. 팬들은 경기를 단순히 '보는 것'을 넘어, 화면을 통해 보다 깊이 몰입하며 스포츠의 다채로운 감정을 경험하게 되었다.

TV 중계 기술이 제공하는 영상 효과는 크게 다섯 가지로 정리할 수 있다. 첫째, 클로즈업이나 화면 확대를 통해 더욱 생동감 있는 이미지를 제공한다. 둘째, 장시간의 경기를 하이라이트로 압축해 짧은 시간 내에 주요 장면을 관람할 수 있다. 셋째, 슬로우 모션이나 정지 화면을 통해 시간을 조작해 경기를 더욱 극적으로 만든다. 넷째, 특정 행위나 선수에 초점을 맞춘 클로즈업으로 감정을 극대화한다. 마지막으로, 경기 중 통계나 부가 정보를 제공해 관람자의 이해를 돕는다. 이러한 요소들은 스포츠 관람의 새로운 차원을 열며, 스포츠 이벤트를 더 매력적으로 만드는 데 기여했다.

2) 상업주의의 결합이 가져온 변화

TV가 스포츠 중계를 주도하면서 나타난 가장 중요한 변화 중 하나는 스포츠와 상업주의의 결합이다. 스포츠가 많은 이들의 관심을 끌고 높은 시청률을 기록하면서, 광고와 상업적 요소가 필연적으로 개입하게 되었다. TV 중계는 광고주들에게 막대한 홍보 효과를 제공했고, 방송사와 선수들에게도 수익을 가져다주었다. 이로 인해 스포츠는 점차 자본주의적 논리에 따라 재편되었다. 예를 들어, 올림픽이나 월드컵과 같은 대형 스포츠 이벤트는 TV 중계권과 광고 계약을 통해 천문학적인 수익을 창출한다.

이와 같은 상업화는 스포츠 이벤트의 성격과 규모를 근본적으로 변화시켰다. TV의 속성상 화려한 볼거리와 시청자 몰입을 극대화하려는 요구는 응원전과 치어리더 문화, 그리고 경기 외적인 쇼 프로그램을 탄생시켰다. 심지어 경기 시간과 규칙도 방송 스케줄과 광고의 편의를 고려해 조정되는 경우가 많다.

예를 들어 미국 프로농구의 4쿼터 방식은 매 15분마다 광고를 삽입하기 위한 TV 관행에서 비롯된 것이다. TV의 개입은 선수들에 대한 가치 평가의 기준도 변화시켰다. 성실한 플레이나 경기 기여도보다는 화려한 기술, 개성적인 외모, 독특한 스타일이 더욱 주목받게 되었다. 문신이나 독특한 헤어스타일로 자신을 표현하는 선수가 늘어난 것도 TV와의 연결을 통해 설명할 수 있다. 선수들은 이제 단순한 경기자가 아니라 대중적 이미지와 스타성을 갖춘 하나의 브랜드로 평가받는다.

이러한 변화는 스포츠와 TV의 결합이 가져온 긍정적 효과와 부정적 측면을 모두 보여준다. 스포츠가 대중성을 얻고 글로벌한 이벤트로 성장할 수 있었던 것은 사실이지만, 그 과정에서 상업주의와 자본의 논리가 지나치게 관여하면서 스포츠 본연의 가치가 훼손되는 문제도 발생했다. 그러나 이런 상업화에도 불구하고 스포츠는 여전히 사람들에게 감동과 즐거움을 선사하며, 대중적 가치를 유지하고 있다.

4. 스포츠와 정치

1) 정치적 도구로서의 스포츠

스포츠는 단순한 오락을 넘어 대단히 정치적인 성격을 띠기도 한다. 올림픽을 비롯한 대형 스포츠 이벤트는 종종 정치적 메시지를 담거나 특정 목적을 위해 활용된다. 많은 사람들은 올림픽을 순수한 스포츠의 제전으로 생각하지만, 실제로 올림픽만큼 정치와 밀접하게 연관된 이벤트도 드물다. 1980년 모스크바 올림픽과 1984년 LA 올림픽에서 나타난 정치적 보이콧은 이를 잘 보여주는 사례다. 이 두 올림픽은 냉전 시기의 정치적 갈등이 고스란히 투영된 반쪽 올림픽으로 치러졌다.

또한 1972년 뮌헨 올림픽에서는 테러리스트 단체인 '검은 구월단'의 인질극과 같은 비극적인 사건이 발생하기도 했다. 이는 스포츠가 때로는 정치적 갈등의 무대로 활용될 수 있음을 보여준다. 스포츠가 정치의 간접적 수단이 된 사례로는 '핑퐁 외교'도 있다. 미국과 중국이 오랜 적대 관계를 청산하고 외교적 접근을 시작한 계기 중 하나가 바로 탁구 교류였다.

이처럼 스포츠는 국가 간의 긴장 완화를 위한 외교적 도구로 사용되기도 하며, 특정 이데올로기나 가치를 대중에게 전파하는 데 중요한 역할을 한다. 예를 들어, 프랑스의 축구 스타 지네딘 지단은 2002년 프랑스 대통령 선거에서 극우파 장 마리 르펜의 집권을 반대하며 정치적 메시지를 전달해 큰 사회적 영향을 미쳤다.

스포츠가 개인과 집단의 정체성을 통합하는 기제로 활용되는 사례도 많다. 전두환 정권이 1986년 아시안게임과 1988년 서울올림픽을 유치한 것은 단순한 스포츠 행사를 넘어 정치적 목적을 염두에 둔 것이었다. 불법적인 방식으로 권력을 잡은 정권은 대형 국제 스포츠 이벤트를 통해 국민적 자부심을 고양하고 정권의 정당성을 강화하려 했다. 이러한 정치적 활용은 스포츠를 단순한 경기의 장이 아니라 집단적 정체성을 강화하는 수단으로 변모시켰다.

스포츠의 정치적 성격을 극명하게 보여주는 또 다른 사례는 훌리거니즘이다. 유럽 축구 문화에서 나타난 훌리거니즘은 노동계급 청년들의 폭력적 행동을 통해 사회적 소외와 불만이 분출되는 현상으로 해석되기도 한다. 축구라는 노동계급의 스포츠는 사회적 불만을 해소하는 완충장치 역할을 하면서도, 훌리거니즘이라는 파열음을 통해 그 억압된 욕망이 폭발적으로 드러나기도 한다. 이는 스포츠가 단순한 여가 활동을 넘어 사회적 문제와 연결되어 있음을 보여주는 사례다.

2) 스포츠의 본질과 현대 사회에서의 변화

스포츠는 인간 본능의 문명화된 표현이라는 점에서 본질적인 의미를 지닌다. 원시 시대 생존을 위한 신체 활동이 규칙과 제도를 통해 진화한 것이 현대 스포츠다. 이는 안전한 환경에서 위험과 경쟁의 욕망을 실현하며 즐거움을 제공하는 메커니즘으로 작용한다. 그러나 자본주의와 매스미디어의 개입으로 스포츠는 단순한 즐거움을 넘어 대규모 상업적 구경거리로 변모했다.

최근에는 건강에 대한 관심이 높아지면서 직접 스포츠를 즐기는 사람들이 늘어나고 있다. 1990년대 이후 여가의 중요성이 커지며 다양한 스포츠가 대중적인 취미로 자리 잡았고, 2000년대 이후 생활체육 동호회와 개인적인 스포츠 참여가 급증했다. 이는 스포츠가 구경거리에서 벗어나 개인의 건강과 삶의 질을 높이는 실천적인 활동으로 변화하고 있음을 보여준다. 구경꾼으로서 스포츠를 소비하는 것과 직접 참여해 스포츠를 경험하는 것은 본질적으로 다르다. 관객의 시선으로 바라보는 축구와 운동장에서 직접 뛰며 느끼는 축구는 완전히 다른 체험이다. 스포츠는 더 이상 단순히 국가적 자부심이나 상업적 이익을 위한 도구에 머물러서는 안 된다. 대신 사람들이 스포츠를 통해 자신의 몸과 정신을 가꾸고 삶의 질을 향상시키는 데 기여하는 문화적 매개체로 자리 잡아야 한다.

결국 스포츠는 정치적, 상업적 역할을 넘어 인간의 본성과 삶의 중요한 일부로 기능할 때 진정한 가치를 발휘할 수 있다. 이를 통해 스포츠가 개인의 건강과 공동체의 연대감을 동시에 증진시키는 긍정적인 역할을 지속적으로 할 수 있기를 기대한다.

제9장

대중문화의 미래

대중문화는 언제나 시대의 변화에 따라 끊임없이 진화해 왔다. 특히 21세기의 급격한 기술 발전과 사회적 변화는 대중문화의 형성과 소비 방식에 전례 없는 영향을 미치고 있다. 과거에는 특정한 창작자와 대형 미디어 기업이 주도하던 문화가 이제는 개개인의 참여와 기술 혁신을 통해 새로운 양상으로 전개되고 있다. 그렇다면 앞으로의 대중문화는 어떤 방향으로 나아갈 것인가?

이 장에서는 대중문화의 미래를 형성하는 주요 요인을 분석하며 향후 대중문화가 어떤 모습으로 변화할지 전망해 본다. 우선, 기술의 변화가 대중문화에 미치는 영향에서는 인공지능, 가상현실(VR), 증강현실(AR) 같은 첨단 기술이 문화콘텐츠의 창작 및 소비 방식에 어떤 혁신을 가져올지 살펴본다. 다음으로 대중문화의 생산자 측면과 관련한 변화에서는 기존의 대형 미디어 기업과 소수의 창작자가 주도하던 대중문화에서 벗어나, 크리에이터 경제의 성장과 개인 창작자의 역할이 확대되는 현상을 분석한다. 1인 미디어, 스트리밍 플랫폼, 그리고 AI를 활용한 창작 도구들이 대중문화 생산 방식에 어떤 변화를 일으키고 있는지 조명할 것이다. 마지막으로, 대중문화의 수용자 측면과 관련한 변화에서는 소비자들이 단순한 콘텐츠 수용자가 아닌 적극적인 참여자로 변화하는 흐름을 살펴본다. 디지털 플랫폼을 통한 팬덤문화, 개인화된 콘텐츠 소비, 그리고 대중이 직접 문화 형성에 영향을 미치는 트렌드가 미래의 문화 소비 방식에 어떤 변화를 불러올지 탐구한다. 대중문화의 미래는 기술과 인간, 그리고 사회적 흐름이 맞물려 만들어지는 복합적인 결과물이다. 이 장을 통해 우리는 빠르게 변화하는 환경 속에서 대중문화가 어떻게 새롭게 정의되고, 발전해 나갈지를 고민해 볼 수 있을 것이다.

1. 기술의 변화가 대중문화에 미치는 영향

1) 새로운 성공 모델

2017년 개봉한 봉준호 감독의 영화 『옥자』는 한국 영화사상 최대 규모에 가까운, 약 600억 원에 달하는 제작비가 투입된 대작이었다. 이는 2015년 한국 영화 평균 제작비의 10배를 넘는 금액으로 그만큼 이 작품에 대한 기대가 컸음을 의미한다. 그러나 실제 개봉 당시 『옥자』는 멀티플렉스 영화관에서 상영되지 못하고 일부 단관 극장에서만 상영되었으며 개봉 후 석 달 동안 관객 수는 약 32만 명에 그쳤다. 표면적으로 보면 이는 흥행 실패처럼 보이지만 『옥자』가 전통적인 유통 방식을 과감하게 탈피했다는 점에 주목할 필요가 있다. 『옥자』는 넷플릭스의 전폭적인 지원을 받아 제작되어 극장 개봉과 동시에 온라인 스트리밍으로 공개되었고 이를 통해 넷플릭스는 2017년 2분기에만 약 520만 명의 신규 가입자를 확보했다. 이는 극장에서의 매표 실적으로는 평가할 수 없는, 스트리밍 플랫폼 중심의 '새로운 성공 모델'을 보여주는 사례이기도 하다. 결국 옥자는 현대 영화산업이 기술 발전과 함께 극장 중심의 기존 유통 질서가 급격히 변화하고 있음을 상징적으로 보여줬다고 할 수 있다.

사실 영화와 기술의 관계는 과거에도 끊임없이 변화해 왔다. 1950년대 텔레비전 보급으로 극장 관객이 급감하자, 영화계는 대형 스크린과 막대한 제작비를 투입한 블록버스터로 위기를 돌파했다. 이후 멀티플렉스가 자리 잡으면서 관객은 여러 편의 영화를 시간대별로 선택할 수 있는 새로운 환경을 누렸고, 이는 곧 영화산업의 '또 다른 전성기'를 열었다. 하지만 정보통신기술(ICT)의 비약적 발전은 영화산업에 또 다른 도전을 불러왔다. 초고속 인터넷이 보편화되면서 온라인 스트리밍 서비스가 극장을 대체할 강력한 경쟁자로 부상한 것이다. 이제 소비자들은 굳이 줄을 서서 영화를 관람하지 않아도, 스마트폰이나 고화질 TV를 통해 어디서나 손쉽게 영화를 볼 수 있다. 이로 인해 전 세계 주요 제작사들은 스트리밍 플랫폼과의 직·간접적 협업을 모색하게 되었고, 극장이 독점해 왔던 영화 유통 권한은 새로운 경쟁 구도 아래에서 재편되고 있다. 옥자가 드러내는 의미는 여기서 더욱 확장된다. 그것은 단순히 한 편의 블록버스터 영화가 아니라, 대중문화가 어떻게 기술의 혁신과 맞물려 발전하는지를 보여주는 상징적 지점이라는 것이다. 기존에 '극장에서 보는 것'이 영화 관람의 정석처럼 여겨졌다면 이제 스트리밍 플랫폼에서 언제 어디서든 즐길 수 있다는 편의성이 문화소비의 새로운 기준이 되고 있다. 이는 문화산업 전반이 '개인화된 플랫폼'으로 옮겨가는 흐름과도 맞물리며 궁극적으로 대중문화 소비 방식의 전면적 전환을 예고한다.

2) 기술발전은 위기 및 기회

영화산업을 포함한 대중문화 전반에 걸쳐 기술의 발전은 위기인 동시에 기회이기도 하다. 1950년대 텔레비전 보급이 영화산업을 위협했지만 결국 블록버스터라는 새로운 '극장 경험'이 등장해 관객을 다시 불러 모았다. 멀티플렉스 시스템은 더 많은 선택권과 편의성을 제공했고 이후 DVD와 VOD 서비스로 이어지는 홈 엔터테인먼트 시장 역시 크게 성장하며 새로운 부가가치를 창출했다. 이는 어떤 기술적 충격이 나타나더라도 대중문화는 이를 적극적으로 수용·변화하여 한층 더 진화할 수 있음을 보여주는 사례다. 하지만 온라인 스트리밍 시대는 이전과는 또 다른 스케일로 업계 판도를 흔들고 있다. 주요 스트리밍 플랫폼(넷플릭스, 디즈니플러스, 아마존 등)은 자체 제작 콘텐츠에 막대한 예산을 쏟아붓고 광범위한 개인 맞춤형 추천 알고리즘을 통해 시청자들의 취향을 정교하게 파악한다. 이는 기존 영화사나 방송사가 시도하기 어려웠던 글로벌 동시 개봉, 무제한 시청, 다회차 관람 등의 서비스를 가능케 한다. 소비자의 입장에서는 작품을 선택하는 데 시간적·공간적 제약이 크게 줄어들고 제작·투자자 입장에서는 팬데믹이나 경제 위기 상황에서도 비교적 안정적으로 콘텐츠를 공급할 수 있게 된다.

3) 근본적 변화

기술 혁신은 대중문화가 운영되는 방식, 소비자에게 다가가는 방식을 근본적으로 변화시킨다. 더 나아가 5G·6G 초고속 통신망, 인공지능(AI), 증강현실(AR), 가상현실(VR) 등의 신기술이 결합되면 단순히 관람하는 차원을 넘어 '체험형 콘텐츠'로 진화도 가속화될 전망이다. 영화나 게임, 공연 등이 융합된 형태의 인터랙티브 콘텐츠가 등장하면서 수용자는 점점 더 '사용자' 혹은 '참여자'가 되어 직접 대중문화 생산 과정에 관여할 수 있게 될 것이다. 이처럼 '생산자와 소비자의 경계가 희미해지는' 현상은 이미 유튜브나 SNS를 통해 현실화되고 있으며 앞으로 더욱 활발해질 것으로 보인다.

한편 크리에이터 경제(creator economy)의 부상 역시 눈여겨볼 만하다. 대규모 자본을 가진 제작사뿐 아니라 개인이나 소규모 독립 그룹도 소셜 미디어와 스트리밍 플랫폼을 통해 전 세계 시청자와 연결될 수 있게 되었기 때문이다. 이는 '지역 한계를 넘어선 글로벌 접근성'을 부여하면서, 대중문화의 분포와 확산 방식마저 새롭게 정의하고 있다.

결국 대중문화는 복합적인 변수들이 함께 작용하여 끊임없이 진화해 나갈 것이다. 옥자가 극장과 스트리밍 플랫폼 사이의 경계를 허물었다면 그 이후에도 다양한 작품들이 전통적 유통 질서를 재정의하며 새로운 지평을 열고 있다. 한편으로는 고연령층을 겨냥한 콘텐츠가 늘어날 것이고 다른 한편으로는 10~20대가 주도하는 '숏폼(Short-form)' 콘텐츠가 시장의 주류를 이루는 이중적 현상이 공존할 수 있다. 생산자와 수용자의 경계가 더욱 희미해지면서, 누구나 크리에이터가 되고 누구나 비평가가 될 수 있는 시대가 도래하고 있다. 이는 대중문화가 단순히 소비되는 '상품'이 아니라 '함께 만들고 소통하는 장'으로 자리 잡고 있음을 의미한다. 이러한 변화 속에서 대중문화는 오락의 기능을 넘어서 사회적 메시지와 가치관을 전달하고 다양한 공동체적 경험을 창출하는 중요한 매체로 거듭날 것이다. 미래의 대중문화는 분명 새로운 콘텐츠와 기술이 서로 뒤섞이고 또 이를 둘러싼 사회적 요구와 가치가 복합적으로 반영되는 형태를 띨 것이다. 이를 통해 대중문화는 더욱 개인화되고 인터랙티브해지며 동시에 교육적·사회적 의의를 강화하는 방향으로 발전해 갈 가능성이 크다. 그리고 그 과정에서 대중문화는 현대인의 삶에 한층 깊숙이 스며들어, 개인의 정체성과 공동체의 가치를 형성하는 데 더욱 큰 영향력을 행사하게 될 것이다.

2. 대중문화의 생산자 측면과 관련한 변화

1) 대중문화 생산자 속성

(1) 자본의 역할

대중문화는 이윤을 추구하는 자본주의 시스템 속에서 만들어지는 문화 형태라는 점에서 생산 단계부터 자본의 역할이 매우 중요하다. 영화·음악·방송·게임 등 다양한 문화상품이 탄생할 때 작곡가나 가수, 프로듀서, 감독 같은 '창작 주체'가 존재하긴 하지만, 실제로는 그들을 조직하고 제품을 시장에 내놓는 투자 자본이 최종적인 생산 주체로 기능한다. 이는 대중문화가 본질적으로 대규모 인력과 막대한 예산을 필요로 하며 자본의 참여 없이는 원활한 생산과 유통이 어렵기 때문이다. 이처럼 자본이 대중문화의 형성과 유통을 주도해온 역사는 대중문화가 단순한 예술적·창작적 산물을 넘어 '산업'의 형태를 띤다는 사실을 잘 보여준다. 특히 수용자층이 방대하고 세계 시장에까지 영향력을 미칠 수 있는 문화상품이 늘어나면서, 대중문화는 이제 '하나의 산업 분야'가 아니라, 타 산업과도 긴밀히 연결되는 '복합 산업 생태계'로 확장되고 있다.

한편 자본주의 체제가 유지되는 한 대중문화 생산에 대한 자본의 지배적 영향력 자체가 크게 흔들리지는 않을 것으로 보인다. 다만 자본의 규모는 과거와 다른 양상으로 변할 가능성이 있다. 전통적으로 문화산업에 진출했던 자본은 규모가 상대적으로 작았지만 1970년대 이후 문화산업이 주요 산업으로 부상하고 1980년대 이후 탈규제 정책이 확산하면서 수직·수평적 통합을 이루는 대기업들이 문화 영역으로 대거 뛰어들었다. 이로 인해 문화산업이 점차 거대화되고, 소수 기업이 시장의 주요 지분을 장악하게 된 것이다. 특히 콘텐츠와 디지털 기술이 결합되면서 플랫폼과 문화상품을 함께 운영할 수 있는 역량을 갖춘 대기업의 영향력이 더욱 커지고 있다. 이는 대형 IT 기업, 통신사 혹은 전자제품 제조사가 문화콘텐츠 영역으로 진출하는 모습을 통해 확인할 수 있다.

(2) 자본의 양극화

인터넷 초창기 시절 여러 신생 기업이 혁신적 아이디어나 참신한 서비스로 급부상했지만 막대한 자본력을 갖춘 기존 거대기업에 인수·합병되는 사례가 적지 않았다. 가장 대표적인 예로 세계 최대의 검색 포털인 구글이 동영상 공유 사이트인 유튜브를 인수했고 뉴스코퍼레이션(News Corporation)이 당시 인기가 높던 소셜 네트워크 서비스인 마이스페이스(Myspace)를 사들인 일이 있다. 게다가 타 산업 분야의 대형 자본도 새로운 수익원을 찾기 위해 문화산업으로 유입되는 추세라, 문화산업 자본의 거대화는 앞으로도 계속될 전망이다. 이런 현상은 문화상품이 단순히 하나의 창작물이 아니라, 거대한 글로벌 시장에서 통용될 '브랜드'이자 '지적 재산(IP)'으로 자리 잡았다는 점과도 무관하지 않다. IP 확보를 둘러싼 대기업 간 경쟁이 치열해지면서 규모의 경제를 실현할 수 있는 자본만이 글로벌 무대에서 생존하는 구조가 점점 강화되는 것이다. 그렇다고 해서 소규모 자본의 진출 가능성이 완전히 사라지는 것은 아니다. 빠르게 변화하는 기술 환경에서 새로운 서비스를 시도하는 스타트업이나 독립 제작사들은 세분화한 시장을 공략해 성장할 기회를 얻는다. 거대기업들이 이윤 규모를 고려해 진출하지 않는 틈새시장에서 작지만 탄탄한 팬덤을 바탕으로 사업을 전개하는 소규모 자본이 꾸준히 등장하는 것이다. 예컨대 스마트폰 단말기 시장은 대기업이 주도하지만, 해당 기기에서 활용되는 애플리케이션(앱) 개발은 대개 스타트업이나 개인 개발자들이 담당하는 구조가 이를 잘 보여준다. 더불어 크라우드펀딩과 같은 대안적 투자 방식도 점차 확산되고 있어, 과거에는 실현하기 어려웠던 독특한 콘셉트나 실험적인 문화상품이 소규모 자본을 통해 시도될 여지도 커지고 있다. 이러한 다양성은 대중문화가 특정 거대 자본에만 의존하지 않고, 다층적인 구조로 발전해 갈 수 있는 가능성을 시사한다.

결국 문화산업 시장은 향후 '거대자본 vs 소규모 자본'의 양극화가 심화되며 그 중간 규모 자본이 점차 경쟁력에서 밀려 쇠퇴할 가능성이 높다. 또한 소규모 자본이라 해도 완전히 독립적으로 존재하기보다 하드웨어나 콘텐츠 배급망을 장악하고 있는 대기업과 느슨한 형태로 협력·제휴를 맺는 흐름이 나타날 것으로 보인다. 이런 연결고리가 과거처럼 직접적·수직적인 지배구조일 필요는 없지만 막대한 영향력을 지닌 대기업이 생산물의 주된 유통 경로를 틀어쥐고 있다는 점에서 잠재적 통제력은 한층 강화될 수 있다. 실제로 일부 대기업은 소규모 창작팀이나 인디 예술가들을 후원하는 방식으로 새로운 콘텐츠 발굴에 참여하는 반면 그 과정에서 권리·수익 배분과 관련된 이슈가 끊임없이 제기되기도 한다. 이는 거대 자본이 수용자의 '취향 다양성'을 내세우면서도 시장 지배력을 바탕으로 조건을 유리하게 설정하는 이중적인 양상으로 이어질 수 있다. 한편 자본이 투입된 문화산업에서 실제 창작·제작 활동을 담당하는 인력들의 전문화는 더욱 가속화될 전망이다. 이미 1960년대 이후 음악 프로듀서나 영화 각본가, 편집기사 등 영역별 전문가들이 두각을 나타냈고 시장이 커질수록 높은 전문성을 갖춘 인력이 더욱 환영받을 것이다. 이는 단순한 예술적 감각뿐 아니라 경영·마케팅 능력, 데이터 분석 역량 등을 모두 아우르는 형태로 발전할 가능성이 크다.

이러한 전문화는 보다 수준 높은 문화상품을 생산할 수 있도록 기여하지만 동시에 소수 전문가에게 권한이 집중되는 '엘리트화' 문제를 야기할 수도 있다. 일부 분야에서는 특정 스튜디오나 에이전시가 영향력을 독점하는 현상이 벌어지기도 하며 이에 따라 다양한 목소리가 배제될 위험성이 있다. 반면, 신기술을 적극 수용해 창작 활동에 뛰어드는 '프로슈머(Prosumer)'도 꾸준히 늘어날 것이다. 이들은 아마추어로서 시작하지만, 우수한 콘텐츠를 만들어 소셜 미디어나 온라인 플랫폼을 통해 빠르게 대중의 관심을 받게 된다면 곧바로 전문 창작자로 전환할 수 있는 길이 열려 있다. 이는 과거와 달리 정식 훈련 과정을 거치지 않았어도 실력과 대중적 지지만으로 업계에 진입할 수 있게 만든다. 고급 예술 분야에서 엄격한 제도적 장벽이 존재했던 것과 달리 대중문화 영역은 상대적으로 유연한 경계선을 갖고 있기 때문이다. 이를 뒷받침하는 또 하나의 변화는 문화 생산에 참여하는 플랫폼과 참여자 간의 계약 방식이 점차 다양화되고 있다는 점이다. 예컨대 개인 창작자가 자신의 음악이나 일러스트 등을 올려 수익을 창출할 수 있는 웹서비스가 늘고 있고, 이러한 서비스를 통해 발굴된 재능 있는 인물이 대기업과 정식 계약을 맺어 큰 프로젝트에 참여하는 사례도 적지 않다.

결론적으로 대중문화 생산자 측면에서는 거대자본이 주도하는 대형 프로젝트와 소규모 자본이 틈새시장을 공략하는 다원적 구도가 앞으로도 이어질 것으로 보인다. 전문화된 전문가 집단과 프로슈머·아마추어 생산자가 혼재된 상황에서, 시장 규모의 양극화가 심화될 가능성이 높다는 점도 주목해야 한다. 동시에, 플랫폼 기반의 유통구조가 더욱 발전함에 따라 소규모 시장을 겨냥한 맞춤형 콘텐츠와 대형 자본이 투자한 메가 프로젝트의 공존이 대중문화 시장 전반의 다양성을 이끌어낼 것이다. 이런 양극화 구조 속에서도, 대중문화의 가장 큰 특징인 '폭넓은 참여와 소비'라는 본질은 변함없이 유지될 가능성이 크다. 누구나 대중문화의 창작자가 될 수 있고, 또 누구나 자유롭게 소비자가 될 수 있는 열린 환경이야말로 대중문화가 시대 변화에 맞춰 끊임없이 진화할 수 있는 핵심 동력이기 때문이다.

2) 매체기술의 발전과 대중매체의 쇠퇴

(1) 대중매체의 쇠퇴

정보통신기술의 빠른 발전은 지난 시기 대중문화에 큰 변화를 가져왔듯, 앞으로도

신기술이 어떻게 발전하느냐가 대중문화의 미래를 결정짓는 중요한 요인이 될 것이다. 이미 전통적인 대중매체의 대표주자로 꼽히던 신문·잡지·TV 방송사의 영향력이 하락하고 있는 사례를 통해, '대중매체의 쇠퇴'는 더 이상 낯선 이야기가 아니다.

예컨대 뉴욕타임스나 뉴스위크와 같은 상징적 매체가 경영난에 봉착하여 외부 투자나 매각을 검토하게 된 일, 텔레비전 시청률이 전반적으로 떨어지고 있는 현상은 전통적 대중매체의 시장 지배력이 예전 같지 않음을 잘 보여준다. 새롭게 확산되고 있는 뉴미디어는 이전 세대의 매체와 비교해 도달 가능한 수용자의 규모가 작을 수 있지만, 그 대신 쌍방향 의사소통을 용이하게 한다. 특히 개인이 적은 비용으로 자신의 의견을 발신할 수 있는 블로그, 트위터, 페이스북, 인스타그램 등은 진입장벽이 낮아 다채로운 목소리가 분출되고 있다. 그 결과, 과거처럼 소수의 대중매체가 다수의 수용자를 독점하는 현상이 약화 되는 추세다. 대표적인 사례로는 '1인 방송국'이 꼽힌다. 노트북이나 무선통신장치, 소형 카메라만 갖추면 각종 집회나 행사장을 직접 중계해 많은 사람들과 실시간으로 소통할 수 있다. 인터넷 개인방송 플랫폼인 '아프리카TV(afreecaTV)'나 세계적 동영상 공유 사이트 '유튜브(YouTube)'에서 이런 개인 매체의 발달상을 확인할 수 있다. 이들 플랫폼을 통해 사람들이 각자 방송을 제작·송출함으로써 전통 매체가 쥐고 있던 콘텐츠의 독점권이 흔들리게 된 것이다. 또한 이러한 쌍방향성은 기존 대중매체의 단방향·획일적 속성을 완화한다.

과거에는 기사나 프로그램에 반론이 있어도 개인적인 수준에서 불만을 표출하는 데 그쳤던 반면 이제는 인터넷 댓글이나 SNS를 통해 즉각적으로 반응할 수 있게 된 것이다. 포털 사이트에는 서로 입장이 다른 매체의 기사가 동시에 세시되어 기사 내용이 즉시 비교·상대화되는 상황도 자주 발생한다. 이는 독자들이 다원적인 시각을 접할 기회를 늘리는 한편 전통 매체의 권위가 자연스럽게 약화될 수밖에 없음을 의미한다. 이렇듯 전통적인 대중매체가 주도했던 시기는 점차 저물고 있으며 앞으로는 다양한 매체와 콘텐츠가 경합하는 시대가 이어질 것으로 보인다.

(2) 자본주의 경제 체제

기존 대중문화가 유지해 온 '대량생산·상업성·획일성' 같은 특징은 더 이상 유효하지 않은 것일까? 먼저 대중문화가 발생한 큰 배경 중 하나가 바로 '자본주의 사회의 상품화 경향'이라는 점에 유의해야 한다. 비록 대중문화가 대중매체를 통해 확산되었다고 해도 이를 탄생시키고 유지한 근본 원인은 자본주의 경제체제다. 정보통신기술이 발전하고 있더라도 이를 움직이는 기본틀이 여전히 자본주의라면 대중문화의 상업적 속성은 쉽사리 사라지지 않을 것이다. 더욱이 새로운 매체나 기술은 이미 경제적 불평등이나 교육 수준 차이가 존재하는 현실 사회에 도입된다. 그러므로 이들 매체가 가진 잠재력도 기존 구조에 의해 일정 부분 제한·굴절될 수밖에 없다. 예컨대 인터넷, 스마트폰 등의 보급 속도가 빨라도 이를 가장 적극적으로 활용하는 집단은 주로 고학력·전문직 종사자인 경우가 많다. 게다가 기존 대중매체 기업들이 거대 자본을 토대로 새로운 기술을 흡수하여 시장 지배력을 유지하려 노력하기 때문에 궁극적으로 상업적인 경쟁과 대중문화의 상품성이 더욱 강화될 여지도 존재한다. 그러므로 정보통신기술이 가져온 혁신이 대중매체에 일정한 위기와 변화를 가져다주긴 해도 상업성을 추구하는 자본주의 체제가 유지되는 한 대중문화는 여전히 '상품화'라는 강력한 구심력을 갖게 될 가능성이 높다. 오히려 새 기술이 도입됨으로써 대중문화가 보다 빠른 속도로 더 강렬한 자극을 주는 형태로 변모해 갈 수도 있다.

전통적 대중매체의 전성기가 지나면서 대중문화 또한 상당한 변화를 맞이하고 있다. 새로운 매체가 확산되고 누구나 방송이나 의견을 발신할 수 있는 시대가 열리면서 수용자들의 선택권은 크게 확장되었다. 그러나 정보통신기술을 둘러싼 자본주의적 구조, 경제적·사회적 불평등은 대중문화의 상업적 속성과 결합해 여전히 강력하게 작동하고 있다. 이러한 양면성이 바로, 미래의 대중문화가 혁신과 연속성 사이에서 줄타기를 할 수밖에 없는 이유이기도 하다.

3. 대중문화의 수용자 측면과 관련한 변화

1) 수용자의 분화와 통제기술의 발전

매체가 다양해지면, 이를 이용하는 수용자 역시 분화되는 경향을 보인다. 과거에는 소수의 대중매체만이 존재했기 때문에 사람들의 취향이 제한된 선택지에 맞춰져야 했다. 그러나 매체가 세분화·다양화됨으로써 수용자 개개인의 취향도 더욱 세분화되고 하나의 대중문화 상품이 도달할 수 있는 인구도 그만큼 감소한다. 또한 매체 간 경쟁이 치열해짐에 따라 특정 매체에 쏟을 수 있는 시간이나 비용도 제한적일 수밖에 없다. 예컨대 신문과 텔레비전만으로 충분했던 시기에는 신문구독료·TV수신료 정도면 됐지만, 이제는 초고속 인터넷 사용료, 휴대전화 요금, 각종 앱 구매비용 등 추가 지출이 늘어나고 있다. 여가시간이 크게 늘어나지 않는 한 여러 매체에 관심을 분산시키는 상황이므로 결국 한 매체에 할당할 시간과 자원은 줄어들 수밖에 없다.

이러한 변화는 전통적인 대중문화가 대량 생산·대규모 판매를 통해 규모의 경제를 실현해 왔던 기존의 수익모델에 커다란 충격을 준다. 예컨대 텔레비전 시청률의 경우 지상파 방송 시청률 1%가 약 46~47만 명의 시청자를 의미하므로 시청률 30%의 드라마라면 1,400만 명 이상이 동일 프로그램을 봤다는 의미가 된다. 그러나 인터넷에서는 대규모 동시 접속자를 확보하기가 훨씬 어려워 상당수 웹사이트가 하루에 몇십 명의 방문자를 모으기도 쉽지 않다. 이는 인터넷 환경에서 수용자들이 얼마나 분산되어 있는지를 잘 보여준다. 물론 인터넷 환경에서도 특정 이슈나 콘텐츠가 소위 '대박'을 터뜨리는 경우가 전혀 없는 것은 아니다. 다만 이런 빅히트 현상은 갈수록 드물어질 가능성이 높다.

결국 대중문화 상품을 다품종 소량 생산 형태로 공급하고 틈새시장을 공략하는 비즈니스 모델이 더욱 확산될 것이다. 기술의 발달이 세분화된 상품을 시장에서 생존시키기 용이하게 만드는 점도 이러한 추세를 뒷받침한다. 요컨대 대량판매가 필수였던 시대가 저물고, 틈새시장을 기반으로 한 다품종 소량 생산 모델이 자리 잡아가는 중이라는 것이다. 이 같은 변화는 예전 대중문화가 종종 비판받던 '삶과의 단절' 혹은 '수용자 수동성' 같은 문제를 어느 정도 완화할 가능성도 높다. 상품군이 다양해지고 그만큼 수용자의 욕구에 근접한 콘텐츠가 늘어난다면 취향의 폭이 넓어지고 각자 원하는 문화상품을 능동적으로 선택할 수 있기 때문이다. 여기에 수용자의 참여가 활발해지는 현상이 맞물리면 수용자의 요구에 반응하는 문화적 생산물이 다양하게 생겨날 것이고 이는 일정 수준이라도 획일성을 줄이는 데 도움이 될 것이다. 그러나 대중문화의 새로운 수익모델이 완전한 다원화를 보장해 주는 것은 아니다. 여기에는 크게 두 가지 요인이 작용한다. 우선 대중문화의 생산 주체인 자본이 수직계열화를 통해 여러 매체를 동시에 소유하는 거대기업인 경우가 많다는 점을 들 수 있다. 그렇게 되면 각기 다른 매체라 하더라도 동일한 콘텐츠를 약간 변형해 여러 플랫폼에 유통하는 방식으로 이윤 극대화를 노릴 수 있다. 이른바 '원소스 멀티유즈(One Source Multi Use)' 전략이 대표적 사례다.

그러므로 매체가 많아도 모기업이 동일하다면, 다원화를 억누르고 획일적 콘텐츠를 반복 유통할 위험이 있다는 것이다. 두 번째 요인은 고도의 감시기술을 포함한 정보통신기술의 양면성이다. 정보통신기술은 다양한 정보를 자유롭게 공유하게 해주는 도구인 동시에 권력자나 기업이 개인 정보를 더 쉽게 수집할 수 있도록 해주기도 한다. 기업들은 수집한 정보를 통해 수용자들을 보다 효율적으로 통제하거나 맞춤형 상품을 제시하여 이윤을 극대화할 수 있다. 예컨대 사이트 이용 시 회원가입을 유도해 수집된 개인정보, 신용카드 사용 내역, 거리와 상점에서 촬영되는 CCTV 영상 등은 고성능 분석 기술과 결합해 과거보다 훨씬 촘촘한 관리·통제망을 구축할 수 있게 만든다. 소수지만 열렬히 상품을 소비해 줄 특정 취향집단만 잘 파악해도 충분한 이윤을 낼 수 있다는 사실은 단일 대중문화 상품의 수용자 규모가 과거만큼 크지 않아도 기업들이 충분히 이득을 얻을 수 있다는 의미가 된다.

최근 각광받는 빅데이터가 바로 이런 맥락에서 폭넓게 활용되고 있다. 또한 소규모 취향집단으로 흩어지는 대중도 기업이나 권력의 통제에 더 취약해질 수 있다. 인터넷상에는 몇 명짜리 모임부터 수십만 명의 회원을 가진 대규모 동호회까지 무수한 커뮤니티가 존재한다. 그 주제도 특정 상품의 호불호, 팬클럽, 사회 이슈 등 매우 다양하다. 이런 집단화는 개개인의 취향을 강화해 주지만, 동시에 반성적 사고를 방해할 수도 있다.

예컨대 '증오사이트(hate site)'처럼 배타적인 세계관을 강하게 공유하는 모임에서는, 내부 시각이 강화되는 대신 다른 의견을 받아들이기 어려워진다. 이렇게 자기 세계에 갇힌 집단은 오히려 통제나 조작에 쉽게 노출될 수도 있다. 이런 통제가 확산될 경우, 정보통신기술이 가져올 수 있는 문화의 다원화라는 장점을 억압할 소지도 있다. 다양한 주변 집단이 새 기술을 통해 발언권을 확보한다 해도, 이를 이용한 중심 세력의 통제력 역시 동시에 강해질 수 있기 때문이다. 국제적 차원에서 보면 이는 '문화의 재식민화' 문제와도 연결된다. 예컨대 위성방송을 통해 각국의 방송 프로그램이 자유롭게 오갈 수 있게 되었지만, 결국 압도적인 자본력을 지닌 나라의 문화상품이 더 많은 기회를 얻게 된다. 특정 주변 문화상품이 중심 시장에 진입했다고 해도 이는 주변 문화의 잠재력을 착취하거나 주변으로부터의 진출을 미끼로 활용하는 수단으로 간주될 위험도 있다. 대중음악에서 레게 리듬이 글로벌 히트곡에 활용되는 현상도, 자칫 주변 문화를 상품화하는 방식으로 해석될 수 있다는 것이다.

이와 같이 대중문화에서의 수용자 분화와 새로운 통제기술의 발전은 전통적인 대중매체 시대에 비해 더 많은 선택지를 제공함과 동시에, 거대 자본이나 권력의 통제력을 더욱 정교하게 만드는 양면성을 지닌다. 대중문화가 다품종 소량 생산과 틈새시장을 통해 과거보다 획일성이 줄어드는 방향으로 나아가고 있는 것처럼 보이지만 그 이면에는 원 소스 멀티 유즈 전략이나 정보수집·감시기술을 통해 이윤 극대화와 수용자 통제가 더욱 강력해지는 흐름이 존재한다. 따라서 대중문화의 수용자 측면에서는 개인의 취향이 다양해지고 참여 기회가 늘어나는 '자율성 증대'와 동시에 대기업 또는 권력이 여러 매체와 감시기술을 총동원해 더욱 정밀하게 통제하려는 노력이 맞물려 갈 가능성이 높다. 이런 복합적인 양상 속에서, 대중문화가 온전히 다원화되고 해방적인 형태로 발전할지 아니면 또 다른 방식의 종속과 획일화를 낳을지는 앞으로의 사회적 논의와 제도 설계, 그리고 수용자들의 집단적 선택에 크게 달려 있다고 볼 수 있다.

2) 계층 간 소득분배의 변화와 대중문화

대중문화는 본래 산업사회가 발전하면서, 다수의 대중이 문화소비에 일정 금액을 투자할 수 있을 정도로 소득이 늘어난 데 힘입어 성립되었다. 각 개인이 쓸 수 있는 여유돈 자체는 많지 않았지만, '수(數)의 힘'이 이를 보완했던 셈이다. 다시 말해, 대중문화가 흥하거나 쇠퇴하는 데에는 대중의 가처분소득 규모가 큰 영향을 미친다는 뜻이기도 하다.

서구 사회에서 대중문화가 하나의 산업으로 확고히 자리 잡았던 시기는 노동자들의 실질임금이 상승하고 중산층이 빠르게 증가하던 시기와 겹친다. 그러나 1960년대 말 이후 경제 불황을 거치고 1970년대 말부터 노동자들의 실질임금은 서서히 하락세로 돌아섰다. 신자유주의가 확산되면서 복지국가 체제도 약화되어 임금을 집단적 방식으로 보전받는 길이 좁아진 점도 이러한 경향을 가속화했다. 1990년대 한동안 '신경제(new economy)'가 부상하며 노동자 임금이 일시적으로 오르기도 했으나, IT 버블이 꺼지고 소득분배의 양극화가 심화되면서 그 흐름에도 제동이 걸렸다. 흔히 말하는 '20:80 사회'의 도래는 정보통신기술 발전과도 맞물려 있다. 정보기술 분야를 중심으로 고학력·전문기술 인력에 대한 수요가 증가한 반면 자동화로 인해 반숙련·미숙련 직종이 줄어들거나 임금이 크게 축소되면서 다수 노동자들은 생계에 어려움을 겪게 되었다. 여기에 세계화 물결까지 겹치면서 전문기술 인력은 국경을 넘어 몸값을 높일 수 있는 반면 일반 노동자는 업종이 해외로 옮겨가도 마땅한 대처 방안이 없게 되어 저임금·비정규직 또는 실업자로 내몰리는 사례가 늘어났다. 이러한 변화 속에서 2000년대 이후 일반 노동자와 경영자 간 임금격차가 1970년대의 10배 이상으로 확대된 현상은 정보사회가 소득 양극화를 심화시킨 대표적 사례로 지목된다.

여기에 더해, 새롭게 늘어나는 다양한 매체가 대중문화 소비에 적지 않은 영향을 미칠 것이다. 전반적인 소득이 정체되거나 줄어드는 상황에서 지출해야 할 매체나 상품이 늘어난다면 각 항목당 쓸 수 있는 비용이 줄어드는 것은 필연적이다. 아무리 매체가 많아져도 한 사람이 소비할 수 있는 문화상품의 양에는 한계가 있기 때문이다. 결국 소득 양극화와 대중문화에 투입할 자금의 부족은 문화 다원화를 제한하는 요인이 될 수 있다. 선택할 수 있는 상품은 다양해졌으나 실제로 어느 상품을 고를지에는 다수 대중이 선호하는 것이 우선시되는 경향이 남아 있다. 따라서 기술 발전이 대중문화 다원화를 촉진한다 해도, 정작 이를 누릴 수용자의 소득 수준이 떨어지고 생산자들이 독점화에 나선다면 문화상품의 다양성은 오히려 저해될 가능성이 있다. 이러한 결과를 피하기 위해서는 수용자들이 타인의 선택에 끌려다니지 않고 자신의 취향에 맞는 상품을 적극적으로 소비하는 태도가 필수적이다. 그러나 여기에도 노동시간의 변화라는 또 다른 변수가 개입해 결코 간단치 않은 문제로 이어진다.

3) 노동시간의 변화와 대중문화

노동시간의 길이는 대중문화 소비에 직결되는 수용자의 물리적·정신적 여유를 결정한다. 다른 조건이 동일할 때, 만약 노동시간이 길어지면 수용자들은 주로 휴식 위주의 문화 소비를 택하기 쉽고, 반대로 노동시간이 짧아져 여가가 충분해지면 개인적 취향을 발전시키는 데 더 많은 관심을 기울인다는 것이다.

산업사회의 초기에는 극단적으로 늘어났던 노동시간이 산업사회의 성숙과 노동운동의 활성화 덕분에 전반적으로 꾸준히 감소해 왔다. 그러나 정보사회의 도래 이후, 이러한 노동시간 축소 경향에는 변화가 생기고 있다. 특히 1990년대 이래 정보기술(IT) 산업이 발전하면서 스스로 더 오래 일하기를 선택하는 IT 종사자들이 늘어났고 여러 국가에서 신자유주의 성향의 보수 정부가 등장하면서 노동시간을 단축하려는 사회적 요구가 제약받기도 했다. 최근에는 2008년 세계 금융위기의 여파로 노동시간을 단축하려던 시도 자체가 타격을 받았으며 비정규직 증가로 인해 한 사람당 여러 직업을 가질 수밖에 없는 사례가 늘어나면서 노동시간이 오히려 늘어나는 추세도 나타난다. 국내 상황을 보더라도 2004년부터 주 5일제 근무가 단계적으로 실시되어 연간 노동시간이 2,400시간대에서 2,000시간 이하대로 줄긴 했지만, 여전히 경제개발협력기구(OECD) 평균이나 노동시간이 가장 짧은 독일과 비교하면 상당히 높은 수준이다. 노동시간이 길고 여가시간이 제한된 상황이 계속된다면 비록 다양한 참여형 기술이 발전해도 실질적으로는 휴식 위주의 수동적 여가가 당분간 주류가 될 가능성이 높다. 즉, 수용자들이 새로운 매체가 열어 줄 수 있는 무궁한 가능성을 적극 활용하기보다는 과거와 같은 방식으로 콘텐츠를 수동적으로 소비하려 할 수 있다는 것이다.

실제로 많은 사람이 경제적·시간적 제약으로 인해 문화를 일종의 오락 수단으로만 여기는 현실에서 새 기술이 나온다고 해서 소비 태도가 갑작스럽게 달라질 가능성은 그리 높지 않다. 한 조사에 따르면 휴대전화가 제공하는 여러 기능 중 극히 일부만을 활용하는 이용자가 전체의 5%도 되지 않는다고 하는데 이는 수용자의 '편의 추구'나 '소극적 태도'를 단적으로 보여주는 사례라 할 수 있다. 아울러 정보통신기술의 발달로 방대한 양의 정보가 쏟아지는 점 역시 문제를 복잡하게 만든다. 엄청난 정보의 홍수 앞에서 개인들은 오히려 과거 대중매체와 유사한 큐레이션 장치에 의존하게 되는 경향이 있기 때문이다. 실제로 많은 사람이 인터넷을 이용할 때 특정 포털사이트를 시작 페이지로 설정하고 그곳에서 제공하는 요약 정보만을 주로 확인한다. 이는 인터넷에 사이트가 폭발적으로 증가했음에도 불구하고 되레 몇몇 주요 사이트에 트래픽이 집중되는 현상을 낳고 있다. 결국 대다수 이용자에게 포털사이트가 제공하는 요약 정보가 일상적으로 접하는 모든 정보가 될 수도 있다는 뜻이다. 다시 말해, 수많은 인터넷 사이트가 존재해도 실제로는 소수 사이트에 집중함으로써 개인의 정보 접촉 범위가 한층 제한되는 것이다.

노동시간이 줄어들지 않고, 여가시간이 충분히 확보되지 않는다면 사람들은 정보통신기술이 열어 놓은 다양한 참여형 문화보다 휴식 위주의 수동적 문화에 머물 가능성이 높다. 게다가 정보 과잉 현상은 개인들로 하여금 소수의 포털이나 매체를 지나치게 의존하게 만들 수도 있다. 이러한 여러 제약들은, 새로운 매체와 기술이 제공하는 '능동적·창의적 참여'라는 미래상을 현실적으로 구현하기에 상당한 걸림돌이 될 수 있음을 시사한다.

4) 인구구성의 변화와 대중문화

20세기 들어 의료기술과 위생환경이 급속히 개선되면서 인류 전체의 평균수명은 꾸준히 증가해 왔다. 우리나라도 마찬가지여서 1980년 평균수명이 65.7세였던 것이 2017년에는 81세로 늘어나 불과 한 세대 만에 15.3세나 증가했다. 나아가 통계청이 2022년 말 발표한 자료(2021년 기준)에 따르면 대한민국의 전체 평균 기대수명은 83.6세에 달한다. 한편 저출산 현상이 더해지면서 노령화가 빠르게 진행되고 있으며 그 결과 2030년에는 고령인구 비율이 24.3%에 이르러 20~30대 청년 인구보다도 많아질 것으로 예측되고 있다. 이는 대중문화의 주요 수용자 연령이 전반적으로 높아지면, 문화콘텐츠 전반에도 큰 변화가 일어날 수밖에 없다. 연령대에 따라 선호하는 대중문화 상품이 확연히 달라지고 특히 노년층은 젊은 세대보다 새로운 것을 수용하는 데 상대적으로 거부감을 갖는 경향이 있기 때문이다. 이 때문에 1990년대 중반 이후 눈에 띄게 나타난 복고풍이나 레트로문화는 앞으로도 상당 기간 주류 트렌드 중 하나로 자리 잡을 가능성이 높나. 또한 시금까지 비교직 소홀히 다뤄져 왔던 노년층을 겨냥한 문화상품이 꾸준히 등장할 것으로 보인다. 그러나 노년층 인구가 증가해도 이들의 소득수준이 함께 오르지 않는다면 해당 계층을 대상으로 한 문화상품 소비가 실질적인 구매력으로 이어지지 않을 수 있다는 점은 간과할 수 없다. 더구나 우리 사회처럼 노인을 위한 사회안전망이 충분히 갖춰지지 않은 상황에서는 제작사나 투자자 입장에서도 노년층을 대상으로 한 대중문화 상품을 선뜻 기획·개발하기가 쉽지 않다.

새로운 기술에 대한 적응력이 낮고, 급격한 변화를 반기지 않는 노년층의 성향은 끊임없이 상품을 업그레이드·교체하며 이윤을 추구하려는 자본의 입장에서 부담이 될 수 있다. 그래서 고령화가 가속될수록 새로운 기술을 대대적으로 개발하기보다는 기존 기술을 일부 개량하거나 콘텐츠만 살짝 바꾸는 식으로 신상품을 만드는 전략이 더 활발해질 것으로 보인다. 다만 대중문화 시장의 국제화가 빠르게 진척되고 있고, 국가별 노령화 속도도 제각각이므로 이러한 전략이 어디에서나 똑같이 통용되긴 어렵다. 결국 당분간 대중문화 시장에서는 서로 다른 세대와 인구구조에 맞춰 다양한 전략이 병존하면서 경쟁을 벌일 가능성이 높아 보인다.

5) 기타 요인들의 변화와 대중문화

지금까지 살펴본 이외에도, 대중문화의 변화를 좌우할 수 있는 요인들은 매우 다양하다. 그 가운데 생산자와 수용자 모두와 밀접히 연관되는 교육수준의 변화나 대중문화에 대한 사회적 인식의 변화를 주목해 볼 수 있다. 교육수준이 높아지면 한편으로 대중문화의 미적·예술적 차원이 보강될 수 있고 다른 한편으로 대중문화를 바라보는 관점이 달라질 수 있다. 또한 이러한 요인들이 종합적으로 작용하여 형성되는 대중문화에 대한 의식은 그 자체가 문화의 사회적 위상을 결정할 뿐만 아니라 대중문화가 앞으로 어떤 방향으로 발전할지도 크게 좌우한다.

지난 세기 동안 교육기회가 널리 확대된 결과 이는 대중문화의 생산자와 수용자 양쪽 모두에게 의미 있는 변화를 가져왔다. 대중교육이 확산되면서 한편으로는 대중문화 분야에서 전문성이 더욱 강화되었고, 다른 한편으로는 수용자의 감식 능력이 향상되었기 때문이다. 실제로 대중문화가 과거처럼 획일적 흐름에만 머무르지 않게 된 데에는 수용자의 교육수준 상승으로 세심한 기준을 적용하게 된 것이 큰 몫을 했다고 볼 수 있다. 즉, 대중문화 생산자와 수용자의 교육수준이 함께 높아지면 대중문화의 다원화가 한층 강화될 가능성이 커진다. 하지만 이미 우리 사회가 보여주듯 교육기회가 어느 정도 포화상태에 이르면 교육이 대중문화에 미치는 영향력도 점차 약해질 수밖에 없다. 결국 대중교육의 혜택을 받은 세대가 어느 연령에 도달하게 되면 그 시점에는 '교육수준 상승'이 대중문화의 변화를 이끄는 동력으로서 거의 소진될 것이라는 의미다. 이와 비슷한 맥락으로 대중문화에 대한 사회적 인식도 완전히 자유로운 변수는 아니다. 사실 1950년대 이후 대중문화가 '주류 문화'로 자리매김하면서 이를 바라보는 사회적 평가는 꾸준히 상승 추세를 보였다. 이러한 흐름은 상품적 가치를 중시하는 자본주의 사회와 밀접한 관련이 있는 동시에 과거에 다양한 문화에 대해 가해졌던 편견이 점차 드러나고 비판받게 되면서 가능해진 결과이기도 하다. 물론 여전히 대중문화에 대한 선입견이 완전히 사라진 것은 아니지만 기존의 고급 예술도 상업성의 논리에 포섭되고 있는 현실을 보면, 이런 편견이 오래 지속되지는 않을 것으로 추정된다. 결과적으로 대중문화는 이전보다 훨씬 자율적인 공간이 될 수 있으나 그 공간이 실제로 어떠한 형태를 띠게 될지는 여전히 대중문화를 둘러싼 다른 요인들의 영향 아래 결정될 공산이 크다. 앞서 살펴본 바와 같이, 대중문화의 미래에는 과거에 '대중문화의 특징'으로 여겨졌던 것들을 약화하는 요인과 강화하는 요인이 뒤섞여 있다. 또한 각 요인들이 상호작용하는 과정에서 특정 요인의 작용 방식이 달라질 수 있음을 확인할 수 있다. 예를 들면 소득분배나 인구구성 변화는 대중문화가 다원화되는 흐름을 막을 가능성이 큰 반면 매체기술의 발달과 수용자의 취향 분화는 대중문화를 더욱 다양하게 만들 수 있는 동인이 될 수 있다.

이렇게 복합적인 상황은 결국 바람직한 문화를 형성하는 데 있어 수용자의 역할이 얼마나 중요한지를 보여준다. 바람직한 문화란 무엇인지를 두고 여러 해석이 가능하겠지만, 전통적 비판 관점에서 보자면 '현실을 성찰하고 삶의 의미를 찾는 데 기여하는 문화'를 이상적인 형태로 정의하곤 한다. 오늘날 정보통신기술의 급진적인 발전은 이러한 문화가 형성될 수 있는 다양한 기회를 열어 주고 있다. 그러나 대중문화의 수용자도 다양한 제약 요인에 노출된 존재이기 때문에 단순히 '수용자 역할이 중요하다'는 주장만으로는 현실적인 변화를 기대하기 어려울 수도 있다. 예컨대 장시간 노동에 시달려 정신적·육체적 여유가 부족한 사람들이 각양각색의 대중문화 상품을 적극적·능동적으로 선택하기란 쉽지 않기 때문이다. 그럼에도 불구하고 수용자는 여전히 자율적 선택을 할 수 있는 주체이고 대중문화가 갖는 사회적 파급력을 감안할 때 이들의 선택은 단순히 문화시장을 넘어서 사회 변화에도 영향을 미칠 수 있다.

어떤 경우든 역사를 만들어 가는 것은 언제나 사람이다. 과거에는 구조적 제약이 개인의 행위 영역을 크게 좁혀 놓았다면, 정보통신기술의 발달로 인해 지금은 더 의식적이고 적극적인 수용자가 다양한 활동을 펼칠 가능성이 크게 열려 있다. 그렇다면 자신이 원하는 대중문화와 바람직하다고 여기는 사회를 얼마나 주체적으로 만들어 갈 것인가 하는 문제는 전적으로 수용자의 몫이라 할 수 있을 것이다.

제4부

대중문화와 주요이슈

대중문화는 단순한 오락이나 소비의 대상이 아니다. 그것은 사회적 가치, 규범, 권력 관계를 반영하고 때로는 변화시키는 중요한 요소다. 오늘날 우리는 디지털 미디어 환경 속에서 대중문화를 접하며 그 안에서 다양한 사회적 이슈와 마주한다. 미디어 속 젠더 표현, 허위정보의 확산, 미디어 정보 리터러시, 그리고 저작권 문제는 단순한 개별 현상이 아니라 현대 대중문화의 흐름을 이해하는 데 필수적인 요소다.

이 장에서는 대중문화와 관련된 주요 이슈들을 다루며 각각의 문제들이 현대 사회에 미치는 영향을 분석하고자 한다. 먼저 미디어 속 젠더 이야기에서는 대중문화 속에서 젠더가 어떻게 표현되고 재현되는지를 살펴본다. 미디어가 성별 고정관념을 강화하기도 하고, 때로는 이를 변화시키는 도구로 작용하는 과정에서 젠더 표현이 대중에게 미치는 영향을 분석한다. 다음으로 허위정보 확산과 그 영향에서는 디지털 시대에 가짜 뉴스와 허위정보가 빠르게 퍼지는 문제를 조명한다. 허위정보가 사회적 혼란을 초래하고 정치, 경제, 개인의 인식에까지 영향을 미치는 현상을 탐구하며 이러한 정보가 확산되는 메커니즘과 해결 방안을 고민해 본다. 이어지는 미디어 정보 리터러시에서는 현대사회에서 필수적으로 요구되는 정보 해석 능력에 대해 다룬다. 넘쳐나는 정보 속에서 비판적으로 사고하고 신뢰할 수 있는 정보를 선별하는 능력은 개인과 사회의 건강한 미디어 환경을 위해 필수적이다. 마지막으로 미디어 저작권에서는 디지털 시대에 더욱 중요해진 저작권 문제를 살펴본다. 온라인 플랫폼을 통한 콘텐츠 창작과 공유가 활발해지면서 저작권 보호와 창작자의 권리가 어떻게 균형을 이루어야 하는지 고민하는 것이 중요해지고 있다.

오늘날 대중문화는 기술과 사회적 이슈가 복합적으로 얽혀 있는 공간이다. 이 장을 통해 우리는 대중문화를 단순한 소비의 대상으로 보는 것을 넘어, 그 안에 숨겨진 구조와 변화의 흐름을 읽어낼 수 있을 것이다.

제10장

미디어 속 젠더이야기

젠더는 사회적·문화적 맥락 속에서 형성되며 미디어는 이러한 젠더의 의미를 구축하고 재생산하는 강력한 도구로 작용한다. 우리는 광고, 영화, 애니메이션과 같은 대중문화 콘텐츠를 소비하면서 특정한 젠더 이미지와 역할을 학습하고 내면화한다. 그러나 미디어 속 젠더 재현은 단순한 반영이 아니라, 특정한 시각과 가치관이 반영된 결과물이다. 그렇다면 대중문화 속에서 젠더는 어떻게 표현되고 있으며 이러한 표현 방식이 사회적 통념과 개인의 인식에 어떤 영향을 미치는가?

이 장에서는 미디어 속 젠더 재현을 세 가지 주요 영역에서 살펴본다. 먼저 광고 속 섹슈얼리티 이야기에서는 광고가 섹슈얼리티를 어떻게 소비자에게 각인시키는지 분석한다. 광고는 종종 성별 고정관념을 강화하고 특정한 몸의 이미지나 성 역할을 이상적인 것으로 제시하며 이를 통해 소비를 유도한다. 다음으로 디즈니 애니메이션 속 젠더 이야기에서는 어린 시절부터 친숙하게 접하는 애니메이션이 젠더에 대한 인식을 어떻게 형성하는지 살펴본다. 디즈니 애니메이션은 오랫동안 성별 고정관념을 반영해 왔으며 시대의 변화에 따라 여성과 남성 캐릭터의 역할이 어떻게 달라졌는지 분석할 것이다. 마지막으로 한국 영화 속 젠더 이야기에서는 한국 사회의 문화적 배경 속에서 영화가 젠더를 어떻게 표현하고 있는지 탐구한다. 과거 한국 영화에서부터 2010년대 작품들까지 여성과 남성 캐릭터의 역할 변화, 젠더 불평등을 재생산하는 구조, 그리고 이를 비판적으로 바라보는 영화적 시각을 살펴본다. 미디어 속 젠더 재현은 단순한 창작물의 요소가 아니라, 우리 사회의 가치관을 반영하고 때로는 변화시키는 힘을 가진다. 이 장을 통해 미디어가 젠더를 어떻게 형성하고 재구성하는지를 깊이 있게 이해하며 이를 비판적으로 바라보는 시각을 기를 수 있을 것이다.

1. 광고 속 섹슈얼리티이야기

1) 배경

광고는 기업이나 제품의 이미지를 높이고 제품 판매에 기여하는 것이 기본 임무이지만 다른 한편으로는 소비자의 가치관 형성 및 새로운 문화를 창조하는 역할을 하기도 한다. 광고는 단순히 제품을 알리는 도구로 머물지 않고 대중의 감각과 욕망을 자극하며 사회적, 문화적 변화를 유도하는 매체로 자리 잡았다. 그러나 광고가 미치는 긍정적 영향과는 별개로 부정적인 측면도 존재한다. 대표적으로 여성의 성 상품화(sexual objectification)가 그러한 사례 중 하나다. 여성의 권위와 평등에 대한 인식이 높아지고 있음에도 불구하고, 여전히 광고에서 여성을 성적으로 대상화하거나 성차별적인 고정관념을 고착화한다는 비판이 지속적으로 제기되고 있다.

광고에서 여성을 성 상품화한 것은 오래된 관행으로, 최근 들어 더 광범위하고 다양한 방식으로 이루어지고 있다. 이는 여성에 대한 사회적 편견과 고정관념에서 기인하기도 하지만 또 다른 이유로는 이러한 광고가 소비자의 관심을 끌고 제품에 대한 흥미를 자극하며 구매를 촉진한다고 믿는 심리적 요인이 있다. 즉, 광고 제작자는 소비자의 본능적 반응을 유도하기 위해 성적 이미지를 활용하며 이러한 전략은 시장에서 여전히 효과적인 도구로 간주되고 있다. 비록 사회적 비판이 끊이지 않지만 섹슈얼리티를 활용한 광고는 광고 제작자들에게 매력적인 선택지로 남아 있다. 광고 전략 중 '3B'를 언급하는 말이 있는데 이는 아기(Baby), 미녀(Beauty), 귀여운 동물(Beast)을 활용한 광고 요소를 의미한다. 이 3B는 친숙함과 주목도를 높이기 위한 도구로, 광고 제작자들에게 여전히 중요한 기법으로 간주된다. 그중 미녀(Beauty)는 특히 섹슈얼리티와 밀접하게 연결되며 광고에서의 성 역할이 소비자 심리에 어떠한 영향을 미치는지를 극단적으로 보여준다. 여기서 미녀란 단순히 아름다운 여성을 넘어 매력적인 외모를 가진 남성까지 포함하는 개념으로 확장된다. 이러한 광고는 사람의 내면적 가치를 다루기보다는 외적인 아름다움과 섹슈얼리티를 반영하며 이는 곧 그 사회의 욕망과 시대상을 투영한다. 섹슈얼리티는 단순히 여성과 남성 간의 이분법적 구도에 머물지 않는다. 이는 성적 정체성, 성 담론, 그리고 성의 정치적 의미를 아우르며 사회적 관계 속에서 변화하고 재구성되는 복합적인 개념이다. 사회적 욕망과 가치관이 변하면 섹슈얼리티의 이상형과 표현 방식도 자연스럽게 변화한다. 이런 변화 양상을 가장 빠르게 포착할 수 있는 방법 중 하나는 대중문화와 미디어를 관찰하는 것이다. 영상 미디어와 인터넷을 통해 재현된 섹슈얼리티는 사회적 영향을 미칠 뿐만 아니라, 사회적 변화를 다시 미디어가 반영하며 끊임없이 상호작용한다.

광고는 이러한 사회적 변화를 축소판으로 담아내는 동시에 유행을 선도하고 대중의 인식을 형성하는 데 중요한 역할을 한다. 그러나 많은 광고가 상품과 무관한 여성의 아름다운 외모, 몸매, 선정적인 이미지를 강조하며 여성의 육체를 상품화하거나 왜곡된 성 고정관념을 심화시키는 경우가 많다. 이러한 광고는 단순히 한 시대의 욕망을 반영하는 데 그치지 않고 대중의 사고방식과 행동 양식에 장기적인 영향을 미칠 수 있다. 성적 표현 광고가 소비자의 지각과 행동에 미치는 영향에 대한 심도 있는 실증적 연구와 비판적 논의는 여전히 부족한 실정이다. 광고를 통해 어떤 메시지가 전달되며 이러한 메시지가 우리 사회와 문화를 어떻게 형성하고 변화시키는지를 이해하는 것은 앞으로 더 중요한 연구 과제가 될 것이다.

2) 섹슈얼리티의 의미

20세기 후반에 들어서면서 성에 대한 논의가 활발해졌고, 광고에서는 성적 표현이 더욱 노골적으로 등장하기 시작했다. 이는 성이 인간의 본능적 관심사이며, 광고가 이를 활용해 소비를 유도하려 하기 때문이다.

성에 대한 관심은 학문적 영역에서도 커졌다. 페미니즘, 정신분석학, 포스트모더니즘 등의 영향으로 성은 단순한 생물학적 개념이 아니라 사회적, 문화적 의미를 가진 복합적인 개념으로 이해되고 있다. 성은 크게 생물학적 성(sex), 사회적 성(gender), 그리고 성적 욕망과 정체성을 포함한 섹슈얼리티(sexuality)로 나눌 수 있다. 생물학적

성은 남녀의 신체적 차이를 뜻하고, 젠더는 사회가 기대하는 성 역할을 의미한다. 섹슈얼리티는 성적 욕망, 관계 방식, 정체성을 포함하는 보다 포괄적인 개념이다. 이는 단순히 사적인 차원을 넘어 정치적이고 사회적인 맥락에서 이해되어야 한다. 특히 푸코는 섹슈얼리티가 권력과 깊은 관련이 있으며, 사회 구조 속에서 형성된다고 보았다. 우리가 정상이라 여기는 성 개념도 사실은 남성 중심의 권력 시각에서 비롯된 것일 수 있다. 따라서 성에 대한 논의는 지배적인 시각뿐 아니라, 억압받는 소수자의 관점에서도 살펴봐야 한다.

광고나 미디어 속에서 성이 어떻게 표현되는지도 중요한 분석 대상이다. 이는 단순한 표현을 넘어, 사회가 섹슈얼리티를 어떻게 인식하고 재현하는지를 보여준다. 섹슈얼리티는 이제 사적인 것이 아닌, 사회적 권리를 주장하는 공적 주제로 자리 잡고 있다.

3) 섹슈얼리티 광고의 정의

섹슈얼리티 광고는 연구자들에 따라 다양한 방식으로 구분되지만 일반적으로 신체 노출 광고(nudity)와 성적 암시 광고(suggestiveness)로 나눌 수 있다. 신체 노출 광고는 신체 노출의 정도에 따라 세부적으로 분류되며 성적 암시 광고는 은유나 상징, 유추 등을 통해 성적인 메시지를 전달하는 광고를 의미한다. 최근 여러 매체에서 섹슈얼리티를 상품화한 현상이 더욱 빈번해졌음을 쉽게 확인할 수 있다. 특히 광고에서 모델들의 성적 노출과 행위를 강조하는 장면은 이제 흔한 마케팅 전략 중 하나로 자리 잡았다.

예를 들어 음료수 광고에서도 관능적인 몸매의 여성 모델이 각선미를 드러내며 음료를 마시는 장면이 자주 등장한다. 이로 인해 광고의 목적이 음료를 홍보하려는 것인지 여성 모델의 날씬한 몸매를 부각하려는 것인지 헷갈릴 정도다. 이는 광고 제작자들이 제품의 특징보다 소비자의 시선을 끌기 위한 시각적 자극에 초점을 맞추는 경향이 강하다는 것을 보여준다.

이와 같은 섹슈얼리티 광고는 소비자의 관심을 끌기 위한 효과적인 도구로 사용되고 있지만, 동시에 여성의 신체를 상품화하거나 특정 고정관념을 강화하는 부정적인 영향도 초래할 수 있다. 광고 속에서 섹슈얼리티를 활용하는 방식은 제품과의 연관성을 뛰어넘어, 사회적 인식을 형성하거나 변화시키는 데까지 영향을 미치고 있다.

(1) 섹슈얼리티 광고의 사용이유

산업혁명 이후 자본주의 사회에서는 거의 모든 것이 상품화되었으며 이 과정에서 성이나 사람까지도 상업적 목적으로 활용되기 시작했다. 현대의 자본주의 사회는 급격히 변화하며 이러한 변화에 유연하게 대응하는 것이 생존경쟁에서 살아남기 위한 필수 과제로 자리 잡았다. 대중매체 역시 이러한 변화의 흐름에서 예외가 될 수 없으며 이를 기반으로 하는 각종 산업들도 변화하는 현실에 맞닥뜨리게 되었다. 광고 산업은 매체의 특성을 활용하여 소비자의 기억에 오래 남는 강렬한 메시지를 전달하고 상품 판매를 촉진하기 위한 새로운 방법들을 끊임없이 모색해 왔다. 광고는 특히 충격적이고 강렬한 이미지를 통해 소비자의 무의식에 영향을 끼치는 장기적인 효과를 기대하며 발전해 왔다. 이윤을 극대화하기 위해 기억에 남을 만한 콘텐츠를 만들고 이를 통해 구매 욕구를 자극하려는 과정에서 인간의 본능 중 하나인 성적 욕망이 자주 이용되고 있다. 사람의 성적 본능은 기본적이고 강렬한 본능으로 이를 자극하면 상품에 대한 흥미를 쉽게 끌 수 있다는 점이 광고 제작자들에게 매력적인 전략으로 작용한다. 특히 섹슈얼리티 광고의 성행에는 여성을 남성의 성적 욕망 대상으로 바라보는 남성중심적 사고방식이 크게 영향을 미쳤다. 이러한 사고방식은 광고에서 여성을 상품화하거나 대상화하는 방식으로 나타났으며 이는 단순히 시각적 즐거움을 제공하는 차원을 넘어 사회적 고정관념을 강화하는 결과를 초래하기도 했다. 섹슈얼리티를 내세운 광고는 시청자들의 주의를 끌고 기억에 남을 확률이 높아 상품과 브랜드의 가시성을 극대화하는 효과적인 방법으로 여겨졌다. 게다가 섹슈얼리티는 인간의 삶과 행동을 이해하는 데 중요한 요소로 여겨져 왔다. 프로이트는 모든 인간 행동의 근저에 성적 동기가 깔려 있다고 주장했으며 광고 제작자들은 이를 커뮤니케이션 전략에 적극적으로 활용하려는 경향을 보여왔다. 성적인 이미지는 광고 속에서 소비자와의 정서적 연결 고리를 만들어내는 도구로 기능하며 이를 통해 상품이 단순한 물리적 소비 대상이 아니라 개인적 욕망을 충족시키는 상징으로 자리 잡도록 유도한다.

결국 섹슈얼리티 광고는 단순히 상품 판매를 넘어 소비자의 감정과 욕망을 자극하여 강력한 심리적 영향을 미치는 매개체로 작용하고 있다. 이러한 광고 전략은 효과적인 면이 많지만 동시에 성 고정관념을 심화하거나 특정 집단을 소외시키는 부작용을 초래할 수 있다는 점에서 비판적으로 논의될 필요가 있다.

(2) 섹슈얼리티 광고의 사례 및 비평

소비자의 시선을 효과적으로 사로잡기 위해 광고계는 종종 성을 주요 소재로 삼는다. 섹슈얼리티를 활용해 대중의 관심을 끄는 광고는 주목받는 동시에 논란의 대상이 되기도 한다. 이러한 현상을 보면 섹슈얼리티와 관련된 문제는 포스트모더니즘의 특징과 맥락에서 논의될 수 있음을 알 수 있다. 포스트모더니즘은 기존의 전통적 규범과 경계를 허물고 새로운 표현 방식을 모색하는 흐름으로 섹슈얼리티 광고가 대중문화와 상업적 목적으로 결합된 현상 역시 이러한 맥락에서 이해될 수 있다. 섹슈얼리티는 단순히 외설적인 요소로 치부될 수 있는 대상이 아니라, 그 자체로 타자의 정체성을 논의할 수 있는 중요한 주제로 자리 잡았다.

이와 같은 배경에서 섹시 마케팅 전략을 활용하는 기업들은 점점 더 대중의 이목을 끌기 위해 강도 높은 표현을 사용하는 경향이 있다. 소비자들의 주목을 얻기 위해 자극적인 메시지가 요구되는 현대 광고 환경에서 섹슈얼리티는 강렬한 시각적 충격과 정서적 연결을 제공하는 효과적인 도구로 자리 잡았다. 하지만 이러한 전략은 종종 성적 대상화와 윤리적 논란을 야기하며 대중의 다양한 반응을 이끌어낸다. 이러한 현상을 단순히 자극적인 마케팅으로만 볼 것이 아니라 그 배경에 깔린 사회적 구조와 문화적 맥락을 깊이 이해해야 한다. 섹슈얼리티 광고는 현대 사회의 욕망, 권력,

그리고 가치관을 반영하는 거울과도 같다. 따라서 이러한 광고가 어떻게 만들어지고 소비되는지 분석하는 것은 대중의 정체성과 사회적 규범이 어떻게 변화하고 있는지를 이해하는 데 중요한 단서를 제공할 것이다.

① 패션보다 더 관심받는 패션 광고

에로티시즘은 섹슈얼리티를 인간의 심리와 감정의 문제로 다룬다는 점에서, 내적 차원의 섹슈얼리티라고 볼 수 있다. 따라서 에로티시즘에 대한 이해는 인간 본성에 대한 기본적 이해와 맞닿아 있으며 이는 문학에서도 영원한 테마로 자리 잡아왔다. '에로스(eros)'라는 그리스어는 '원하다', '부족하다', '염원하다', '없는 것을 욕망하다', '사랑을 요구하다'라는 의미를 담고 있다. 흔히 에로스는 그리스-로마 신화에서 사랑의 신 큐피드로 연상되는데, 큐피드는 신과 인간 모두에게 사랑의 화살을 쏘아 사랑을 일으키는 장난스러운 존재로 묘사된다. 그러나 고대 그리스에서 에로스는 단순히 장난스러운 이미지가 아니라 육체적 결합과 생식을 상징하는 깊은 의미를 지녔다. 에로스는 헤시오도스의 테오고니아(신통기)에서 기원을 찾을 수 있으며 이는 플라톤의 향연에 이르러 철학적 개념으로 확장되었다. 플라톤은 에로스를 사랑의 힘으로 보고, 이를 아름다움과 진리로 향하는 인간의 고귀한 열망으로 정의했다. 그러나 이후 기독교 문명이 등장하면서 금욕과 순결을 강조하며 에로스는 육체적 욕망과 관련된 부정적인 개념으로 간주 되었다. 이는 성적 욕망을 금기시하는 문화적 흐름 속에서 저주와 배척의 대상이 되기도 했다. 이러한 흐름은 20세기 프로이트에 의해 새로운 차원으로 변형되었다. 프로이트는 성적 에너지를 생의 본질적인 충동으로 간주하며 이를 리비도(libido)로 정의했고 고대의 에로스를 생명력과 성적 욕망의 원천으로 동일시했다. 그러나 프로이트의 에로스는 생식과 욕망을 중심으로 한 형이상학적 개념에 가깝다. 반면 에로티시즘은 육체적 탐닉과 성적 욕망을 통한 쾌락 추구에 초점이 맞춰져 있다. 에로티시즘은 성적 표현이 아무리 개방적이라 해도 은밀하게 이루어진다는 점에서 그 안에 심리적·사회적·문화적 금기를 내포하고 있다. 흥미롭게도, 이러한 금기는 위반하려는 욕망을 필연적으로 동반한다. 금기를 넘어서는 행위가 도착적이거나 변태적일수록 그것은 더욱 에로틱한 성격을 띠게 된다. 이로 인해 에로티시즘은 단순히 형이상학적 에로스의 연장이 아니라 금기의 경계를 넘나들며 새롭게 정의되는 독자적인 영역을 형성한다. 에로티시즘은 단순히 성적 욕망을 표현하는 데 그치지 않고 인간의 심리와 사회적 억압이 교차하는 지점을 드러낸다. 금기와 위반의 역학 속에서 에로티시즘은 그 자체로 욕망의 모순과 한계를 탐구하는 과정이 된다. 이는 섹슈얼리티가 단순한 본능적 욕구를 넘어 인간의 정체성과 관계의 본질을 탐구하는 심리적·철학적 주제임을 보여준다.

에로티시즘을 활용한 광고는 소비자의 본능적 욕망을 자극하여 브랜드와 제품에 대한 강렬한 인상을 남기는 전략으로 다양한 브랜드에서 찾아볼 수 있다. 예를 들어 톰 포드(Tom Ford)는 에로티시즘을 적극적으로 활용한 광고로 유명하다. 한 광고에서는 여성 모델의 나체 몸에 향수병이 배치되어 향수를 마치 몸의 연장선처럼 보이게 연출되었다. 이 광고는 향수의 고급스러움과 매혹적인 이미지를 극대화하면서도 강렬하고 대담한 비주얼로 소비자들에게 충격을 주었다. 이는 단순히 향수를 광고하는 것을 넘어 그것을 통해 섹시하고 매력적인 라이프스타일을 제안하는 방식을 보여준다. 또 다른 사례로는 캘빈 클라인(Calvin Klein)의 언더웨어 광고를 들 수 있다. 캘빈 클라인은 매끈하고 조각 같은 남성 모델의 몸을 클로즈업으로 보여주며 언더웨어를 강조하는 방식으로 대중의 시선을 끌었다. 이 광고는 단순히 제품의 기능성을 강조하는 것이 아니라, 소비자들에게 "이 언더웨어를 입으면 나도 이처럼 자신감 있고 매력적으로 보일 수 있다"는 메시지를 전달한다. 특히 남성성과 여성성을 동시에 표현하며 젠더를 초월한 섹슈얼리티의 이미지를 심어주는 것이 특징이다. 또한 리바이스에서 내놓은 여성들의 진인 '미스 리바이스'는 여성의 뒷모습 누드에 청바지 마크를 새기면서 시선을 끌었다. 여성의 신체를 활용한 광고다. 여성 모델의 완벽한 S라인 곡선을 따라서 시선이 아래로 내려가다 보면 리바이스 마크가 새겨진 청바지 뒷주머니가 보인다. 여성 라인 청바지의 특성을 잘 살린 광고다. 마치 저 청바지를 입으면 '나도 모델처럼 섹시하고 도발적으로 보일 수 있겠구나'는 생각을 심어준다. 이러한 광고들은 모두 에로티시즘을 통해 강렬한 시각적 인상을 남기며 제품을 단순한 소비재가 아니라 매력적이고 독특한 라이프스타일을 상징하는 매개체로 변모시켰다. 그러나 이러한 전략은 종종 선정성 논란을 불러일으키기도 하며 에로티시즘 광고가 어디까지 허용될 수 있는지에 대한 논의가 계속되고 있다.

이처럼 패션 광고는 단순히 패션을 넘어 그 이상의 관심과 화제를 불러일으키고 있다. 그 이유 중 하나는 섹슈얼리티를 적극적으로 활용하는 광고 전략에 있다. 특히 치열한 경쟁 속에서 비슷한 제품들이 넘쳐나는 상황에서 각 브랜드는 자신들만의 독창적인 이미지를 만들어내야 하는 도전에 직면해 있다. 이런 맥락에서 섹슈얼리티는 소비자의 시선을 사로잡고 기억에 남을 수 있는 효과적인 수단으로 사용된다. 하지만 이러한 광고 전략은 단순히 선정적이라는 비판만을 받을 것이 아니라 제품과 브랜드가 소비자에게 어떤 가치를 전달하고자 하는지에 대한 심도 있는 논의로 이어져야 한다. 패션 광고는 더 이상 단순한 제품 홍보가 아니라, 현대인의 욕망과 정체성을 반영하는 문화적 콘텐츠로 자리 잡고 있다.

② 몸을 이용한 광고들

에로티시즘을 통해 섹슈얼리티를 표현한 광고는 그 수를 헤아릴 수 없을 정도로 많다. 그중 대표적인 사례로 1999년 칸 광고제에서 인쇄 부문 대상을 수상한 플레이스테이션 게임기 광고를 들 수 있다. 이 광고의 독특한 점은 제품에 대한 설명이 전혀 없다는 것이다. 그러나 자세히 살펴보면, 두 남녀 모델의 옷 위로 도드라진 젖꼭지가 눈에 띈다. 더욱 흥미로운 점은 이 젖꼭지의 모양이 일반적이지 않으며 이를 보는 사람으로 하여금 한 번쯤 눌러보고 싶다는 충동을 자극한다는 것이다. 이는 사람의 성적 본능을 간접적으로 자극하며 동시에 광고의 메시지를 자연스럽게 전달한다. 젖꼭지 모양과 게임기 버튼을 연결해 "버튼을 눌러라"는 메시지를 전달하며 소비자에게 제품과의 감각적 연결을 심어주는 기발한 전략을 사용한 것이다.

광고는 때로 단순한 설명 대신 상징적인 이미지를 통해 강렬한 메시지를 전달한다. 이러한 방식은 광고를 단순히 정보 제공 수단이 아니라 감각적이고 본능적인 경험으로 변모시킨다. 특히 이 광고는 놀이와 본능을 자연스럽게 결합하여 제품 사용에 대한 호기심과 흥미를 유발했다. 시선을 끌고 나면 제품과 연결된 의미를 자연스럽게 인지하게 되는 구조는 광고효과를 극대화한다. 또 다른 사례로 독일 베를린의 한 과일·채소 상점 광고를 들 수 있다. 이 광고는 남성의 생식기와 여성의 가슴을 과일과 야채에 비유하며 강렬한 인상을 남겼다. 광고에서 남성의 커다란 생식기 모양은 바나나로, 여성의 풍만한 가슴은 멜론으로 표현되었으며 각각의 이미지에 가격이 적혀 있다. 이 광고는 과일과 채소의 형태를 인간 신체의 민감한 성감대와 연관시키며 시청자의 시선을 즉각적으로 사로잡는 데 성공했다. 레이아웃 역시 전략적으로 설계되었다. 모델의 얼굴은 절반 이상 잘려 보이지 않게 만들어 보는 사람의 시선을 신체 특정 부위로 집중시켰다. 이러한 방식은 사람들에게 과일과 야채의 신선함과 건강함을 강조하면서도 독특하고 도발적인 이미지를 통해 광고의 기억성을 높였다. 인간의 가장 본능적인 관심사를 상품에 연결한 이 광고는 단순한 과일·채소 홍보를 넘어 대담하고 창의적인 표현 방식을 보여주는 사례로 평가받는다.

이와 같은 광고는 감각적 자극과 호기심을 통해 소비자의 기억 속에 남는 강렬한 인상을 남기려는 목적을 갖는다. 다만 선정성과 예술적 표현 사이의 경계를 어떻게 설정하느냐에 따라, 이러한 광고가 과도한 비판을 받을 수도 있다는 점은 광고 제작자들에게 늘 고민거리가 된다.

③ 사물을 이용힌 성적 광고

본래 성 문화는 인간의 성 본능이 사회 제도를 통해 규제되고 사회적 관계와 규범에 의해 특정 지어지며 사회 구성원의 사회화 과정을 통해 학습되는 것이다. 하지만 이러한 사회적 규제를 위반하거나 도전하는 성격을 지닌 광고들도 존재한다. 대표적인 사례로 콘돔 브랜드 듀렉스의 과일 향 콘돔 '셀렉트' 광고를 들 수 있다. 이 광고는 바나나, 귤, 딸기 등 흔히 볼 수 있는 과일을 남성의 성기로 은유적으로 표현하여 제품의 특징을 강조했다. 과일의 다양성을 통해 콘돔의 모양과 향기가 다채롭다는 점을 전달하려는 시도였다. 광고의 과일 이미지는 익숙한 소재를 활용했기 때문에 시각적 거부감을 줄였으나 광고 속 여성 모델의 손짓과 구체적인 표현은 다소 민망한

느낌을 줄 수도 있다. 듀렉스는 나아가 인종마다 다른 남성의 신체적 특징에 맞춰 다양한 종류의 콘돔을 제공한다는 메시지를 담아 제품의 차별성을 한층 강조했다. 그러나 이러한 직설적인 표현은 우리나라처럼 보수적인 성문화를 가진 사회에서는 다소 충격적으로 받아들여질 수 있다. 국내에서는 아직 콘돔 광고가 흔치 않고 그 표현 또한 제한적이기 때문에 이러한 해외 광고는 새로운 관점을 제공한다. 하지만 제품의 용도와 특성이 이미 널리 알려져 있다면 간결하면서도 강렬한 이미지가 더 효과적으로 메시지를 전달할 수도 있다.

이렇듯 일상에서 접하는 사소한 이미지 속에서도 섹슈얼리티는 곳곳에 내재되어 있다. 아무것도 아닌 것처럼 보이는 광고가 알고 보면 성적 암시를 통해 시청자의 감각을 자극하는 경우 이는 섹슈얼리티 광고의 독특한 힘이라고 할 수 있다. 이러한 광고는 인간의 내재된 욕망을 은유적으로 풀어내며 소비자의 시선을 끌고 기억 속에 남는 강렬한 인상을 남긴다. 섹슈얼리티의 표현은 단순한 광고 기법을 넘어 인간 역사의 중요한 부분과도 연결된다. 어쩌면 인간의 역사는 섹슈얼리티의 역사라고 말할 수 있을지도 모른다. 섹슈얼리티에 대한 인식과 논의는 시대에 따라 변화해 왔으며 그 변화는 해당 시대의 지배적 가치관과 권력 구조를 반영한다.

4) 섹슈얼리티 광고의 장단점

섹슈얼리티 광고는 독특한 매력을 통해 소비자들의 이목을 사로잡는 효과적인 마케팅 도구로 자리 잡고 있다. 이러한 광고의 큰 장점 중 하나는 빠르게 변화하는 현대 사회에서 소비자들의 새로운 경험과 욕구를 충족시키는 제품을 효과적으로 홍보할 수 있다는 점이다. 섹슈얼리티 광고는 소비자들의 호기심을 자극하고 높은 주목도를 이끌어내는 데 강점이 있으며 이는 단순한 시청을 넘어 제품에 대한 강렬한 기억으로 이어질 가능성이 크다. 특히 섹슈얼리티 광고는 단순한 성적 이미지가 아닌 예술적이고 시적인 영상으로 승화되었을 때, 청바지, 언더웨어, 화장품과 같은 제품에서 인간미와 아름다움을 이끌어내는 긍정적인 평가를 받을 수 있다. 하지만 이러한 광고 방식에는 단점도 존재한다. 성적 요소를 과도하게 강조할 경우 소비자들에게 불쾌감을 주거나 부정적인 반응을 유발할 위험이 있다. 또한 노골적인 섹슈얼리티 표현은 광고의 본질적인 메시지나 제품의 특징보다 성적 이미지에만 소비자의 관심을 집중시키는 결과를 초래할 수 있다. 이는 제품에 대한 기억을 희미하게 만들고, 광고의 효과를 저하시키는 요인이 될 수 있다. 더 나아가 섹슈얼리티 광고는 소비주의를 지나치게 부추기거나 전통적인 윤리와 사회적 규범을 약화시킬 위험이 있다. 특히 선정적이고 직접적인 표현은 성에 대해 가장 민감한 청소년들에게 부정적인 영향을 미칠 가능성이 있으며 대중문화를 지나치게 자극적인 방향으로 이끌 수 있다. 광고가 단순히 상품의 판매를 넘어 사회적 메시지를 전달하는 매개체라는 점을 고려할 때, 이러한 부작용은 심각한 논의의 대상이 되어야 한다.

섹슈얼리티 광고가 주는 강렬한 이미지와 호소력은 그 자체로 강력한 마케팅 도구가 될 수 있다. 그러나 광고 제작자들은 표현의 경계를 잘 설정하여 소비자의 관심을 성적 이미지가 아닌 제품의 본질적 가치로 돌릴 수 있는 전략을 고민해야 한다. 결국 섹슈얼리티 광고가 사회적 가치와 문화적 영향을 함께 고려하는 균형 잡힌 형태로 발전하는 것이 중요하다.

(1) 섹슈얼리티 광고가 성(性) 문화에 미치는 영향

현대사회에서 섹슈얼리티 광고는 우리의 성문화에 다양한 영향을 미치고 있다. 오래전부터 섹슈얼리티를 활용한 광고는 논란의 중심에 있었으며 오늘날에도 여전히 중요한 사회적 문제로 논의되고 있다. 현대사회는 개인의 자기표현과 개방성을 강조하는 분위기를 가지고 있지만, 대중매체를 통해 남녀노소 누구나 접할 수 있는 섹슈얼리티 광고가 거리낌 없이 방영되는 것은 사회적 논란을 불러일으킬 소지가 있다.

대중매체는 섹슈얼리티를 마케팅 전략으로 삼아 이를 자연스럽게 받아들이는 사회적 심리를 형성하는 데 영향을 미쳤으며 이러한 광고가 반복적으로 제작되면서 성 상품화가 더욱 강화되는 악순환이 지속되고 있다. 요즘 광고들을 살펴보면, 성적 심리를 교묘하게 자극하는 문구나 이미지를 활용하여 소비자의 관심을 끌려는 전략이 빈번히 사용되고 있음을 알 수 있다.

이러한 광고는 단순히 상품을 홍보하는 차원을 넘어 성 상품화를 당연하게 여기는 문화를 조장할 위험이 있다. 섹슈얼리티 광고가 성 문화에 미치는 영향은 긍정적일 수도 있지만, 동시에 대중의 성에 대한 인식을 왜곡하거나 지나치게 상업적인 방식으로 변질시킬 가능성이 크다. 이러한 상황에서 섹슈얼리티와 관련된 광고가 우리의 성 문화에 어떤 영향을 미치고 있는지 또 이를 개선하기 위해 어떤 접근이 필요한지에 대한 심도 있는 논의가 필요하다.

① 여성 이미지의 저하 또는 왜곡

광고는 사회의 다양한 면모를 반영하면서도 동시에 특정한 메시지를 강화하는 매체로 작용한다. 그러나 광고 속 여성 이미지는 종종 남성과 비교해 왜소하거나 종속적인 모습으로 재현되곤 한다. 실제로 남성이 신체적으로 더 크고 강한 경우가 많지만 광고에서는 이 차이가 과장되거나 너무 당연한 것처럼 묘사된다. 특히 남성보다 더 크고 강한 여성은 광고에서 거의 등장하지 않으며 등장하더라도 대부분 코믹한 설정으로 현실성이 약화된다. 이러한 표현은 여성의 사회적 역할과 이미지를 제한하는 데 영향을 미친다.

광고 속에서 남녀 모델의 손동작만 살펴보아도 차이는 분명히 드러난다. 남성의 손은 주로 무언가를 쥐거나 사용하며 이는 사회적으로 의미 있는 행동을 상징한다. 반면 여성의 손은 자신의 몸을 만지거나 쓰다듬는 경우가 많아 목적 없는 감정적인 동작으로 표현된다. 이는 여성을 사회적 기능보다는 감정적 존재로 제한하는 이미지로 연결된다. 심지어 남녀가 동일한 사회적 역할을 수행하는 설정에서도 광고 속 남성은 주도적이고 기획적인 모습으로 묘사되는 반면 여성은 보조적이고 종속적인 역할로 그려지는 경우가 많다. 더욱이 광고 속 여성은 종종 어린아이와 함께 등장하거나 어린아이처럼 순진무구한 모습으로 표현된다. 이는 여성이 보호받아야 하는 객체임을 암시하며 과거부터 이어져 온 고정관념을 강화한다. 어린아이의 속성을 여성에게 전

이하여 여성이 자연과 가까운 존재로 묘사되며 누군가의 보호와 가공 없이는 존재감을 갖지 못하는 것으로 그려진다. 이는 여성이 홀로 설 수 없는 존재라는 이미지를 광고를 통해 끊임없이 재생산하는 방식이다. 또한 광고 속 여성의 눈은 무언가를 주의 깊게 관찰하거나 생각하는 모습으로 묘사되지 않는 경우가 많다. 대신 자신이 보여지고 있음을 의식하거나, 초점 없는 꿈꾸는 듯한 표정을 짓는 경우가 많다. 이는 여성을 능동적인 주체보다는 백치미나 환영에 사로잡힌 수동적인 존재로 표현하며 사회적 위치를 왜곡하는 데 기여한다. 여기에 더해 여성의 몸은 늘 구부러지거나 기대어 있는 모습으로 묘사되며 홀로 자립하지 못하는 듯한 인상을 준다.

그러나 최근 들어 광고 속 여성 이미지에는 변화의 조짐도 나타나고 있다. 화장품 광고, 분유 광고, 의류 광고 등에서 전문직 여성이나 당당한 모습의 여성이 등장하면서, 전통적인 여성상의 틀에서 벗어나려는 시도가 엿보인다. 특히 화장품 광고에서는 과거 단순히 '예쁘기만 한 여성'을 보여주던 방식에서 벗어나 '예쁘면서도 사회적으로 성공적이고 주도적인 여성'을 표현하며 큰 호응을 얻고 있다. 이러한 변화는 사회의 현실과 변화하고자 하는 욕망을 반영하며 광고의 효과를 높이는 데 기여하고 있다. 하지만 이러한 변화도 완벽하지는 않다. 광고 속 여성상이 "슈퍼우먼"이라는 새로운 이상적 이미지로 고정되면서 여전히 여성에게 특정한 기준을 강요하는 결과를 낳고 있다. 모든 여성이 동시에 예쁘고 능력 있는 존재가 될 수 없는 현실에서, 이러한 광고는 새로운 압박으로 작용할 위험이 있다. 결국 광고는 여전히 '보여지는 여성'에 초점을 맞추고 있으며 이는 기존의 고정관념에서 완전히 자유롭지 못하다는 것을 의미한다.

결론적으로 광고 속 여성 이미지는 과거부터 현재까지 여전히 저하되거나 왜곡된 측면을 지니고 있다. 변화의 흐름이 일부 감지되고 있지만 여성을 독립적이고 다차원적인 존재로 그리는 광고는 여전히 부족하다. 앞으로 광고는 여성의 다양한 정체성을 포용하고 더 진정성 있는 메시지를 담아야 할 것이다.

② 여성의 성 상품화

광고의 선정성은 단순히 소비자의 시선을 끌기 위한 수단을 넘어, 사회 전반에 부정적인 영향을 미치며 여성의 성 상품화 문제를 야기하고 있다. 특히, 전통적 여성상에 대한 문제 제기가 지속적으로 이루어지고 있음에도 불구하고, 광고 속 여성은 여전히 성적 대상물로 그려지는 경우가 많다. 대표적으로 수건을 걸친 채 전라의 여성이 다리를 드러내며 포도를 먹는 약품 광고, 허리 윗부분만 잘린 채 맨살에 스타킹을 신은 여성의 이미지를 전면에 내세운 스타킹 광고 등은 상품을 기억시키려는 의도인지 여성의 신체를 소비자에게 각인시키려는 것인지 모호하다. 이러한 광고는 외설적이라는 비판을 피하기 어렵다. 또한 여성의 신체를 음식과 같은 소비품에 비유하는 사례도 흔하다. 예를 들어 속옷 광고에서 '히프'를 싱싱한 사과로 표현하며 속옷을 입으면 몸매가 신선해질 것이라는 메시지를 전달한다. 이런 표현은 여성을 인격적 존재로 보기보다 비인간적인 대상으로 묘사하며 여전히 우리 사회에 깊이 뿌리박힌 여성 비하 의식을 드러낸다. 이러한 흐름은 여성의 신체를 단순히 미적 요소나 소비재로 축소시키는 문제를 반복적으로 강화한다. 게다가 여성 모델이 외설적인 포즈를 취하는 장면도 자주 등장한다. 속옷 차림의 두 여성이 서로 겹쳐 허리를 굽힌 채 연출하는 장면은 상품보다 여성을 성적 시각의 대상으로 소비하게 만든다. 이는 광고가 단순히 제품 홍보를 넘어 여성을 성적 대상으로 보는 시선을 지속적으로 조장한다는 점에서 문제가 크다. 특히 최근에는 성적 소구 광고가 광고 제품보다는 모델의 얼굴이나 신체만 기억하게 만든다는 비판도 제기되고 있다.

남성 화장품 광고에서도 여성의 성 상품화 문제는 두드러진다. 한 예로 정장을 입은 남성 뒤에 거의 노출된 채 등장한 여성 모델이 남성의 목을 감싸며 의미심장한 표정을 짓는 광고는 여성을 남성의 액세서리로 취급하는 모습을 보여준다. 이는 여성이 남성보다 열등하며 종속적인 존재라는 가치를 암묵적으로 전달하며 광고를 통해 "이 제품을 사용하면 매력적인 여성들이 당신에게 끌릴 것"이라는 메시지를 전달한다. 이는 여성을 독립적이고 주체적인 존재로 보기보다는 남성의 부속물로 축소하는 고정관념을 심화시킬 위험이 있다. 광고에서 여성을 성적 대상으로 반복적으로 재현하면 사회적 인식에 미치는 영향도 부정적일 수밖에 없다. 이는 여성이 독립적이고 주체적인 인격체로 여겨지기보다, 남성의 소유물 혹은 소비재로 인식될 가능성을 높인다. 광고는 단순히 제품을 판매하는 도구가 아니라, 사회적 메시지와 가치를 전달하는 강력한 매체라는 점에서, 성 상품화된 여성 이미지를 생산하는 광고는 반드시 비판적으로 검토되어야 한다.

이와 같이 광고가 보여주는 성적 이미지들은 단순히 제품 판매를 넘어 사회적 고정관념을 강화하거나 왜곡할 수 있는 강력한 힘을 가지고 있다. 여성은 소비재가 아니라 독립적이고 존엄성을 지닌 존재라는 메시지를 담은 광고가 점점 더 많아져야 하며 이를 통해 광고가 사회적 변화를 이끄는 긍정적 역할을 할 수 있을 것이다.

③ 청소년들의 성적 호기심 유발 및 성에 대한 부정적인 인식 형성 우려

대중매체에서 성을 왜곡하는 표현이 보편화되면서 자극적이고 퇴폐적인 성 문화와 감각적 흥미를 추구하는 성적 표현들이 범람하고 있다. 이러한 상황에서 체계적인 성교육이 부족한 10대 청소년들은 대중매체를 통해 성적 자극을 쉽게 접하며 그로 인한 충동으로 왜곡된 성 행동을 모방하게 될 위험이 크다. 실제로 청소년들이 음란물을 보고 성적 충동을 느끼거나 이를 흉내 내면서 비행으로 이어지는 사례들이 보고되고 있으며 이는 음란한 콘텐츠가 청소년들에게 유해 요소로 작용하고 있음을 보여준다. 특히 광고는 청소년들의 성적 호기심을 유발하는 데 주요한 역할을 하고 있다. 인터넷, SNS, 디지털 미디어와 같은 플랫폼을 통해 광고는 일상적으로 소비되며 자극적이고 선정적인 이미지를 쉽게 접할 수 있는 환경을 만들어 왔다. 이런 광고들은 종종 혐오스러운 외설 문구, 과도한 에로틱한 장면, 또는 폭력적인 표현을 통해 호기심 많은 청소년을 유혹하고 불필요한 성적 호기심을 자극하거나 성에 대한 왜곡된 인식을 심어줄 위험을 내포하고 있다.

섹슈얼리티 광고는 경우에 따라 상품과 직접 연결된 메시지를 소비자에게 전달하면서 상품 사용의 유혹을 노골적으로 표현하기도 한다. 그러나 이러한 광고는 단순히 상품을 판매하는 것을 넘어, 가치관이나 사회적 규범을 함께 판매하고 있다는 점에서 더욱 문제가 된다. 이 팔리고자 하는 가치관이 여성 비하적이거나 성적 대상화를 포함하는 경우가 많아 사회적으로 논란이 되고 있다. 광고 제작자들은 상품 판매

를 위해 필요한 가치관이라면 무엇이든 강조하며 외모 중심의 치장, 아름다움, 품위, 세련미, 매력 등 성적 매력을 이끌어내는 요소를 총동원하는 경우가 빈번하다.

여성의 성 상품화는 때로는 매우 노골적으로 드러나기도 하지만, 은근하게 소비자의 잠재의식을 자극하는 방식으로 나타나는 경우가 더 많다. 이는 더욱 심각한 문제를 초래할 수 있다. 일상적으로 접하는 광고물에 음란하거나 외설적인 내용이 교묘히 숨겨져 있다면, 이를 아무렇지 않게 받아들이는 사회는 점점 더 건강한 가치관을 잃게 될 것이다.

결국 이러한 광고들은 성적 표현이 청소년들에게 무분별하게 노출되며 사회적 윤리와 규범을 약화하는 요소로 작용할 위험이 크다. 광고 제작자는 단순한 상품 판매를 넘어 사회적으로 책임 있는 메시지를 전달해야 할 의무가 있으며 청소년들에게 건강한 성 인식을 심어줄 수 있는 광고 제작 방식이 요구된다. 광고가 사회에 미치는 영향력을 고려할 때 이러한 문제를 개선하기 위한 노력이 지속적으로 이루어져야 할 것이다.

(2) 섹슈얼리티 광고의 지향 방향

광고의 목적은 시청자에게 제품이나 브랜드를 노출시켜 이를 기억하게 하고 궁극적으로 구매나 이용과 같은 행동으로 이어지게 하는 데 있다. 기술의 발전은 광고가 전달될 수 있는 매체와 범위를 크게 확장시켰으며 광고 노출 빈도를 증가시켰다. 하지만 과도한 광고 노출은 시청자에게 피로감을 유발해 광고를 회피하게 만들며 결과적으로 광고효과를 저하할 수 있다. 광고는 단순한 정보전달 이상의 역할을 하며 사회적 가치관과 문화를 형성하거나 유지하는 데 중요한 역할을 한다. 특히 광고가 성 역할에 대해 담고 있는 메시지는 우리의 사회적 관념에 강한 영향을 미친다.

전통적으로 광고에서는 여성과 남성의 역할이 고정된 모습으로 표현되는 경우가 많았다. 예를 들어 가전제품이나 청소기 광고에서는 여성 모델이 우아한 모습으로 집안일을 하며 웃는 장면이 주로 묘사되었다. 하지만 최근 들어 이러한 고정관념을 깨는 사례가 늘고 있다. 한 청소기 광고에서는 남성 모델이 통화를 하며 청소를 하고 성능에 감탄하는 모습을 보여준다. 이는 성 역할의 고정된 이미지를 전복하고, 가사 활동이 여성만의 일이 아니라는 메시지를 전달하며 새로운 가치를 제시한다. 또한 자동차 광고에서도 성별 고정관념의 변화가 나타난다. 과거에는 남성이 강하고 거칠게 운전하는 모습이 주로 등장했고 여성 모델은 단순히 보조적인 역할에 그쳤다. 그러나 최근 자동차 광고에서는 여성 모델이 주도적인 위치에 서며 강인하고 카리스마 있는 모습을 보여준다. 이러한 변화는 광고가 성차별적 문화의 직접적인 원인이라고 단정할 수는 없지만, 광고가 문화를 반영하고 변화시키는 강력한 매체라는 점을 고려할 때 긍정적인 방향으로의 전환이라 볼 수 있다.

광고는 소비자에게 단순히 제품을 판매하는 것을 넘어 삶의 방식을 제안하고 문화를 형성하는 역할을 한다. 가족의 행복한 생활방식, 남녀의 역할, 심지어는 장난감 놀이 방식이나 식사 예절까지 광고는 이상적인 생활 양식을 제시한다. 소비자는 광고를 통해 남성다움과 여성다움을 배우고 이를 자신의 삶에 반영하려는 경향이 있다. 광고가 제시하는 이미지는 그 자체로 가치중립적일 수 있지만 표현 방식에 따라 기존의 성 역할 고정관념을 강화하거나 변화시키는 도구로 작용한다. 특히 기존의 가부장적 이데올로기를 강화해 왔던 광고는 이제 변화하는 성 문화에 적응하며 고정관념을 깨는 데에도 강력한 역할을 할 수 있다. 이를 실현하기 위해서는 광고 제작자와 소비자 모두의 의식 전환이 필요하다. 광고 제작자들은 전통적인 성 역할을 고수한 스테레오타입 광고가 여전히 효과적이라고 믿고 있지만 현대사회의 변화된 가치관을 반영한 광고가 새로운 시장에서 더 큰 성과를 낼 수 있다는 점을 인식해야 한다.

요즘 사회에서 여성의 사회 진출이 늘어나고 가사 활동과 가전제품 구매에 적극적으로 참여하는 남성의 숫자가 증가하는 것은 광고의 새로운 가능성을 보여준다. 성 역할의 고정관념을 넘어서는 진보적인 광고는 남성과 여성 모두에게 새로운 가치를 제시할 뿐만 아니라 사회적 변화에 기여하는 중요한 매체로 자리 잡을 것이다.

광고는 단순히 제품을 판매하는 도구를 넘어 사회적 가치를 전달하고 문화를 형성하는 강력한 매체다. 섹슈얼리티 광고가 보다 건전하고 긍정적인 방향으로 나아가기 위해서는 성평등과 남녀 상호 존중을 반영한 새로운 원칙과 접근법이 필요하다. 이는 단순히 고정관념을 깨는 데 그치지 않고, 광고를 통해 사회적 인식을 개선하는 데 기여할 수 있다.

첫째, 광고는 여성들이 자신을 성취자로서 바라볼 수 있도록 돕는 방향으로 제작되어야 한다. 일하는 여성, 자주적이고 지성적인 주부 그리고 금전 문제와 제품 선택에 있어 독립적인 여성을 묘사함으로써 여성 소비자에게 공감을 줄 수 있다. 다만, 이러한 묘사가 지나치게 이상적이거나 '수퍼우먼'이라는 스테레오타입으로 표현되면 오히려 불쾌감을 줄 수 있다. 광고는 여성의 다양성과 현실성을 반영하며 일과 가정, 개인적 성취를 균형 있게 담아내는 것이 중요하다.

둘째, 지나치게 성적이거나 유혹적인 묘사는 소비자에게 불쾌감을 줄 수 있다. 성적 이미지는 시선을 끌기 쉽지만 이를 남용하면 광고의 본래 목적이 흐려질 뿐 아니라 제품이나 브랜드의 이미지에 부정적인 영향을 미칠 수 있다. 소비자는 제품에 대한 정보나 가치를 원하지, 선정적인 이미지로 관심을 끄는 광고를 보고자 하는 것이 아니다. 따라서 광고는 소비자의 품격과 지성을 존중하는 방향으로 제작되어야 한다.

셋째, 광고는 남성과 여성을 동등하게 대하며 서로를 깎아내리는 표현을 지양해야 한다. 남성과 여성 모두 능력 있고 지성적인 존재로 묘사되며 각자의 역할이 조화를 이루는 방식으로 표현될 필요가 있다. 예를 들어 가사나 육아와 같은 전통적으로 여성의 역할로 여겨지던 영역에서 남성을 참여자로 묘사하거나 여성 역시 전문직에서 당당히 자신의 역할을 수행하는 모습은 성평등적 메시지를 전달하는 좋은 사례가 될 수 있다.

넷째, 광고는 단순히 상품을 판매하는 도구로만 사용되기보다 남녀 성차별적 고정관념과 왜곡된 가치관을 깨뜨리고 성평등한 문화를 조성하는 데 기여해야 한다. 예를 들어 화장품 광고에서 여성의 외모에만 초점을 맞추기보다 여성의 내적 자신감과 능력을 강조하는 메시지를 담는다면 제품 판매를 넘어 소비자에게 더 큰 공감을 불러일으킬 수 있을 것이다.

이러한 변화는 광고 제작자뿐만 아니라 광고 수용자들의 노력도 필요하다. 수용자들은 광고가 전형적인 고정관념을 반복하거나 성적 대상화를 조장하지 않도록 관심을 기울이고 비판적인 시각으로 광고를 소비해야 한다. 소비자의 관심과 요구가 광고 제작 방향에 큰 영향을 미친다는 점에서 광고 수용자의 적극적인 참여는 성평등적인 광고 제작에 중요한 동력이 될 수 있다. 광고는 불완전한 현실을 반영하되 그 안에서 더 나은 세상을 만들기 위한 긍정적인 이미지를 제시해야 한다. 이를 통해 광고는 단순한 상업적 도구를 넘어 사회적 변화를 선도하고 건전한 문화를 형성하는 역할을 할 수 있다. 섹슈얼리티 광고는 이제 기존의 선정적이고 편향적인 방식에서 벗어나 성평등과 상호 존중의 가치를 반영하는 방향으로 나아가야 한다. 이러한 광고는 소비자와의 신뢰를 쌓는 동시에 더 나은 사회를 만드는 데 기여할 수 있을 것이다.

2. 디즈니 애니메이션 속 젠더이야기

1) 배경

현대사회에서 영화, 드라마, 광고, 그림, 동화 등 다양한 대중매체는 우리의 삶에 직·간접적인 영향을 미치고 있다. 특히 아동들이 즐겨보는 애니메이션은 그들의 사회화와 자아정체성 형성에 중요한 역할을 하는 매체 중 하나다. 아동들은 애니메이션 캐릭터에 몰입하고 동일시하며 이를 통해 성 역할을 학습하게 된다. 반두라의 모델링 이론에 따르면 아이들은 자신이 관찰한 행동을 모방하는 경향이 있다. 애니메이션 속 캐릭터들이 성 고정관념에 기반한 젠더 표현을 보일 경우 아동들은 이를 비판적 사고 없이 받아들이고 학습할 가능성이 높다. 따라서 애니메이션 속 젠더와 성 역할의 표현은 매우 중요한 주제라고 할 수 있다

과거 디즈니 애니메이션에서 남녀 캐릭터의 성 역할은 전통적인 고정관념을 반영한 경우가 많았다. 남성 캐릭터는 말을 타고 바깥세상을 탐험하며 용감하고 활동적인 모습을 보여주는 반면 여성 캐릭터는 식사 준비, 청소와 같은 집안일에 종사하며 전업주부의 역할을 강조하는 모습으로 묘사되곤 했다. 이러한 표현은 남성은 바깥일,

여성은 가사와 양육이라는 전통적인 성 역할을 강화하는 데 기여했다. 그러나 시대가 변함에 따라 디즈니를 포함한 애니메이션 업계는 점차 다양화된 성 역할을 반영하기 시작했다.

(1) 성 역할의 개념과 변화

성 역할은 특정 성별에 사회적으로 기대되는 행동 양식이나 특성을 의미한다. 과거에는 성 역할이 생물학적 성(性)에 따라 남성과 여성으로 구분되었으며 남성은 바깥일과 경제활동, 여성은 가사와 육아를 담당하는 것이 당연한 것으로 여겨졌다. 이러한 고정관념은 여성의 역할을 가정 내 영역으로 제한하고 남성은 보다 공적이고 활동적인 역할을 수행해야 한다는 인식을 강화했다. 그러나 현대사회에서는 양성성의 개념이 확산되면서 성 역할에 대한 전통적인 시각이 점차 변화하고 있다. 남녀 모두가 다양한 영역에서 역량을 발휘할 수 있도록 성 역할의 유연성과 평등성이 강조되고 있으며 이를 통해 개인의 선택권과 가능성이 보다 확대되고 있다.

성 역할의 형성 과정은 유아기부터 시작되며 이는 개인의 성격과 행동 양식에 지속적인 영향을 미친다. 부모, 또래, 교사뿐만 아니라 대중매체 역시 중요한 학습 도구로 작용하는데 특히 애니메이션은 아동들이 자연스럽게 접하는 콘텐츠로서 성 역할에 대한 인식을 형성하는 데 큰 영향을 미친다. 하지만 애니메이션이 전통적인 성 역할 고정관념을 반복적으로 재현한다면 이는 아동들이 특정 성별에 대한 제한된 역할만을 내면화하도록 유도할 위험이 있다.

(2) 디즈니 애니메이션의 변화와 지속 과제

디즈니 애니메이션은 오랫동안 남성과 여성의 역할을 고정된 틀 속에서 묘사해 왔다. 남성 캐릭터는 용감하고 능동적인 존재로 여성 캐릭터는 순종적이고 가정적인 존재로 그려지는 경우가 많았다. 그러나 최근 들어 디즈니는 이러한 전형적인 성 역할에서 벗어나려는 노력을 기울이고 있다.

예를 들어 겨울왕국(Frozen) 의 엘사는 강인하고 독립적인 여성으로 그려지며 외부의 도움 없이 자신의 힘을 통해 문제를 해결하는 주체적인 모습을 보인다. 또한 모아나(Moana) 에서는 여성 주인공이 전통적인 구원자의 개입 없이 스스로 성장하고 도전하는 모습을 통해 기존의 수동적인 여성 캐릭터와 차별화된다. 이러한 변화는 디즈니가 기존의 성 역할 고정관념에서 벗어나 보다 주체적인 여성 캐릭터를 창조하려는 시도의 일환으로 평가받는다. 그럼에도 불구하고 애니메이션 속 성 역할 표현에는 여전히 개선이 필요한 부분이 존재한다. 일부 작품에서는 여전히 전통적인 성별 구분이 남아 있으며 남성 캐릭터는 강하고 결단력 있는 모습으로 여성 캐릭터는 부드럽고 외모가 강조된 존재로 묘사되는 경향이 지속되고 있다. 또한 현대적인 메시지를 담고 있음에도 불구하고 여전히 외모나 기존의 성별 규범을 반영한 설정이 포함되는 경우도 있어 보다 근본적인 변화가 요구된다.

앞으로 애니메이션 제작사들은 단순히 기존 성 역할을 답습하는 것이 아니라 더욱 포용적이고 균형 잡힌 젠더 표현을 고민해야 한다. 또한 소비자들 역시 이러한 변화를 비판적으로 살펴보며 보다 성 평등한 콘텐츠가 확산될 수 있도록 관심을 기울여야 한다. 이를 통해 애니메이션은 단순한 이야기 이상의 의미를 가지며 아동들에게 더 나은 가치관을 형성할 수 있는 교육적 도구로서 역할을 할 수 있을 것이다.

2) 디즈니 공주 이야기

(1) 디즈니 공주 이야기와 젠더 재현의 변화

낭만적 사랑에 대한 젠더 고정관념은 단순히 성인들의 문제만이 아니다. 특히 '백마 탄 왕자를 기다리는 공주'의 이야기는 아이들을 위한 옛날이야기에 뿌리를 두고 있으며 동화와 애니메이션을 통해 반복적으로 재생산되고 있다. 이러한 공주와 왕자의 이야기는 디즈니 애니메이션을 통해 강력하게 표현되어 왔으며 오랜 세월 동안 젠더 고정관념의 형성에 영향을 미쳤다는 비판을 받아왔다. 디즈니 애니메이션은 주로 어린이를 대상으로 제작되어 아이들의 상상력을 자극하는 모험 이야기를 제공해 왔다. 하지만 동시에 이들 애니메이션은 남성과 여성의 속성과 역할을 재현하는 방식에서 아동의 사회적 고정관념 형성에 영향을 미쳤다는 지적도 있다. 미디어가 젠더 고정관념을 형성하고 강화한다는 논의는 오래전부터 이어져 왔다. 1970년대 존 버거는 서구 근대 회화와 광고에서 여성이 능동적 행위자가 아닌 남성의 시선과 욕망을 위한 수동적 대상으로 재현된다고 주장했다. 1975년에는 로라 멀비가 전통적 할리우드 영화에서 여성이 남성의 시선에 의해 성적으로 소비되는 존재로 묘사된다는 점을 지적했고 1981년 안드레아 드워킨은 남성을 영웅적 주체로 여성을 보상으로 제시하는 가부장적 재현 방식이 영화와 드라마에서 반복되고 있다고 비판했다. 이 같은 비판은 어린이를 대상으로 하는 애니메이션에서도 예외가 아니며 특히 디즈니의 공주 이야기는 젠더 재현 방식에 있어 많은 논의의 대상이 되어 왔다.

(2) 디즈니 공주 이야기의 세대별 변화

디즈니 애니메이션에서 공주 캐릭터는 1937년 『백설공주와 일곱 난쟁이』를 시작으로 1950년 『신데렐라』 1959년 『잠자는 숲속의 공주』로 이어지는 첫 번째 세대 공주로 대표된다. 이 시기의 공주들은 주로 수동적인 존재로 묘사되었으며 왕자에 의해 구원받는 것이 주요 서사 구조였다. 이들은 아름다움과 순수함으로 대변되며 남성의 도움 없이는 행복을 쟁취할 수 없는 모습으로 그려졌다.

1989년 인어공주를 기점으로 시작된 두 번째 세대 공주들은 보다 능동적인 모습을 보이기 시작했다. 『미녀와 야수』(1991)의 벨은 독서와 지식을 사랑하며 자신의 의견을 당당히 표현하는 캐릭터로 등장했고 『뮬란』(1998)은 남성 중심의 사회구조에 도전하며 자신의 힘으로 가족과 나라를 지키는 강인한 여성으로 그려졌다. 이 시기의 공주들은 여전히 낭만적 사랑을 중심으로 서사가 전개되었지만 스스로 문제를 해결하려는 주체적인 성격이 강조되었다.

2010년대 들어 디즈니는 세 번째 세대 공주 이야기를 선보이며 또 한 번 변화를 시도했다. 『겨울왕국』(2013)의 엘사는 전통적인 낭만적 사랑이 아닌 자아 발견과 자매애를 중심으로 이야기를 전개하며 기존의 공주 이야기에 새로운 방향성을 제시했다. 『모아나』(2016)는 더 나아가 로맨스 요소를 배제한 채 주인공이 자신의 여정을 통해 성장하고 목표를 이루는 독립적인 캐릭터로 묘사되었다. 이처럼 세 번째 세대 공주들은 사랑보다 자아 성취와 독립성을 강조하며 전통적인 성 고정관념에서 벗어난 모습을 보여준다.

(3) 젠더 고정관념에 대한 비판과 새로운 시도

디즈니 애니메이션에서 젠더 고정관념은 여전히 논란의 대상이 되고 있다. 남성 캐릭터가 용감하고 능동적인 역할을 맡는 반면 여성 캐릭터는 수동적이고 감정적인 모습으로 그려지는 경향은 오랜 시간 지속되었다. 그러나 디즈니는 현대사회의 변화와 함께 공주 캐릭터의 역할과 성격에 다각적인 변화를 시도하고 있다. 새로운 세대의 공주들은 단순히 사랑을 기다리는 존재가 아닌, 자신만의 목표와 꿈을 가진 독립적인 캐릭터로 표현된다. 그럼에도 전통적인 젠더 고정관념은 여전히 일부 작품에서 반복되고 있으며 디즈니 애니메이션이 아이들에게 미치는 막대한 영향을 고려할 때 더 많은 변화를 위한 노력이 필요하다. 특히 여성 캐릭터의 외모 중심적 표현이나 여전히 낭만적 사랑을 중심으로 전개되는 이야기는 기존의 젠더 관념을 유지할 가능성을 내포하고 있다.

디즈니 애니메이션은 여전히 세계 애니메이션 시장에서 중요한 위치를 차지하고 있으며 공주 이야기는 디즈니의 상징적인 요소로 남아 있다. 각 세대의 공주 캐릭터를 통해 우리는 디즈니가 여성에 대한 사회적 관념을 어떻게 반영하고 변화시켜 왔는지 확인할 수 있다. 앞으로 디즈니는 더 다양한 배경과 개성을 지닌 공주 캐릭터를 통해 젠더 고정관념을 해체하고 새로운 서사를 제시하는 데 앞장서야 할 것이다. 이는 단순히 어린이들의 상상력을 자극하는 것을 넘어, 더 나은 사회적 인식을 심어줄 수 있는 중요한 기회가 될 것이다.

3) 제1세대 공주 이야기

(1) 백설공주와 일곱 난쟁이

디즈니 애니메이션 『백설공주와 일곱 난쟁이』는 1937년에 제작된 최초의 장편 애니메이션으로 아카데미 특별상을 수상한 작품이다. 이 작품은 원작 동화의 내용을 충실히 따르며 당시의 사회적 분위기를 반영한 여성상을 담고 있다. 특히 1937년은 미국이 경제 대공황의 여파로 기혼 여성들이 직장에서 쫓겨나 가정으로 돌아가야 했던 시기였다. 이러한 배경에서 제작된 『백설공주와 일곱 난쟁이』는 당시 사회가 요구하던 전통적이고 순종적인 여성상을 백설공주의 캐릭터를 통해 표현하고 있다.

① 캐릭터의 젠더 특성 분석

▪ 외모

『백설공주와 일곱 난쟁이』는 여성의 외모를 중심으로 한 젠더 고정관념을 강하게 반영한 작품이다. 백설공주는 검은 머리, 흰 피부, 붉은 입술 등 당시 이상적인 미인의 기준을 충족하는 모습으로 그려진다. 이는 가부장적 사회가 요구했던 순수하고 아름다운 여성의 이미지를 대변한다. 반면 왕비는 여전히 아름답지만 나이가 들었으며 젊고 순수한 미모를 가진 백설공주를 시기한다. 왕비의 강렬한 이목구비와 차갑고 우아한 외모는 그녀의 강한 성격과 질투심을 강조하는 요소로 작용한다. 한편 왕자는 키가 크고 서양의 전형적인 미남형 외모를 지닌 인물로 묘사되며 하얀 말을 타고 등장해 영웅적 이미지를 더욱 부각한다. 그는 백설공주를 구원할 유일한 존재로 설정됨으로써 전통적인 남성 캐릭터의 역할을 강화한다. 반면 일곱 난쟁이들은 키가 작고 뚱뚱하거나 개성 있는 외모를 가진 캐릭터들로 주로 유머러스한 분위기를 형성한다. 그들은 백설공주를 보호하고 보살피는 조력자로 설정되며 이성적 관계의 대상으로 여겨지지 않는다. 이러한 설정은 미(美)에 대한 전통적인 기준과 남녀 캐릭터 간의 외모 차이를 더욱 부각하는 역할을 한다.

■ 행동

백설공주는 왕비의 부당한 대우에도 반항하지 않고 순종적인 태도를 유지하며 긍정적이고 낙천적인 모습을 보인다. 그녀는 험난한 환경 속에서도 희망을 잃지 않고 노래를 부르며 사랑과 결혼에 대한 꿈을 품는다. 특히 그녀는 주어진 상황에서 스스로 해결책을 모색하기보다 타인의 도움을 기다리는 모습을 보이며 수동적인 여성 캐릭터의 전형적인 특징을 반영한다. 이에 반해 왕비는 능동적이며 목표 지향적인 캐릭터로 묘사된다. 그녀는 자신의 목표를 이루기 위해 독사과를 만들어 백설공주를 제거하려는 등 계획적이고 주도적인 행동을 보인다. 그러나 이러한 성격은 악역 캐릭터의 부정적인 특성으로 한정되며 주체적인 여성 캐릭터의 역할이 부정적으로 표현되는 결과를 낳는다. 일곱 난쟁이들은 하루 종일 광산에서 성실하게 노동하며 공동체 생활을 영위한다. 이들은 백설공주에게 따뜻한 보호자로서의 역할을 수행하며 그녀를 돕고 보살피는 데 집중한다. 하지만 그들 또한 문제를 직접 해결하기보다 결국 왕자의 등장으로 이야기가 마무리된다는 점에서 조력자 이상의 역할을 수행하지 못한다.

■ 인물 관계

백설공주와 왕비의 관계는 갈등적이지만 백설공주는 왕비에게 직접적으로 저항하지 않고 수동적인 태도를 유지한다. 이는 희생적인 여성상을 강조하는 설정으로 순종적이고 온순한 여성의 미덕을 강조하는 역할을 한다. 왕사는 백실공주의 구원자로 등장하며 그녀를 처음 본 순간 사랑에 빠지고 마법에서 깨우는 유일한 존재로 그려진다. 이는 남성이 여성의 보호자이자 해결사로 설정되는 전형적인 서사 구조를 반영한다. 반면 일곱 난쟁이들은 백설공주를 가족처럼 돌보고 보호하는 역할을 수행한다. 이들은 백설공주와 관계에서 로맨틱한 요소 없이 오로지 헌신적인 조력자로 그려지며 이는 여성 주인공의 주요 관계가 로맨틱한 사랑에 집중된 반면 남성 조연들은 보호자의 역할에 국한된다는 점에서 차별적인 성 역할 배분을 보여준다.

■ 목표 의식

백설공주의 주요 목표는 사랑하는 남성과 결혼하는 것이다. 그녀는 작품 초반부터 사랑을 갈망하는 노래를 부르며 자신의 행복이 오직 결혼을 통해 완성된다는 듯한 태도를 보인다. 이는 여성이 독립적으로 자신의 삶을 개척하기보다 남성에게 의존해야 한다는 당시의 사회적 통념을 반영한다. 반면 왕자는 특별한 목표를 가지지 않고, 백설공주를 구하고 보호하는 역할에 집중한다. 그의 등장은 단순히 여성 주인공을 구원하기 위한 장치로 사용되며 캐릭터로서 독립적인 서사가 거의 부재하다. 왕비는 백설공주의 미모에 대한 질투심을 바탕으로 그녀를 제거하려는 뚜렷한 목표를 가진 인물이다. 이는 그녀가 작품 속에서 유일하게 주체적이고 목표 지향적인 여성 캐릭터임을 보여준다. 하지만 이 목표가 악의적인 동기로 설정됨으로써 주체적인 여성 캐릭터가 부정적으로 묘사되는 한계를 지닌다.

■ 작품에 나타난 젠더 고정관념과 사회적 맥락

『백설공주와 일곱 난쟁이』는 1930년대 미국 사회의 가부장적 가치관과 경제 대공황 시기의 사회적 분위기를 반영하는 작품이다. 당시 여성의 역할은 가정 내에서 순종적이고 희생적인 존재로 규정되었으며 남성은 보호자이자 해결자로 설정되었다. 백설공주는 이러한 시대적 흐름 속에서 이상적인 여성상을 구현하며 남성의 도움 없이는 문제를 해결하지 못하는 모습으로 그려진다. 이 작품은 디즈니 애니메이션의 초석을 다졌지만, 남성과 여성의 역할을 고정된 젠더 관념 속에서 재현함으로써 오늘날까지 젠더 연구와 비판의 대상이 되고 있다. 이후 디즈니 애니메이션은 점차 변화하며 여성 캐릭터를 더욱 주체적이고 다층적으로 표현하려는 시도를 해왔지만, 초기 작품들이 내포한 성 역할 고정관념은 여전히 논의가 필요한 주제다.

앞으로의 애니메이션은 성 역할의 고정된 틀을 넘어서, 보다 다양하고 평등한 젠더 이미지를 반영해야 한다. 캐릭터들이 단순히 전형적인 역할에 머무르지 않고, 개성과 역량을 자유롭게 발휘할 수 있는 이야기가 등장할 때, 애니메이션은 더욱 포용적이고 의미 있는 콘텐츠로 자리 잡을 것이다.

(2) 잠자는 숲속의 공주

디즈니 애니메이션 『잠자는 숲속의 공주』는 1959년에 제작된 작품으로, 1937년 『백설공주와 일곱 난쟁이』와 1950년 『신데렐라』의 성공을 이어가며 디즈니 애니메이션 초기 흥행작 중 하나로 자리 잡았다. 1950년대는 가부장적인 사회구조와 전통적인 성 역할이 당연시되던 시기로 『잠자는 숲속의 공주』 역시 그러한 시대상을 반영한 작품이다. 이 작품에서 남성은 용감하고 적극적인 구원자로 묘사되고 여성은 수동적이며 남성의 도움을 기다리는 존재로 표현되었다.

① 캐릭터의 젠더 특성 분석

▪ 외모

『잠자는 숲속의 공주』에서 오로라 공주는 디즈니 특유의 전형적인 서양 미인으로 묘사된다. 그녀는 금발의 긴 머리, 희고 매끄러운 피부, 큰 눈과 가느다란 허리 등 이상적인 외모를 갖추고 있으며 신체 비율 또한 현실적으로 보기 어려울 만큼 완벽하게 표현되었다. 이는 여성을 외모로 평가하는 당시 사회의 미적 기준을 반영한 것으로 여성 캐릭터가 아름다움으로 가치를 인정받는 경향을 보여준다. 필립 왕자 역시 키가 크고 날렵한 체격을 지닌 전형적인 미남형 캐릭터로 그려지며 백마를 타고 등장함으로써 더욱 영웅적인 이미지를 부각한다. 반면 말레피센트는 강렬한 인상을 주는 외모를 가지고 있으며 각진 얼굴, 검은 뿔, 초록빛 마법 효과 등을 활용하여 악역으로서의 분위기를 극대화한다. 그녀의 외형적 특징은 강한 여성 캐릭터가 부정적으로 그려지는 전형적인 방식 중 하나로 볼 수 있다.

한편 세 요정은 후덕한 몸매와 인자한 표정을 가지고 있으며 밝은 색의 옷을 입고 따뜻하고 친근한 이미지를 강조한다. 이처럼 잠자는 숲속의 공주는 외모를 통해 캐릭터의 성격과 역할을 시각적으로 구분하는 방식을 취하고 있으며 선과 악, 주인공과 조연 간의 차이를 뚜렷이 나타내고 있다.

■ 행동

오로라 공주는 이야기 내내 순종적이고 수동적인 태도를 유지한다. 숲속에서 필립 왕자를 만나지만 자신의 이름을 밝히지 못하고 머뭇거리는 모습을 보이며 적극적으로 관계를 형성하려 하지 않는다. 그녀는 '꿈속에서 왕자를 만났다'는 로맨틱한 환상을 품고 있지만 그 꿈을 실현하기 위해 능동적으로 행동하지 않고 단순히 운명을 기다린다. 공주의 역할은 왕자가 찾아와 구해 줄 때까지 기다리는 것에 머물며 자신의 운명을 개척하려는 주체적인 의지는 거의 드러나지 않는다. 반면, 필립 왕자는 용감하고 능동적인 인물로 그려진다. 그는 공주를 구하기 위해 위험을 무릅쓰고 싸우며 결과적으로 오로라 공주뿐만 아니라 깊은 잠에 빠진 왕국 전체를 구원하는 역할을 수행한다. 이는 당시 남성 중심적 사회에서 남성이 문제를 해결하고 여성과 공동체를 보호하는 존재로 여겨졌음을 반영하는 설정이다. 말레피센트는 강력한 힘을 가진 능동적인 여성 캐릭터로, 자신의 목표를 이루기 위해 적극적으로 행동하지만 이러한 모습은 악역으로 한정되어 부정적으로 묘사된다. 이는 능동적이고 주체적인 여성 캐릭터가 악당으로 그려지는 전형적인 서사 구조를 따르고 있다. 한편 세 요정은 공주를 보호하기 위해 오랜 시간 헌신하며 필립 왕자를 돕지만 최종적으로는 남성 주인공이 모든 문제를 해결하는 구조 속에서 조력자로만 머물게 된다.

■ 인물 관계

오로라 공주와 왕비는 모두 남성에게 의존하는 캐릭터로 묘사된다. 공주는 왕자의 키스로 깨어나며 결국 그의 보호와 사랑을 통해 자신의 행복을 찾는다. 왕비 또한 스테판 왕의 보호 아래 있는 존재로 독립적인 캐릭터로서의 면모를 보이지 않는다.

필립 왕자는 단순히 공주를 구하는 역할을 넘어 왕국 전체를 구원하는 영웅으로 묘사된다. 이는 남성이 여성뿐만 아니라 공동체의 문제를 해결하는 능력을 가진 존재로 그려지는 당시의 사회적 인식을 반영한다. 말레피센트는 강하고 능동적인 여성 캐릭터이지만 그녀의 힘은 부정적인 방향으로 사용되며 결국 왕자에 의해 패배한다. 이러한 서사는 능동적인 여성 캐릭터가 이야기 속에서 악역으로 설정될 경우 주체적 행동이 부정적인 의미로 해석되는 경향을 보여준다.

▪ 목표 의식

오로라 공주의 유일한 목표는 왕자와의 사랑과 결혼이다. 그녀는 작품 초반부터 사랑을 갈망하는 노래를 부르며 결혼이 여성의 행복을 결정짓는 중요한 요소라는 당시 가부장적 가치관을 반영한다. 그녀는 자신의 행복을 위해 스스로 무언가를 시도하기보다는 운명에 맡기는 태도를 보이며 여성의 역할이 소극적이고 의존적인 것으로 그려진다. 반면 필립 왕자는 사랑하는 사람을 위해 직접 행동하며 자신의 목표를 스스로 이뤄나간다. 그는 오로라 공주와의 결합뿐만 아니라 마법에서 왕국을 구하는 역할을 수행하며 능력 있는 남성 영웅으로서 그려진다. 말레피센트는 오로라 공주와 왕자의 사랑을 방해하는 것이 주요 목표이며 자신의 능력을 적극적으로 활용하지만 결국 악역으로서 패배한다. 그녀의 목표가 능동적 여성 캐릭터의 부정적 이미지로 귀결되는 방식은 서사 속에서 여성이 독립적이고 강할 경우 악역으로 설정되는 패턴과 일맥상통한다.

▪ 작품에 나타난 젠더 고정관념과 사회적 맥락

『잠자는 숲속의 공주』는 1950년대의 가부장적 사회구조와 성 역할 고정관념을 반영한 작품으로 여성은 수동적이고 남성에게 의존적인 존재로 그려지는 반면 남성은 문제를 해결하는 주체적인 인물로 설정된다. 이러한 젠더 묘사는 당시 사회가 요구했던 여성과 남성의 전형적인 역할을 그대로 반영한 것이다. 이 작품은 디즈니 애니메이션 초기 공주 이야기의 전형적인 틀을 형성한 작품으로 이후 디즈니가 제작한 여러 공주 서사에 영향을 미쳤다. 그러나 전통적인 젠더 고정관념을 강화하는 서사 구조로 인해 현대적인 시각에서 비판의 대상이 되기도 한다. 시간이 흐르면서 디즈니 애니메이션은 점차 변화하며 여성 캐릭터를 더욱 주체적이고 다층적으로 표현하려는 시도를 보이고 있다. 『인어공주』, 『미녀와 야수』, 『겨울왕국』 등의 작품에서는 여성 캐릭터들이 기존보다 능동적인 모습을 보이며 단순한 로맨스의 대상으로 머물지 않고 자신의 꿈과 목표를 스스로 이루어가는 모습이 강조된다.

이처럼 디즈니는 과거의 한계를 넘어 보다 다양한 표현을 시도하고 있으며 앞으로도 성 역할에 대한 고정관념을 넘어서 보다 포용적이고 주체적인 여성 캐릭터를 창조하는 방향으로 나아가야 할 것이다. 애니메이션이 단순한 오락을 넘어 사회적 가치 변화의 매개체로 기능할 수 있도록, 더욱 다양한 캐릭터와 이야기를 만들어 나가는 것이 중요하다.

4) 제2세대 공주 이야기

(1) 인어공주

1989년 디즈니에서 제작된 『인어공주』는 안데르센의 동화를 원작으로 한 애니메이션으로 원작의 비극적인 결말과 달리 음악과 화려한 시각 효과를 통해 관객들에게 희망적인 메시지를 전달했다. 에리얼은 모험심이 강하고 독립적인 여성으로 묘사되지만 작품 속 서사 구조는 여전히 여성이 남성과의 결혼을 삶의 궁극적 목표로 삼는 가부장적 관점을 담고 있다.

① 캐릭터의 젠더 특성 분석

▪ 외모

『인어공주』에서 에리얼은 전형적인 미인의 모습으로 묘사된다. 그녀는 붉은 긴 머리, 갸름한 얼굴, 푸른 눈, 붉은 입술 그리고 가느다란 허리를 가진 아름다운 여성 캐릭터로 등장한다. 조개 모양의 비키니를 입고 바닷속을 자유롭게 헤엄치는 모습은 신비롭고 매혹적인 이미지를 강조하며 이는 남성 중심적 시선에서 이상적인 여성성을 부각하는 요소로 작용한다. 그녀의 외모는 작품 내에서 중요한 요소로 다뤄지며 에릭 왕자가 그녀에게 끌리는 주요한 이유 중 하나로 제시된다. 에릭 왕자는 검은 머리, 넓은 어깨, 탄탄한 체격을 가진 전형적인 서양 미남형 캐릭터로 그려진다. 그의 세련된 옷차림과 젠틀한 태도는 에리얼이 한눈에 반하게 만드는 요소로 작용하며 이상적인 남성상으로 자리 잡는다. 한편 마녀 우슬라는 커다란 몸집과 각진 얼굴, 날카로운 손톱, 검은 눈 등을 통해 추악하고 위협적인 인물로 표현된다. 그녀의 과장된 외모는 젊고 아름다운 여성 캐릭터와 대비되며 젊음과 아름다움을 긍정적으로 늙음과 비대한 몸을 부정적으로 묘사하는 젠더 편향적인 시각을 반영한다. 이러한 외형적 차이는 선과 악, 매력적인 인물과 두려운 존재를 구분 짓는 장치로 활용된다.

■ 행동

에리얼은 호기심이 많고 모험심이 강한 캐릭터로, 바다 밖 세계에 대한 동경을 품고 있다. 그녀는 "지느러미 대신 다리를 갖고 자유롭게 걷고 싶다"라는 노래 가사를 통해 독립적이고 진취적인 성격을 드러낸다. 아버지 트리톤 왕의 경고와 세바스찬의 충고에도 불구하고 자신의 방식대로 행동하는 고집스러움을 보이며 이는 그녀가 기존의 순종적인 여성 캐릭터와 차별화되는 부분이다. 그러나 이러한 독립성과 모험심은 에릭 왕자를 만나면서 점차 희석되고 이후 그녀의 모든 행동은 왕자와의 사랑을 이루는 데 초점이 맞춰진다. 인간이 되기 위해 자신의 목소리를 포기하고 우슬라와 계약을 맺는 장면은 사랑을 위해 여성성이 희생될 수 있음을 시사하는 요소로 해석될 수 있다. 반면 에릭 왕자는 용감하고 능동적인 인물로 묘사된다. 폭풍 속에서 배가 뒤집혔을 때 자신의 반려견을 구하기 위해 불길 속으로 뛰어드는 등 위험을 무릅쓰는 모습을 보이며 용기 있고 희생적인 남성상을 구현한다. 또한 그는 바다 왕국을 지키기 위해 우슬라와 맞서 싸우는 등 주도적으로 문제를 해결하는 역할을 맡으며 전통적인 가부장적 시각에서 이상적인 영웅형 캐릭터로 자리 잡는다. 우슬라는 강력한 마법 능력을 지닌 캐릭터로 에리얼의 목소리를 빼앗고 트리톤 왕을 없애기 위한 계략을 꾸민다. 그녀는 남성의 도움 없이 독립적으로 행동하는 능동적인 여성 캐릭터이지만 이러한 특징이 악역의 요소로 강조되면서 부정적으로 그려진다. 결국 그녀는 에릭 왕자에 의해 제거되며 작품은 남성이 악을 무찌르고 여성과 왕국을 구하는 전형적인 서사 구조를 따른다.

■ 인물 관계

에리얼은 아버지 트리톤 왕의 보호 아래 살아가며 그녀의 선택은 가족과의 관계 또는 남성과의 관계 속에서 이루어진다. 그녀의 언니들 역시 남성에게 의존적인 존재로 묘사되며 여성 캐릭터들이 독립적인 역할보다는 가족이나 남성에게 종속된 관계 속에 있음을 보여준다. 우슬라는 남성에게 의존하지 않는 유일한 독립적 여성 캐릭터로, 자신의 목표를 이루기 위해 적극적으로 행동하지만 이러한 독립성은 악의적으로 규정되며 부정적인 평가를 받는다. 그녀는 강한 여성 캐릭터이지만 힘을 가진 여성이 반드시 악역이 되어야 하는 듯한 전형적인 젠더 고정관념을 따르고 있다.

■ 목표의식

에리얼은 작품 초반에 독립적이고 모험심 넘치는 모습을 보이지만 에릭 왕자를 만난 이후 그녀의 목표는 오직 사랑과 결혼으로 한정된다. 그녀는 인간 세계에 대한 호기심과 자신의 꿈을 쫓기보다는 왕자와 함께하는 삶을 위해 자신의 목소리와 정체성을 희생한다. 이는 여성이 남성과의 결혼을 통해서만 행복을 얻을 수 있다는 가부장적 관점을 반영한다. 반면 에릭 왕자는 능동적으로 문제를 해결하며 여성 캐릭터를 보호하는 이상적인 남성상으로 묘사된다. 그는 왕국을 지키고 에리얼을 구하기 위해 주도적으로 행동하며 결국 모든 갈등을 해결하는 인물로 자리 잡는다. 우슬라는 명확한 목표를 가진 캐릭터로, 바다를 지배하기 위해 끊임없이 노력하지만 그녀의 능력과 독립성은 가부장적 사회 질서를 위협하는 요소로 그려지며 결국 남성 캐릭터에 의해 패배하는 결말을 맞는다.

■ 작품에 나타난 젠더 고정관념과 사회적 맥락

『인어공주』는 모험심 강하고 독립적인 여성 캐릭터를 등장시키면서도 결국 그녀의 행동과 목표를 남성과의 사랑과 결혼에 한정함으로써 기존의 가부장적 서사를 답습한다. 여성이 자신의 목소리를 희생하며 남성과 사랑을 이루려 하는 전개는 여전히 여성의 독립성과 주체성을 제한하는 요소로 작용한다. 작품 전반에 걸쳐 남성 중심적 가치관이 드러나며 이는 캐릭터들의 외모, 역할, 서사 구조 전반에 걸쳐 나타난다. 아름다운 젊은 여성은 긍정적인 가치로 나이 들고 강한 여성은 부정적으로 묘사되는 경향이 있으며 남성은 영웅적 존재로 설정되어 여성의 구원자로 등장한다. 디즈니의 인어공주는 전통적인 가부장적 서사를 따르면서도 당시의 사회적 변화에 따라 보다 현대적인 요소를 가미한 작품이라 볼 수 있다. 에리얼은 기존 공주 캐릭터보다 더욱 능동적인 면모를 보이지만 결국 남성과의 결합이라는 기존 가치관에서 벗어나지 못한다. 반면 우슬라는 독립적이고 강한 여성 캐릭터로 설정되었지만, 악역으로 등장함으로써 부정적인 인상을 남긴다.

이러한 표현 방식은 현대적 시각에서 비판의 대상이 될 수 있지만, 작품이 제작된 당시의 사회적 맥락을 고려하면 시대적 흐름을 반영한 결과물로 볼 수도 있다. 이후 디즈니는 점차 성 역할 고정관념에서 벗어나려는 노력을 기울이며 보다 다양한 여성 캐릭터를 선보이는 방향으로 발전하고 있다.

(2) 미녀와 야수

1991년 디즈니 애니메이션 『미녀와 야수』는 기존 디즈니 공주 영화들과 차별화된 주인공을 내세우며 주체적이고 지적인 여성 캐릭터를 표현하고자 한 작품이다. 이는 디즈니 초기 공주 캐릭터들과 달리 여성이 능동적이고 주체적인 면모를 갖추게 되었음을 보여준다. 하지만 여전히 사랑과 결혼이라는 전통적 가치관에서 완전히 벗어나지 못한 점도 존재한다.

① 캐릭터의 젠더 특성 분석

▪ 외모

『미녀와 야수』는 외모가 아닌 내면의 아름다움을 강조하려는 메시지를 담고 있지만 캐릭터들의 외형적 특징은 여전히 중요한 요소로 작용한다. 주인공 벨은 디즈니 공주 캐릭터들의 전형적인 아름다움을 유지하면서도 차별화된 면모를 갖추고 있다. 그녀는 큰 갈색 눈, 붉은 입술, 날씬한 몸매, 우아한 몸짓을 지닌 여성으로 묘사되지만 기존 공주들과 달리 금발이 아닌 갈색 머리를 가지고 있다. 이는 벨을 보다 지적이고 현실적인 캐릭터로 보이게 하는 요소로 작용한다. 야수는 원래 이기적이고 냉정한 왕자로서 저주로 인해 사자의 얼굴, 뿔, 늑대의 다리와 꼬리를 가진 야수의 모습으로 변하게 된다. 이러한 외형적 변화는 그의 성격과 운명을 상징하며 마법이 풀린 후 금발 머리와 파란 눈을 가진 전형적인 백인 왕자로 돌아온다. 이는 남성 주인공이 여전히 서양 이상적인 미남의 기준을 따르고 있음을 보여준다. 게스톤은 잘생긴 외모와 근육질의 체격을 가진 캐릭터로 외모만 보면 주인공처럼 보일 수도 있지만 그의 오만하고 이기적인 성격이 악역으로 설정되는 요소가 된다. 이는 기존 디즈니 작품에서 못생기고 흉측한 악역 캐릭터와는 다른 접근 방식으로 잘생긴 남성이 반드시 정의로운 인물은 아니라는 점을 강조한다. 르푸는 게스톤의 조력자로 작은 키와 뚱뚱한 몸매, 익살스러운 표정과 우스꽝스러운 행동을 통해 조롱받는 캐릭터로 묘사된다. 이는 외모와 행동을 통해 사회적 지위를 암시하는 방식으로 활용되며 소외된 인물들이 더욱 도드라지도록 만든다.

▪ 행동

벨은 독서를 즐기고 호기심이 많으며 자신의 생각을 중요시하는 독립적인 여성으로 그려진다. 그녀는 마을에서 흔치 않은 지적이고 개성 넘치는 인물로 등장하며 많은 여성들이 선망하는 게스톤의 구애를 단호히 거절한다. 이는 그녀가 단순히 외모나 지위에 흔들리지 않고, 사람의 내면을 중시하는 성숙한 가치관을 지녔음을 보여준다. 하지만 작품이 전개될수록 벨의 행동은 야수에 대한 헌신과 희생으로 초점이 맞춰지며 결국 기존의 가부장적 가치관에서 완전히 벗어나지는 못한다. 야수는 처음에는 폭력적이고 자기중심적인 성격을 보이지만 벨과의 관계를 통해 점차 변화를 겪으며 따뜻한 인물로 성장한다. 그러나 그는 성의 주인으로서 강한 권위적인 태도를 보이는 장면도 있으며 이는 여전히 가부장적 요소가 남아 있음을 시사한다. 게스톤은 자신의 외모와 힘을 이용해 벨을 억압하려 하며 그녀의 자유로운 사고방식을 무시하고 강압적으로 접근한다. 그는 벨이 독서를 하는 것조차 탐탁지 않아 하며 자신의 뜻을 관철시키기 위해 그녀의 아버지를 정신병원에 보내려는 계략을 꾸민다. 이러한 모습은 매력적이고 힘 있는 남성이 반드시 정의로운 인물이 아닐 수 있음을 강조하는 동시에 강압적인 남성성을 부정적으로 그려내는 방식으로 활용된다. 르푸는 게스톤에게 맹목적으로 충성하며 익살스러운 행동을 반복하는 캐릭터로 주인공들과 대비되는 인물로서 사회적으로 소외된 계층을 상징하는 역할을 한다. 모리스는 발명가로서의 꿈을 가지고 있지만 마을 사람들에게 조롱당하고 인정받지 못하는 인물이다. 그러나 딸을 위해 위험을 감수하며 그녀를 보호하려는 모습을 보이며 강한 부성애를 지닌 캐릭터로 묘사된다.

■ 인물 관계

벨은 독립적이고 주체적인 여성으로 등장하지만 야수를 사랑하게 되면서 그의 변화와 행복을 위해 헌신하는 인물로 변화한다. 이는 기존 디즈니 애니메이션에서 여성 캐릭터가 남성에게 의존적인 모습을 보였던 것에서 벗어나려는 시도로 보이지만 결국 서사의 중심은 여전히 남성의 변화와 성장에 초점이 맞춰져 있다는 한계를 가진다. 야수는 벨과의 관계를 통해 내면의 성장을 이루고 구원받는 인눌로 벨의 사랑 없이는 저주를 풀 수 없는 의존적인 캐릭터로 설정된다. 이는 남성이 여성을 통해 구원받는 서사의 전형적인 구조를 반영한다. 게스톤은 벨과 야수를 방해하는 악역으로 강압적이고 자기중심적인 남성성을 대변하는 캐릭터다. 그는 자신의 매력을 이용해 벨을 얻으려 하지만 결국 벨에게 거부당하고 자신의 욕망이 몰락을 초래하는 인물로 그려진다.

■ 목표의식

벨은 지적인 호기심과 더 넓은 세상을 향한 모험심을 지닌 인물로 평범한 삶에 안주하지 않으려 한다. 그러나 이야기의 전개에 따라 그녀의 목표는 야수를 사랑하고 그의 저주를 풀어주는 역할로 변하며 결국 자기 자신을 위한 성장이 아닌 타인을 위한 희생적인 모습을 보인다. 이는 여전히 여성 캐릭터가 남성을 변화시키고 구원하는 존재로 그려지고 있음을 보여준다. 야수의 목표는 벨과의 사랑을 통해 저주를 풀고 원래의 왕자로 돌아가는 것이며 이는 남성이 구원받기 위해 여성의 사랑이 필요하다는 가부장적 서사를 반영한다. 게스톤은 벨을 자신의 아내로 만들기 위해 집착적으로 행동하며 자신의 뜻을 이루기 위해 온갖 비열한 수단을 동원한다. 그의 목표는 여성의 의지와 상관없이 자신의 욕망을 이루는 것에 초점이 맞춰져 있으며 이는 전통적인 남성 중심적 사고방식을 극단적으로 보여주는 요소가 된다.

■ 작품에 나타난 젠더 고정관념과 사회적 맥락

미녀와 야수는 디즈니 애니메이션에서 여성 주인공들이 점차 주체적이고 능동적인 성향을 보이기 시작한 전환점이 된 작품이다. 벨은 기존의 공주들과 달리 독립적이고 지적인 여성으로 등장하지만 결국 이야기의 결말은 사랑과 결혼이라는 전통적인 가치에 기반하고 있다. 야수와의 관계 속에서 서로를 이해하고 변화하는 과정이 강조되었지만, 궁극적으로 여성이 남성을 변화시키는 역할을 맡는다는 점에서 기존의 성 역할 고정관념을 완전히 탈피하지는 못했다. 미녀와 야수는 디즈니 애니메이션의 발전 과정에서 중요한 작품으로 여성 캐릭터가 더 이상 수동적인 존재로만 그려지지 않고 자신의 목소리를 내는 모습을 보여준다. 그러나 여전히 사랑과 결혼을 통해 여성의 이야기가 완성된다는 서사는 가부장적 가치관의 잔재를 반영한다. 이후 디즈니는 보다 다양한 여성 캐릭터를 등장시키며 성 역할의 고정관념을 점진적으로 변화시키려는 노력을 기울였고, 이는 이후 애니메이션의 방향성에 중요한 영향을 미쳤다.

(3) 뮬란

1998년에 개봉된 디즈니 애니메이션 『뮬란』은 디즈니 최초로 동양 여성을 주인공으로 한 작품으로 중국 전설의 여전사 화목란 이야기를 바탕으로 제작되었다. 이 작품은 동양 문화를 소재로 하며 기존의 전통적 디즈니 공주들과 차별화된 여성상을 그렸다. 뮬란은 남성 중심의 전통적 사회 구조 속에서 자신의 운명을 개척하는 모습을 보이지만 여전히 가부장적 틀에서 벗어나지 못한 면도 발견된다.

① 캐릭터의 젠더 특성과 외모

▪ 외모

『뮬란』은 디즈니 최초로 동양 여성을 주인공으로 내세운 작품으로 그녀의 외모는 동양인의 특징을 반영하려는 노력이 엿보인다. 뮬란은 갸름한 얼굴형, 길게 치켜 올라간 눈꼬리, 넓은 미간 등 전통적인 동양적 미를 기반으로 디자인되었다. 그러나 기존 디즈니 여주인공들과 마찬가지로 날씬한 허리, 긴 다리, 균형 잡힌 체형을 유지하며 서구적인 미적 기준을 반영하려는 경향도 드러난다. 이는 동양 여성 캐릭터를 이상화하면서도 서양 관객들에게 익숙한 미의 기준을 적용하려는 의도가 반영된 것으로 볼 수 있다. 리샹은 강인한 남성성을 강조하는 캐릭터로, 짙은 눈썹, 탄탄한 근육질 체격, 높은 콧대 등을 통해 매력적인 외모를 가진 남성으로 묘사된다. 이러한 특징은 기존 디즈니 남성 캐릭터들의 전형을 따르고 있으며 강한 리더십과 용맹함을 강조하는 요소로 작용한다. 반면, 악역인 샨유는 어두운 피부, 날카롭게 치켜 올라간 눈썹, 노란 눈, 거대한 체구 등의 특징을 통해 위협적이고 흉측한 모습으로 표현된다. 이는 외모를 통해 악역의 이미지를 강조하는 디즈니의 전통적 방식과 맥락을 같이하며 선과 악을 극명하게 구분하려는 의도가 반영된 것이다. 황제는 긴 흰 수염과 권위 있는 태도를 통해 중국 전통 사회에서의 지도자상을 구현하고 있으며 그의 신비롭고 위엄 있는 외모는 왕권을 상징하는 요소로 활용된다.

■ 행동

뮬란은 기존의 디즈니 공주들과는 달리, 누군가의 구원을 기다리는 수동적인 캐릭터가 아니라 스스로 운명을 개척하는 능동적이고 주체적인 여성으로 등장한다. 그녀는 부상을 입은 아버지를 대신해 전쟁터로 나가기로 하고 남장까지 감행하며 자신의 능력을 시험한다. 군대에서는 남성 병사들과 함께 훈련을 받으며 점차 강인한 전사로 성장하고 궁극적으로 뛰어난 기지와 용기를 발휘해 황제를 구하며 나라를 지킨다. 작품 속에서 뮬란은 자신이 여성으로서 사회적 기대에 부응하지 못한다는 혼란을 겪지만, 점차 자신의 가치를 스스로 찾아 나간다. 중매쟁이에게 퇴짜를 맞고 '나는 왜 여자답지 않을까?'라는 고민을 하지만 이후 '나는 누구인가?'라는 질문을 던지며 자아를 탐색하고 자신의 길을 개척하려 한다. 이러한 과정은 기존 디즈니 여성 캐릭터들과 차별화되는 요소로, 단순히 로맨스나 결혼이 아닌 자아 성찰과 성장 서사를 중심으로 전개된다는 점에서 의미가 크다. 리샹은 처음에는 뮬란을 남성 동료로 인식하고 동등한 전우로 대하지만 그녀가 여성임을 알게 된 후 갈등을 겪는다. 그러나 시간이 지나면서 뮬란의 능력을 인정하고 그녀를 진정한 영웅으로 칭송하며 성별을 초월한 존경과 신뢰를 보이게 된다. 그는 뮬란을 돕는 조력자로 등장하며 단순한 구원자가 아니라 협력하는 동료로서 서사에 기여한다. 산유는 중국을 정복하려는 야망을 가진 악역으로 강압적이고 잔혹한 성격을 보이며 전형적인 권선징악 서사의 구조를 따른다. 그는 끝내 뮬란과 리샹의 협력에 의해 패배하며 악인의 몰락을 통해 정의가 승리한다는 서사적 결말을 맞는다.

■ 인물 관계

뮬란은 자신의 선택으로 전쟁터에 나가며 전통적인 여성의 역할에서 벗어나 독립적이고 능동적인 인물로 성장한다. 그러나 작품의 결말에서 리샹의 청혼을 받아들이는 모습은 여전히 가부장적 틀에서 완전히 벗어나지는 못했음을 보여준다. 리샹은 뮬란과의 관계에서 처음에는 군대의 상관과 부하라는 위계적 관계를 유지하지만 점차 그녀의 능력을 인정하며 동등한 관계로 발전한다. 이는 남녀 간의 관계가 단순히 보호자와 피보호자의 구조에서 벗어나 보다 대등한 협력적 관계로 변화할 수 있음을 시사한다. 황제는 뮬란의 업적을 인정하며 그녀에게 경의를 표하지만 뮬란은 재상의 자리를 거절하고 가정으로 돌아가는 선택을 한다. 이는 전통적 가치와 개인적 선택 사이에서 균형을 맞추려는 작품의 의도를 반영한다. 산유는 전형적인 악당으로 묘사되며 뮬란과 리샹의 협력에 의해 패배한다. 황제는 권위 있는 지도자로서 뮬란을 칭송하고 여성의 능력을 인정하는 모습을 보이지만 이는 전통적인 가부장적 이미지와 진보적인 요소가 혼재된 방식으로 표현된다.

■ 목표의식

뮬란의 목표는 단순히 아버지를 대신해 전쟁에 참여하는 것이 아니라 자신의 가치를 증명하고 자아를 실현하는 데 있다. 그러나 결말에서는 리샹과의 관계를 통해 전통적 여성의 역할로 돌아가는 모습을 보이며 여전히 사회적 관습의 틀에서 완전히 벗어나지는 못한 한계를 보인다. 리샹은 군대를 이끌어 승리를 거두고 나라를 지키는 것이 목표이며 뮬란과의 협력을 통해 이를 달성한다. 그는 처음에는 뮬란을 군인으로서 인식하지만 점차 그녀를 동료이자 사랑하는 사람으로 받아들이는 과정에서 변화를 겪는다. 황제는 나라를 보호하는 지도자로서의 역할을 수행하면서도 뮬란의 영웅적 업적을 인정하는 모습을 보이며 전통적인 가치관을 지키면서도 여성의 역할을 높게 평가하는 태도를 보인다.

■ 작품에 나타난 젠더 고정관념과 사회적 맥락

뮬란은 디즈니 애니메이션에서 처음으로 동양 여성을 주인공으로 내세우며 전통적인 여성상을 탈피하고 여성이 자신의 운명을 개척하는 모습을 보여준 작품이다. 가족과 전통의 가치를 중시하는 동양적 배경을 기반으로 하지만 가부장적 사회에서 여성이 부여받은 역할을 넘어서는 도전과 성장의 과정을 중심으로 전개된다. 뮬란은 전통적으로 남성만이 참여할 수 있었던 전쟁터에서 동료들과 협력하고 자신의 능력을 입증하며 결국 나라를 구하는 영웅으로 자리 잡는다. 그러나 그녀가 전쟁에 참여한 동기가 아버지를 대신하기 위한 것이었다는 점은 동양 사회에서 여성이 가족의 명예를 지키는 역할을 강조하는 전통적 가치관이 반영된 요소로 볼 수 있다. 결말에서 뮬란이 리샹의 청혼을 받아들이는 장면은 여성이 사회에서 인정받기 위해서는 남성의 사랑과 승인이 필요하다는 전통적 메시지를 완전히 극복하지 못했음을 보여준다. 그럼에도 뮬란은 여성이 남성 의존적인 존재가 아니라 스스로 선택하고 행동할 수 있는 주체적인 인물로 그려지며 이후 디즈니 애니메이션에서 보다 다양한 여성 캐릭터가 등장하는 데 중요한 전환점을 마련한 작품이라 할 수 있다.

5) 제3세대 공주 이야기

(1) 겨울왕국

『겨울왕국』은 통제할 수 없는 마법의 힘을 지닌 엘사 여왕과 그녀의 동생 안나의 이야기를 중심으로 한다. 이 작품은 기존 디즈니 애니메이션의 전형적 결말인 '왕자와 공주의 행복한 결혼' 대신 두 자매의 사랑과 연대를 통해 결말을 맺는다. 엘사와 안나는 남성 의존적인 모습에서 벗어나 자신의 삶을 주체적으로 개척하는 독립적인 여성 캐릭터로 표현되었다. 또한 작품은 개봉 당시 선풍적인 인기를 끌며 1,000만 관객을 돌파했고 주제가 「Let it Go」는 전 세계적으로 큰 사랑을 받았다.

① 캐릭터 젠더 특성 분석

▪ 외모

겨울왕국의 주인공 엘사는 은빛이 감도는 금발과 크고 또렷한 눈, 하얀 피부를 가진 백인 여성으로 묘사된다. 그녀는 날씬한 몸매와 긴 팔다리를 지닌 전형적인 미녀로 그려지지만 기존 디즈니 여주인공들과 비교했을 때 주근깨와 낮은 코 같은 현실적인 요소가 더해져 보다 인간적인 외모를 갖추고 있다. 아렌델 왕국에서 엘사는 항상 긴장된 표정을 짓고 장갑을 착용하며 청록색 드레스와 보라색 망토를 입어 고독한 내면을 표현한다. 하지만 자신만의 얼음성을 만든 후에는 몸매가 드러나는 반짝

이는 푸른 드레스와 풀어헤친 머리 스타일로 변화하며 억압에서 벗어난 자유로움과 자신감을 시각적으로 드러낸다. 안나는 붉은빛이 도는 갈색 머리와 파란 눈을 가진 캐릭터로 밝고 활기찬 성격을 반영하는 생기 있는 외모를 지니고 있다. 넓적한 얼굴, 주근깨, 낮은 코 등의 특징은 기존 디즈니 공주들과 차별화되는 개성이며 양 갈래로 땋은 머리와 활동적인 복장은 그녀의 발랄한 성격을 더욱 부각한다. 하지만 여전히 길고 가느다란 팔다리와 잘록한 허리 같은 디즈니 공주들의 전형적인 신체적 특징은 유지되고 있다. 한스 왕자는 단정한 외모와 매력적인 턱시도를 갖춘 인물로 등장하지만 실상은 왕국을 차지하려는 야심을 품고 있다. 그의 존재는 외모만으로 선악을 구분하기 어렵다는 점에서 현대적 캐릭터의 특성을 반영한다. 반면 크리스토프는 전통적인 미남상에서 벗어나 보다 자연스러운 홍조와 따뜻한 인상을 지닌 캐릭터로 안나를 돕는 조력자로 그려진다.

▪ 행동

엘사는 대관식 날 자신의 마법이 드러나 왕국을 얼려버리지만 기존의 디즈니 애니메이션에서 흔히 등장했던 악역 마녀의 모습과는 거리가 멀다. 어릴 적 실수로 안나를 다치게 한 경험 때문에 자신의 능력을 두려워하며 억누르며 살아온 그녀는 '착한 소녀'로 살아야 한다는 사회적 기대 속에서 고통받는다. 하지만 얼음성을 만들고 "이제는 내 방식대로 살겠다"라고 선언하며 자신의 존재를 받아들이는 주체적인 모습을 보인다. 초반에는 동생과 왕국을 멀리하며 독립적인 삶을 선택하지만 안나의 희생과 사랑을 통해 깨달음을 얻고 얼어붙은 왕국을 녹이며 진정한 영웅으로 거듭난다. 이는 기존 디즈니 애니메이션에서 남성 영웅이 주도하던 서사를 여성인 엘사가 이끌어가는 방식으로 변화시킨 사례로 강한 여성 캐릭터의 새로운 전형을 제시한다. 안나는 엘사와 대조되는 성격을 지닌 캐릭터로 발랄하고 적극적인 태도로 여정을 떠나 언니를 찾으려 한다. 크리스토프의 도움을 받기도 하지만 스스로 문제를 해결하며 주체적인 행동을 보인다. 특히 사랑의 힘으로 엘사를 구하기 위해 자신의 목숨을 걸면서 자매애의 진정한 의미를 강조한다. 기존 디즈니 공주들이 왕자와의 로맨스에 초점을 맞췄다면 안나는 한스 왕자에게 첫눈에 반했음에도 불구하고 그의 진짜 속셈을 알아차리고 단호하게 관계를 끊는다. 크리스토프와의 관계에서도 수동적인 역할에 머물지 않고 먼저 키스를 시도하는 등 전통적인 성 역할에서 벗어난 모습을 보여준다. 한스 왕자는 겉으로는 친절하고 매력적인 왕자처럼 보이지만, 실제로는 엘사와 안나를 제거하고 왕국을 차지하려는 야망을 가진 캐릭터다. 이는 외모가 선악을 결정짓지 않는다는 현대적 시각을 반영한다. 반면 크리스토프는 안나를 진심으로 도우며 그녀를 존중하는 인물로, 전형적인 남성 영웅이 아니라 동반자로 설정된다.

■ 인물 관계

엘사와 안나는 전통적인 '남성 구원자'에 의존하지 않고 서로를 통해 성장한다. 엘사는 안나의 희생을 통해 자신의 능력을 받아들이고, 안나는 언니를 지키기 위해 스스로 적극적으로 행동하며 두 자매의 연대가 이야기의 중심을 이룬다. 크리스토프는 안나를 돕지만 그녀의 주체성을 침해하지 않으며 동등한 관계 속에서 함께하는 조력자로 그려진다.

■ 목표의식

엘사의 목표는 자신의 마법을 받아들이고 이를 조화롭게 활용하는 법을 배우는 것이며 결국 왕국과 백성들을 지키는 진정한 여왕으로 성장한다. 안나는 엘사를 구하기 위해 헌신하며 자매애와 가족애의 중요성을 강조한다. 한스 왕자는 왕국을 차지하려는 야망을 실현하려 하지만 실패하며 사랑과 신뢰의 힘이 궁극적으로 승리한다는 메시지를 전달한다. 크리스토프는 안나를 돕고 함께 여정을 떠나면서 성별을 넘어선 협력과 우정을 보여준다.

■ 작품에 나타난 젠더 고정관념과 사회적 맥락

겨울왕국은 디즈니 애니메이션의 전통적인 젠더 고정관념을 깨고 새로운 여성상을 제시한 작품으로 평가받는다. 기존 디즈니 애니메이션이 '왕자와의 사랑과 결혼'을 중심으로 전개되었다면 이 작품은 남성 구원자 없이 여성들이 주도적으로 이야기를 이끌어간다. 엘사와 안나는 기존의 디즈니 여성 캐릭터들과 달리 스스로 문제를 해결하고 서로를 구원하는 주체적인 모습을 보인다. 엘사는 강력한 마법을 지녔음에도 불구하고 이를 억누르며 살아왔지만 결국 자신의 능력을 받아들이고 통제하는 과정을 거치며 성장한다. 반면 안나는 언니를 구하기 위해 위험한 여정을 선택하고, 남성 캐릭터에게 의존하지 않고 스스로 해결하려는 모습을 보여준다. 두 자매의 관계는 기존 디즈니 작품에서 강조된 '로맨틱한 사랑' 대신 '자매애'라는 새로운 형태의 사랑을 중심으로 이야기를 전개해 나간다. 또한 겨울왕국은 기존의 디즈니 남성 캐릭터들과도 차별성을 보인다. 한스 왕자는 전형적인 왕자의 모습을 하고 등장하지만 실제로는 권력을 탐하는 악역이라는 반전을 통해 외모가 선악을 결정짓는 기준이 아님을 강조한다. 크리스토프는 여성을 구원하는 전형적인 남성 영웅이 아니라 안나를 돕는 조력자로 등장하며 남성과 여성의 평등한 관계를 보여준다. 사회적 맥락에서 겨울왕국은 현대 사회에서 변화하는 젠더 인식을 반영하며 여성의 독립성과 연대, 사랑의 다양한 형태를 보여주는 작품이다. 기존의 가부장적 서사 구조를 벗어나면서도 디즈니 특유의 감동적인 이야기와 메시지를 전달하며 성별 고정관념을 완화하는 데 기여한 대표적인 작품으로 자리 잡았다.

(2) 모아나

『모아나』는 남태평양의 모투누이 섬을 배경으로 한 2017년 애니메이션 작품으로 주인공 모아나가 자신의 꿈과 운명을 찾아 떠나는 여정을 그린 이야기다. 뉴질랜드 마오리족 신화를 바탕으로 제작되었으며 그녀가 테피티의 심장을 되돌려놓는 과정에서 스스로의 정체성을 발견해 나간다. 특히 기존 디즈니 공주 서사에서 벗어나 인종과 성별의 고정관념을 타파하며 현대적인 관점을 보여준다.

① 캐릭터 젠더특성 분석

▪ 인물

모아나는 기존 디즈니 공주들과는 차별화된 모습을 가진다. 구릿빛 피부와 도톰한 입술, 건강한 체구, 곱슬진 머리는 강인한 이미지를 강조하며 전통적인 여성 캐릭터의 틀에서 벗어나려는 시도가 돋보인다. 하지만 허리선과 긴 팔다리 같은 일부 요소에서는 여전히 이상화된 여성 캐릭터의 특징이 남아 있다. 전통적인 여성스러움이나 소극적인 역할에 얽매이지 않으며 족장의 후계자로서 책임감을 지니고 리더십을 발휘하는 인물이다. 마우이는 반신반인의 영웅으로, 기존 디즈니 남성 캐릭터와는 다른 개성을 지닌다. 낮은 코와 작은 눈, 온몸을 뒤덮은 문신, 거대한 체격은 전형적인 미남형 주인공의 틀에서 벗어나 있으며 그의 외모는 폴리네시아 문화의 요소를 반영한다. 단순히 강인한 영웅이 아니라 모험을 통해 자신의 가치를 깨닫고 성장하는 입체적인 캐릭터로 그려진다. 할머니 탈라는 자유로운 영혼을 지닌 인물로 모아나가 자신의 길을 선택할 수 있도록 응원하고 격려한다. 단순한 조력자가 아니라 지혜와 유머를 겸비한 존재로 모아나의 인생에 깊은 영향을 미친다. 모아나의 아버지 투이는 전형적인 가부장적 인물로 바다에 대한 두려움 때문에 딸의 모험을 억압하려는 모습을 보인다. 하지만 어머니 시나는 남편의 뜻을 존중하면서도 조용히 모아나를 응원하며 균형 잡힌 부모의 모습을 보여준다.

▪ 행동

모아나는 강인하고 주체적인 여성으로 남성 못지않은 리더십과 문제 해결 능력을 지닌다. “내가 선택한 길은 후회 없어”라는 대사에서 알 수 있듯이 자신의 길을 스스로 개척하며 책임감을 가지고 행동한다. 디즈니의 전통적인 서사 구조에서 흔히 등장하는 로맨스 요소가 배제되었으며 남성 캐릭터와의 관계에서도 동등한 협력자로 설정된다. 마우이와의 관계는 단순한 조력 관계를 넘어 서로 영향을 주고받으며 성장하는 방식으로 전개된다. 이를 통해 남성과 여성의 관계가 반드시 로맨틱한 요소를 포함해야 한다는 기존의 고정관념에서 벗어난다.

■ 작품에 나타난 젠더 고정관념과 사회적 맥락

『모아나』는 기존 디즈니 애니메이션에서 자주 등장했던 전통적인 젠더 고정관념을 탈피한 작품이다. 과거 『백설공주』나 『인어공주』에서 여성 캐릭터는 종종 수동적이고 구원받는 존재로 묘사되었지만 모아나는 능동적으로 자신의 목표를 향해 나아가고 문제를 스스로 해결한다. 이 작품에서 여성은 사회적 역할에 의해 제한받지 않는다. 모아나는 족장의 후계자로서 교육받으며 마을 사람들로부터 존중받는다. 이는 전통적인 가부장적 질서에서 벗어난 이상적인 공동체를 보여주며 여성이 지도자가 될 수 있음을 자연스럽게 제시한다. 또한 그녀의 항해와 모험은 여성이 도전을 받아들이고 극복할 수 있음을 강조하며 용기와 결단력이 성별과 무관하다는 메시지를 전달한다. 마우이는 기존의 남성 캐릭터와 달리 자신의 단점과 실패를 인정하고 이를 극복하는 과정을 거친다. 단순한 영웅이 아니라 성장하는 인물로 그려지며 남성성이 반드시 강함과 완벽함으로 정의될 필요가 없다는 점을 보여준다. 이를 통해 남성 캐릭터의 전형적인 모습 또한 해체하고 보다 입체적인 캐릭터를 제시한다. 모아나는 현대사회에서 점점 중요해지고 있는 다양성과 포용성을 반영한다. 폴리네시아 신화를 배경으로 삼아 다양한 문화와 전통을 존중하며 제작되었으며 특히 여성의 독립성과 리더십, 남성과의 동등한 관계를 강조한다. 전통적인 서사에서 벗어나 젠더 평등과 자아실현이라는 주제를 담아낸다. 이 작품은 현대사회에서 변화하는 젠더 역할과 가치관을 반영하며 특정 성별이 한정된 역할에 머물지 않아도 된다는 점을 강조한다. 이를 통해 개인의 선택과 성장을 중요하게 다루며 새로운 시대의 디즈니 서사를 제시하는 데 성공했다.

6) 디즈니 공주 서사의 세대별 진화

(1) 1세대: 가부장적 전통 속의 수동적 여성(1937~1959년)

디즈니 애니메이션의 초기 작품들은 당시 사회의 가부장적인 이데올로기를 그대로 반영하며 남성과 여성의 역할을 고정된 틀 안에 가두었다. 『백설공주와 일곱 난쟁이』(1937)와 『잠자는 숲속의 공주』(1959)에서 여성 캐릭터는 단아하고 아름다운 외모로 그려지며 남성의 보호와 구원을 기다리는 수동적 존재로 묘사되었다. 행복의 조건은 남성과의 결혼이었으며 여성의 역할은 가정에서 남성을 내조하며 안정감을 제공하는 것으로 한정되었고 이 시기의 남성 캐릭터들은 강인하고 근엄하며 여성의 운명을 결정짓는 주체로 그려졌다.

(2) 2세대: 과도기적 변화와 주체적 여성의 등장(1989~2000년대 초반)

1980년대 이후 페미니즘과 인권운동의 영향으로 디즈니 작품에도 변화를 위한 시도가 나타났다. 『인어공주』(1989)는 전통적인 공주 서사를 벗어나려는 노력이 엿보이지만, 여전히 결혼과 남성의 구원이 중심에 자리 잡고 있었다. 아리엘은 아버지의 권위에 도전하며 주체적인 성격을 보였지만 결국 남성에게 의존하는 모습으로 결말을 맞이합니다. 『미녀와 야수』(1991)의 벨은 독서를 즐기고 지적 욕구가 강하며 잘생긴 외모보다 내면의 가치를 중시하는 캐릭터로 진보적인 여성상을 제시했다. 그러나 결국 야수가 인간으로 돌아와 사랑을 완성한다는 점에서 한계를 드러냈다. 『뮬란』(1998)에서는 남장을 하고 전쟁에 나선 여성 영웅을 통해 성 역할의 경계를 넘어섰으나 여전히 여성의 성취가 남성적 가치에 의해 인정받는 구조적 한계를 보였다.

(3) 3세대: 독립적이고 진취적인 여성의 시대(2010년대 이후)

2000년대 후반부터 디즈니는 완전히 새로운 여성상을 선보이며 여성 캐릭터들의 목표와 역할이 변화했다. 『겨울왕국』(2013)에서는 사랑의 구원이 아닌 자매간의 연대와 신뢰를 통해 문제를 해결하는 과정을 그렸다. 이는 여성 간의 경쟁 대신 협력과 지지를 강조하며 새로운 관계성을 제시했다. 『모아나』(2017)에서는 여성의 독립성과 주체성을 더욱 강하게 부각했다. 모아나는 자신의 꿈과 부족의 운명을 책임지는 차기

리더로서 모험과 자기 성장을 이루며 남성과의 로맨스 없이 독립적으로 목표를 달성한다. 그녀는 남성 캐릭터 마우이와 동등한 관계를 유지하며 서로의 성장을 돕는 동료로 그려졌다.

결론적으로 디즈니 공주 서사의 진화는 디즈니 애니메이션 속 여성 캐릭터의 변화는 단순히 창작자의 의도만이 아니라 시대적 이데올로기와 사회적 변화를 반영한 결과다. 초기 작품에서는 가부장적이고 남성 중심적인 사회구조를 반영해 여성을 수동적이고 종속적인 존재로 그렸으나 1980년대 이후에는 점차 여성의 주체성과 자율성이 강조되기 시작했다. 특히 2000년대 이후 디즈니 애니메이션은 남녀 평등적인 관계와 여성의 독립적 역할을 적극적으로 담아내며 더 이상 결혼과 로맨스를 여성의 목표로 설정하지 않는다. 대신 여성 캐릭터들은 자아실현과 사회적 책임을 목표로 하며 이를 통해 현대사회가 요구하는 강인하고 진취적인 여성상을 보여준다. 디즈니 공주 서사는 이제 단순한 판타지가 아닌, 젠더와 사회적 의식을 논의하는 중요한 문화적 텍스트로 자리 잡고 있다. 이러한 변화를 통해 디즈니는 어린이와 성인 관객 모두에게 다양한 가치관과 시대적 흐름을 선날하며 문화적 영향력을 확장해 가고 있다.

3. 한국영화 속 젠더이야기

1) 성 역할의 근대성

여성과 남성 사이에는 생물학적 차이뿐만 아니라 사회문화적으로 부여된 역할이 존재한다. 특히 직업이나 사회적 활동과 관련하여 각 사회마다 고정된 젠더 역할이 형성되어 왔다. 오늘날 젠더 역할은 사회적 노동과 밀접하게 연결되어 있으며 자본주의의 발달과 함께 변화해 왔다. 근대 산업 사회가 등장하면서 노동이 이루어지는 공적 영역과 가사노동이 이루어지는 사적 영역이 분리되었다. 이 과정에서 남성은 공적 영역에서 임금을 받는 노동자로 자리 잡았고, 여성은 사적 영역에서 가사노동과 육아를 담당하는 역할을 맡게 되었다. 이는 근대 사회가 가부장적 자본주의 체제를 바탕으로 핵가족 중심의 사회구조를 재편하는 과정에서 비롯되었다. 노동력을 효율적으로 활용하기 위해 생산과 재생산의 영역을 명확히 구분한 결과 남성에게는 가족의 생계를 책임질 의무가 주어졌고 여성에게는 남성의 노동력을 재생산하고 미래의 노동자를 양육하는 역할이 요구되었다. 이러한 구조 속에서 동일한 노동이라도 수행하는 주체에 따라 그 의미가 달라졌다. 예를 들어 요리의 경우, 임금을 받는 직업으로서의 요리는 남성의 영역이 되었지만 가사노동으로서 요리는 여성의 몫으로 여겨졌다. 또한 남성이 가족을 부양하는 역할을 맡게 되면서 임금 역시 남성 개인을 위한 것이 아니라 가족 전체를 부양하는 '가족 임금'으로 간주되었다. 이에 따라 근무 연한이 증가할수록 임금이 상승하는 호봉제가 정착되었으며 이는 남성이 결혼과 출산을 통해 부양해야 할 가족의 수가 늘어날 것을 전제로 한 제도였다. 이처럼 남성에게 안정적인 수입을 보장하는 체계는 가부장적 사회 질서를 유지하고 노동시장을 안정시키는 기능을 수행했다. 반면 여성은 결혼 후 남성의 부양을 받는 존재로 인식되면서 직업을 갖더라도 결혼과 동시에 일을 그만두는 것이 자연스러운 일로 받아들여졌다. 설령 결혼 후에 직업을 유지하더라도 여성의 소득은 가족을 위한 주요 생계비가 아닌 '부가적 소득'으로 간주되었고 이로 인해 남성보다 낮은 임금을 받는 것이 당연시되었다. 이러한 구조는 남녀 간의 임금 격차를 초래했으며 여성의 경제적 의존도를 높여 성별 노동 분업을 더욱 공고히 했다.

한국사회는 전통적인 가부장제에서 산업화된 사회로 빠르게 변화하는 과정에서 이러한 성별 노동 분업이 더욱 강조되었다. 특히 1960년대 이후 군부 독재 정권이 산업화와 경제 성장을 강력히 추진하면서 가부장적 질서와 군사적 위계 문화, 노동착취적 자본주의가 결합된 사회구조가 형성되었다. 남성은 '산업역군'으로 불리며 국가 경제를 이끄는 노동자로 역할이 고정되었고 여성은 결혼 전까지는 저임금 노동자로 활용되다가 결혼 후에는 남성을 내조하고 미래의 노동력을 양육하는 '현모양처'로 기대되었다. 전통적인 대가족 사회에서 핵가족 중심 사회로 변화하면서 남성은 가부장적 가장에서 산업사회의 노동자로 정체성을 재정립해야 했다. 국가와 기업을 위해 헌신하면 근속 연수에 따라 임금이 보장되는 호봉제 구조는 남성 가장이 가족을 부양할 수 있도록 설계된 시스템이었다. 이에 따라 남성은 강인하고 엄격한 태도를 유지하며 가정의 경제적 책임을 짊어지는 존재로 자리 잡았고 여성은 순종적이고 헌신적인 어머니이자 아내로 역할이 규정되었다. 그러나 1990년대 이후 한국 사회는 정치적 민주화와 함께 신자유주의적 경제체제를 도입하면서 노동시장과 성별 노동 분업에도 변화를 맞이했다. 1997년 국제통화기금(IMF) 외환위기를 기점으로 신자유주의가 확산되면서 노동 시장에서는 실력주의가 강조되었고 호봉제가 점차 사라지기 시작했다. 이에 따라 평생직장의 개념이 무너지고 가장의 경제적 책임이 흔들리면서 남성만으로는 가족을 부양하기 어려운 상황이 되었다. 이러한 변화 속에서 여성도 가정을 위한 임금노동에 적극적으로 참여하게 되었고 결혼과 출산이 곧 경제활동의 중단을 의미하지 않게 되었다. 과거에는 남성이 생계를 책임지고 여성은 보조적인 역할을 수행하는 것이 일반적이었지만 현대 사회에서는 맞벌이가 보편화하면서 이러한 역할 분배가 점차 희미해지고 있다.

젠더 역할의 변화는 미디어 콘텐츠에서도 반영되며 특히 드라마와 같은 픽션 장르에서 젠더 재현 방식에 영향을 미치고 있다. 과거의 미디어 콘텐츠에서는 남성이 강한 가장으로 여성은 헌신적인 아내이자 어머니로 그려지는 경우가 많았다. 하지만 시대의 변화와 함께 다양한 젠더 역할이 등장하며 남성과 여성 모두 전통적인 역할에서 벗어나 보다 유연하고 평등한 관계를 맺는 모습을 보인다. 이처럼 성별 노동 분업에 대한 인식이 변화하면서 젠더 역할 또한 사회구조와 함께 재편되고 있다. 여전히 남녀 간의 임금 격차나 경력 단절 등의 문제가 존재하지만 성별에 따른 역할 고정관념이 점차 완화되고 있으며 이에 따라 노동 시장과 가정에서의 젠더 역할도 지속적으로 변화하고 있다.

여기서는 미디어콘텐츠의 하나인 영화를 소재로 지난 70여 년 동안 한국 영화에서 젠더가 어떻게 재현되어 왔는지를 살펴보고, 시대적 변화에 따라 남성과 여성의 역할이 영화에서 어떤 방식으로 표현되었는지를 분석한다. 1950년대부터 2010년대까지의 한국 영화를 10년 단위로 구분하여 각 시대를 대표하는 영화 장르를 식별하고 해당 장르에서 남성과 여성의 사회적 역할과 욕망이 어떻게 형상화되었는지를 탐구한다. 각 시대를 대표하는 영화들은 단순히 상업적으로 성공한 작품들뿐만 아니라 사회적으로 큰 반향을 일으키거나 논쟁의 중심에 섰던 작품들을 중심으로 선정하였다. 이를 바탕으로 영화가 그 시대의 젠더 인식을 어떻게 반영하고 있으며 시간이 흐름에 따라 젠더 재현 방식이 어떤 변화를 거쳐왔는지를 고찰한다.

2) 1950년대: 낭만적 사랑과 자유에 대한 환상

1950년대 한국 사회는 한국전쟁의 여파로 전통적인 대가족 체계가 균열하고 생존과 재건의 희망이 자유와 해방에 대한 열망으로 표출되는 시기였다. 특히 미국 문화의 유입은 자본주의적 가치와 새로운 사회적 변화를 촉진하며 대중의 삶에 큰 영향을 미쳤다. 이러한 변화는 영화 산업에도 반영되어, 영화 제작 편수가 급증하며 다양한 장르가 등장했다. 1955년 15편이었던 영화 제작 수는 1959년 111편으로 증가하며 전쟁 후 대중이 즐길 수 있는 주요한 오락 매체로 자리 잡았다.

이 시기의 영화들은 전통적 가치와 새로운 젠더 역할에 대한 충돌을 조명했다. 대표적인 작품으로 『자유부인』(1956), 『자유결혼』(1958), 『여사장』(1959)이 있다. 이 영화들은 해방 이후 미국의 자본주의 문화가 유입되며 '자유'라는 개념이 이상화되던 시대적 분위기를 반영한다. 자유부인은 성적 해방과 경제적 독립을 추구하는 가정주부의 욕망이 가부장적 사회에서 억압받는 이야기를 다루고 있으며 자유결혼은 전통적인 결혼제도에 반발하며 낭만적 사랑을 추구하는 젊은 여성들의 갈등을 그린다. 여사장은 젠더 역할의 역전과 그에 대한 조롱을 통해 가부장적 질서의 복원을 강조하는 작품이다. 1950년대 한국 사회에서는 미국 문화가 선망의 대상이었다. 영어 단어의 남용, 미국식 라이프스타일의 예찬, 서양식 연애 문화의 도입 등이 영화 속에서 빈번하게 등장했다. 특히 성적 자유를 미국의 선진 문화로 합리화하는 경향이 강했는데 『자유부인』에서 선영과 춘호의 대화는 자유연애를 미국에서 온 이상적인 성문화로 받아들이는 당시 인식을 반영한다. 영화 속 '땐스'(댄스)는 성적 욕망의 발현이자 자유연애의 은유로 사용되며 전통적 가부장제에서 벗어나려는 여성의 욕망을 암시하는 중요한 장치로 기능한다. 자유결혼에서도 낭만적 사랑은 신분과 계급을 초월하는 이상적인 가치로 그려지지만 결국 가부장적 질서 내에서 통제되며 여성의 탈규범적 행동은 남성과의 결혼을 통해 '교정'된다. 여사장 역시 기존의 성 역할을 전복하는 듯 보이지만 결국 여성이 가정을 선택하며 기존 질서로 회귀하는 모습을 보여준다. 이는 여성의 사회적 진출에 대한 시대적 불안을 반영하는 동시에, 당시 사회가 여성을 가정의 울타리 안에서만 용인하려 했음을 시사한다.

1950년대 한국 영화는 전쟁의 트라우마보다는 대중이 현실을 잠시나마 잊고 즐길 수 있는 상업적 요소를 강조했다. 그러나 그 속에서도 전통적 가치와 새로운 변화가 충돌하는 모습을 확인할 수 있다. 『자유결혼』에서 등장하는 세 딸의 결혼 과정은 전통과 현대, 가부장제와 낭만적 사랑이 충돌하는 방식으로 전개된다. 큰딸 숙희는 과거 연애 경험을 이유로 소박을 맞고, 둘째 딸 문희는 사랑을 위해 목숨을 걸지만 막내딸 명희는 남녀평등을 주장하는 남성을 거부하고 전통적인 가부장적 남성을 선택함으로써 갈등이 봉합된다. 여사장에서는 경제적 독립을 이룬 여성이 결국 사랑과 결혼을 선택하면서 가부장적 질서를 받아들이는 모습이 그려진다. 이는 당시 사회에서 여성이 성취를 이루더라도 결국 가정으로 회귀해야 한다는 암묵적 기대를 반영한다.

1950년대 영화는 서양식 자유연애와 낭만적 사랑을 이상화하는 한편 전통적 가부장제와의 충돌을 해결하는 방식으로 여성의 순응을 강요하는 서사를 따랐다. 여성이 경제적, 사회적 독립을 이루려 해도 결국 가부장적 질서 안에서 수용될 수밖에 없다는 한계를 가진다. 그러나 이러한 영화들은 당대 사회의 가치관과 변화하는 젠더 역할에 대한 논의를 촉진하는 역할을 했다. 여성의 욕망과 독립을 그린 『자유부인』, 자유연애를 다룬 『자유결혼』, 젠더 역할의 전복을 시도한 『여사장』은 각각의 방식으로 1950년대 한국사회에서 사랑과 자유가 어떤 방식으로 수용되고 거부되었는지를 보여주는 중요한 텍스트다.

이러한 영화들은 단순히 가부장적 질서를 강화한 것이 아니라 자유와 사랑에 대한 새로운 인식을 형성하고 여성의 역할에 대한 논의를 확장하는 계기가 되었다는 점에서 의의가 있다. 1950년대 한국 영화는 단순한 오락적 기능을 넘어 변화하는 사회 속에서 전통과 현대, 가부장제와 자유라는 상반된 가치들이 어떻게 충돌하고 조화되었는지를 조명하는 중요한 문화적 기록이라고 할 수 있다.

3) 1960년대: 근대적 가부장과 현모양처

1960년대 후반으로 갈수록 군사정권의 근대화 논리가 강화되면서 영화 속 가부장제의 모습은 더욱 국가주의적 색채를 띠게 된다. 이를 가장 명확하게 보여주는 대표적 작품이 『팔도강산』(1967)이다. 이 영화는 국립 영화제작소에서 국정 홍보용으로 제작한 상업용 계몽영화로 1967년 대통령 선거를 앞두고 정부의 적극적인 지원 아래 제작되었다. 영화는 큰 흥행을 거두었으며 이후 4편의 후속작과 수많은 유사작이 등장할 정도로 영향력이 컸다. 영화의 줄거리는 서울에 사는 노부부가 충청도, 전라도, 부산, 울산, 강원도로 시집보낸 딸들의 집을 방문하면서 각 지역에 남아 있는 전근대적 요소들을 확인하고 근대화·산업화가 진행되는 국가의 발전상을 경험하는 이야기로 구성되어 있다. 특히 영화는 산업현장에서 일하는 사위들의 모습을 강조하며 근대화의 주역으로서 남성을 부각한다. 반면 여성들은 현모양처로서 남편을 내조하고 자녀를 양육하는 역할로 제한된다. 이러한 재현 방식은 1960년대 국가가 원하는 이상적인 가족의 형태를 반영하며 남성 중심의 산업사회에서 여성의 역할을 가정 내로 한정시키는 방식으로 나타났다.

1960년대 영화에서 여성은 가정과 가족을 위해 자신의 욕망을 희생하는 존재로 그려졌다. 대표적인 작품으로 『사랑방 손님과 어머니』(1961)가 있다. 이 영화에서 어머니는 자신의 감정을 억누르고 자녀를 위해 희생하는 모습을 보여주며 수동적이고 감성적인 여성상을 재현한다. 이는 전통적인 여성상이 근대화 과정에서도 지속적으로 강조되었음을 시사한다. 여성의 희생을 극단적으로 강조한 영화로 『미워도 다시 한

번』(1968)이 있다. 이 영화는 여성 관객들의 압도적인 지지를 받으며 1960년대 최고의 흥행작 중 하나가 되었다. 영화의 주인공 혜영은 유부남 신호와 사랑에 빠지지만, 그가 이미 가정을 이루고 있음을 알게 되자 자신의 감정을 억누르고 혼자 아이를 키우기로 결심한다. 하지만 아이가 아버지를 그리워하자 아이의 미래를 위해 신호에게 아이를 보내지만 결국 아이가 새 환경에 적응하지 못하자 다시 아이를 데려온다. 여기서 남성(신호)이 모든 문제의 원인을 제공했음에도 불구하고 여성들(혜영과 신호의 아내)이 희생을 감수하며 가정을 유지하는 역할을 맡는다. 이는 가부장제의 질서가 여성의 자발적 지지를 통해 유지되고 있음을 단적으로 보여준다.

1960년대 산업화 과정에서 여성 노동자들의 역할이 중요했음에도 불구하고 영화에서는 여성의 사회적 노동이 거의 재현되지 않았다. 당시 한국의 주력 산업이었던 섬유, 신발, 의류, 가발 등의 경공업에서는 다수의 여성 노동자가 일했지만 그들의 삶을 조명하는 영화는 거의 존재하지 않았다. 대신 여성은 남성을 보조하고 가정에서 남편과 자식을 위해 희생하는 모습으로만 묘사되었다. 이러한 왜곡된 재현은 여성이 경제적 주체로서 기여하고 있음에도 불구하고 사회적으로는 여전히 가정 내의 존재로 한정되었음을 의미한다. 1960년대 한국 영화는 근대적 가부장제를 강화하고 여성의 역할을 가정 내로 한정하는 방향으로 전개되었다. 영화 속 아버지는 가족의 주축이자 국가 근대화의 주역으로 그려졌으며 여성은 남성을 내조하고 자녀를 양육하는 현모양처로 재현되었다. 이는 국가가 주도하는 산업화 과정에서 남성 중심의 근대화 담론이 형성되었고, 여성이 이에 맞춰 희생하는 존재로 강조되었음을 보여준다. 이처럼 영화 속에서 여성은 가부장제의 질서를 유지하는 보조자로 자리매김했으며 여성의 사회적 노동은 철저히 배제되었다. 하지만 실제로는 여성 노동자들이 산업화 과정에서 중요한 역할을 했으며 이는 이후 1970년대와 1980년대 여성 운동과 노동운동이 부상하는 배경이 되었다. 1960년대 영화가 제시한 가부장적 가족관은 이후 한국 사회에서 점진적인 변화를 겪으며 도전받게 된다.

4) 1970년대: 파괴된 남성을 위로하는 고결한 창녀

1970년대는 한국 사회가 본격적으로 근대화의 결실을 맺기 시작하면서 그에 따른 부작용 역시 두드러지게 나타난 시기였다. 이 시기는 전후 세대가 성인이 되어 사회에 진출하는 시점으로 베이비붐 세대가 경제 성장의 한 축을 담당하며 소비문화가 본격적으로 활성화되었다. 산업화와 도시화가 급속히 진행되면서 대도시를 중심으로 하층 계급이 증가했고 특히 육체노동과 유흥업에 종사하는 이들이 급격히 늘어났다. 하지만 이러한 경제적 성장과 달리 정치적, 사회적 권리와 자유는 독재 정권의 억압 아래 제한되었으며 대중문화는 이러한 현실을 반영하여 점차 도시 하층민의 삶을 조명하기 시작했다.

이러한 흐름 속에서 등장한 대표적인 영화 장르는 '호스티스 영화'였다. 이는 유흥업에 종사하는 여성들의 비극적 삶을 다룬 작품들로 대표적인 작품으로는 『별들의 고향』(1974), 『영자의 전성시대』(197), 『O양의 아파트』(1978), 『나는 77번 아가씨』(1978), 『꽃순이를 아시나요』(1979) 등이 있다. 이들 영화는 주로 가난과 사회적 억압 그리고 남성들의 폭력과 배신 속에서 삶이 피폐해지는 여성들을 그리며 이들이 결국 자신의 육체를 팔아 생계를 유지해야 하는 현실을 보여준다. 이 장르의 영화에서 여성은 자본주의 사회 구조와 가부장적 억압 속에서 희생당하는 존재로 묘사된다. 여성의 성욕망은 철저히 배제되며 그녀들은 남성을 위로하거나 그들의 욕망을 충족시키는 도구로 전락한다. 여성의 몸은 남성의 욕망을 위한 시각적 대상으로 소비되며 순수함과 희생의 아이콘으로 기능한다.

특히 '고결한 창녀'라는 모티프(motif)는 이러한 영화들에서 두드러지는데 이는 몸을 팔지만 정신적으로는 타락하지 않은 순수한 여성의 형상을 의미한다. 남성들은 이들을 통해 자신의 죄책감을 덜어내고 상처받은 남성성을 위로받고자 한다. 이러한 '고결한 창녀'의 이미지는 근대화와 산업화 과정에서 소외되고 낙오된 남성들의 상실감을 보상하기 위한 도구로 활용되었다. 국가가 추진한 경제 발전은 많은 노동력을 필요로 했고 남성들은 산업역군으로 투입되면서 전통적인 공동체에서 멀어졌다.

이 과정에서 발생한 정신적 공허와 사회적 소외는 영화 속 여성들을 통해 대리적으로 치유되었다. 영화 속 호스티스들은 남성들에게 일종의 '고향'과 같은 존재로 묘사되며 남성들이 떠나온 순수한 공간을 상징한다. 남성들은 이들을 통해 도시화와 근대화 속에서 잃어버린 순수를 회복하려 하지만 결국 여성들은 파멸의 길을 걸으며 그 희생을 감내해야 했다.

호스티스 영화 속 여성들은 낭만적 사랑과 결혼을 꿈꾸지만, 결국 현실은 그들의 기대를 무참히 무너뜨린다. 영화는 이를 통해 낭만적 사랑이 실현될 수 없는 허구임을 폭로하면서도 동시에 여성들에게는 사랑과 결혼 외에 다른 대안이 없음을 강조한다. 이는 여성이 가부장적 사회에서 벗어날 수 없다는 구조적 한계를 다시금 주입하는 기능을 한다. 더 나아가 이러한 영화들은 성을 즐거움과 쾌락의 영역이 아니라 고통과 슬픔의 영역으로 묘사한다. 성적 행위는 여성에게 있어 피할 수 없는 착취와 희생을 의미하며 여성들은 종종 눈물을 흘리거나 고통스러워하는 모습으로 그려진다.

1970년대 호스티스 영화에서 여성의 성적 희생을 강조한 것은 단순한 서사적 요소가 아니라 당대 사회의 계급적 불평등과 독재 정권의 억압적 구조 속에서 대중의 억눌린 욕망이 왜곡된 방식으로 발현된 결과라 할 수 있다. 이러한 영화들은 한편으로는 사회 구조적 모순을 폭로하는 듯 보이지만 동시에 여성의 희생을 미화하고 이를 필연적인 것으로 받아들이게 만든다. 남성 주도적인 시선 아래 여성의 몸은 단순한 성적 대상이 아니라 남성의 죄를 속죄하고 그들의 상처를 치유하는 도구로 사용되었으며 결국 국가와 자본의 논리 속에서 소비되는 또 하나의 상품으로 자리 잡았다.

결과적으로 1970년대 호스티스 영화는 단순한 성적 대상화를 넘어 한국 사회의 근대화 과정에서 발생한 젠더적, 계급적 문제들을 함축적으로 드러내는 장르였다. 급속한 경제 성장과 도시화 과정에서 소외된 이들이 어떻게 사회적으로 소비되고 이용되는지를 보여주었으며 특히 여성들은 이중적인 억압 속에서 더욱 고통받는 존재로 그려졌다. 이러한 영화들은 단순한 오락물이 아니라, 당대의 시대적 고민과 구조적 모순을 반영하는 중요한 문화적 산물이라 할 수 있다.

5) 1980년대: 드러난 무능한 가부장과 여성 욕망의 표출

1980년대 한국은 정치적으로는 군사독재가 이어지고 있었으나 경제적으로는 중화학 공업의 성장과 함께 호황기를 누리던 시기였다. 1979년 12·12사태로 권력을 잡은 전두환 정권은 이듬해 1980년에 광주민주화운동을 무력 진압했고 이후 광주 학살의 기억을 희석하기 위해 문화·여가 정책을 적극적으로 활용했다. 이른바 '3S 정책(Sports·Screen·Sex)'이라 불리는 문화적 유화 정책은 시민들에게 정치적 자유 대신 소비와 오락의 기회를 넓혀주는 것이었다. 컬러TV 방송 도입, 프로스포츠 출범, 야간 통행금지 폐지, 유흥업소 영업시간 연장, 그리고 '86 아시안게임과 '88 서울올림픽 개최와 같은 대형 이벤트들이 잇달아 시행되면서 대중은 이전보다 더 많은 문화적·사회적 볼거리와 즐길거리를 접하게 되었다. 물론 검열과 통제는 여전히 존재했으나 1970년대처럼 노골적인 폭력으로 국민을 억압하는 데에는 한계가 분명해졌다. 정권은 시대적 흐름을 거스르기보다는 일정 정도 타협하는 태도를 보였고 그 결과 사회비판적인 영화나 대중문화 콘텐츠가 일부 허용되었다. 1980년대를 대표하는 영화는 크게 두 갈래로 나눌 수 있는데 하나는 도시 빈민층의 삶을 사실적으로 그려낸 사회비판 영화고 다른 하나는 중산층 혹은 상류층 여성이 적극적인 성적 욕망의 주체로 등장하는 에로영화였다.

도시 빈민의 삶을 조명한 작품들은 가난과 소외, 그리고 부조리한 사회구조에 맞서는 '하층민'의 모습을 사실적으로 담아냈다. 예컨대 『바람 불어 좋은 날』(1980), 『어둠의 자식들』(1981), 『난장이가 쏘아 올린 작은 공』(1981), 『고래사냥』(1984) 등은 도시 빈민들의 고단한 일상과 희망 없는 현실을 세밀히 묘사했다. 이들 작품에서 눈에 띄는 점은 1970년대 호스티스 영화에서 여성은 주로 남성적 시선에 종속된 '성적 대상자'로 그려진 반면 1980년대 도시 빈민 영화에 등장하는 성 노동자 캐릭터들은 자신의 육체를 어떻게 쓸 것인지 스스로 결정하고 이를 통해 계급상승이나 경제적 자립 같은 목표를 추구한다는 점이다. 물론 이들이 결국 성공을 거두는 일은 드물고 이야기는 비극적인 결말로 이어지기 마련이었다. 그러나 이전 시기와 달리 여성은 단순한

'피해자'가 아닌 욕망을 가진 '주체'로 표현되는 경우가 늘어났다. 이는 완전히 제도권 혹은 가부장 권력에서 벗어난다는 의미는 아니었지만, 적어도 여성의 성적 욕망이 수면 위로 드러나며 일부나마 '남성 지배'적인 시선에서 벗어나려는 시도였다는 점에서 의미가 있다.

한편 1980년대에는 에로영화가 큰 인기를 끌었다. 당시 군사정권은 정치적 자유를 엄격하게 통제하면서도, 대중의 분노를 완화하기 위한 방편으로 '성적 자유'만큼은 상대적으로 느슨하게 허용했다. 3S 정책의 일환으로 스크린(Screen)을 적극 육성했는데 컬러TV 도입 이후 영화산업이 위축될 것을 우려했던 제작자들은 보다 자극적인 소재를 선택해 관객의 시선을 사로잡고자 했다. 이 과정에서 수위 높은 노출 장면이나 정사 장면을 강조하는 포스터 때로는 영화에도 없는 여배우의 누드사진을 홍보용으로 찍어 사용하는 마케팅이 성행했고 오히려 관객들도 그러한 선정성에 열광했다. 흥미로운 점은 이들 에로영화 속에서 남성은 '성적으로 무능력한 존재'나 '희화화된 인물'로 그려지는 경우가 많았다는 사실이다. 가령 '재벌 2세'나 '고위 관료' 같은 전통적 권력을 지닌 남성 캐릭터가 여성 앞에서 맥없이 무너지고 여성은 자신이 원하는 성적 욕망을 실현하는 주체로 나선다. 이는 가부장적 국가가 성을 억압하고자 하는 도덕적 권위의 표상이라면 영화 속 여성은 그 억압을 향해 대담한 도발을 시도하는 형식이라고도 볼 수 있다. 대중이 이러한 설정에 열광했다는 것은 군사정권을 비롯한 가부장적 권위에 대한 무언의 저항이 성적 코드로 드러난 것이라고 해석할 여지가 있다.

당시 큰 화제를 모았던 에로 사극 『어우동』(1985)은 역사 속 인물을 바탕으로 여성의 성적 욕망을 대담하게 그려낸 대표작이다. 영화에서 어우동은 권력을 지닌 양반 남성들을 자신의 성적 대상으로 삼고 이들을 무릎꿇림으로써 '고전적 가부장제'를 비웃는 존재로 부상한다. 그러나 결말 부분에서 어우동은 결국 죽음을 택하고 이는 1980년대 사회가 가진 한계 즉 여성의 완전한 해방이 얼마나 어려운지를 보여준다. 영화는 마지막에 "어우동은 권력에 의해 죽은 것이 아니라 억압받아 온 뭇 여성들의 가슴 속에 영원히 살아 있다"라는 자막을 남기며 그녀의 죽음을 단순한 비극으로 끝맺기보다는 상징적 저항으로 해석한다. 하지만 현실에서는 '어우동 쇼'라는 선정적인 스트립쇼로 소비되는 등 대중문화 속 어우동의 이미지는 다시금 남성적 시선에 포획되었다. 어우동이 영화에서 보여준 주체적 욕망이 곧장 실제 사회의 여성 해방으로 이어지지 못했던 것이다.

이처럼 1980년대 한국영화에서 드러난 무능한 가부장과 적극적인 여성 욕망의 대립은, 군사정권의 억압적 통치와 일시적으로 느슨해진 성적 검열 사이에서 나온 하나의 '틈새' 현상이었다. 정권은 정치적 민주화 요구를 억누르기 위해 스포츠와 섹스 중심의 문화정책을 펼쳤고, 대중은 그 제한적인 틈을 파고들어 억압된 욕망을 '야한 영화'나 '도시 빈민 영화'를 통해 간접적으로나마 해소했다. 그 결과 스크린 위에서는 과거 권위적이고 폭력적이던 가부장 남성이 어처구니없을 만큼 무능하게 그려지고, 여성은 욕망을 주장하며 그로부터 탈주하려 하는 모습이 부각되었다. 물론 이는 진정한 민주화 운동이나 여성운동의 차원에서 보면 제한적이고 일시적인 현상이었다. 그러함에도 불구하고, 1980년대 한국영화가 보여준 여성 욕망과 가부장적 질서에 대한 비판은 이후 1987년 6월 항쟁을 거치며 점차 확대된 정치·사회적 자유의 흐름과 맞물려 1990년대 이후 더욱 다양한 장르와 담론으로 이어지는 밑거름이 되었다. 요컨대 1980년대 에로영화와 사회비판 영화 속에 등장한 무능한 가부장과 주체적인 여성의 이미지는 당시 권위주의 정권에 대한 간접적 저항이자 낡은 가부장제를 벗어나 새로운 사회적 질서를 향해 가는 하나의 징후였다고 할 수 있다.

6) 1990년대: 로맨틱 결혼 판타지

1990년대는 한국사회가 정치적 민주화와 경제적 풍요를 동시에 누리며 대중문화 산업이 비약적으로 성장하던 시기였다. '신세대'라고 불린 10대와 20대가 주류 소비층으로 부상했는데 이들은 이전 세대보다 개인의 자유와 개성을 적극적으로 드러내는 세대였다. 이러한 시대적 분위기는 문화 전반에 영향을 미쳐 영화 역시 새로운 형식과 내용을 시도하는 젊은 창작자들과 대기업 자본의 적극적 투자 속에서 빠르게 변화·발전할 수 있었다. 특히 1990년대 한국영화에서는 과거 신파적 멜로 드라마나 비극적 서사에서 벗어나 경쾌한 웃음을 기반으로 한 로맨틱 코미디 장르가 대중적 인기를 끌었다. 이 시기의 로맨틱 코미디들은 여성의 자유분방함과 남성의 가부장적 태도 간 충돌을 유쾌하게 풀어내면서도, 궁극적으로는 '낭만적 사랑과 결혼'이라는 전통적 신화를 재확인하고 강화하는 서사 구조를 택했다.

1992년 작품인 『결혼 이야기』(1992)는 한국 로맨틱 코미디 영화의 시발점이라 할 수 있는데 방송국 PD '김태규'와 성우 '최지혜'가 결혼 후 겪는 갈등과 화해 과정을 밝고 경쾌한 톤으로 그려낸다. 이 작품에서 여성은 성적 욕망과 쾌락을 숨기지 않고 드러내며 전문직에서 일하는 모습을 당당하게 보여준다. 또한 부부가 성생활에 관해 논의하고 갈등하고 타협하는 과정이 자연스럽게 전개되어 이전 시대 영화에서 보기 어려웠던 솔직하고 자유로운 분위기를 형성한다. 이처럼 1990년대 로맨틱 코미디는 독립적이고 자신감 있는 여성을 표면에 내세우며 그녀들이 자신의 욕망을 충족시키기 위해 적극적으로 움직이는 모습을 보여준다. 반대로 남성은 능력을 갖추지 못했음에도 단지 '남성'이라는 이유만으로 사회적 기득권을 누리려 하거나 전통적인 가부장적 태도를 고수하다가 갈등을 유발하는 인물로 빈번히 등장한다.

예컨대 『가슴 달린 남자』(1993)에서 남성들은 무능력해도 여성을 지휘·감독하는 위치에 있고 여성들은 능력이 탁월해도 커피 심부름 같은 허드렛일을 도맡아야 하는 식으로 여전히 '남성 중심적 사회'가 작동하고 있음을 드러낸다. 하지만 작품 전반에서는 이러한 부당함을 풍자하고 성평등을 실천하려는 남성이야말로 '올바른 남성성'을 구현한다는 메시지를 전한다. 1990년대 로맨틱 코미디 영화는 대체로 사랑-갈등-파국-재결합이라는 서사 구조를 따른다. 여기서 갈등은 주로 남성의 낡은 가부장적 태도나 사회적 불평등에서 비롯된다. 문제 해결을 위해서는 남성이 자신의 잘못된 가치관을 깨닫고 여성과의 평등한 관계를 맺기 위해 노력하는 과정을 거친다. 이 과정을 '남성의 성숙' 또는 '자아 성찰'이라는 로맨틱한 장치로 풀어내면서 갈등은 일시적으로 해소되고 두 사람은 재결합하게 된다. 그러나 이러한 화해가 근본적인 사회구조의 변화를 담보하지 않는 한 갈등의 불씨가 완전히 사라지지 않는다는 점도 암묵적으로 드러난다.

한편 가족 공동체의 가치보다 개인의 자유와 행복이 더 중요시된다는 점 역시 1990년대 로맨틱 코미디의 특징이다. 결혼 이야기, 아래층 여자와 위층 남자, 마누라 죽이기 같은 작품 속에서 남녀 주인공이 결혼을 망설이거나 이혼을 고민하는 이유 중 하나는 결혼이 가져올 '자유의 구속'에 대한 두려움이다. 그럼에도 영화는 결국 낭만적 사랑과 결혼으로 귀결되어, 주인공들은 재결합을 선택한다. 이러한 결말 설정은 현대적인 개인주의와 전통적인 결혼제도가 동시에 추구되는 1990년대 특유의 모순적 정서를 잘 반영한다.

결국 1990년대 로맨틱 코미디가 보여주는 세계는 한편으로는 정치·경제적 호황 속에서 부상한 신세대들의 자유롭고 개인주의적인 욕망을 긍정적으로 그려내면서도 다른 한편으로는 여전히 '낭만적 결혼'이라는 신화를 크게 흔들지 않고 보존하는 이중적 구조를 갖는다. 대중은 영화 속 발랄한 여성 캐릭터와 무능한 가부장을 향한 풍자에 열광하면서도 결말에서는 '그래도 사랑으로 다시 하나가 된다'는 환상에 안도감을 느낀다. 이는 곧 사회가 급변하는 가운데서도 '가족'이라는 제도와 '낭만적 사랑'에 대한 집단적 믿음이 여전히 유효했다는 것을 보여준다. 당대의 영화인들이 새로운 여성상과 남성상을 적극적으로 시도했음에도 궁극적으로 기존의 결혼제도가 가지는 상징성을 완전히 해체하거나 부정하지는 않았다는 점에서 1990년대 로맨틱 코미디는 시대적 욕망과 전통 사이의 타협점을 보여준다고 할 수 있다.

1990년대 한국영화는 이러한 모순과 욕망을 끊임없이 조율하며 새로운 대중문화를 열었고, 신세대가 주도하는 개성의 시대를 영화라는 매체 속에 담아냈다. 그러나 동시에 낭만적 결혼이라는 제도적·문화적 장치를 굳건히 지지함으로써 근대 가부장제의 서사를 완전히 부정하지는 않은 채 한발 물러서는 절충적 태도를 유지했다. 결국 그것이 1990년대 로맨틱 코미디가 지닌 가장 큰 매력이자 한계이기도 했다.

7) 2000년대: 흔들리는 남성 권력과 주체성을 찾는 여성

2000년대 한국영화계는 그야말로 '부흥기'라 불릴 만한 시기를 맞이했다. 매년 1조 원이 훨씬 넘는 자본이 투입되면서 이른바 '한국형 블록버스터'가 속속 등장했고, 한 편당 500만 명 이상의 관객을 동원하는 흥행작이 잇따랐다. 그 결과 한국영화의 시장 점유율은 2005년 이후 연평균 50%를 상회하며 관객들도 국내 영화에 대한 높은 관심을 유지하게 되었다. 이러한 대규모 투자와 흥행의 선순환은 영화산업 전반에 '시장성 논리'를 강하게 심어놓았고 이에 따라 다양한 장르와 소재가 폭넓게 시도되는 등 영화시장은 전례 없는 활기를 띠게 되었다. 하지만 이처럼 장르적 스펙트럼이 넓어지면서도 많은 작품들이 크게 남성 중심 서사와 여성 중심 서사로 나뉘는 경향을 보였다. 작품 속 주인공과 핵심 갈등이 어디에 초점을 맞추는지에 따라 서사의 무게가 달라진 것이다.

2000년대에 두드러졌던 남성 중심적 서사는 주로 폭력, 남성들 간의 의리 그리고 죽음을 주요 요소로 삼았다. 『쉬리』(1999)의 성공을 기점으로 『인정사정 볼 것 없다』(1999), 『공동경비구역 JSA』(2000), 『친구』(2011), 『달콤한 인생』(2005) 등 다채로운 액션 영화와 마초적 색채가 짙은 작품들이 대거 만들어졌다. 하지만 1960~1970년대의 마초 영화가 '강하고 의협심 있는 영웅형 남성'의 승리를 그렸던 것과 달리 2000년대의 마초 영화 속 남성들은 대부분 원하는 목표를 이루지 못하고 방황하거나 폭력의 소용돌이 속에서 결국 무력감과 좌절에 빠진다는 점에서 큰 차이가 있다. 이들은 자신이 속한 조직이나 사회에서 제대로 정착하지 못하고, 폭력을 통해 불안정한 상태를 벗어나고자 애쓴다. 그러나 그 결과는 대개 비극적인 죽음으로 귀결된다. 이는 남성들이 전통적인 가부장적 권위를 잃고 자기 정체성조차 확립하지 못한 채 과거 '근사한 남성성'을 그리워하는 모습이라고도 해석할 수 있다. 특히 남성적 향수를 자극하는 영화에서는 '형제 동맹'을 통해 약화된 가부장적 지위를 대신 회복하려는 노력이 강조된다. 그러나 이러한 작품들 속에서 여성은 종종 주변적인 존재로 격하된다. 여성은 폭력의 희생물이 되거나 단지 사건의 촉매제로만 등장하기도 하며 때로는 사진 속 인물로만 남아 상징적으로 사라지기도 한다. 결국 남성 간의 연대를 보여주는 이들 영화는 공감과 배려 대신 경쟁과 투쟁의 논리로 이어지며 궁극적으로 공동체가 파국을 맞이하는 한계를 드러낸다.

한편 여성 중심적 서사는 크게 두 갈래로 나누어 살펴볼 수 있다. 첫 번째는 여성이 자기 욕망을 숨기지 않고 드러내며 적극적인 역할로 사건을 이끌어가는 영화들이다. 예컨대 『엽기적인 그녀』(2011), 『조폭 마누라』(2001), 『고양이를 부탁해』(2001) 등이 대표적이다. 이 중 엽기적인 그녀는 2000년대 로맨틱 코미디를 대표하는 작품으로 이전 세대와는 사뭇 다른 여성과 남성의 관계를 보여준다. 영화 속 '그녀'는 상대 남성인 견우와의 관계에서 시종일관 주도권을 쥐고 능동적이고 공격적인 태도를 보인다. 반면 견우는 수동적이고 우유부단한 인물로 묘사되며 여성에게 배려를 베풀 줄 아는 '착한 남성'상으로 그려진다. 이는 남성성과 여성성의 전통적 고정관념을 전복하는 설정이지만 한편으로는 기존 질서를 벗어나는 '그녀'를 '엽기적'이라 규정함으로써 '여성성의 일탈'을 기묘한 것으로 간주하는 시선도 놓지 않는다. 결국 죽은 남자친구와의 사연 그리고 견우와의 사랑을 통해 그녀가 다시 여성스러운 모습으로 돌아온다는 결말은 전통적 규범이 여전히 유지되는 한계를 보여준다. 두 번째 유형은 가족의 해체를 배경으로, 여성이 중심이 되어 새로운 가족공동체를 만들어가는 이야기를 다룬다. 『집으로』(2002), 『바람난 가족』(2003), 『가족의 탄생』(2006) 등이 이 범주에 속한다. 바람난 가족에서는 무책임하고 부도덕한 가부장이 가족을 이끌지 못함으로써 여성들이 각자의 삶을 찾아 떠나고 그 결과 전통적인 혈연가족이 해체되는 모습을 보여준다. 반면 가족의 탄생에서는 무능력하고 무책임한 남성들이 배제된 상황 속에서 여성들이 서로 연대하며 '혈연'과 무관하게 끈끈한 유대관계를 형성한다. 즉, 가부장적 권위를 중심으로 하는 기존 가족 제도는 붕괴되지만 여성들이 공감과 배려를 통해 만들어내는 가족은 오히려 단단하게 결속된다는 메시지를 전한다. 이러한 '공동체'의 대비는 남성 중심 서사에서도 흥미롭게 등장한다. 예컨대 『비열한 거리』(2006)에서 조직폭력배 병두는 부하들과 '한 식구'가 되었다는 상징으로 함께 식사를 하며 가족 같은 연대를 꿈꾼다. 그러나 결국 병두는 자신이 믿고 의지하던 부하들에게 배신당해 목숨을 잃고 만다. 반면, 가족의 탄생에서 여성들은 함께 식탁에 둘러앉아 식사를 나누면서 혈연을 넘어선 연대와 가족의 의미를 구축한다. 남성적 방식의 폭력과 계급질서가 결국 파국을 불러오는 반면 여성들은 상호 돌봄과 공감을 통해 새로운 공동체를 만들어 가는 것이다.

정리하자면 2000년대 한국영화는 이전 시기보다 훨씬 다양한 장르와 이야기를 선보였지만 한편으로는 무너지는 가부장제와 독립적이며 주체적인 여성상이라는 흐름이 공통적으로 감지된다. 남성 중심적 서사에서는 폭력과 의리로 이어진 남성 집단이 파국적 결말을 맞는 경우가 많았고 여성 중심적 서사에서는 여성의 욕망을 주체적으로 드러내거나 남성의 부재 혹은 무능력 속에서 새로운 가족공동체를 구성하는 모습이 부각되었다. 이는 당대 사회가 경험한 구조적 변화를 예민하게 반영한 결과로도 해석할 수 있다. 경제·문화적 다원화가 가속되면서, 전통적 가치관과 가부장적 권위에 대한 회의가 짙어졌고 동시에 여성의 사회적·문화적 지위는 상대적으로 향상되었다. 2000년대 한국영화는 바로 이 격변의 과도기에 남성성과 여성성이 어떻게 재편되는지를 다채로운 방식으로 그려냈다. 그리고 그 과정에서 폭력을 기반으로 한 남성 공동체가 흔들리는 반면 여성 간의 연대와 공감은 오히려 새로운 관계의 가능성을 열어 보였다.

8) 2010년대: 복원되는 남성 권위와 희망을 잃어가는 청년 여성

2010년대 한국 사회는 보수 정권과 함께 2008년 세계 금융위기의 여파를 겪으면서도, 오히려 신자유주의적 질서가 더욱 공고해진 시기였다. 2010년 도입된 자율형 사립고(자사고) 제도는 이른 나이부터 치열한 경쟁을 부추기며 '각자도생'의 논리를 사회 전반에 퍼뜨렸다. 고용불안과 양극화가 심화하면서 부모의 경제적 지위가 자녀에게 대물림되는 '계층 고착화' 현상이 가속화되었고, 다수는 비정규직·임시직 상태로 전락해버린 '프레카리아트'가 되었다.

반면 소수의 상층계급은 사회적 부를 독점하면서 격차를 더욱 벌려 나갔다. 이러한 불안정 속에서 청년들은 '헬조선'이라는 자조적인 표현까지 만들어내며 하루빨리 이 땅을 떠나고 싶어하는 심정을 드러냈다. 동시에 여성혐오와 페미니즘을 둘러싼 격렬한 갈등이 폭발해, 젊은 세대의 불안과 고통이 젠더 갈등의 형태로 표출되기도 했다. 이렇듯 사회적·경제적 혼란이 깊어졌음에도 2010년대 한국영화는 양적 성장세를 이어갔다. 『도둑들』(2012), 『광해』(2012), 『7번방의 선물』(2013), 『변호인』(2013), 『명량』(2014), 『국제시장』(2014) 등은 모두 1,000만 명이 넘는 관객을 동원했고 『내부자들』(2015), 『엑시트』(2019)와 같은 작품들 역시 천만 가까운 흥행성적을 거두었다. 장르적으로도 역사, 판타지, 좀비, 코미디 등 다양했지만, 대부분 '평범한 주인공이 권력을 가진 악과 싸워 진실과 정의를 추구한다'는 영웅 서사의 틀을 공유했다. 그리고 이러한 이야기를 이끌어가는 핵심 인물들은 대체로 남성들이었다. 즉, '공적 영역에서 정의를 실현하는 주체'는 남성이 맡는다는 기존 질서를 재확인하는 흐름이 계속 이어진 셈이다.

2010년대에는 또 하나의 독특한 흐름이 두드러졌는데 이전 시대에 비해 재난영화가 유난히 많이 제작되고 큰 인기를 끌었다는 점이다. 『해운대』(2009)를 필두로 『연가시』(2012), 『타워』(2012), 『더 테러 라이브』(2013), 『감기』(2013), 『부산행』(2016), 『엑시트』(2019) 등은 재난이나 대규모 위기 상황을 극적으로 보여주며 관객들을 사로잡았다. 재난영화는 사회가 당면한 위기와 불안, 공포를 반영한다는 점에서 시대의 '징후'로 읽힐 수 있지만 막대한 제작비가 투입되는 상업영화이기에 보수적 가치관을 유지·옹호하기도 쉽다. 실제로 이들 재난영화에서 남성은 선과 악 양쪽에서 가장 중요한 역할을 모두 떠맡는다. 재난의 원인을 제공하거나 해결을 방해하는 악역도, 최종적으로 사람들을 구하고 문제를 해결하는 '영웅'도 대부분 남성이다. 반면 여성은 주로 구조되어야 할 대상이거나 남성 영웅을 보조하는 '조력자'로 재현되는 경향이 강하다. 게다가 영화 속 남성 주인공들은 대개 이혼했거나 가정에 무심하거나 무능하다는 설정을 안고 시작한다. 그러나 재난이라는 극단적 위기를 겪으며 이들은 희생정신과 책임감을 발휘해 스스로 가부장적 권위를 다시 세우고 가족의 신뢰와 사랑을 되찾는다. 이 같은 '가부장의 복원' 서사는 국가 차원에서도 반복된다. 재난영화 속 대통령이나 국무총리 같은 존재들은 국민의 생명과 안전을 지키기 위해 결단을 내리는 모습을 보여준다. 이를 통해 국가라는 '거대 가족'의 아버지 역할이 시험대에 오른다 해도 결국 사태를 수습함으로써 국가공동체가 정상적으로 유지될 수 있음을 확인시켜준다. 결국 2010년대 재난영화들은 "위기 상황에서는 아버지(또는 국가의 아버지)가 중심을 잡아야 한다"는 메시지를 통해 흔들리는 가부장 권위의 이미지를 상징적으로 회복시키는 역할을 한다.

2010년대 한국영화가 이처럼 남성 영웅 서사를 대규모 상업영화 중심으로 전개하는 동안 소규모 예산으로 제작된 이른바 '작은 영화'들은 반대로 청년 여성들이 처한 생존 현장을 조명했다. 『그녀들의 방』(2009), 『성실한 나라의 앨리스』(2014), 『죽여주는 여자』(2015), 『소공녀』(2017), 『성혜의 나라』(2018) 등의 작품들이 그 예다. 이 영화들 속 여성들은 임시직·아르바이트·비정규직을 전전하며 하루하루 살아남기 위해 고군분투한다. 이들은 안정적인 가족이나 탄탄한 배경 없이, '프레카리아트(불안정 노동계급)'로서 어떤 안전망도 기대하기 어렵다. 이전 시대의 하층 계급 여성은 유흥업소에서 성을 매개로 생계를 이어가거나 가족을 위해 헌신하고 희생하는 이미지로 표현되곤 했다. 1990년대만 해도 영화 속 젊은 여성들은 대체로 전문직 종사자나 중산층으로서 자유롭고 풍족한 삶을 누리는 모습으로 재현되는 경우가 많았다. 2000년대에 들어서는 가부장제의 억압에서 벗어나 독립을 추구하는 여성상이 부각되기도 했다. 그러나 2010년대 '프레카리아트' 서사를 다루는 영화들은 20대 여성들이 부모의 경제력이나 가족의 지원 없이, 무너진 가정 혹은 가족의 부재 속에서 스스로 생계를 책임져야 하는 현실을 적나라하게 보여준다.

예컨대 소공녀의 미소는 난방비도 낼 수 없는 추운 방에서 지내며 연인과의 성적 욕망조차 상황 탓에 포기해야 한다. 생존 자체가 급박하다 보니 다른 욕망은 뒤로 밀려나고, 이렇게 억압된 욕망은 장기적으로 '욕망 자체를 포기'하게 만드는 결과를 낳는다. 『성혜의 나라』에서 성혜는 부모의 교통사고 합의금으로 5억 원을 받게 되지만, 결국 "이제 아무것도 하지 않겠다"고 선언하며 월 일정 금액의 이자로만 근근이 살아가길 선택한다. 욕망할 수 없는 사회에서 '욕망하지 않기를 욕망'하는 역설적 태도만

이 유일하게 남는다는 것이다. 청년이 자기 삶의 주체가 될 수 없는 사회에서는, 오히려 주체로서 삶을 포기하는 순간에야 비로소 '생존의 주체'가 될 수 있다는 냉혹한 역설이 드러난다.

결국 2010년대 한국영화는 양극단의 풍경을 동시에 보여준다. 높은 제작비와 대규모 관객 동원을 이룬 상업영화들은 국가적 재난과 사회적 불안을 테마로 삼으면서도 남성 영웅의 활약을 통해 가부장적 권위와 질서를 재확인한다. 반면 작은 예산의 독립·예술영화는 불안정 노동시장에서 '밥벌이'조차 버거운 청년 여성들의 현실과 그로 인한 절망을 전면에 내세운다. 이는 곧 2010년대 한국사회가 겪은 신자유주의적 위기의 심화와 전통적 질서 회복에 대한 집단적 갈망을 극명하게 반영한다. '헬조선'을 외치며 탈출을 꿈꾸는 청년과 극한의 위기 속에서도 '아버지'를 재신임하려는 사회 분위기는 어쩌면 같은 동전의 양면일지 모른다. 생존이 벅찬 이들에게 국가적 권위나 가부장제는 때로는 부담스럽고 억압적인 존재이지만 동시에 그 거대한 틀 안에서라도 보호받고 싶어 하는 심리가 남아 있기 때문이다. 이런 모순된 욕망과 절망감 그리고 그 속에서 몸부림치며 살아가는 청년 여성들의 현실이 바로 2010년대 한국영화의 한 축을 이룬다고 볼 수 있다.

제11장

가짜뉴스(허위조작정보)의 형성과 영향

현대 사회에서 가짜 뉴스는 단순한 거짓 정보의 문제가 아니라, 정치적·경제적·사회적 갈등을 조장하고 민주주의의 근간을 흔들 수 있는 중요한 사회적 현상이다. 11장에서는 가짜 뉴스의 개념과 정의를 체계적으로 정리하고 가짜 뉴스가 생성되고 확산되는 다양한 유형과 메커니즘을 분석한다.

먼저, 가짜 뉴스의 개념을 살펴보면서 뉴스 형식을 차용한 허위조작정보가 어떻게 정치적·경제적 목적을 위해 이용되는지를 설명한다. 또한 가짜 뉴스와 유사한 개념으로서 풍자, 정치적 선동, 오보 등을 비교하며 가짜 뉴스가 기존의 정보 전달 방식과 어떻게 구별되는지를 논의한다.

가짜 뉴스가 현대 사회에서 더욱 확산되고 있는 이유를 설명하기 위해 디지털 미디어 환경의 특성과 정보의 유통 방식, 소비자의 심리적 요인을 분석한다. 또한 가짜 뉴스가 미치는 사회적 영향과 위험성을 다각도로 분석하고 공중보건, 정치, 사회적 갈등, 경제 등 다양한 영역에서 가짜 뉴스가 초래하는 부정적 결과를 실증적 사례를 통해 논의한다.

본 장은 가짜 뉴스가 단순한 허위 정보의 문제가 아니라 현대 사회의 정보 환경과 민주주의 제도 전반에 걸쳐 심각한 영향을 미칠 수 있음을 이해하는 데 도움을 주며 이를 해결하기 위한 전략적 대응 방안을 모색하고자 한다.

1. 가짜 뉴스의 이해

1) 가짜 뉴스의 개념

최근 몇 년 동안 '가짜 뉴스(fake news)'라는 용어는 언론과 정치권에서 점점 더 빈번하게 언급되며 전 세계적으로 주목받는 이슈로 자리 잡았다. 세계신문협회(WAN-IFRA)는 2017년 '가짜 뉴스의 확산'을 가장 중요한 저널리즘 문제로 선정하며 그 심각성을 경고했다. 특히 2016년 도널드 트럼프가 미국 대통령으로 당선되는 과정에서 가짜 뉴스에 대한 논쟁이 크게 부각되면서 이 용어는 전 세계로 퍼져 나갔다.

이와 함께 가짜 뉴스라는 용어를 둘러싸고 다양한 논란이 존재한다. 임종섭(2017)은 'fake news'를 가짜 뉴스로 번역한 것에 대해 비판하며 "뉴스에 가짜가 있다고 보도하는 행태는 개선되어야 한다"고 주장했다. 그는 가짜 뉴스라는 표현 대신 엉터리 정보, 미확인 정보, 허위 비방 정보 등의 용어 사용을 제안했다. '허위조작정보'라는 명칭이 더 적절할 수 있으나(김지현 외, 2023), 대중적으로 통용되는 용어가 여전히 '가짜 뉴스'이므로 여기서도 '가짜 뉴스'라는 표현을 사용한다.

이와 같이 가짜 뉴스라는 용어와 그 표현 방식은 다양한 해석과 논란을 불러일으키고 있다. 특히 적절한 용어 사용에 대한 논의는 여전히 사회적 합의가 필요한 과제로 남아 있다. 그러나 정치적·경제적 양극화가 심화된 현대 사회에서는 가짜 뉴스를 명확히 정의하는 것이 매우 어렵다. 진실과 거짓의 경계가 불명확하다는 점은 가짜 뉴스 문제를 더욱 복잡하게 만든다.

러시아 외무부 사례는 이를 잘 보여준다. 러시아 외무부는 자국의 정치적·경제적 이익을 보호하기 위해 특정 사건에 대한 정보를 선택적으로 제공하거나 자신들에게 유리한 정보를 진실로 강조하고 불리한 정보를 가짜 뉴스로 치부하는 전략을 사용해왔다. 예를 들어 2024년 3월 모스크바 외곽의 크로커스 시청 공연장에서 발생한 총기 난사 사건에 대해 이슬람국가(IS)가 배후를 자처하며 증거를 제시했음에도 불구하고 러시아 당국은 우크라이나의 연루설을 주장했다(BBC, 2024). 또한 2023년 10월 다게스탄 자치공화국의 마하치칼라 공항에서 발생한 폭력 시위와 관련하여 러시아 외무부는 우크라이나가 핵심적인 역할을 했다고 주장하며 외부 간섭의 결과로 사건을 해석했다(연합뉴스, 2023). 이러한 사례들은 러시아 외무부가 진실과 거짓의 경계를 자국의 정치적·경제적 이해관계에 따라 조작하고 있음을 보여준다. 이러한 행위는 정보의 객관성과 신뢰성을 저해하며 국제 사회에서의 혼란을 초래할 수 있다.

진실(truth)과 가짜(fake)의 기준이 서로 다르다는 점이 가짜 뉴스 문제의 핵심이라고 보이드(Boyd, 2017)는 지적한다. 그는 가짜 뉴스가 단순히 외부에서 생성된 허위 정보로만 그치지 않으며 이를 받아들이는 개인과 사회의 태도 또한 문제를 발생시킨다고 주장한다. 이는 진실과 거짓을 판단하는 기준이 고정적이지 않고 문화적, 사회적, 정치적 요인에 따라 크게 달라질 수 있음을 시사한다. 예컨대 한 사회에서는 진실로 간주되는 정보가 다른 사회에서는 허위 정보로 간주될 수 있다. 이러한 경계의 불명확성은 가짜 뉴스를 정의하고 규제하는 데 큰 어려움을 초래한다.

이와 같은 여러 문제점에도 불구하고 가짜 뉴스를 몇 가지 기준으로 정의하는 것은 매우 중요하다. 이는 가짜 뉴스의 본질을 정확히 이해하고, 이를 해결하기 위한 적절한 대응책을 마련하는 데 필수적이다.

그러므로 가짜 뉴스는 복합적이고 다차원적인 문제이기 때문에 그 개념은 작성 주체, 작성 내용, 작성 목적, 작성 형식이라는 네 가지 범주를 통해 체계적으로 정의할 수 있디(박이란, 2017).

가짜 뉴스는 누구나 만들 수 있다. 개인, 언론사, 기관 등 작성 주체에 제한이 없다. 보통 언론사는 개인보다 더 신뢰할 만한 기사를 쓸 가능성이 높지만 일부러 거짓 정보를 보도한 사례도 있다. 디지털 시대에는 언론의 개념이 넓어졌기 때문에 작성자가 전통적인 언론사나 기자인지 여부만으로 가짜 뉴스를 판단할 수는 없다.

가짜 뉴스는 거짓이나 허위정보를 전달하는 것이 핵심이다. 진실한 내용을 담은 정보는 가짜 뉴스가 아니며 작성자가 당시에는 진실이라고 믿을 만한 이유가 있어 쓴 내용도 가짜 뉴스로 볼 수 없다. 예를 들어, 처음에는 사실이라고 보도했지만 나중에 오보로 밝혀진 경우가 그렇다. 가짜 뉴스를 판단할 때는 내용 전체의 의도를 봐야 하며 작은 실수나 약간의 과장은 가짜 뉴스로 분류되지 않는다.

가짜 뉴스는 작성자가 거짓이라는 사실을 알면서도 의도적으로 작성하고 퍼뜨리는 것을 말한다. 주된 목적은 돈을 벌거나 정치적 목표를 이루거나 사회적 영향력을 얻는 데 있다. 하지만 풍자나 유머처럼 독자를 속일 의도가 없는 경우는 가짜 뉴스로 보지 않는다. 중요한 것은 작성자가 독자를 의도적으로 속이려 했는지 여부다. 만약 독자를 기만하려는 의도가 없고 독자가 해당 정보가 허위임을 알아챌 수 있다면 가짜 뉴스로 간주되지 않는다(Verstraete, Bambauer & Bambauer, 2017).

가짜 뉴스는 기사처럼 보이는 형식을 갖춘 정보를 말한다. 기사 형식에는 제호, 발행일자, 기자 이름 같은 요소가 포함될 수 있지만 이런 요소를 모두 갖출 필요는 없다. 기자 이름이나 발행일자가 없어도 기사처럼 보이면 가짜 뉴스로 간주될 수 있다. 기존 언론사의 이름을 사칭하거나 가상의 언론사 이름을 사용해 작성된 내용도 포함된다. 반면 기사 형식을 갖추지 않은 '지라시'나 루머 형태의 정보는 가짜 뉴스에 해당하지 않는다. 가짜 뉴스는 작성자가 독자를 속여 신뢰를 얻으려는 의도가 있을 때 성립한다.

그러므로 가짜 뉴스는 '정치적·경제적 목적을 달성하기 위해 거짓된 내용을 담고 독자를 기만하려는 의도로 뉴스 형식을 차용한 정보'를 의미한다. 이러한 정의는 디지털 환경의 특성을 반영하여 도출된 것으로 현대사회에서 콘텐츠 생산이 급격히 증가하고 작성 주체와 원본이 불명확해지는 상황을 고려한 결과다. 가짜 뉴스는 주로 소셜 미디어나 모바일 메신저와 같은 플랫폼을 통해 빠르게 확산되며 독자가 한눈에 전체 내용을 파악하기 어렵도록 구성된 경우가 많다. 이로 인해 가짜 뉴스는 단순히 잘못된 정보의 전달을 넘어 독자의 신뢰를 의도적으로 조작하려는 특성을 지닌다.

2) 가짜 뉴스의 유형과 유사개념

가짜 뉴스는 현대 정보사회에서 심각한 문제로 대두되고 있다. 디지털 기술의 발전과 소셜 미디어의 확산으로 인해 누구나 정보를 생산하고 유포할 수 있는 환경이 조성되면서 가짜 뉴스는 다양한 형태와 목적으로 빠르게 퍼지고 있다. 단순한 유머에서 시작된 가짜 뉴스부터 경제적 이익을 위한 수익형 가짜 뉴스, 정치적·사회적 혼란을 초래하는 기만형 가짜 뉴스, 그리고 자동화된 소프트웨어에 의해 생성·확산되는 봇 기반 가짜 뉴스에 이르기까지 그 유형은 매우 다양하다.

(1) 가짜 뉴스의 유형

■ 유머형 가짜 뉴스

유머형 가짜 뉴스는 주로 재미를 위한 목적으로 만들어진다. 대표적인 사례로 만우절에 기존 매체들이 허위 사실을 기사화하는 경우를 들 수 있다. 예를 들어 2016년 『BBC』는 만우절에 "하늘에서 무지개 색 눈이 내렸다"는 가짜 뉴스를 보도해 화제를 모았다. 이 뉴스는 독자들에게 웃음을 주기 위한 의도로 제작되었지만 일부 사람들은 이를 실제로 믿고 소셜 미디어에서 공유하기도 했다. 또 다른 사례로 2015년 『가디언』은 만우절에 "영국의 빅벤 시계가 디지털로 전환된다"는 뉴스를 발표하여 큰 반향을 일으켰다. 이 역시 유머를 목적으로 제작된 뉴스였지만 소셜 미디어를 통해 빠르게 확산되며 혼란을 불러일으켰다.

한국에서도 온라인 커뮤니티에서 유머를 목적으로 만들어진 '짤방'과 같은 콘텐츠가 소셜미디어를 통해 확산되며 가짜 뉴스로 받아들여지는 경우가 있다. 예를 들어 2020년 한 네티즌이 만든 "서울의 남산타워가 야구공에 맞아 기울었다"는 사진이 소셜 미디어를 통해 확산되면서 일부 사람들은 이를 실제 사건으로 믿기도 했다. 일부 웹사이트는 누구나 유머형 가짜 뉴스를 생성할 수 있도록 도와주며 허위정보임을 명시적으로 알리는 기능을 제공하기도 한다. 이러한 예시는 유머를 목적으로 한 가짜 뉴스가 어떻게 혼란을 초래할 수 있는지를 잘 보여준다.

■ 수익형 가짜 뉴스

수익형 가짜 뉴스는 경제적 이익을 목적으로 만들어진다. 대표적인 사례는 언론사의 기사형 광고(advertorial)다. 이는 광고임을 명확히 밝히지 않고 기사 형식으로 작성되어 독자를 기만하며 뉴스의 신뢰성을 이용하는 방식이다. 법적으로 문제의 소지가 크며 언론사의 책임이 강조되고 있다.

수익형 가짜 뉴스는 경제적 이익을 목적으로 만들어진다. 대표적인 사례는 언론사의 기사형 광고(advertorial)다. 이는 광고임을 명확히 밝히지 않고 기사 형식으로 작성되어 독자를 기만하며 뉴스의 신뢰성을 이용하는 방식이다. 예를 들어 겨울철 피부관리에 대한 기사에서 특정 회사의 화장품을 은연중에 추천하는 방식이 이에 해당한다. 이러한 광고성 기사는 독자들에게 객관적 정보로 오인될 수 있어 논란이 된다.

개인이나 단체가 운영하는 가짜 뉴스 사이트도 수익형 가짜 뉴스의 대표적 사례다. 예를 들어 2016년 미국 대선 당시 『BuzzFeed News』는 "교황 프란치스코가 도널드 트럼프를 지지한다는 가짜 뉴스가 페이스북에서 폭넓게 퍼졌으며 이를 통해 높은 트래픽과 광고 수익을 얻었다"고 보도했다. 이처럼 가짜 뉴스 사이트들은 사람들의 클릭을 유도할 수 있는 과장되거나 허위의 내용을 게시해 광고 수익을 얻는다. 이러한 경제적 목적의 허위 정보 생성은 디지털 환경에서 점차 확산되고 있다.

■ 기만형 가짜 뉴스

기만형 가짜 뉴스는 주로 정치적·사회적 파급효과를 노리고 작성된다. 이 유형은 잘못된 정보로 심각한 혼란을 초래할 수 있다. 예를 들어 2017년 카탈루냐 독립 국민투표 당시 소셜 미디어에서 "스페인 정부가 투표용지를 불태웠다"는 가짜 뉴스가 유포되어 지역 간 갈등을 심화시킨 바 있다. 이는 『Reuters』를 비롯한 여러 언론에서 사실이 아님을 확인하며 보도했다.

또한 기존 언론이 사회적 영향력을 높이기 위해 불확실한 정보를 보도한 사례도 있다. 대표적으로 1992년 미국 『ABC』는 "알래스카에서 새로운 대형 유전이 발견되었다"는 미확인 정보를 보도했으나 이후 해당 정보가 사실이 아니었음이 밝혀지면서 대중의 신뢰를 잃었다고 『The Washington Post』가 보도했다.

기만형 가짜 뉴스는 기존 뉴스를 짜깁기하거나 재활용하는 방식으로도 제작된다. 예를 들어 2022년 우크라이나-러시아 전쟁 초기 러시아정부가 "우크라이나가 생화학 무기를 개발 중"이라는 잘못된 주장을 담은 영상이 유포되었으며 이 영상은 기존 언론 자료를 편집해 제작된 것으로 『BBC』가 이를 분석하고 보도했다.

■ 봇(bot)에 의한 가짜 뉴스

봇(bot)이 자동으로 작성하고 전파하는 가짜 뉴스는 현대사회에서 심각한 문제로 대두되고 있다. 봇은 물리적 형태는 없지만 주변 환경을 인식하고 이에 맞는 행동을 능동적으로 수행하는 인공지능 소프트웨어로 정의되며(오세욱, 2016), 주로 특정 프로그래밍된 행위에 특화되어 있다.

예를 들어 2020년 미국 대선 기간 『The Washington Post』는 러시아 및 이란에서 운영된 소셜 봇들이 조작된 선거 정보를 전파하고 불화를 조장하는 가짜 뉴스를 작성해 트위터와 페이스북 등 소셜 미디어에서 확산시켰음을 보도했다. 해당 봇들은 특정 정치 후보를 지지하거나 반대하는 메시지를 대량으로 작성해 여론 형성에 영향을 미쳤다.

또한 샤오(Shao et al) 등(2017)의 연구에서는 미국 대선 기간 수집된 1,400만 개의 트윗 메시지를 분석하여 소셜 봇(social bot)들이 잘못된 정보 전파에 핵심적인 역할을 담당하고 있음을 밝혔다. 이 연구에 따르면 가짜 뉴스를 활발히 전파한 계정의 대부분이 사람이 아닌 봇이었다. 특히 이러한 봇들은 주요 영향력자들을 타겟으로 메시지를 전파하며 집중적으로 전파된 잘못된 메시지는 수용자들이 쉽게 받아들이는 경향을 보였다.

결과적으로 가짜 뉴스 작성과 전파 과정에서 봇이 핵심적인 역할을 수행하고 있으며 특정 정치적 성향을 반영한 대량의 잘못된 정보 생산 및 전파가 이루어지고 있다. 이러한 봇의 활동은 여론 형성에 부정적인 영향을 미치고 있으며 이를 방지하기 위해 소셜 봇에 대한 규제와 제한의 필요성이 점차 대두되고 있다.

(2) 가짜 뉴스의 유사개념

지금까지 가짜 뉴스를 작성 목적에 따라 유머형, 수익형, 기만형 그리고 봇에 의해 자동 생성되는 가짜 뉴스 등으로 분류하여 논의해 왔다. 이러한 유형들은 작성 주체가 개인인지 언론사인지에 따라 내용에 차이가 나타나며 경우에 따라 봇이 작성 주체로 등장하기도 한다. 그러나 가짜 뉴스가 루머와 어떻게 구별되는지 오보와는 어떤 차이가 있는지에 대해서는 여전히 명확하지 않은 부분이 많다. 가짜 뉴스는 그 범위가 매우 광범위하며 인류의 역사와 함께 진화해 온 현상으로 볼 수 있다. 따라서 이를 좀 더 체계적으로 이해하기 위해 가짜 뉴스와 유사한 개념이나 용어들을 비교하고 논의할 필요가 있다.

■ 풍자(satire)

풍자는 정치적 현실, 사회적 부조리 또는 세태를 비판적으로 조명하기 위해 사실을 비틀거나 과장하는 방식으로 만들어진 콘텐츠다. 대표적인 사례로 『The Onion』이 있으며 이들은 뉴스 형식을 차용하지만 독자를 속이거나 기만하려는 의도 없이 사회적 문제를 비판하거나 주의를 환기하는 데 중점을 둔다.

『The Onion』은 2015년 기후 변화 문제를 풍자하는 기사 「God Distances Self From Climate Change Advocates」를 게시했다. 이 기사에서는 신이 기후 변화 운동가들과의 연관성을 부인하며 그들의 활동과 자신은 무관하다고 주장하는 설정을 통해 기후 변화에 대한 무관심과 부정적인 태도를 비판한다.

이 기사는 과장되고 비현실적인 설정을 활용해 기후 변화에 대한 경고와 과학적 증거를 외면하는 사람들의 태도를 비꼬고 독자들에게 웃음과 함께 중요한 메시지를 전달한다. 이를 통해 풍자는 사회적 문제를 효과적으로 조명하는 방식으로 활용될 수 있음을 보여준다.

■ 정치적 선동(propaganda)

정치적 선동은 특정 정치적 목적을 달성하기 위해 의도적으로 만들어진 편향된 정보 또는 완전히 잘못된 정보를 말한다(Lotan, 2016). 이는 독자들에게 사실과 다른 내용을 전달하거나 사실을 왜곡하여 편향된 정보를 제공하는 방식으로 이루어진다.

대표적인 사례로는 2016년 미국 대선 당시 유포된 가짜 뉴스인 「Pope Francis

Endorses Donald Trump』를 들 수 있다. 이 뉴스는 교황 프란치스코가 도널드 트럼프를 공식적으로 지지했다는 내용을 담고 있었지만 전혀 사실이 아니었다. 해당 가짜 뉴스는 『The New York Times』와 『The Guardian』 등에 의해 사실이 아님이 밝혀졌으나 대선 기간 소셜미디어에서 광범위하게 공유되며 정치적 목적을 위해 사용되었다. 이는 교황이라는 권위 있는 인물을 정치적으로 이용하여 특정 후보에 대한 지지를 부각하고 다른 후보를 약화하려는 정치적 선동의 전형적인 사례로 볼 수 있다.

이처럼 정치적 선동은 사실을 왜곡하거나 허위 정보를 조작해 대중의 정치적 판단에 영향을 미치며 기만형 가짜 뉴스의 한 유형으로 분류된다.

▪ 오보(false report)

오보는 언론보도에서 발생하는 포괄적인 실수로, 보도 내용이 다루는 사실이 잘못되거나 왜곡된 경우를 의미한다(황용석·권오성, 2017). 한국에서는 매체법에 등록된 언론사가 보도한 기사의 일부 또는 전부가 사실이 아닌 경우를 오보로 정의하며 언론중재법 제14조 1항에 따르면 "사실적 주장에 관한 언론보도 등이 진실하지 아니함으로 인하여 피해를 입은 자는 정정보도를 청구할 수 있다"고 규정하고 있다. 이는 사실적 주장이지만 진실하지 않은 내용을 오보로 간주하고 있다.

오보는 가짜 뉴스와 구분되는데 가짜 뉴스는 의도적으로 내용을 조작하거나 허위로 작성하지만 오보는 기사 작성 주체가 사실이라 믿는 내용을 전달하는 과정에서 사실 확인에 실패하면서 발생하는 실수다. 따라서 오보는 기만하려는 목적이 없는 경우가 많아 가짜 뉴스의 범주에 포함하기 어렵다.

예를 들어 2020년 『CNN』은 "이스라엘이 코로나19 백신을 모든 인구에 배포 중"이라고 보도했지만 당시 백신 배포는 특정 계층에 국한된 것이었다. 이는 사실 확인 과정의 부족으로 발생한 오보로 『The Guardian』을 비롯한 언론 매체가 이를 바로잡았다. 이 사례는 언론사가 진실이라 믿고 보도했지만 사실을 제대로 확인하지 않아 발생한 실수다.

단 언론사가 의도적으로 사실을 왜곡하거나 조작했을 경우 이는 오보가 아니라 기만형 가짜 뉴스로 분류될 수 있다. 예를 들어 2006년 벨기에 공영방송 RTBF가 다큐멘터리 형식으로 제작한 “플랑드르 독립 선언” 보도는 실제로는 픽션이었지만 시청자들에게 사실처럼 전달되면서 논란을 일으켰다. 이는 의도적으로 사실을 왜곡했기 때문에 기만형 가짜 뉴스로 간주될 수 있다.

3) 가짜 뉴스의 역사와 진화

가짜 뉴스는 오랜 역사를 가지고 있으며 사회적, 정치적 맥락 속에서 끊임없이 변화하고 진화해 왔다. 이에 따라 가짜 뉴스가 발생하게 된 배경과 그 진화 과정을 살펴보는 것은 현대사회에서 가짜 뉴스 문제를 이해하고 효과적으로 대응하기 위한 중요한 출발점이 된다.

가짜 뉴스는 새로운 현상이 아니라 오래된 역사를 가진 개념이다. 이는 정치적, 경제적 목적을 위해 사용되어 왔으며 때로는 전쟁에서 전략과 전술로 활용되며 지속적으로 발전해 왔다. 과거부터 가짜 뉴스는 심리전이나 권력 투쟁의 도구로 활용되며 특정 이익을 얻기 위해 사실을 왜곡하거나 허위 정보를 유포하는 방식으로 진화해왔다. 이는 단순히 사실을 왜곡하는 차원을 넘어 사회적 여론을 조작하거나 대중의 감정을 이용해 특정 목표를 달성하는 데 적극적으로 사용되었다.

고대 중국의 『손자병법』에서는 가짜 뉴스의 전형적인 형태인 심리전을 강조하고 있다. 손자는 전쟁에서 승리하기 위해 상대를 속이고 허점을 찌르는 전략을 제안하며 사실을 왜곡하거나 허위 정보를 퍼뜨리는 행위를 정당화했다. 이는 고대 군사 전략에서 허위 정보가 중요한 역할을 했음을 보여준다. 당시에는 전쟁에서 적의 사기를 꺾거나 혼란을 일으키는 도구로 가짜 뉴스가 활용되었으며 이는 단순한 속임수를 넘어 전술적 필수 요소로 자리 잡았다. 대표적인 예로 한신의 ‘십면매복 전술’이 있다. 한신은 적군을 완전히 포위하지 않은 상황에서 허위 정보를 퍼뜨려 초나라 군대가 사면초가(四面楚歌)의 상황에 처했다고 믿게 만들었다. 이는 초나라 군대의 사기를 극도로 저하시키며 혼란을 야기했고 결국 초나라군은 전투 의지를 상실한 채 대패를 맞이했다. 이처럼 고대 중국에서는 허위 정보와 심리전을 활용해 적의 사기를 꺾고 혼란을 유발하는 전략이 주요 전술로 자리 잡았다.

서양에서는 마키아벨리즘이 대표적인 예다. 마키아벨리는 국가의 발전과 인민의 복리라는 대의를 위해 어떠한 수단도 정당화될 수 있다고 주장했다. 그의 사상은 권력과 정치적 목적을 위해 속임수와 표리부동한 방법을 활용하는 정치술로, 가짜 뉴스와 같은 허위 정보의 사용을 포함하고 있다.

마키아벨리즘의 사상은 유럽의 정치적 대립과 종교적 갈등 속에서 실제로 활용되었다. 대표적인 사례로 16세기 유럽의 30년 전쟁을 들 수 있다. 이 전쟁에서 가톨릭과 개신교 양측은 서로를 악마화하는 선전물을 제작해 대중에게 유포했다. 가톨릭 측은 개신교 지도자들이 "신성모독과 폭력을 일삼는다"는 허위정보를 담은 전단을 배포했고 개신교 측은 가톨릭교회를 "음모와 부패로 가득 찬 조직"으로 묘사한 선전물을 유포했다.

이러한 허위 정보는 종교적 대립을 격화하고 전쟁을 장기화하는 데 기여했다. 이처럼 마키아벨리즘은 가짜 뉴스와 같은 허위 정보의 사용을 정당화하며 정치적 갈등이나 권력 투쟁에서 효과적으로 활용되었다. 이러한 사상은 유럽의 정치와 종교적 분쟁 속에서 허위정보가 대중과 적에게 미치는 강력한 영향을 보여준다.

가짜 뉴스 사례는 고대와 중세에도 발견된다. 한국의 경우 백제 무왕 설화에 등장하는 「서동요」는 가짜 뉴스의 전형적인 사례로 볼 수 있다. 서동은 신라의 선화공주에 대해 허위 정보를 담은 노래를 유포하여 사람들 사이에서 소문이 퍼지도록 했다. 이러한 유언비어는 신라 정권에 큰 부담을 주었고 선화공주는 결국 귀양을 가게 되었다. 서동은 이 과정을 통해 선화공주와 인연을 맺고 백제 무왕에 오르게 된다. 이는 허위 정보를 통해 정치적 목적을 달성한 가짜 뉴스의 고전적인 사례라 할 수 있다. 이는 가짜 뉴스가 단순히 사실의 왜곡에 그치지 않고 사회적 분위기와 여론을 조작하는 데 얼마나 강력한 도구로 활용될 수 있는지를 보여준다.

유럽에서는 1475년 이탈리아 트렌토에서 유태인들이 유아를 납치하고 살해했다는 가짜 뉴스가 퍼졌다. 이 허위 정보는 유태인 집단에 대한 대규모 탄압으로 이어졌다.

당시 기록으로 남아 있는 이 사건은 가짜 뉴스가 특정 집단에 대한 혐오와 편견을 조장하여 심각한 사회적 갈등을 유발한 사례로 꼽힌다. 이는 가짜 뉴스가 단순히 개인의 이익을 넘어 집단적 이익과 갈등을 조장하는 데까지 영향을 미쳤음을 나타낸다.

미국에서는 1777년 독립전쟁 당시 조지 워싱턴이 썼다는 것으로 알려진 위조 편지가 유포되었다. 이 편지에는 워싱턴이 독립전쟁에서 승리할 수 없다고 쓴 내용이 담겨 있었다. 정적들은 이 편지를 이용해 워싱턴을 비난하며 영국에 동조했다고 주장했다. 그러나 이 편지는 이후 완전한 위조로 밝혀졌다. 이 사건은 가짜 뉴스가 정치적 경쟁과 권력 투쟁 속에서 어떻게 사용되었는지를 보여주는 사례다.

이처럼 가짜 뉴스는 역사적으로 다양한 형태와 맥락에서 등장하며 정치적, 사회적, 경제적 목적을 위해 활용되었다. 과거에는 소문이나 구전, 기록물 등을 통해 유포되었지만 그 영향력은 당시에도 상당히 컸다. 이러한 역사는 가짜 뉴스가 단순히 현대의 산물이 아니라 오랜 세월 동안 인간 사회와 함께 진화해 왔음을 보여준다. 과거의 사례들은 가짜 뉴스가 단순한 정보 조작의 차원을 넘어 사회적 갈등과 혼란을 유발하며 여론을 형성하고 역사를 변화시킨 강력한 도구였음을 증명한다.

가짜 뉴스는 과거부터 존재해 온 현상이지만 오늘날 디지털 환경 속에서 더욱 정교하게 진화하며 확산되고 있다. 디지털화는 가짜 뉴스가 유통되는 방식을 혁신적으로 바꾸어 과거 구전이나 종이를 통해 전파되던 형태에서 벗어나 디지털 형식으로 제작되고 유포되는 것을 가능하게 했다. 이로 인해 가짜 뉴스는 기존보다 훨씬 빠르고 광범위하게 확산될 수 있는 조건을 갖추게 되었다.

현재의 디지털 환경은 가짜 뉴스가 유통되고 신뢰를 얻기에 최적화되어 있다. 디지털화의 심화는 뉴스의 양적 증가를 가져왔으며 이는 가짜 뉴스가 그 속에 섞여 확산되는 것을 쉽게 만들었다. 과거에는 뉴스의 양이 적어 사실 여부를 판단하기 용이했지만 이제는 하루에 생산되는 기사만 해도 수만 건에 달해 개별 기사의 진위를 확인하기가 거의 불가능해졌다.

최근 디지털 환경에서의 정보 생산량은 기하급수적으로 증가하고 있다. 2022년 문화체육관광부 자료에 따르면 국내에 등록된 정기간행물의 수는 총 2만 3,719개로 전년

대비 943개(4.1%) 증가한 것으로 나타났다. 이러한 증가세는 인터넷 신문을 포함한 디지털 매체의 활성화를 반영하며 디지털화가 심화되는 현대 미디어 환경의 특징을 보여준다. 네이버와 카카오 등 주요 포털사이트와 제휴한 언론사의 기사는 하루에만 약 6만 건 이상 생산되는 것으로 추산되며(오세욱 외, 2016), 이후 정보 생산량은 더욱 증가했을 것으로 보인다. 이처럼 디지털 미디어와 다양한 플랫폼의 발달은 정보 생산과 유통을 더욱 가속화하며 사람의 인지 범위를 초과하는 방대한 양의 뉴스를 만들어 냈다.

이와 같은 엄청난 정보량은 가짜 뉴스가 그 속에 섞여 있어도 이를 탐지하거나 분별하기 어려운 환경을 조성한다. 정보의 홍수 속에서 가짜 뉴스는 사실과 허구의 경계를 모호하게 만들며 제목과 일부 내용만으로 대중의 관심을 끌어 신뢰를 얻는 방식으로 진화하고 있다.

이와 더불어 디지털 미디어 콘텐츠는 자체적으로 가짜 뉴스의 확산을 돕는 특성이 있다. 마노비치(2013)는 디지털 미디어 콘텐츠의 특성을 '미디어 이동성(media mobility)', '미디어 모듈성(media modularity)', 그리고 '심층적 재조합 가능성(deep remixability)'로 구분하며 이러한 특성들이 콘텐츠의 이동과 변형을 용이하게 만들어 가짜 뉴스의 신뢰도를 높이는 데 기여한다고 분석했다.

미디어 이동성(media mobility)을 통해 디지털 콘텐츠는 특정 플랫폼에 국한되지 않고 SNS, 검색 엔진, 포털 등 다양한 채널을 통해 이동하며 확산된다. 하나의 기사가 작성되면 이는 여러 디바이스와 플랫폼을 넘나들며 전파되고 이러한 과정에서 댓글, 좋아요, 공유 등의 데이터가 추가되어 신뢰도를 높이게 된다.

미디어 모듈성(media modularity)으로 디지털 콘텐츠는 독립된 부분들로 구성되어 있어 이를 조작하거나 재구성하기 쉽다. 예를 들어 기사의 일부분만 캡처하거나 제목을 바꾸어 게시해 원래 내용과 다른 메시지를 전달할 수 있다.

심층적 재조합 가능성(deep remixability)으로 디지털 환경에서는 콘텐츠가 무한히 재조합될 수 있다. 이는 아마추어 생산자도 기존 콘텐츠를 활용해 새로운 가짜 뉴스를 제작할 수 있게 하며 정보의 원본 식별과 작성 주체 파악을 더욱 어렵게 만든다.

이러한 디지털 환경 속에서 가짜 뉴스는 작성 주체와 원본 내용을 모호하게 만들어 신뢰를 얻는 방식으로 작동한다. 특히 짧고 자극적인 제목과 간략한 내용을 통해 독자의 이목을 끌며 정교하게 조작된 형식으로 사실처럼 보이게 한다. 이러한 뉴스는 플랫폼을 통해 빠르게 유통되며 그 과정에서 언론사의 출처가 희미해지고 콘텐츠의 진위 여부를 판단하기가 더욱 어려워지는 경향을 보인다.

현대의 가짜 뉴스는 '디지털 환경에서 폭발적으로 생산되는 정보 속에서 작성 주체와 원본의 불명확성을 이용해 뉴스 형식을 차용하고, 경제적 또는 정치적 의도로 조작된 콘텐츠'라고 정의할 수 있다. 이는 디지털 환경이 가짜 뉴스의 확산과 그 부정적 영향력을 크게 증폭시켰음을 잘 보여준다.

2. 가짜 뉴스의 본질과 영향력

1) 가짜 뉴스의 특징

가짜 뉴스는 대중의 관심을 끌고 특정 목적을 달성하기 위해 다양한 특징을 가진다. 이를 대표적으로 다섯 가지로 정리할 수 있으며 이를 앞글자를 따서 'SHOCK'이라고 표현하기도 한다. 가짜 뉴스는 이러한 특징을 통해 대중을 현혹시키며 사회적 갈등과 혼란을 조장한다(김창룡, 2019).

첫째, 가짜 뉴스는 선정성(Sensational)을 띤다. 이는 자극적인 제목과 내용을 통해 독자의 이목을 집중시키는 방식으로 나타난다. 선정성은 뉴스의 진위 여부와 관계없이 대중의 관심을 유도하며 클릭 수를 높여 확산 속도를 가속화한다. 예를 들어 2020년 코로나19 초기 「코로나 바이러스 치료제 발견!」이라는 제목의 가짜 뉴스는 실제 내용과는 무관한 허위 정보를 담고 있었지만 자극적인 표현 덕분에 빠르게 확산되었다.

둘째, 가짜 뉴스는 증오와 혐오(Hatred)를 조장한다. 특정 사회적 약자인 난민, 장애인, 성소수자 등에 대한 부정적인 감정을 유발하여 혐오를 부추기고 갈등을 일으킨다. 예컨대, 유럽 난민 위기 당시 "난민들이 유럽에서 범죄율을 높이고 있다"는 가짜 뉴스는 사실과 다른 통계를 이용해 난민들에 대한 부정적 인식을 확산시켰다. 이는 사회적 분열과 차별을 심화시키는 데 기여하였다.

셋째, 가짜 뉴스는 일방성(One-way)을 특징으로 한다. 이는 사실 확인을 위한 교차검증을 생략하고, 특정 정보에만 의존하여 보도하는 방식으로 나타난다. 김정은 북한 국무위원장의 사망설이 확산되었을 당시 탈북자 출신 인사의 발언만을 근거로 많은 언론이 기사를 보도했으나 이후 김정은이 공식 석상에 나타나면서 대형 오보로 판명된 사례가 이를 잘 보여준다.

넷째, 가짜 뉴스는 연결성(Connection)을 악용한다. 개연성이 없는 사실들을 무리하게 연결하여 마치 인과관계가 있는 것처럼 포장하는 방식이다. 예를 들어 "백신 접종 후 암 발병"이라는 가짜 뉴스는 백신과 암 사이에 과학적 근거가 없음에도 불구하고 두 사건을 연결함으로써 백신에 대한 불신과 공포를 조장했다.

다섯째, 가짜 뉴스는 킬링 이펙트(Killing Effect), 즉 치명성을 활용한다. 이는 특정 사건과 사람의 죽음을 연결하여 강렬한 인상을 남기려는 방식이다. 이러한 접근은 대중의 감정적 반응을 유도하며 사실 여부를 검증하기도 전에 믿음을 심어준다. 예를 들어 "최저임금 인상이 자살 사건의 원인"이라는 가짜 뉴스는 정책에 대한 부정적인 여론을 조성하고 확대하는 데 사용되었다.

이와 같은 특징들은 가짜 뉴스가 단순한 정보 왜곡을 넘어 대중의 판단을 흐리게 하고, 사회적 갈등과 혼란을 조장하는 주요 도구로 작용하고 있음을 보여준다. 가짜 뉴스의 이러한 특징은 대중의 주의를 끌고 신뢰를 얻으며 특정 정치적·경제적 목적을 달성하기 위해 치밀하게 설계되었음을 의미한다.

가짜 뉴스의 유통 방식은 몇 가지 단계로 나누어 설명할 수 있다. 이는 소문에서 시작해 활자화와 소셜 미디어를 거쳐 언론보도로 확산되는 구조를 가진다(김창룡, 2019).

첫째, 가짜 뉴스는 소문(Speculation)에서 시작된다. 초기 단계에서는 주로 "누가 누구와 사귄다더라"는 식의 출처와 근거가 불분명한 헛소문이 퍼진다. 이러한 소문은 대개 사적이고 비공식적인 경로를 통해 전파되며 특정 사실에 대한 흥미와 호기심을 자극하여 소규모로 확산된다.

둘째, 소문이 활자화(Publication)되는 단계로 이어진다. 소문은 기사 형식으로 제작되어 가짜 뉴스로 변환되며 더욱 널리 유포되기 시작한다. 이 과정에서 가짜 뉴스는 전문적인 기사처럼 보이도록 포장되며 독자들에게 사실처럼 인식될 가능성을 높인다.

셋째, 가짜 뉴스는 소셜미디어(Social Media)를 통해 빠르게 확산된다. 지인 네트워크, 블로그, 인터넷 미디어 등을 통해 가짜 뉴스는 공유와 재가공 과정을 거치며 더욱 그럴듯한 형태로 퍼진다. 특히 소셜 미디어의 특성상 정보가 실시간으로 광범위하게 유통되기 때문에 가짜 뉴스는 빠른 속도로 대중 사이에 자리 잡는다.

넷째, 가짜 뉴스는 언론보도(Mainstream Media)를 통해 정식 뉴스처럼 둔갑한다. 이 단계에서 가짜 뉴스는 신뢰를 높일 수 있는 외형적 구조를 갖추고 언론 매체를 통해 대중에게 무차별적으로 전달된다. 이로 인해 대중은 가짜 뉴스를 진짜 뉴스로 인식하기 쉽고 이를 통해 가짜 뉴스의 영향력이 극대화된다.

결국 소규모로 시작된 가짜 뉴스는 소셜 미디어와 언론을 통해 점점 더 큰 규모로 확산되며 통제하기 어려운 수준에 이르게 된다. 이러한 유통 방식은 가짜 뉴스가 대중의 인식에 깊이 침투하고, 사회적 혼란을 야기하는 데 중요한 역할을 한다. 가짜 뉴스의 유통구조를 이해하는 것은 이를 방지하고 대응하는 데 있어 필수적인 과제라 할 수 있다.

2) 가짜 뉴스의 위험성

가짜 뉴스가 심각한 사회적 문제로 부각되는 이유는 그것이 다양한 사회적 갈등과 혼란을 일으키며 그 영향력이 점점 더 커지고 있기 때문이다. 유럽위원회(Council of Europe)는 가짜 뉴스가 여론을 양극화하고 폭력적 극단주의와 증오 발언을 조장하며 궁극적으로 민주주의와 민주적 과정에 대한 신뢰를 훼손한다고 평가했다. 가짜 뉴스가 사회에 미치는 부정적 영향은 다음과 같다(오세훈 외, 2017).

첫째, 사회적 갈등과 극단화 조장이다. 가짜 뉴스는 환경오염, 다문화 반대, 인종차별 등 민감한 사회적 문제를 왜곡하고 극단적 갈등을 조장한다. 예를 들어 "탄소 배출 규제를 강화하면 모든 중소기업이 파산할 것이다"라는 가짜 뉴스가 환경정책 반대 운동에서 자주 언급되었다. 이는 탄소 배출 규제의 경제적 영향을 과장한 정보로, 지속 가능한 발전을 위한 사회적 합의를 방해하는 결과를 낳았다.

둘째, 정치적 의사결정 왜곡이다. 가짜 뉴스는 특정 정치적 이슈를 강조하거나 생략함으로써 수용자의 의사결정 과정을 왜곡한다. 뉴스는 본래 합리적 의사결정을 돕기 위한 정보를 제공하는 역할을 하지만 가짜 뉴스는 정보의 순환을 왜곡하여 여론 형성을 방해하고 신뢰를 약화시킨다. 예를 들어 2016년 미국 대선 과정에서 가짜 뉴스는 특정 후보에 대한 부정적 이미지를 강화하여 선거 결과에 영향을 미쳤다. 이는 가짜 뉴스가 정치적 의제를 설정하고 수용자의 인지적 판단을 왜곡하는 위험성을 보여준다.

셋째, 무비판적 수용과 확산이다. 가짜 뉴스는 특정 요소를 부각시키고 왜곡하는 과정에서 수용자들이 이를 무비판적으로 받아들이도록 만든다. 가짜 뉴스를 접한 사람들은 과도한 인지적 피로감으로 인해 사실 여부를 확인하려는 노력을 회피하고, 직관적으로 이를 수용하게 된다. 그 결과 수용자들은 가짜 뉴스를 신뢰하고, 이를 주변에 공유하며 확산시키는 역할을 한다. 이러한 확산 과정은 가짜 뉴스가 점점 더 큰 규모로 확대되는 악순환을 초래한다.

이처럼 가짜 뉴스는 ① 사회적 갈등을 증폭시키고 ② 민주주의의 근간을 약화시키며 ③ 개인과 공동체의 신뢰를 훼손하는 심각한 문제를 야기한다. 이를 해결하기 위해서는 단순히 개인의 판단에 의존하기보다는 체계적이고 효과적인 규제와 사회적 대응이 필요하다. 가짜 뉴스의 확산 경로와 영향력을 면밀히 분석하고 이를 방지하기 위한 법적·기술적 수단을 강화하는 것이 필수적이다.

3) 가짜 뉴스의 소비 심리

가짜 뉴스가 소비되는 이유는 디지털 미디어 환경에서 개인의 심리와 사회적 구조가 복잡하게 얽혀 나타나는 현상이다. 이를 이해하기 위해, 가짜 뉴스 소비에 영향을 미치는 네 가지 주요 요인을 살펴봐야한다(오세훈 외, 2017).

첫째, 네트워크화된 개인주의(networked individualism)다. 현대사회는 사람들 간의 연결이 매우 중요해졌지만 이 연결은 과거처럼 집단 중심이 아니라 개인 중심으로 이루어지는 특징을 보인다. 이를 네트워크화된 개인주의라고 한다. 즉, 각 개인이 중심이 되어 자신만의 방식으로 정보를 얻고 사람들과 관계를 맺는 구조를 말한다.

이러한 구조에서는 개인이 자신이 좋아하는 정보나 관심사에 더 쉽게 접근할 수 있다. 또한 자신의 생각과 비슷한 사람들과 더 자주 연결되는 경향이 나타난다. 이를 유유상종(homophily)이라고 부르는데 이는 비슷한 사람들끼리 모이면서 기존의 생각이나 신념이 더욱 강화되는 결과를 낳는다.

그러나 이 과정에서 기존 언론이 하던 정보 검증 역할(Gatekeeping)이 사라지고 인터넷과 SNS에서는 익명성과 비대면성이 높아져 가짜 뉴스가 검증 없이 퍼지기 쉬운 환경이 조성된다. 결국 가짜 뉴스는 주류 미디어와는 단절된 채 독립적인 네트워크 안에서 확산되고 이를 믿는 사람들끼리의 연결이 더욱 강화되는 악순환이 발생한다.

둘째, 온라인 상호작용의 외부 효과다. 가짜 뉴스 소비 심리는 온라인 상호작용의 강도와 빈도가 증가함에 따라 강화된다. 자아 중심 네트워크를 기반으로 이루어지는 이러한 상호작용은 정보의 선택적 소비와 편향성을 더욱 심화시키며 극화, 극단화, 집단극화와 같은 심리적 현상을 유발한다.

이와 같은 과정은 SNS와 같은 온라인 환경에서 더욱 두드러지며 사용자들 간의 의견 네트워크가 분리되어 자신과 유사한 생각을 가진 집단 안에서만 정보가 공유되도록 만든다. 그 결과 가짜 뉴스는 더욱 쉽게 소비되고 확산되며 기존 신념을 강화하거나 왜곡하는 도구로 작용하게 된다. 이러한 심리는 사회적 분열과 갈등을 심화시키며 정보 생태계 전반에 부정적인 영향을 미친다.

- 극화(polarization): 개인의 기존 의견이 점차 더 극단적인 방향으로 치우치는 것을 의미하며 사용자는 자신이 선호하는 정보만을 반복적으로 접하게 되어 기존 신념을 더욱 공고히 한다. 이로 인해 다양한 관점에 대한 수용성이 낮아지고 가짜 뉴스가 사실로 인

식될 가능성이 높아진다.

- 극단화(extremization): 극단화는 개인의 의견이 방향성과 관계없이 중립적 입장에서 벗어나 점점 극단적인 입장으로 이동하는 현상을 의미한다. 이는 사용자가 중립적인 정보보다는 자신의 신념과 관련된 강렬한 정보를 선호하게 만드는 심리적 요인으로 작용한다.
- 집단 극화(group polarization): 집단 내 상호작용 과정에서 개인의 의견이 집단 평균보다 더 극단화되는 현상으로 이는 집단적 사고가 개인의 판단에 강한 영향을 미치며 집단 내 구성원들이 가짜 뉴스에 대해 비판적 사고를 배제하게 만드는 결과를 초래한다.

셋째, 확증편향(Confirmation Bias)이다. 이는 개인이 자신의 신념이나 주장과 일치하는 정보는 쉽게 받아들이고 반대되는 정보는 무시하거나 거부하는 심리적 경향을 의미한다. 예를 들어 특정 정치인을 지지하는 개인이 해당 정치인을 칭찬하는 기사는 신뢰하는 반면, 비판적인 기사는 배척하는 경우가 이에 해당한다.

디지털 미디어 환경에서는 매일 방대한 양의 정보가 생산되기 때문에 모든 정보를 검토할 수 없는 한계가 존재한다. 이에 따라 개인은 자신이 선호하는 정보만 선택적으로 소비하는 경향을 보이며 이러한 과정에서 확증편향은 더욱 강화된다. 이와 관련된 개념으로 필터 버블(Filter Bubble)이 있다. 필터 버블은 구글이나 페이스북과 같은 플랫폼이 개인의 검색 이력과 클릭 데이터를 바탕으로 사용자가 선호할 만한 정보를 맞춤형으로 제공하는 알고리즘을 뜻한다. 이러한 알고리즘은 사용자가 선호하는 정보만을 걸러내어 보여줌으로써 개인이 다양한 관점을 접할 기회를 제한한다.

결과적으로 확증편향과 필터 버블의 결합은 개인이 잘못된 정보나 가짜 뉴스조차 자신의 신념과 부합한다면 지속적으로 소비하도록 유도한다. 이는 가짜 뉴스가 사실로 인식되는 상황을 조장하며 정보 소비의 편향성과 왜곡을 심화시키는 결과를 초래한다.

넷째, 인지부조화(Cognitive Dissonance)다. 인지부조화는 개인이 믿는 것과 실제 정보 간의 불일치로 인해 심리적 불편함을 느끼고 이를 해소하기 위해 자신의 신념과 일치하는 정보를 선택적으로 받아들이는 경향을 의미한다. 이러한 경향은 개인이 자신에게 유리하거나 기존 신념과 부합하는 정보만을 받아들여 잘못된 정보라도 진실로 인식하게 되는 과정을 강화한다.

인지부조화는 단순히 정보를 수동적으로 걸러내는 것을 넘어 기존 신념에 부합하는 정보를 유인하고 강화하는 심리적 메커니즘을 제공한다. 이로 인해 가짜 뉴스의 진위 여부와 상관없이 소비가 지속되며 반복되는 노출은 잘못된 신념을 더욱 공고히 한다.

이러한 기제는 개인의 정보 소비 습관을 왜곡하고 사회적 분열과 갈등을 심화시키는 결과를 초래한다. 따라서 가짜 뉴스 문제를 해결하기 위해서는 개인의 비판적 사고 능력 강화와 함께 디지털 플랫폼의 알고리즘 투명성을 높이고 사회적 감정 관리를 위한 정책적 노력이 필요하다.

3. 가짜 뉴스 사례와 대응

1) 가짜 뉴스 사례①: 코로나19 백신 관련 허위정보 사례

2020년 전 세계적으로 "COVID-19 백신이 사람의 DNA를 변형시키고 사망률을 높인다"는 허위정보가 소셜 미디어를 통해 확산된 바 있다(연합뉴스, 2021.3.2.). 이러한 가짜 뉴스는 백신 접종에 대한 공포를 조장하여 접종률을 저하시켰고 그 결과 공중보건에 심각한 위협을 초래하였다. 이에 세계보건기구(WHO)와 각국 정부는 허위 정보를 차단하고 정확한 정보를 제공하기 위한 다양한 캠페인을 전개하였다.

전문가들은 이와 같은 주장에 대해 과학적 근거가 없음을 강조하였으며 백신이 인간의 유전자를 변형시키지 않는다는 사실을 분명히 하였다(KBS뉴스, 2021.3.2.) 아울러, 정부는 방송통신심의위원회를 통해 허위 정보를 신속히 삭제하거나 차단하는 조치를 취하였다.

본 사례는 허위정보가 공중보건에 미치는 부정적인 영향을 명확히 보여주며 올바른 정보전달과 허위정보 차단의 중요성을 부각한다. 따라서 백신에 대한 신뢰를 회복하고 허위 정보의 확산을 막기 위해 지속적이고 체계적인 대응이 필요하다.

2) 가짜 뉴스 사례②: 미국 대선 도미니언 투표기 조작설 사례

2020년 미국 대통령 선거 당시 도미니언 보팅 시스템은(Dominion Voting Systems)의 투표기가 조작되어 도널드 트럼프 전 대통령의 표가 조 바이든 대통령에게 전환되었다는 주장이 소셜 미디어와 일부 언론을 통해 확산되었다. 이러한 주장은 선거 결과에 대한 신뢰를 저하시켜 정치적 분열을 심화시키는 데 기여하였다.

이와 관련하여 도미니언 보팅 시스템은 『폭스뉴스(Fox News)』가 사실 확인 없이 이러한 허위 주장을 보도하여 회사의 명예를 훼손했다고 주장하며 명예훼손 소송을 제기하였다. 2023년 4월 『폭스뉴스』는 도미니언과의 법적 분쟁을 해결하기 위해 7억 8,750만 달러(약 1조 391억 원)의 배상금을 지급하기로 합의하였다(연합뉴스, 2024. 4.19)

이 사건은 언론이 사실 확인 없이 허위 정보를 보도할 경우 그에 따른 법적 책임이 뒤따를 수 있음을 보여주는 사례로 평가된다. 또한 선거와 같은 민주주의의 핵심 과정에서 정확한 정보 제공의 중요성을 강조하는 계기가 되었다.

3) 가짜 뉴스 사례③: 독일, 난민 범죄율 증가설

2018년 독일에서는 "난민 수용이 범죄율의 급격한 증가를 초래한다"는 허위정보가 확산되었다. 이러한 가짜 뉴스는 난민에 대한 부정적 인식을 강화하고 사회적 갈등을 심화했다. 그러나 실제 통계에 따르면 난민 수용과 범죄율 증가 사이에는 직접적인 연관성이 없는 것으로 나타났다. 예를 들어 2015년과 2016년 사이에 독일 니더작센주에서 범죄율이 10.4% 증가하였으나 이는 난민 유입과 직접적인 상관관계가 없었다(연합뉴스, 2018.1.3).

이러한 사실에도 불구하고 가짜 뉴스의 영향으로 난민에 대한 부정적 인식이 확산되었으며 이는 사회적 분열을 초래하였다. 독일 정부는 이러한 허위 정보를 바로잡기 위해 실제 데이터를 공개하고 미디어를 통해 정확한 정보를 전달하는 노력을 기울였다. 그러나 가짜 뉴스의 영향력은 여전히 남아 있어 사회적 통합을 저해하는 요인으로 작용하고 있다.

4) 가짜 뉴스 문제에 대한 대응

가짜 뉴스 문제는 민주주의의 근간을 흔들고 국가와 개인의 삶에 혼란과 위협을 초래하는 심각한 사회적 문제다. 이러한 문제를 해결하기 위해서는 적절한 규제가 필요하며 한국, 미국, 유럽연합(EU), 독일, 일본 등 다양한 국가에서 이에 대한 법적 규제 방안을 마련하고 있다. 이하에서는 이들 국가의 가짜 뉴스 규제 방안에 대해 살펴보고자 한다.

(1) 한국

2024년 12월 기준 한국은 허위조작정보 유포와 관련하여 다양한 법률적 규제를 통해 사회적 혼란과 개인의 피해를 방지하고자 하고 있다. 주요 법률과 그에 따른 처벌 내용을 다음과 같이 서술할 수 있다.

첫째, 공직선거법에 따른 허위사실 유포 처벌이다. 공직선거법은 선거의 공정성을 확보하기 위해 허위사실 유포를 엄격히 규제하고 있다. 제250조에 따르면, 선거 후보자와 관련된 허위사실을 유포하거나 공표하는 행위는 5년 이하의 징역 또는 3천만 원 이하의 벌금에 처하도록 규정되어 있다. 이는 선거 과정에서 허위정보로 인한 혼란을 방지하고 민주주의의 근간을 보호하기 위한 조치다.

둘째, 정보통신망 이용촉진 및 정보보호 등에 관한 법률(정보통신망법)이다. 정보통신망법은 정보통신망을 이용한 허위사실 유포로 타인의 명예를 훼손하거나 피해를 주는 행위를 처벌하는 근거를 제공한다. 제70조에서는 정보통신망을 통해 허위사실을 유포하여 타인의 명예를 훼손한 경우, 7년 이하의 징역, 10년 이하의 자격정지, 또는 5천만 원 이하의 벌금을 부과할 수 있다고 명시하고 있다. 이 법은 특히 디지털 환경에서 발생하는 명예훼손과 허위정보 문제를 해결하기 위해 마련되었다.

셋째, 형법에 따른 허위사실 유포 규제다. 형법은 허위사실로 타인의 명예를 훼손하거나 공공질서를 어지럽히는 행위에 대한 처벌을 규정하고 있다. 제307조는 공연히 허위사실을 적시하여 사람의 명예를 훼손한 경우 5년 이하의 징역 또는 1천만 원 이하의 벌금을 부과하도록 규정하고 있다. 또한 제314조는 허위사실로 업무를 방해한 경우 5년 이하의 징역 또는 1,500만 원 이하의 벌금을 규정하고 있다.

넷째, 감염병예방법이다. 감염병예방법은 감염병과 관련된 허위사실 유포로 인해 방역 업무가 방해되는 경우를 규제한다. 제79조의3에 따라 역학조사와 관련해 거짓된 사실을 유포하여 방역 업무에 지장을 초래한 자는 2년 이하의 징역 또는 2천만 원 이하의 벌금에 처하도록 하고 있다. 이 조항은 특히 감염병과 같은 공중보건 위기 상황에서 허위정보로 인한 혼란을 방지하기 위한 법적 근거를 제공한다.

최근 개정 및 논의 사항으로는 허위조작정보의 확산 문제를 해결하기 위해 정보통신망법 개정안과 공직선거법 개정안이 논의되고 있다. '정보통신망법 개정안'은 허위조작정보와 딥페이크 콘텐츠 금지를 주요 내용으로 하고 있으며 '공직선거법 개정안'은 선거와 관련된 허위정보 유포에 대한 규제를 더욱 강화하려는 목적을 가지고 있다. 또한 미디어 리터러시 교육을 통한 대처 능력 강화를 위해 '미디어교육 촉진법안'도 발의된 바 있다(김지현 외, 2023).

(2) 미국

미국은 수정 헌법 제1조에서 보장된 표현의 자유를 중시하며 불법 콘텐츠가 아닌 가짜 뉴스나 허위조작정보 자체를 연방 차원에서 규제하거나 처벌하는 법률을 두고 있지 않다. 그러나 각 주 및 연방 정부는 허위조작정보와 관련된 문제를 해결하기 위해 미디어 리터러시 교육 및 특정 상황에 대한 규제 방안을 마련하고 있다. 구체적인 내용은 다음 아래의 내용이다.

첫째, 미디어 리터러시 교육이다. 미국의 각 주는 허위조작정보를 규제하기보다는 이를 비판적으로 분석할 수 있는 능력을 기르기 위해 미디어 리터러시(media literacy) 교육 입법에 적극적으로 나서고 있다. 예를 들어 뉴저지주는 2023년 법률을 통해 공립학교에서 정보 리터러시(information literacy) 교육을 의무화하였다. 또한 뉴저지주 교육위원회는 비판적 사고, 사실과 관점, 의견의 차이점을 구별하는 학습 표준을 마련하였으며 이를 유치원부터 12학년까지의 커리큘럼에 포함하도록 하였다.

둘째, 딥페이크 규제다. 캘리포니아주는 선거법전 제20010조를 통해 선거 기간 선거 후보자의 평판을 해치거나 유권자를 기만할 의도로 딥페이크 콘텐츠를 유포하는 행위를 규제하고 있다. 선거 60일 이내에 후보자에 대한 실질적으로 기만할 정도의 콘텐츠를 유포할 경우, 이를 실제적 악의로 판단하여 처벌 대상이 된다. 다만 해당 콘텐츠가 조작되었음을 명확히 공개(예: "이 콘텐츠는 조작되었다"라는 표시)하면 규제 대상에서 제외된다. 또한 라디오 및 텔레비전 방송국이 선의로 뉴스나 인터뷰를 방송하며 콘텐츠의 진위를 불분명하다고 알린 경우도 예외로 인정된다.

셋째, 바이든 행정부의 AI 규제 행정명령이다. 2023년 10월 30일 바이든 행정부는 '안전하고 신뢰할 수 있는 AI 개발·이용에 관한 행정명령'(EO 14110)을 발표하였다.특히 합성 콘텐츠(Synthetic Content)의 위험성을 줄이기 위해 AI로 생성된 콘텐츠를 식별할 수 있는 기술 및 라벨링 기준을 강화할 것을 명시하였다. 연방 상무부 장관은 워터마킹 기술을 포함하여 AI 합성 콘텐츠를 명확히 구별하는 기준과 방법에 대한 보고서를 작성하고, 관계기관에 이를 전달하도록 요구받았다.

(3) 유럽연합(EU)

유럽연합(EU)은 허위조작정보와 관련된 문제를 해결하기 위해 법적·정책적 접근을 통해 이를 규제하고 미디어 리터러시를 촉진하기 위한 노력을 기울이고 있다. EU는 '가짜 뉴스'라는 용어 대신 허위조작정보 또는 오정보(誤情報)라는 용어 사용을 권장하며 다양한 입법과 지침을 통해 이를 구체적으로 다루고 있다. 주요 내용을 다음과 같이 정리할 수 있다.

첫째, 허위조작정보에 대한 규제 강화하였다. EU집행위원회는 2018년에 이어 2022년, 자율규제를 기반으로 한 '허위조작정보에 대한 강화된 실행강령'을 발표하였다. 이 실행강령은 플랫폼 기업들이 자율적으로 허위조작정보에 대응하기 위한 실행 계획을 수립하고 이를 준수하도록 요청하고 있다. 또한 EU는 2022년 디지털서비스법(Digital Services Act, DSA)을 제정하여 초대형 온라인 플랫폼이 허위조작정보를 포함한 유해콘텐츠에 대한 위험을 줄이는 조치를 취하도록 의무화하였다.

둘째, 디지털서비스법(DSA)은 초대형 온라인 플랫폼의 책임을 강화하고 허위조작정보를 포함한 콘텐츠와 관련된 위험 평가 및 완화 조치를 명시하고 있다. 적용 대상은 월평균 4,500만 명 이상의 활성 이용자를 보유한 초대형 온라인 플랫폼 및 검색엔진이다. 주요 규정은 위험평가 의무, 위험감경조치, 투명성보고서 등이다.

- 위험평가 의무: 초대형 온라인 플랫폼은 알고리즘, 추천 시스템, 광고 등에서 발생할 수 있는 허위조작정보 관련 위험을 평가해야 한다(제34조).
- 위험감경조치: 허위조작정보와 같은 유해 콘텐츠 확산을 막기 위한 콘텐츠 조정, 딥페이크 공개 등 감경 조치를 이행해야 한다(제35조).
- 투명성보고서: 플랫폼은 6개월마다 투명성 보고서를 발행하여 규제 준수 상황을 공개해야 한다(제42조).

셋째, AI법(Artificial Intelligence Act)이다. AI법(안)은 AI 기술이 가져올 수 있는 위험을 줄이고, 신뢰할 수 있는 AI 사용을 촉진하기 위해 2021년 발의되었다. 2023년 의회수정안은 AI의 위험 규제를 강화하고 딥페이크와 같은 허위조작정보에 대한 대응을 구체화하는 내용을 담고 있다. 특히 딥페이크 콘텐츠 생성자에게 해당 콘텐츠가 AI로 생성되었거나 조작된 것임을 명확히 표시하도록 라벨링 의무화를 규정하고 있다(수정안 제52조 제3항). 이러한 라벨링은 시각적으로 명확하게 표현되어야 하며 투명성

원칙에 따라 사용자가 이를 쉽게 인식할 수 있도록 해야 한다.

(4) 독일

독일은 허위조작정보 문제를 해결하기 위해 네트워크집행법(NetzDG)을 중심으로 한 법적 규제와 함께 각 주(州)의 고유 권한으로 미디어 리터러시(Medienkompetenz) 교육을 강화하는 정책을 병행하고 있다. 독일은 허위조작정보를 불법 콘텐츠로 간주할 수 있는 경우에 한해 규제하며 각 주에서는 미디어 교육과 리터러시 증진을 위한 다양한 법적·정책적 조치를 시행하고 있다.

첫째, 2017년에 제정된 네트워크집행법(NetzDG)이다. 이 법은 소셜네트워크 사업자에게 불법 콘텐츠에 대한 신속한 삭제와 접근 차단 등 콘텐츠 조정(content moderation) 의무를 부과한다. 또한 독일 인터넷 사용자들이 불법 콘텐츠를 신고할 수 있도록 효과적이고 투명한 절차를 제공하도록 규정하고 있다. 그러나 네트워크집행법은 허위조작정보를 명시적으로 규제하지 않으며 허위조작정보가 불법 콘텐츠 요건에 해당할 경우에만 적용된다.

둘째, 미디어 리터러시 관련 주법률이다. 독일은 주(州) 단위로 미디어 리터러시 증진을 위한 법적·정책적 조치를 마련하고 있다. 주요 주법의 내용은 다음과 같다.

- 브레멘주 미디어법(BremLMG) 제47조: 주 미디어 당국은 브레멘 주민들이 미디어 콘텐츠를 능동적으로 처리할 수 있도록 장려해야 한다. 주 차원의 미디어 리터러시 관련 계획을 수립하여 미디어 기술 향상에 기여하도록 규정한다.
- 자를란트주 미디어법(SMG) 제60조: 주 미디어 당국은 미디어 리터러시 증진을 위해 적극적으로 노력하며 제3자와 협력하거나 스스로 책임을 지고 이를 실행해야 한다. 구체적인 의무로 미디어 교육·훈련 기관을 운영하거나 지원, 취약계층을 위한 미디어 교육 기회 제공하는 것이다.

(5) 일본

일본은 헌법에서 보장하는 표현의 자유(헌법 제21조)를 존중하며 온라인 허위조작정보에 대한 직접적인 규제보다는 민간 플랫폼 사업자의 자율규제를 원칙으로 하고 있다. 정부는 민간의 활동을 지원하고 허위조작정보 문제에 대한 인식 제고와 피해 구제 방안을 중심으로 정책을 추진하고 있다.

첫째, 플랫폼 사업자 책임 제한법이다. 플랫폼 사업자 책임 제한법은 허위조작정보로 인해 권리가 침해된 경우 피해자가 플랫폼 사업자에게 정보 공개를 요청하거나 손해배상책임을 제한하는 내용을 담고 있다. 허위조작정보로 인해 피해를 본 당사자는 게시자 정보공개 명령제도를 통해 익명의 게시자를 신속히 특정할 수 있다. 과거에는 가처분 명령제도를 통해 익명의 게시자를 특정했으나, 절차가 복잡해 이용률이 낮았다. 이를 개선하기 위해 간소화된 비송사건 절차를 도입하여 피해자가 플랫폼 사업자에게 게시자의 정보를 신속히 요청할 수 있도록 하였다.

둘째, 청소년 인터넷 이용환경 정비법이다. 이 법은 건전한 성장을 저해할 수 있는 유해정보로서 허위조작정보에 대한 교육을 포함하고 있다. 청소년 대상 허위조작정보 교육은 유해정보에 대한 경각심을 높이고, 인터넷 환경에서 안전하게 정보를 이용할 수 있도록 돕는다.

셋째, 플랫폼 서비스 연구회의 대응책이다. 이는 허위조작정보에 대한 전 국민의 인식을 제고하고, 효과적인 교육과 대응 방안을 마련하기 위해 다음과 같은 7가지 대응책을 제시하였다. 허위조작정보 교육 교재 작성, 교재 정보 전달, 교재 활용 지원, 전국민 인식 제고 캠페인, 교재 내용 강화, 플랫폼 사업자의 자율적 대응 촉진, 대응 포털사이트 제작 등으로 허위조작정보에 대한 교육과 인식 제고 활동을 강화하고 있다.

3) 시사점

현대 디지털 사회에서 허위조작정보는 표현의 자유와 깊은 연관성을 가지며 규제

과정에서 신중한 접근이 요구된다. 전 세계 주요 국가들은 허위조작정보를 직접 처벌하기보다는 그 확산을 막고 시민들의 정보 분석 능력을 강화하는 방향으로 대응하고 있다. 이러한 논의에서 얻을 수 있는 시사점을 다음과 같이 정리할 수 있다.

첫째, 온라인 허위조작정보 규제다. 허위조작정보는 범죄에 해당하지 않는 한 헌법이 보장하는 표현의 자유의 보호 대상에 포함될 수 있다. 따라서 이를 규제하려면 표현의 자유를 침해하지 않는 범위 내에서 신중하게 접근해야 한다. 주요국(미국, EU, 독일, 일본)은 온라인 허위조작정보의 유포 자체를 처벌하지 않으며 불법 콘텐츠가 아닌 경우 규제보다는 플랫폼의 역할에 중점을 두고 있다.

EU의 사례는 초대형 온라인 플랫폼이 불법 콘텐츠뿐 아니라 유해하지만 적법한 허위조작정보에 대해 위험감경조치를 취하도록 의무화한 점에서 시사하는 바가 크다. 이는 우리나라에도 적용할 수 있으며 일정 규모 이상의 온라인 플랫폼에 대해 자율 규제를 넘어서 일정한 기준에 따라 콘텐츠 접근 차단 등 위험감경조치를 의무화할 필요가 있다.

둘째, 딥페이크 표시 의무화다. 딥페이크 기술의 발전은 선거 및 공공질서를 혼란에 빠뜨릴 위험이 있으므로, 투명한 정보 공개가 요구된다. EU의 AI법(안)과 미국 바이든 행정부의 행정명령은 딥페이크 콘텐츠가 조작된 것임을 명확히 표시하도록 요구하고 있다. 이는 우리나라에도 참고가 될 수 있는 규제 방안이다.

셋째, 미디어 리터러시 정책 강화다. 온라인 환경에서 정보의 신뢰성과 진실성을 판단할 수 있는 비판적 분석 능력은 허위조작정보 문제를 해결하기 위한 핵심 요소다. 이를 위해 미디어 리터러시 교육은 필수적이다. 미국과 EU는 미디어 리터러시를 정책적으로 강화하고 있다. 특히 미국 뉴저지주는 정보 리터러시 교육을 의무화하였고, 프랑스는 교육법전을 통해 중학교 교육 과정에 미디어 리터러시를 필수적으로 포함하도록 규정하였다. 우리나라에서도 초·중·고등학교 교육과정에서 일정 시간 이상의 미디어 리터러시 교육을 의무화하는 입법이 시급하다. 이를 통해 청소년들은 정보의 진위를 판단하고 올바른 디지털 시민으로 성장할 수 있다.

온라인 허위조작정보와 딥페이크의 문제는 현대 디지털 환경에서 갈수록 중요한 사회적 이슈로 대두되고 있다. 이를 해결하기 위해서는 플랫폼 책임 강화를 통한 확산 방지, 투명한 딥페이크 규제 그리고 정보 이용자의 비판적 사고 능력을 높이는 미디어 리터러시 교육이 조화를 이루는 접근이 필요하다. 이러한 시사점은 디지털 정보의 올바른 이용과 건전한 민주주의 발전에 기여할 수 있을 것이다.

제12장

미디어 리터러시의 이해

제12장 “미디어 리터러시의 이해”는 현대 사회에서 미디어를 올바르게 이해하고 활용하는 능력의 중요성을 강조하는 장이다. 디지털 기술의 발전과 함께 미디어 환경이 급변하면서 단순한 정보 소비를 넘어 비판적으로 분석하고 창의적으로 활용하는 능력이 더욱 요구되고 있다. 본 장에서는 이러한 시대적 흐름을 반영하여 미디어 리터러시의 개념과 구성 요소를 상세히 설명하고 이를 바탕으로 미디어가 개인과 사회에 미치는 영향을 분석한다.

미디어 리터러시의 개념을 정의하며 전통적인 리터러시 개념이 디지털 환경 속에서 어떻게 확장되었는지를 설명한다. 기능적 리터러시와 비판적 리터러시를 포함한 다양한 하위 개념을 소개하고, 현대 사회에서 미디어 리터러시가 요구되는 이유를 분석한다.

결론적으로 12장은 미디어 리터러시가 현대 사회에서 필수적인 능력으로 자리 잡았음을 강조하며 이를 효과적으로 교육하고 활용하는 방안을 모색한다. 본 장을 통해 미디어를 보다 비판적으로 이해하고 책임감 있는 디지털 시민으로서의 역량을 함양하는 데 필요한 이론적 지식과 실천적 방향을 얻을 수 있을 것이다.

1. 미디어 리터러시 이해

1) 미디어 리터러시의 개념

미디어 리터러시는 현대사회에서 미디어를 올바르게 이해하고 비판적으로 분석하며 이를 창의적으로 활용해 새로운 콘텐츠를 생산할 수 있는 능력을 의미한다. 이는 '미디어(media)'와 '리터러시(literacy)'의 결합어로 단순한 정보의 수용을 넘어 미디어와 그 사회문화적 맥락을 이해하고 주체적으로 다룰 수 있는 역량을 포함한다(김경희, 2020).

리터러시의 개념은 본래 텍스트를 읽고 쓰고 이해하는 기본 능력을 의미하였으나 오늘날에는 그 범위가 확장되어 기능적 리터러시와 비판적 리터러시를 모두 포함하게 되었다. 기능적 리터러시는 문자나 그림과 같은 기본 정보를 이해하는 능력을 의미하며 비판적 리터러시는 이를 바탕으로 정보를 비판적으로 분석하고 사회적 맥락 속에서 평가하며 활용하는 능력을 강조한다. 이러한 두 가지 개념을 토대로 미디어 리터러시는 현대사회에서 미디어를 능동적으로 탐색, 해석, 그리고 창의적으로 활용하는 종합적 능력을 아우른다.

과거 미디어 리터러시는 주로 신문, 잡지, 텔레비전과 같은 전통적 매체를 중심으로 발전하였다. 그러나 인터넷과 디지털 기술의 급속한 발전은 미디어의 형태와 종류를 더욱 다양하게 변화시켰고 이에 따라 미디어 리터러시는 정보의 단순한 소비에서 나아가 탐색, 해석, 창조의 능력으로 확장되었다. 즉, 현대의 미디어 리터러시는 정보를 비판적으로 수용하는 동시에 새로운 메시지와 콘텐츠를 창출하고 이를 다양한 형태로 활용하는 능력을 요구한다.

특히 디지털 시대에는 미디어와 인간의 관계가 과거의 단방향 소통에서 쌍방향 소통으로 변화하였다. 과거 수용자는 제공된 정보를 단순히 이해하는 역할에 그쳤지만, 오늘날의 수용자는 정보를 비판적으로 해석하고 이를 바탕으로 새로운 메시지를 생산하며 자신의 의견을 표현하는 능동적 생산자의 역할도 수행해야 한다. 이러한 변화 속에서 미디어 리터러시는 개인이 정보의 양과 질을 평가하고 적절하게 활용하는 데 필요한 핵심 역량으로 자리 잡았다.

미디어 리터러시의 하위개념으로 비판적 리터러시, 문화적 리터러시, 시민적 리터러시, 기능적 리터러시, 비주얼 리터러시, 복합양식 리터러시 등이 있다.

비판적 리터러시는 정보 생산의 주체와 의도를 비판적으로 파악하고, 정보가 표현되는 방식과 그에 따른 의미의 효과를 비판적으로 이해하는 능력을 의미한다. 즉, 단순히 정보를 수용하는 것이 아니라 정보의 이면을 분석하고 비판적으로 해석할 수 있는 역량을 강조한다.

문화적 리터러시는 사회적·문화적·언어적 다양성으로 인해 나타나는 리터러시의 변화를 이해하고 이를 바탕으로 다양한 맥락에서 리터러시를 실현하는 능력을 의미한다. 이는 사회적, 문화적, 언어적 특성을 고려하여 리터러시를 효과적으로 적용할 수 있는 역량을 포함한다.

시민적 리터러시는 사회적 책임감을 바탕으로 리터러시를 실천하며 적절한 정보를 찾고 능동적으로 사회에 참여하는 능력을 의미한다. 이는 개인이 시민으로서 역할을 수행하고 공동체의 발전에 기여할 수 있는 능력을 강조한다.

기능적 리터러시는 기술변화로 인해 등장한 멀티미디어 텍스트의 속성을 이해하고 다양한 텍스트와 기술을 효과적으로 사용할 수 있는 능력을 의미한다. 이는 디지털 환경에서 다양한 도구와 기술을 활용해 정보를 처리하고 표현하는 능력을 포함한다.

비주얼 리터러시는 미디어의 다양한 시각적 이미지가 가지는 의미와 그 작용을 문화적·예술적 차원에서 이해하는 능력을 의미한다. 즉, 시각적 자료와 이미지를 분석하고 해석하는 능력을 강조한다.

복합양식 리터러시는 미디어의 의미를 구성하는 다양한 기호와 양식의 작용을 이해하고 이를 활용하는 능력을 의미한다. 이는 텍스트, 이미지, 소리 등 여러 요소가 결합된 복합 양식을 효과적으로 분석하고 창의적으로 활용하는 역량을 포함한다.

다양한 리터러시는 서로 독립된 영역으로 구분되기보다는 상호 유기적으로 연결되어 있다(안정임, 2002). 변화하는 미디어 환경 속에서 미디어 리터러시는 종종 디지털 리터러시의 개념으로 사용되며 디지털 기술의 활용 중요성이 더욱 강조되고 있다(정현선, 2016).

또한 코로나19 팬데믹 이후 디지털 네이티브 세대는 미디어를 통해 세상과 접촉하는 빈도가 급격히 증가하면서 미디어 리터러시의 중요성이 더욱 부각되었다. 현대의 학습자는 넘쳐나는 정보 속에서 이를 비판적으로 수집하고 평가하며 자신만의 방식으로 재구성하는 능력을 갖추어야 한다. 이러한 역량은 정보화 시대에 주체적으로 적응하고 사회적 책임을 다하는 데 필수적이다.

따라서 미디어 리터러시는 비판적 사고, 창의적 문제 해결, 그리고 사회적 참여를 아우르는 종합적 역량으로서, 변화하는 환경 속에서 개인과 공동체의 지속 가능한 발전을 이끄는 핵심 능력이라 할 수 있다.

2) 미디어 리터러시의 개념 변화

미디어의 발전은 리터러시 개념의 확장을 지속적으로 이끌어 왔다(안정임, 2002). 미디어 리터러시란 미디어를 통해 정보를 이해하고 활용하는 능력을 의미하지만, 현대 사회의 복잡한 요구에 따라 그 의미는 점차 확장되고 있다(오의경, 2013). 특히 기술 발전과 함께 디지털 미디어, 소셜 미디어, 모바일 등의 새로운 미디어가 등장하면서 미디어 리터러시의 개념 또한 복합적이고 다층적인 형태로 진화하였다(안정임 외, 2017). 이러한 변화는 단순히 문자나 이미지 해독을 넘어 다양한 미디어 언어를 이해하고 소통하는 능력까지 포함하게 되었다.

미디어 리터러시 개념의 본격적인 발전은 영화와 텔레비전의 등장과 함께 이루어졌다. 영상 언어가 중요해지면서 시각 리터러시가 강조되었고 이후 디지털 미디어가 등장하면서 미디어 리터러시는 해독에서 생산 개념까지 확장되었다. 즉, 사람들이 디지털 기술을 통해 직접 영상을 제작하고 정보를 창출할 수 있게 되면서 미디어 리터러시는 단순히 수용자의 역할을 넘어 능동적 생산자의 개념을 포함하게 되었다(홍유진외, 2013).

최근 소셜미디어의 등장으로 미디어 리터러시는 또 한 번 변화를 맞이하였다. 소셜미디어는 다양한 사회적 관계를 형성하게 하였고, 여러 미디어 언어가 융합됨에 따라 소통 능력이 강조되었다. 이 시기의 미디어 리터러시는 기존의 매체 중심 개념에서 벗어나 콘텐츠 중심으로 그 초점이 이동하게 되었다. 즉, 미디어 리터러시는 단순히 매체의 기술적 사용을 넘어서 콘텐츠의 비판적 이해와 활용 능력을 요구하게 되었다.

그러나 미디어의 빠른 변화와 기술 발전으로 리터러시의 개념이 확장되면서, 개념 자체가 모호해지고 다른 개념과 혼동되는 문제도 나타나고 있다. 이러한 상황에서 미디어 리터러시의 본질은 미디어를 통해 전달되는 콘텐츠의 비판적 이해에 초점을 맞추어야 한다. 따라서 새로운 매체가 등장하더라도 리터러시의 개념을 무조건 확장시키기보다 콘텐츠 지향적 개념으로 재정립될 필요가 있다(홍유진 외, 2013).

결론적으로 미디어 리터러시는 시대와 기술 발전에 따라 그 의미가 계속해서 확장되었으며 해독에서 생산, 그리고 소통 능력으로까지 발전해 왔다. 하지만 변화하는 미디어 환경에서도 리터러시의 본질인 콘텐츠의 비판적 이해를 중심으로 개념을 명확히 하는 것이 중요하다. 이를 통해 미디어 리터러시는 빠르게 변화하는 사회 속에서 더 큰 의미와 가치를 지닐 수 있을 것이다.

매체	인쇄물, 신문	영화, TV	컴퓨터, 인터넷	디지털 미디어	소셜 미디어
리터러시	언어 리터러시	시각 리터러시	컴퓨터 리터러시	디지털 리터러시	소셜 미디어 리터러시

출처: 김경희, 2020

[그림12-1] 미디어 변화에 따른 미디어 리터러시 패러다임 변화

3) 미디어 리터러시의 구성 요소

미디어 리터러시 구성요소란 미디어 리터러시를 형성하는 핵심적인 능력이나 요소를 의미한다. 이는 미디어를 올바르게 이해하고 비판적으로 분석하며 창의적으로 활용하기 위해 갖추어야 할 기본적인 역량과 단계적 활동들을 포괄한다(홍유진 외, 2013).

미디어 리터러시는 접근, 분석, 평가, 창작, 참여, 비판적 성찰의 여섯 가지 구성 요소로 이루어져 있다.

첫째, 접근(Access)이다. 접근이란 다양한 미디어에 접근할 수 있는 능력이다. 이는 기술적 능력을 바탕으로 필요한 정보에 도달하고 원하는 미디어를 탐색하는 기본적인 역량을 의미한다. 특히 디지털 환경에서는 컴퓨터, 스마트폰, 인터넷 플랫폼 등을 능숙하게 다룰 수 있는 기술적 활용 능력이 필수적이다. 예를 들어 학생이 온라인 학습 플랫폼에 접속하여 강의를 듣거나, 뉴스 앱을 통해 원하는 정보를 찾아 읽는 행위는 접근 능력에 해당한다. 이는 정보화 시대에서 모든 활동의 출발점이라 할 수 있다.

둘째, 분석(Analyze)이다. 분석은 미디어가 전달하는 정보와 메시지를 비판적으로 해석하고 평가하는 능력을 의미한다. 단순히 내용을 이해하는 것에 그치지 않고, 미디어 메시지의 목적, 표현 방식, 정보의 출처와 신뢰성을 검토하여 그 진실성과 가치를 판단하는 과정이 포함된다. 예를 들어 학생이 뉴스 기사를 읽고 "이 기사의 출처는 어디인가?", "왜 이런 주제를 다루는가?"와 같은 질문을 통해 정보를 비판적으로 검토하는 행위는 분석 능력에 해당한다. 이를 통해 수용자는 왜곡된 정보나 편향된 시각을 구별하고 더 나은 판단을 내릴 수 있게 된다.

셋째, 평가(Evaluate)다. 평가는 정보를 수용하는 과정에서 그 타당성과 유용성을 판단하는 능력을 의미한다. 이는 미디어가 어떤 의도와 사회적 맥락에서 제작되었는지를 이해하고, 그 정보를 신뢰할 수 있는지 확인하는 과정을 포함한다. 예를 들어 학생이 특정 유튜브 채널의 영상을 시청한 후 "이 정보는 신뢰할 수 있는가?", "이 영상이 특정 집단에 유리하게 편집된 것은 아닌가?"와 같은 평가적 질문을 던지는 행위는 평가 능력을 활용한 것이다. 이러한 능력은 정보의 홍수 속에서 올바른 판단을 내리기 위해 꼭 필요하다.

넷째, 창작(Create)이다. 창작은 기존의 미디어 콘텐츠를 기반으로 새로운 메시지나 콘텐츠를 생산하는 능력이다. 이는 단순한 재생산이 아니라 비판적 사고와 창의성이 결합된 결과물로 나타난다. 예를 들어 학생이 환경 보호를 주제로 비판적인 시각을 담아 블로그 게시글을 작성하거나 영상 제작 도구를 사용해 캠페인 영상을 만들어 공유하는 활동은 창작 능력에 해당한다. 이러한 활동은 디지털 기술을 창의적으로 활용하면서 자신의 생각을 다양한 형태로 표현하는 능동적 역량을 의미한다.

다섯째, 참여(Participate)다. 참여는 미디어를 통해 의견을 표현하고 사회적 소통에 기여하는 능력을 의미한다. 특히 디지털 시대에는 소셜 미디어와 같은 쌍방향 플랫폼을 통해 미디어 참여의 범위가 확대되었다. 예를 들어 학생이 사회적 이슈에 대한 자신의 의견을 소셜 미디어에 게시하거나 온라인 토론에 참여해 다양한 의견을 나누는 활동은 참여 능력에 해당한다. 이러한 능력은 시민으로서의 책임감을 바탕으로 공동체 발전에 기여할 수 있는 중요한 역량이다.

여섯째, 비판적 성찰(Critical Reflection)이다. 비판적 성찰은 미디어의 내용과 그 사회·문화적 맥락을 비판적으로 이해하고 반성적으로 접근하는 능력을 의미한다. 이는 미디어가 개인과 사회에 미치는 긍정적·부정적 영향력을 인식하고 이를 바탕으로 성숙한 미디어 사용 태도를 형성하는 과정이다. 예를 들어 학생이 소셜 미디어의 댓글 문화나 광고가 사회적 편견을 강화할 수 있다는 점을 깨닫고 이에 대한 반성적 사고를 하는 행위는 비판적 성찰의 좋은 예라 할 수 있다.

그러므로 미디어 리터러시는 미디어를 단순히 소비하는 것을 넘어 이를 비판적으로 분석하고 평가하며 창의적으로 활용하고 능동적으로 참여하는 역량을 포함한다. 이는 현대사회에서 정보를 올바르게 다루고 문제를 해결하는 데 필수적인 능력이며 개인이 주체적으로 정보화 시대를 살아가도록 돕는 핵심적 역할을 한다.

2. 미디어 리터러시의 중요성

1) 정보 과부화

현대사회는 디지털 기술의 발전과 정보통신 환경의 급속한 변화로 인해 정보의 생산과 유통이 기하급수적으로 증가하고 있다. 스마트폰, 소셜미디어, 인터넷 플랫폼 등 새로운 기술과 도구들이 등장하면서 사람들은 시공간의 제약 없이 다양한 형태의 정보를 손쉽게 접할 수 있게 되었다. 과거에는 정보의 흐름이 일방향적으로 이루어졌지만 오늘날의 정보 환경은 양방향적이고 네트워크 중심으로 변화하였으며 개인뿐만 아니라 누구나 정보의 생산자이자 유통자가 될 수 있는 시대가 되었다. 이러한 변화는 한편으로는 정보 접근성과 편리성을 높였으나 동시에 넘쳐나는 정보 속에서 필요한 정보를 정확히 찾고 비판적으로 판단하는 것이 더욱 중요해졌다(김경희, 2020).

이와 같은 환경에서 미디어 리터러시의 중요성이 크게 부각되고 있다. 미디어 리터러시는 단순히 정보를 수용하는 것에 그치지 않고, 미디어를 통해 전달되는 정보를 올바르게 이해하고 비판적으로 분석하며 이를 필요에 따라 활용할 수 있는 역량을 의미한다. 즉, 현대인은 무분별하게 유통되는 방대한 정보 속에서 신뢰할 수 있는 정보를 선별하고 왜곡된 정보나 가짜 뉴스, 편향된 메시지를 비판적으로 해석할 수 있는 능력을 갖추어야 한다. 이는 단순히 기술적 능력만을 의미하는 것이 아니라 정보의 맥락을 이해하고 미디어가 사회와 문화에 미치는 영향까지 성찰할 수 있는 종합적 사고를 포함한다.

그러므로 정보 과부화가 심화되는 현대 사회에서 미디어 리터러시는 더욱 중요하다. 오늘날의 정보화 시대는 디지털 기술의 급속한 발전과 함께 엄청난 양의 정보가 생성되고 유통되는 정보 과부화 상태에 직면하고 있다. 인터넷, 스마트폰, 소셜미디어, 그리고 다양한 디지털 플랫폼의 등장으로 사람들은 시간과 공간의 제약 없이 실시간으로 정보를 접할 수 있게 되었다. 과거와는 달리 이제는 누구나 정보를 생산하고 배포할 수 있는 환경이 조성되었으며 이러한 변화는 정보의 접근성과 유통 속도를 비약적으로 향상시켰다. 그러나 이로 인해 정보의 양은 기하급수적으로 증가하고 있으며 개인이 처리해야 할 정보의 양도 급격히 늘어나게 되었다.

정보 과부화는 단순히 정보가 많다는 것을 의미하지 않는다. 정보가 지나치게 많아지면서 개인은 무엇이 중요한 정보이고, 무엇이 불필요한 정보인지 판단하기 어려운 상황에 놓이게 된다. 인터넷 검색 한 번만으로도 수백만 개의 정보가 쏟아지며 뉴스, 동영상, 광고, 소셜미디어 콘텐츠 등이 끊임없이 업데이트되면서 사람들은 정보의 홍수 속에서 길을 잃기 쉽다. 이러한 상황은 필연적으로 선택의 어려움을 야기하며 오히려 필요한 정보에 접근하는 것을 방해한다. 예를 들어 학생이 과제를 위해 특정 주제에 대한 정보를 검색할 때 신뢰할 수 있는 자료를 찾기까지 불필요한 정보나 편향된 콘텐츠에 노출되어 혼란을 겪게 된다.

정보 과부화가 미치는 영향은 개인과 사회에 다양한 부정적 결과를 초래한다.

첫째, 의사결정의 어려움이 발생한다. 너무 많은 정보가 존재할 경우 사람들은 올바른 결정을 내리는 데 필요한 핵심 정보를 파악하기 어려워진다. 선택의 폭이 넓어질수록 결정을 내리는 데 시간이 오래 걸리거나 오히려 잘못된 결정을 내릴 가능성이 커진다. 이는 개인의 생산성을 저하할 뿐만 아니라 스트레스와 불안도 가중한다.

둘째, 인지적 과부하를 일으킨다. 인간의 뇌가 처리할 수 있는 정보량에는 한계가 있다. 하지만 끊임없이 새로운 정보가 유입되면서 사람들은 과도한 정보 처리로 인지적 피로감을 느끼게 된다. 특히 스마트폰 알림, 이메일, 뉴스 피드, 소셜미디어 콘텐츠 등 지속적으로 정보를 확인해야 한다는 강박감은 집중력 저하와 학습 능력의 감소를 초래할 수 있다.

셋째, 잘못된 정보 수용의 위험성이 증가한다. 정보가 넘쳐나는 환경에서는 정보의 출처나 신뢰성을 제대로 검토하기 어려워 가짜 뉴스나 잘못된 정보를 사실로 믿게 되는 경우가 빈번하게 발생한다. 이는 여론을 왜곡시키고 사회적 혼란을 초래할 수 있다. 특히 낚시성 기사나 상업적 목적으로 만들어진 콘텐츠는 정보 수용자에게 혼란을 가중하며 올바른 판단을 방해한다.

넷째, 중요한 정보의 상실 가능성이 커진다. 정보 과부화 상태에서는 필수적이고 중요한 정보가 상대적으로 가려지거나 묻힐 위험이 존재한다. 특히 과학적 지식이나 공익적 메시지와 같은 중요한 정보가 자극적이고 상업적인 콘텐츠에 밀려 주목받지 못하게 되는 현상이 나타난다.

이처럼 정보 과부화는 개인의 일상생활뿐만 아니라 사회 전반에 부정적 영향을 미치고 있다. 따라서 이러한 상황에서 미디어 리터러시는 필수적인 역량으로 자리 잡고 있다. 미디어 리터러시를 통해 사람들은 넘쳐나는 정보 속에서 필요한 정보를 비판적으로 분석하고 선택적으로 수용하는 능력을 기를 수 있다. 이를 위해서는 정보의 출처를 확인하고 정보의 신뢰성과 타당성을 평가하는 비판적 사고가 요구된다. 또한 불필요한 정보를 걸러내고 유용한 정보에 집중할 수 있는 판단력을 길러야 한다.

2) 음란물과 불건전한 정보의 유통

음란물과 불건전한 정보의 유통으로 미디어 리터러시는 중요하다(김경희, 2020). 디지털 미디어의 급속한 확산은 정보 접근성을 비약적으로 높였지만 그 이면에는 다양한 유해 정보, 특히 음란물과 불건전한 정보의 무분별한 유통이라는 심각한 문제가 존재한다. 이러한 문제는 청소년뿐만 아니라 모든 연령층에 걸쳐 나타나고 있으며 인터넷, 소셜미디어, 동영상 플랫폼 등을 통해 누구나 손쉽게 접근할 수 있다는 점에서 더욱 위험성을 내포하고 있다.

음란물과 불건전한 정보는 사회적·도덕적 문제를 야기할 뿐만 아니라 개인의 가치관 형성과 행동에도 부정적인 영향을 미친다. 특히 발달 단계에 있는 청소년의 경우 이러한 콘텐츠에 무방비로 노출될 경우 성에 대한 왜곡된 인식이 형성될 수 있으며 타인에 대한 비윤리적 태도와 부적절한 행동으로 이어질 가능성이 높다. 더불어 불건전한 정보에 내재된 폭력적, 자극적 내용은 심리적 불안과 정서적 혼란을 초래하고, 정상적인 발달을 저해할 수 있다.

더 나아가 이러한 유해 정보는 사회적 가치 체계를 무너뜨리는 요인이 되기도 한다. 음란물의 확산은 성적 대상화와 성 상품화를 부추기며 이는 여성과 약자에 대한 편견과 차별을 심화시키는 결과를 초래한다. 또한 폭력적이고 자극적인 불건전 정보는 사람들 사이에 무감각한 태도를 형성하고 범죄를 미화하거나 정당화하는 경향을 확산할 수 있다.

이와 같은 문제 상황에서 미디어 리터러시는 중요한 해결책이 될 수 있다. 미디어 리터러시는 음란물과 불건전한 정보의 위험성을 비판적으로 인식하고 이를 스스로 거부하며 건전한 미디어 문화를 조성하는 데 필수적인 역량을 제공한다. 구체적으로 미디어 리터러시는 다음과 같은 역할을 한다.

첫째, 유해 정보의 구별과 비판적 수용 능력을 형성하도록 돕는다. 미디어 리터러시는 청소년을 비롯한 사용자들이 접하는 콘텐츠를 비판적으로 분석하고 유해하거나 불건전한 정보에 대한 경각심을 갖게 한다. 정보를 무조건적으로 수용하는 것이 아니라 그 내용을 검토하고 비판적으로 해석하는 태도를 형성하는 것이다.

둘째, 윤리적 미디어 활용 능력을 교육한다. 미디어 리터러시를 통해 개인은 미디어를 올바르게 사용하고 타인에게 피해를 주지 않는 책임 있는 미디어 이용 태도를 배우게 된다. 이는 단순히 음란물과 불건전한 정보를 피하는 것을 넘어 미디어를 도구로 삼아 건전한 콘텐츠를 생산하고 공유하는 능동적 사용자로 성장하는 기반이 된다.

셋째, 가치관 형성과 자아 정체성 확립에 기여한다. 청소년기에 형성되는 가치관과 자아 정체성은 접하는 정보에 큰 영향을 받는다. 미디어 리터러시 교육은 청소년들이 음란물과 불건전한 정보에 휘둘리지 않고 올바른 가치관을 정립할 수 있도록 안내하는 역할을 한다.

결론적으로 음란물과 불건전한 정보는 개인의 심리적·사회적 발달에 심각한 악영향을 미치며 사회 전반에 걸쳐 도덕적, 문화적 혼란을 야기하는 중요한 문제다. 이러한 상황에서 미디어 리터러시는 유해 정보에 대한 비판적 인식과 건전한 미디어 활용 능력을 길러주는 핵심 도구로서 중요한 역할을 한다. 특히 청소년들이 올바른 미디어 사용 태도를 익히고 책임 있는 디지털 시민으로 성장할 수 있도록 체계적이고 지속적인 교육이 필요하다. 이를 통해 미디어 환경의 부정적 영향을 최소화하고 사회적으로 건강하고 긍정적인 미디어 문화를 조성하는 것이 무엇보다 중요하다.

3) 낚시성 정보와 뉴스 어뷰징

디지털 미디어 환경이 발전하면서 정보의 생산과 유통이 쉬워졌지만 그 이면에는 다양한 문제점이 존재한다. 대표적으로 낚시성 정보, 뉴스 어뷰징 그리고 정보의 왜곡이 심각한 사회적 문제로 대두되고 있다. 이러한 현상은 수용자가 신뢰할 수 있는 정보를 판단하는 것을 어렵게 만들며 정보의 진실성과 사회적 신뢰를 저해하는 결과를 초래한다(김경희, 2020).

낚시성 정보란 주로 온라인 뉴스나 콘텐츠에서 자극적이고 과장된 제목이나 썸네일을 사용해 클릭 수를 유도하려는 정보를 의미한다. 이러한 정보는 실제 내용이 제목과 다르거나 부풀려져 있는 경우가 많아 수용자에게 혼란을 준다. 예를 들어 '당신이 몰랐던 충격적인 사실!'과 같은 제목을 사용하지만 실제 내용은 자극적이지 않거나 평범한 정보를 담고 있을 수 있다. 낚시성 정보는 광고 수익을 극대화하기 위해 생산되며 사용자의 클릭 수를 늘리는 데만 집중하기 때문에 정보의 질이 낮은 경우가 대부분이다.

낚시성 정보의 문제점은 정보의 신뢰성을 훼손하고 수용자의 시간과 에너지를 낭비하게 만든다는 것이다. 특히 청소년이나 미디어에 익숙하지 않은 사용자들은 이러한 정보에 반복적으로 노출됨으로써 비판적 수용 능력을 약화하고 불필요한 정보에 혼란을 겪게 된다.

뉴스 어뷰징(News Abusing)은 언론사나 콘텐츠 제작자가 동일한 뉴스나 유사한 내용을 반복적으로 게시하여 검색 엔진이나 포털사이트에서 노출 빈도를 높이는 행위를 의미한다. 이는 클릭 수와 광고 수익을 극대화하기 위한 목적으로 이루어지며 수용자에게 혼란을 야기하고 정보 접근의 효율성을 떨어뜨린다. 예를 들어 하나의 사건이 발생했을 때 제목만 바꾸거나 일부 문장을 수정한 기사를 여러 개로 나누어 게시하는 행위가 뉴스 어뷰징의 대표적 사례다.

뉴스 어뷰징의 문제점은 정보의 중복성과 피로감을 초래한다는 것이다. 수용자는 같은 정보가 반복적으로 노출되면서 중요한 정보를 구별하기 어려워지고 정보의 본질보다는 양적 노출에만 치중하게 된다. 또한 포털사이트의 알고리즘에 의해 이러한 중복 기사가 상위에 노출되면 신뢰도 높은 기사나 다양한 관점의 뉴스가 묻히게 되는 부작용이 나타난다.

디지털 미디어 시대에서 특히 문제가 되는 것은 정보의 왜곡과 가짜 뉴스다. 정보의 왜곡은 특정 목적이나 의도를 가지고 사실을 과장하거나 축소하여 전달하는 것을 의미하며 이러한 정보들은 사회적 갈등을 유발하고 여론을 왜곡시키는 결과를 초래할 수 있다. 예를 들어 정치적 의도나 상업적 이익을 위해 특정 사건을 사실과 다르게 전달하거나 부정확한 정보를 퍼뜨리는 경우가 이에 해당한다.

정보 왜곡은 특히 소셜미디어와 같은 빠른 확산력을 가진 플랫폼에서 심각하게 나타난다. 누구나 정보를 생산하고 유포할 수 있는 환경이 조성되면서 검증되지 않은 정보가 마치 사실처럼 퍼지는 경우가 많다. 이러한 가짜 뉴스는 사회적 신뢰를 저하시킬 뿐만 아니라 개인의 판단력을 흐리게 하고 잘못된 결정을 유도할 수 있다.

이러한 문제를 해결하기 위해서는 미디어 리터러시를 통한 비판적 분석 능력과 정보의 진실성을 판단할 수 있는 역량이 필수적이다. 개인이 정보를 맹목적으로 수용하지 않고 출처를 확인하며 사실 여부를 검증하는 습관을 기를 때 건전한 정보 문화가 형성될 수 있다. 나아가 미디어 리터러시 교육을 통해 정보 수용자는 왜곡된 정보를 걸러내고 건강한 디지털 환경을 조성하는 데 기여할 수 있을 것이다.

4) 정보를 가장한 광고와 뉴스 마케팅

정보를 가장한 광고와 뉴스를 가장한 마케팅이 급증하면서 수용자의 혼란을 가중시키는 문제를 낳고 있다. 겉으로는 일반적인 정보나 뉴스처럼 보이지만 실제로는 상업적 이익이나 특정 목적을 위해 기획된 콘텐츠들이 무분별하게 확산되고 있다. 이러한 상황에서 수용자가 정보의 진실성과 목적을 비판적으로 판단하고, 올바른 결정을 내리기 위해 미디어 리터러시의 필요성이 더욱 강조되고 있다(김경희, 2020).

첫째, 정보와 광고의 경계 모호화 때문이다. 오늘날 인터넷과 소셜미디어를 중심으로 많은 정보가 생산되고 있지만 그중 상당수는 특정 상품이나 서비스의 판매를 목적으로 작성된 광고성 콘텐츠다. 문제는 이러한 광고들이 명확한 구분 없이 정보나 기사 형태로 위장되어 제공된다는 점이다. 예를 들어 건강과 웰빙에 대한 정보를 제공하는 기사처럼 보이지만 실상은 특정 건강 보조제나 제품을 판매하기 위해 작성된 마케팅 글인 경우가 많다. 이러한 정보는 소비자로 하여금 객관적인 판단을 흐리게 하고 특정 상품을 과장되게 인식하게 만든다.

이러한 정보의 문제점은 수용자가 광고와 정보를 구별하기 어렵다는 것이다. 광고임을 명확히 밝히지 않은 상태에서 특정 제품이나 기업의 이익을 위해 만들어진 콘텐츠는 비판적 수용 능력이 부족한 청소년이나 미디어 경험이 적은 사용자에게 더 큰 영향을 미친다. 이로 인해 불필요한 소비를 유도하거나 왜곡된 정보를 사실로 믿게 되어 사회적, 경제적 피해로 이어질 수 있다.

둘째, 뉴스를 가장한 마케팅의 확산이다. 언론의 역할이 중요한 현대사회에서 뉴스의 가치는 매우 높게 평가된다. 그러나 상업적 이익을 위해 뉴스를 가장한 마케팅이 확산하면서 언론의 신뢰성이 크게 저하되고 있다. 뉴스처럼 보이지만 실제로는 특정 기업이나 제품을 홍보하기 위해 작성된 콘텐츠는 언론의 중립성과 공정성을 해치고, 수용자의 비판적 판단을 방해한다.

예를 들어 특정 기업이 자체 제품 출시와 관련된 기사를 보도자료 형태로 배포하고 이를 그대로 뉴스처럼 게재하는 경우가 이에 해당한다. 이러한 콘텐츠는 독자에게 객관적인 정보로 인식되지만 실질적으로는 기업의 이익을 위한 마케팅 전략일 뿐이다. 이는 여론을 왜곡하고 독자가 특정 정보에 편향된 시각을 갖게 만드는 결과를 초래한다.

따라서 정보와 광고, 뉴스와 마케팅의 경계가 모호해지는 현대 미디어 환경에서 미디어 리터러시는 더 이상 선택이 아닌 필수 역량으로 자리 잡고 있다. 수용자가 정보를 비판적으로 수용하고 객관적 판단력을 기를 수 있을 때 우리는 건전하고 신뢰할 수 있는 정보 문화를 형성할 수 있다. 따라서 미디어 리터러시 교육을 강화하고 수용자의 비판적 미디어 활용 능력을 키우는 것이 무엇보다 중요한 과제라 할 수 있다.

3. 국내외 미디어 리터러시 교육 정책

1) 국내 미디어 리터러시 교육 정책

우리나라는 학생들을 자율적이고 존중과 연대를 실천하는 민주시민으로 양성하기 위해 미디어 교육의 중요성을 인식하고 이를 강화하기 위한 정책적 노력을 기울이고 있다. 이에 따라 2015 개정 교육과정을 기반으로 미디어 리터러시 교육 정책에 대한 연구가 추진되었으며 전국적으로 15개 학교를 미디어 리터러시 연구학교로 지정하여 운영하였다. 또한 미디어 리터러시의 중요성이 증가함에 따라 이를 정규 교과로 편성하기 위한 정책 마련이 적극적으로 논의되고 있다.

교육부는 학생들의 미디어 리터러시 역량 함양을 목표로 학교 미디어 교육 내실화 지원 계획을 제시하였다(교육부, 2019). 해당 계획은 비판적 이해력, 합리적 의사소통 능력, 창의적·문화적 감수성을 기르는 보편적 미디어 교육을 실현하는 데 중점을 두고 있으며 이를 달성하기 위해 다음의 네 가지 주요 전략을 제시하였다.

첫째, 학교 교육과정을 통한 미디어 교육 지원이다. 이를 위해 교과 연계 자료 개발, 창의적 체험활동에 활용 가능한 미디어 수업 자료의 체계화 및 보급이 이루어졌다. 초등학교 단계에서는 미디어 정보 선별 능력을 함양할 수 있는 자료를 개발하였으며 중·고등학교 단계에서는 교과목과 연계한 미디어 수업 및 평가 자료를 중점적으로 개발하였다. 또한 프로젝트 수업 및 탐구학습이 가능한 주제 중심 통합형 자료 개발도 포함되었다.

둘째, 학생의 미디어 교육 기회 확대다. 이를 위해 학생들이 미디어 정보의 수용자 및 생산자로서 책임 있는 역할을 수행할 수 있도록 교육을 강화하였다. 혐오 표현을 방지하고 특정 이념을 배제한 교육을 실시하며 미디어를 활용한 사회 참여 학습 기회를 확대하였다. 창의·융합적 사고력을 키우기 위해 예술과 융합한 제작 중심의 미디어 교육, 독서 교육과 연계한 비판적 사고력 함양 활동 등이 추진되었다. 또한 문화 소외계층을 위해 미디어 센터와 관련 기관을 연계한 지원 체계가 마련되었으며 방송국 및 대학과 협력하여 미디어 교육 프로그램을 개발하고 전문 인력을 확보하였다.

셋째, 교원의 미디어 교육 역량 강화다. 교원 역량 강화를 위해 교사 연구회 네트워크를 구축하고 맞춤형 연수 프로그램을 확대하였다. 교육전문직 및 관리직을 대상으로 미디어 특성 이해와 정책 기획 연수를 강화하였으며 예비 교원을 위한 교원양성대학 지원도 포함되었다.

넷째, 학교 미디어 교육 지원 체계 구축이다. 이를 위해 미디어교육센터 설립이 제안되었으며 이를 통해 미디어 기반 생활의 격차를 해소하고 교내외 미디어 교육을 지원하였다. 또한 교육부-시·도교육청-학부모가 협력하여 소통 체계를 구축하고, 학부모의 의견을 반영하는 방안을 마련하였다. 유관 기관과의 협력을 통해 일관성 있는 미디어 교육 정책 수립도 추진되었다.

이와 함께 초·중등 교과서 개발 연구와 같은 구체적인 정책적 노력도 이루어지고 있다. 이를 통해 교육부와 관련 기관들은 미디어 리터러시 교육 강화와 체계적 운영을 위한 지속적인 연구와 정책 추진에 힘쓰고 있다(정현선 외, 2021).

2) 국외 미디어 리터러시 교육 정책

(1) 미국

미국에서는 연방통신위원회(FCC, Federal Communications Commission)가 미디어 리터러시 정책의 대표적인 수행 기관으로 활동하고 있다. FCC는 디지털 격차를 해소하고 사회적 약자 계층의 미디어 리터러시 역량을 강화하기 위해 다양한 정책과 활동을 전개하고 있다. 이를 위해 민간 및 시민 사회 단체가 주도하는 캠페인이나 행사를 독려하고, 미디어 리터러시의 중요성을 알리기 위한 세미나 개최 등을 통해 미디어 교육 진흥에 기여하고 있다(정현선 외, 2016).

FCC는 미디어의 공익적 목표를 다음 다섯 가지로 규정하고 이를 실현하기 위한 정책을 추진하고 있다.

- 다양성(diversity): 미디어 콘텐츠와 정보 제공의 다양성을 증진한다.
- 경쟁(competition): 공정한 미디어 시장 경쟁을 보장한다.
- 현지 중심주의(localism): 지역 사회의 특성과 요구를 반영하는 미디어 환경을 조성한다.
- 공공 안전과 긴급 정보 접근(access to emergency and public safety information): 공공 안전과 긴급 상황에 필요한 정보에 대한 접근성을 강화한다.

- 국가를 통한 서비스 접근성(the availability of service throughout the country): 국가 전역에서 균등한 미디어 서비스 접근을 가능하게 한다.

또한 FCC는 2010년 미디어의 미래(Future of Media) 프로젝트를 통해 미디어 리터러시와 관련된 여섯 가지 주요 이슈를 제시하였다. 이 프로젝트는 다음과 같은 문제를 중심으로 이루어졌다.

- 국민들의 정보 접근 방식: 국민들이 필요로 하는 정보를 어떻게 얻는지에 대한 연구.
- 정보 접근성: 다양한 계층과 집단이 정보에 접근할 수 있는 기회의 보장.
- 청소년의 정보 접근 경로: 청소년들이 정보를 얻는 경로와 그 영향을 분석.
- 소수 민족의 미디어 소비 패턴: 소수 민족 집단의 미디어 이용 방식과 특성에 대한 이해.
- 교육·문화 부문의 역할: 학교와 도서관 등이 정보 접근과 공유에서 수행해야 할 역할.
- 정부의 정보 제공 모범 사례 발굴: 정부 차원에서 효과적으로 정보를 제공하는 사례 연구.

FCC는 이러한 이슈에 대한 공동의 해결책을 모색하며 미디어 리터러시에 대한 사회적 관심을 환기하는 데 주력하고 있다. 이를 통해 국민의 미디어 접근성 향상과 정보 격차 해소를 목표로 다양한 노력을 기울이고 있다.

미국의 미디어 교육은 학생들을 대상으로 이루어지며 그 목적은 학생들을 유해한 미디어 메시지로부터 단순히 보호하는 데 있지 않다. 대신 학생들이 유능하게(competent) 미디어를 다루고 비판적으로(critical) 사고하며 미디어를 읽고 쓰는 능력(literate)을 갖출 수 있도록 돕는 데 중점을 둔다.

이러한 교육은 학생들이 미디어 리터러시를 통해 사회에서 미디어가 수행하는 역할을 이해하도록 돕고 민주 시민으로서 요구되는 자기표현 능력과 비판적 이해력을 기르도록 하는 데 목적이 있다. 이를 통해 학생들은 미디어의 다양한 메시지를 분석하고 창의적으로 활용하며 자신의 의견을 효과적으로 표현할 수 있는 역량을 갖추게 된다.

결론적으로 미국의 미디어 교육은 단순한 보호나 방어의 개념을 넘어 능동적이고 비판적인 미디어 활용 능력을 길러주는 데 초점이 맞춰져 있다.

(2) 영국

영국은 국가 주도로 미디어 리터러시 교육 정책을 추진하는 대표적인 국가로 통신 규제 기관인 오프콤(Ofcom, Office of Communications)이 미디어 리터러시 정책의 중심적 역할을 담당하고 있다. 오프콤은 2003년 제정된 커뮤니케이션법에 따라 미디어 리터러시 증진 의무를 부여받았으며 이를 기반으로 국민들의 미디어 리터러시를 증진하기 위한 다양한 활동을 수행하고 있다. 영국의 미디어 리터러시 교육은 국가 주도로 체계적으로 이루어지고 있으며 다음과 같은 네 가지 특징으로 요약할 수 있다(정현선 외, 2013).

첫째, 오프콤(Ofcom)의 역할과 활동이다. 영국의 통신 규제기관인 오프콤은 2003년 커뮤니케이션법에 의해 미디어 리터러시 증진 의무를 부여받았다. 이를 바탕으로 국민들의 미디어 리터러시 수준을 높이기 위해 다양한 정책과 활동을 전개하고 있다. 오프콤은 정기적으로 국민들의 미디어 리터러시 수준을 측정하고 미디어 환경 및 사용자 의식 변화 과정을 추적하여 미디어 리터러시 보고서를 매년 발간한다. 또한 미디어 리터러시 관계자들과의 네트워크 구축에도 주력하고 있다.

오프콤의 목표는 다음 두 가지로 요약된다. ① 국민들에게 디지털 사회에 참여할 수 있는 능력과 자신감을 개발할 기회와 동기를 제공한다. ② 국민들이 미디어를 소비할 때뿐만 아니라, 미디어를 통한 콘텐츠 생산 활동에서도 스스로 책임을 갖고 관리할 수 있도록 한다.

둘째, 투 트랙(Two-track) 접근 방식이다. 영국은 비니어 리터러시 교육을 제도권 교육과 비제도권 평생교육으로 병행하는 투 트랙 방식으로 시행한다. 제도권 교육으로는 초·중·고등학교와 대학교 등에서 새로운 미디어 기술을 학습하고 활용하는 기회를 제공하는 것이다. 비제도권 교육으로는 도서관, 지역 공동체 예술 센터, 온라인 플랫폼 등을 통해 모든 계층과 연령이 미디어 리터러시를 접할 수 있도록 한다. 이를 통해 국민 누구나 미디어 리터러시 교육에 접근하고 기술적 역량을 체험하며 학습할 수 있는 환경을 제공한다.

셋째, 정부 부처 간 협력이다. 영국 정부는 여러 부처가 협력하여 미디어 리터러시 정책을 실행하고 있다. 내무부(Home Office), 교육부(Department for Education and Skills), 문화·미디어·스포츠부(Department for Culture, Media and Sports), 산업통상부(Department of Trade and Industry) 등이 가정, 교육, 문화, 산업 정책과 연계해 미디어 리터러시를 지원한다.

이러한 협력은 국민의 미디어 리터러시 증진뿐만 아니라 콘텐츠 제작자, 방송업계, 플랫폼/네트워크 공급자들에게도 책임감을 부여하며 미디어 생태계 전반의 발전을 도모한다.

넷째, 영국영화연구소(BFI)의 역할이다. 영국영화연구소(BFI, British Film Institute)는 영국의 대표적인 미디어 교육 연구기관으로 1933년 설립되었다. BFI는 정부의 문화·미디어·스포츠부와 교육부와 협력하여 운영되며 독립적인 예산을 통해 다양한 활동을 전개하고 있다. BFI는 영상자료 보존 및 아카이브 구축, 영상 관련 서적 출판, 미디어 리터러시와 관련된 교육 프로그램 운영 활동을 통해 미디어 리터러시 발전에 기여하고 있다. 이를 통해 영상 매체 중심의 미디어 이해와 활용 능력을 증진하며 국민들에게 미디어의 역할과 가치를 전달한다.

영국의 미디어 리터러시 교육은 오프콤의 정책적 역할, 제도권과 비제도권을 아우르는 투 트랙 접근 방식, 정부 부처 간의 협력 그리고 영국영화연구소의 교육적 지원을 통해 체계적이고 포괄적으로 이루어지고 있다. 이러한 접근은 국민들이 디지털 사회에서 능동적이고 책임감 있는 미디어 활용 능력을 갖추도록 돕는 동시에 사회적 평등과 민주적 참여를 촉진하는 데 기여한다.

(3) 캐나다

캐나다의 미디어 리터러시 정책은 CRTC(Canada Radio Television and Telecommunications Commission)의 감독과 규제, 미디어 스마트의 교육 및 연구 활동, 디지털 미디어와 기존 교육과정의 연계, 대중 인식 강화 및 지역 공동체 협력, YCWW(Young Canadian in a Wired World) 연구 프로그램 운영, 공공 및 민간 영역 자문 등의 다층적인 접근을 통해 체계적으로 이루어지고 있다. 이러한 정책은 국민들이 디지털 사회에서 미디어를 비판적으로 이해하고 책임감 있게 활용할 수 있는 능력을 함양하는 데 중점을 두고 있으며 다음과 같은 주요 특징으로 요약할 수 있다(정현선 외, 2016).

첫째, CRTC의 규제와 감독 역할이다. 캐나다 라디오 텔레비전 통신위원회(CRTC)는 캐나다 연방정부의 중앙 행정기관으로 TV, 라디오와 같은 방송과 전기 통신 사업을 규제·감독한다. 미국의 연방통신위원회(FCC)와 유사한 기능을 수행하며 미디어 리터러시와 관련된 정책적 기초를 마련하고 지원하는 역할을 한다. 특히 1990년대 초 TV의 폭력적 콘텐츠를 막기 위해 미디어 리터러시 단체를 설립하여 폭력적 콘텐츠 규제와 교육적 대응의 기반을 다졌다.

둘째, 미디어 스마트(Media Smarts)의 중심적 역할이다. 미디어 리터러시 교육은 미디어 스마트(Media Smarts)가 주도적으로 담당한다. 이 단체는 1990년대에 미디어 인식 네트워크(MAN: Media Awareness Network)로 출범하였으며 2012년에 현재의 이름으로 변경되었다.

미디어 스마트는 "모든 커뮤니케이션은 현실을 구성한다"는 핵심 표어를 중심으로 미디어 콘텐츠가 현실 인식과 사회적 이해를 형성한다는 점을 강조하며 교육과 연구를 수행한다. 특히 디지털 미디어 리터러시를 독립적으로 다루며 새로운 미디어 환경에 적합한 교육 프로그램을 개발하고 있다.

셋째, 디지털 미디어와 기존 교육과정의 연계다. 미디어 스마트는 제도권 교육과의 연계를 통해 전통적 미디어의 폭력성, 선정성 같은 이슈뿐만 아니라 사생활 침해, 개인정보 유출, 사이버 왕따와 같은 디지털 미디어 관련 문제를 학교 교과과정에 반영한다. 이를 통해 디지털 환경에서 학생들이 직면할 수 있는 문제를 해결하고 이를 예방할 수 있는 역량을 기르는 데 기여하고 있다.

넷째, 대중적 인식 강화와 지역 공동체 협력이다. 미디어 스마트는 어린이와 청소년의 현명한 미디어 사용(media smart)의 중요성을 대중에게 알리기 위해 홍보 캠페인과 온라인 자료를 개발하여 배포하고 있다. 또한 경찰, Girl Guides of Canada, Canadian Paediatric Society, 도서관 등 다양한 기관과 협력하여 지역 공동체 기반의 미디어 교육 프로그램을 개발하고 이를 통해 미디어 리터러시 교육의 효과를 확산시키고 있다.

다섯째, YCWW 연구 프로그램 운영이다. 미디어 스마트는 2000년부터 YCWW(Young Canadian in a Wired World) 프로그램을 운영하며 캐나다에서 가장 포괄적인 인터넷 사용 연구를 진행하고 있다. 이 프로그램은 어린이와 청소년의 인터넷 사용 실태를 조사하며 디지털 환경에서의 사생활 보호, 온라인 시민 참여, 디지털 리터러시, 인터넷 거버넌스 등의 주제를 다룬 연구 보고서를 발간하고 있다.

여섯째, 공공·민간 영역의 정책 자문 및 맞춤형 프로그램 개발이다. 미디어 스마트는 캐나다 국민의 미디어 경험과 환경을 반영한 맞춤형 교육 프로그램을 개발하며 이를 바탕으로 공공 및 민간 영역의 정책 개발에 자문 역할을 수행하고 있다. 이를 통해 캐나다의 미디어 리터러시 정책이 사회적 요구와 변화에 부응할 수 있도록 지원한다.

(4) 프랑스

프랑스의 미디어 리터러시 교육은 민주시민으로서의 역량을 기르는 데 목적을 두고, 비판적 사고와 윤리적 미디어 사용을 강조하는 체계적이고 통합적인 접근을 특징으로 한다. 정보미디어와 교육 연계센터(CLEMI)와 공영방송그룹과의 협력은 교육의 효과를 높이고 지역과 학교 현장에서 실질적인 학습이 이루어지도록 지원하고 있다. 이러한 정책적 노력은 디지털 시대에 필요한 시민적 자질과 미디어 활용 능력을 강화하는 데 기여하고 있다. 그 주요 특징은 다음과 같다(전민정, 2017).

첫째, 민주시민으로서의 덕목 함양이다. 프랑스는 미디어 리터러시 교육의 목표를 민주시민으로서 갖추어야 할 기본적인 소양을 기르는 데 두고 있다. 2007년 일반교육 조사관 보고서에 따르면 완벽한 언어 사용, 문화적 이해, 비판적 사고, 자율성, 시민성을 미디어 교육의 핵심 요소로 규정하였다. 이를 통해 미디어 콘텐츠에 대한 비판적 해독과 분석, 그리고 도덕적이고 책임감 있는 미디어 사용을 주요 목표로 삼고 있다.

둘째, 미디어 리터러시 교육의 내용은 크게 두 가지 축으로 이루어진다. 하나는 미디어 활용 교육(NIE, Newspaper in Education)으로 신문과 같은 미디어를 활용하여 정보를 이해하고 활용하는 방법을 학습하는 것이다. 또 다른 하나는 미디어에 대한 비판적 이해와 사용으로 미디어 콘텐츠를 비판적으로 분석하고 윤리적이며 책임감 있게 사용하는 능력을 기르는 것이다. 이 교육은 유치원부터 고등학교까지 전 과정에 걸쳐 통합적으로 실시되며 미디어 내용의 이해와 분석, 미디어 언어의 습득, 디지털 미디어의 윤리적 사용 등을 포함한다. 특히 최근에는 스마트 기기와 같은 디지털 미디어에 대한 교육이 강화되고 있다.

셋째, 통합교과적 접근과 협력체계다. 정보미디어와 교육 연계센터(CLEMI)는 미디어 리터러시 교육을 담당하는 주요 기관으로, 학교와 방송사, 언론사, 관련 전문가 및 협회와 파트너십을 형성하여 종합적인 미디어 교육을 제공한다. 이러한 협력을 통해 교육 자료를 적극 활용하며 학생들의 학습 효과를 배가한다.

넷째, 공영방송과의 협력 강화다. 프랑스는 미디어 리터러시 교육에서 공영방송그룹의 역할을 강화하고 있다. 2017년 2월 문화·커뮤니케이션부장관은 공영방송이 미디어 교육에서 중심적인 역할을 수행하도록 강조하였다. 텔레비전, 태블릿, 컴퓨터, 스마트폰 등 다양한 매체에서 활용 가능한 교육 콘텐츠를 개발하도록 요구하였다. 또한 공영 라디오방송(Radio France)과 공영 텔레비전 방송사(France Télévisions)의 지역 채널인 프랑스 블루(France Bleu)와 프랑스 트루와(France3)를 통해 지역 차원의 미디어 교육 활성화에 기여하였다.

(5) 일본

일본의 미디어 리터러시 교육은 정부의 간접적 지원과 언론사의 협력을 통해 이루어지는 교육 중심적 접근이 특징이다. 종합 학습시간과 선택 과목을 통해 학생들에게 미디어 리터러시를 체계적으로 교육하며 NIE를 활용한 신문 읽기 교육으로 21세기형 핵심 역량을 기르는 데 중점을 둔다. 이는 학생들이 단순히 정보를 해독하는 능력을 넘어서 주체적이고 비판적인 사고를 통해 사회적으로 실천할 수 있는 시민으로 성장하도록 돕는 데 의의를 두고 있으며 다음과 같은 주요 특징으로 정리할 수 있다.

첫째, 교육 중심의 접근 방식이다. 일본의 미디어 리터러시 교육은 정부 주도의 직접적인 개입보다는 교육 현장에서 이루어지는 종합 학습시간과 선택 과목의 확대를 통해 이루어진다. 2002년 신학습지도요령에 따라 미디어 리터러시와 관련된 내용이 포함된 종합 학습시간이 도입되었으며 학생들이 스스로 선택할 수 있는 수업의 폭이 넓어졌다. 이는 미디어 리터러시를 독립적인 교육 과제로 인식하고 학습 과정을 통해 학생들에게 주체적인 사고 능력을 기르도록 유도하는 특징을 보여준다.

둘째, 미디어 및 언론사의 적극적 참여다. 일본에서는 미디어 리터러시 교육이 정부 기관보다는 NHK, 신문사, 일본신문협회 등 미디어나 언론 관련 단체의 지원을 통해 이루어지는 경우가 많다. 특히 뉴스 리터러시 교육에 주력하며 NHK를 중심으로 지역 방송국도 커뮤니티 학습 기반을 구축하기 위해 노력하고 있다.

신문사의 경우 신문 활용 교육(NIE, Newspaper in Education)을 통해 초·중·고등학교와 대학에 기자를 파견하여 강연을 진행하거나 NIE 전담 부서를 운영하며 교육을 지원한다.

셋째, 21세기형 역량 함양이다. 일본의 미디어 리터러시 교육은 단순히 미디어 활용 능력에 그치지 않고, 학생들에게 21세기형 역량을 키우는 것을 목표로 한다. 특히 아키타현을 중심으로 NIE를 활용한 교육을 통해 다음의 세 가지 핵심 역량을 중점적으로 길러준다.

- 문장을 읽는 역량(reading literacy): 신문 기사를 통해 독해력과 정보 분석 능력을 강화한다.
- 수학을 읽는 역량(mathematical reading): 데이터와 통계를 해석하고 활용하는 능력을 기른다.

- 과학을 읽는 역량(science literacy): 과학적 사고력과 문제 해결 능력을 배양한다.

이러한 역량은 학생들이 주체적이고 비판적인 판단을 내리며 이를 바탕으로 실천할 수 있는 시민으로 성장하도록 돕는다.

넷째, 정부의 지원과 교재 개발이다. 일본정부는 미디어 리터러시 교재를 개발하고 희망자에게 대여하는 사업을 추진하며 교육 환경 개선을 지원한다. 총무성 정보통신정책국 방송정책과(2002)의 이러한 노력은 미디어 리터러시 교육의 기반을 제공하고 학교 현장에서 실질적인 교육 자료로 활용되고 있다.

3) 시사점

해외에서 진행되고 있는 다양한 미디어 리터러시 교육 사례는 국내 정책의 발전 방향을 모색하는 데 중요한 참고 자료가 된다. 각국의 사례는 미디어 리터러시가 단순히 미디어를 사용하는 기술적 능력의 습득을 넘어 비판적 사고, 윤리적 판단, 그리고 민주주의적 시민 의식 함양을 위한 필수적인 교육이라는 점을 보여준다. 특히 정부와 민간, 교육 기관, 미디어 산업 간의 협력과 전담 기관의 존재는 체계적이고 지속 가능한 미디어 리터러시 교육의 핵심 요소로 작용하고 있다. 이러한 해외 사례는 국내 미디어 리터러시 교육이 나아가야 할 방향과 전략을 제시하며 우리나라 교육 체계에 적용 가능한 시사점을 제공한다.

첫째, 민관 협업 시스템의 구축이다. 미디어 리터러시 교육은 정부 주도 아래 민간 및 다양한 교육기관과의 협력이 필수적이다. 정부 부처나 산하 기관이 주도권을 갖고 미디어 교육 프로그램을 운영하더라도 이를 효과적으로 전달하기 위해 초·중·고등학교와 대학 같은 교육기관과의 연계가 중요하다. 또한 지역 공동체 기반의 성인 교육으로 확대하려면 도서관 등 평생교육기관과 협력해야 한다. 최신 자료와 전문 교수 인력을 확보하기 위해 언론사와 방송사 등 미디어 업계의 지원도 필요하다. 이를 실현하려면 공신력 있는 미디어 유관 기관의 리더십이 핵심적이며 이러한 협업

체계를 통해 시너지 효과를 극대화할 수 있다.

둘째, 민주시민교육의 기초로서의 미디어 리터러시다. 프랑스 사례처럼 미디어 리터러시를 민주시민으로서 갖추어야 할 핵심 소양으로 자리매김하는 정책이 필요하다. 프랑스는 정보미디어와 교육 연계센터(CLEMI)와 같은 전담 기구를 설립해 미디어 교육 자료 제공, 교육 프로그램 개발, 행사 주관, 연구 출판 등을 체계적으로 담당하고 있다. 이처럼 전담 기관을 통해 유치원부터 고등학교까지 일관성 있는 미디어 교육을 실시하며 관련 정부 부처 간 협력을 통해 청소년과 성인을 대상으로 한 포괄적인 미디어 교육 정책을 추진하고 있다.

셋째, 연구 및 자문 정책 기능의 강화다. 미디어 리터러시 교육은 미디어 환경 변화에 따라 다루는 주제와 교육 방식이 달라질 수밖에 없다. 매스미디어 시대에는 주로 폭력성, 선정성, 비판적 읽기 등이 교육의 초점이었으나 디지털 미디어 시대에는 개인정보 보호, 사생활 침해, 창작 및 생산 활동의 윤리성 등 새로운 주제도 포함된다. 이를 위해 미디어 환경의 변화와 문제점을 지속적으로 관찰하고 이에 대응하는 교육 자료와 정책을 개발할 수 있는 연구 프로젝트 및 자문 기구가 필요하다. 이러한 기능을 통합적으로 수행할 수 있는 정부 산하 통합 컨트롤 타워의 설립이 필요하다.

넷째, 유치원 과정부터 시작하는 미디어 교육이다. 미디어 리터러시 교육은 미디어를 처음 접하는 유치원 과정에서부터 시작해야 한다. 어린 시기부터 미디어에 대한 비판적 접근과 윤리적 사용을 교육함으로써 책임감 있고, 민주시민으로서의 소양을 함양할 수 있도록 해야 한다. 이는 미디어 리터러시 교육의 장기적 효과를 극대화하는 데 중요한 시사점을 제공한다.

다섯째, 미디어 관련 기관과의 협력 및 데이터베이스 구축이다. 미디어 리터러시 교육은 언론사, 방송사, 도서관, 영상원 등 미디어 관련 기관과의 협력을 통해 교육 자료와 데이터베이스를 체계화해야 한다. 프랑스의 경우 매년 미디어 주간(Semaine de la presse et des médias)을 개최해 학생들과 언론인, 방송사 종사자들이 직접 만나 교육적 경험을 공유하고, 실질적인 교육 자료를 개발한다. 이처럼 미디어 관련 기관과의 협력은 미래지향적인 미디어 리터러시 정책의 기반을 마련하는 데 기여할 수 있다.

해외 사례를 바탕으로 볼 때 국내 미디어 리터러시 교육은 정부 주도의 리더십 아래 민관 협력 체계를 강화하고 미디어 환경 변화에 대응하는 연구와 정책 자문 기능을 확대하며 유치원부터 시작하는 일관된 교육 체계를 마련해야 한다. 또한 미디어 관련 기관과의 협력을 통해 실효성 있는 교육 자료와 데이터베이스를 구축하여 교육의 품질과 지속 가능성을 높이는 방향으로 발전해 나가야 한다. 이러한 노력을 통해 국민 모두가 디지털 사회에서 비판적이고 윤리적으로 미디어를 활용할 수 있는 역량을 갖출 수 있을 것이다.

제13장

미디어 저작권

제13장 ‘미디어 저작권’은 창작자의 권리를 보호하고 공정한 이용을 보장하는 저작권의 개념과 중요성을 다루고 있다. 본 장에서는 저작권의 기본 개념과 특성을 설명하며, 저작권 보호가 창작 의욕을 고취하고 문화 발전에 기여하는 법적 장치임을 강조한다.

저작권의 개념을 정의하고 저작물의 창작과 동시에 자동적으로 발생하는 권리임을 설명한다. 이어서 저작권의 특성을 배타적 지배권성, 공공성, 유한성, 가분성으로 나누어 상세히 분석하며 창작자의 권리와 공공의 이익 사이에서 균형을 유지하는 저작권 보호의 필요성을 논의한다.

이와 함께 저작권 보호의 필요성과 저작물의 다양한 유형을 다루며, 현대 미디어 환경에서 발생하는 저작권 침해 사례를 분석한다. 특히 유튜브, 영상 콘텐츠, 음악 저작물 등 다양한 미디어 플랫폼에서 발생할 수 있는 저작권 문제를 구체적으로 설명하고, 이에 대한 법적 대응 방법을 제시한다.

결론적으로 본 장은 미디어 저작권의 개념과 중요성을 강조하며 창작물 보호와 공정 이용 사이의 균형을 유지하는 방안을 모색한다. 독자는 본 장을 통해 저작권 개념을 명확히 이해하고 미디어 환경에서 저작권을 올바르게 활용하는 방법을 습득할 수 있을 것이다.

1. 저작권의 이해

1) 저작권의 개념

저작권은 개인의 창작 활동 결과물에 대하여 부여되는 배타적 권리로 창작자가 자신의 저작물을 통제하고 보호할 수 있는 법적 권리를 의미한다. 이는 창작자가 자신의 정신적 노력으로 표현한 결과물에 대한 권리를 보장함으로써 창작 의욕을 고취하고 창작물의 공정한 이용과 보호를 목적으로 한다(조연하, 2018).

저작물은 사람의 생각이나 감정을 창작적으로 표현한 결과물을 지칭하며 그 범위는 문학, 예술, 학문적 저술 등 다양한 형태를 포함한다. 여기에는 글, 그림, 음악, 사진, 영화, 컴퓨터 프로그램 등 독창적으로 창작된 모든 표현물이 해당된다. 이러한 저작물에 대한 권리는 창작과 동시에 자동적으로 발생하며 별도의 등록이나 공표 여부와 무관하게 법적 보호를 받는다.

다만 모든 표현이 저작물로 보호받는 것은 아니다. 창작성이 인정되지 않는 경우, 예를 들어 일상적으로 사용되는 간단한 문구, 사실만을 정리한 기사 또는 단순히 데이터를 나열한 전화번호부와 같은 표현물은 누구나 동일하거나 유사하게 작성할 가능성이 높으므로 저작권 보호 대상에서 제외된다. 반면 어린이가 작성한 글이나 그림과 같이 단순한 표현물이라도 창작성이 인정되면 저작물로 보호받을 수 있다. 즉, 창작자가 베끼지 않고 독창적으로 작성한 과제, 일기, 혹은 캐릭터 디자인 등은 모두 저작권법에 따라 보호받는다.

저작권은 창작자가 자신의 저작물을 보호하고 통제할 수 있는 근본적인 권리로서 저작물 창작 이후 창작자가 사전 동의 없이 저작물이 무단으로 사용되는 것을 방지하는 역할을 한다. 이는 창작물의 권리 보호와 공정한 이용 사이의 균형을 유지하는 중요한 법적 장치라 할 수 있다.

2) 저작권의 특성

저작권은 배타적인 지배권성, 공공성, 유한성, 가분성과 같은 특성을 가진다(조연하, 2018).

첫째, 배타적 지배권성이란 저작자가 자신의 저작물을 이용하거나 다른 사람에게 이용을 허락함으로써 경제적 이익을 얻는 배타적 권리를 가진다는 것이다. 예를 들어 책의 저자는 다른 사람이 무단으로 책의 복사본을 만들어 판매하는 것을 금지할 권리를 가진다.

둘째, 공공성이란 자작물의 공정한 이용을 위해 일정한 경우 저작권이 제한받을 수 있다는 속성이다. 저작권법의 목적은 저작권 보호뿐 아니라 모든 인류를 위한 문화적 소산으로서 공공재 성격을 가지는 저작물을 많은 사람이 이용해서 사회 전체의 문화를 발전시키는 것이다. 따라서 문화발전이라는 공공적인 성격에 근거하여 특정한 상황에서는 저작권을 제한할 수도 있다.

셋째, 유한성이란 저작권의 존속기간이 한정되어 있음을 의미한다. 물건에 대한 재산권은 절대적이고 무한성을 가지지만, 저작권은 무한정 보호받을 수 없다. 보호기간이 만료된 이후에는 저작권이 소멸되고 만인이 저작물을 공유할 수 있게 된다.

넷째, 가분성이란 저작권은 여러 권리로 분류되며 각각의 권리를 분리해서 이용을 허락하거나 양도할 수 있다는 것을 의미한다. 실례로 1986년 인기 가수 조용필이 「창밖의 여자」, 「단발머리」 등 31곡에 관한 계약을 체결하면서 복제권과 배포권을 음반제작사에 양도했다. 그런 이유로 그는 음반을 재발매할 때마다 자신이 만든 노래임에도 불구하고 저작권료를 내야 했고 제작사는 음반과 출판 사용료 등의 수익을 벌었다. 이에 조용필은 계약 무효를 주장했으나 법원은 저작권 양도 사실을 인정하고 이를 받아들이지 않았다. 이후 저작권 반환 인터넷 서명운동이 일어났고 당사자 간의 협의가 이루어져 조용필은 27년 만에 양도했던 저작권을 되찾게 되었다. 이는 저작권이 여러 권리로 나누어 행사될 수 있음을 보여주는 예다.

3) 저작권 보호의 필요성

저작권 보호는 창작자의 권리를 보장하고 이를 통해 창작 의욕을 고취함으로써 문화 발전에 기여하는 핵심적인 제도다. 오늘날 문화산업은 경제적, 사회적 가치가 매우 중요한 위치를 차지하고 있다. 사람들은 단순히 의식주를 해결하는 것을 넘어 다양한 문화를 누리고 즐기기를 원한다. 이러한 욕구를 충족하기 위해 문학, 영화, 음악, 미술 등 다양한 창작물들이 끊임없이 생산되고 있으며 이러한 창작물들은 이제 중요한 거래 대상이 되고 있다.

저작권 보호의 필요성은 창작자와 창작물을 둘러싼 환경에서 더욱 명확해진다. 저작권이 제대로 보호되지 않는다면 창작자가 창작 활동으로 얻을 수 있는 경제적 보상이 사라질 가능성이 높다. 이는 창작 의욕을 저하할 뿐만 아니라 새로운 창작물의 생산을 막아 결국 문화 산업의 위축으로 이어질 수 있다. 다음은 저작권 보호의 중요성을 소설가 A씨와 B씨의 사례를 통해 구체적으로 설명할 수 있다(임주혜 외, 2021).

소설가 A씨는 자신의 창작물에 대한 저작권 보호를 통해 큰 경제적 보상을 얻었다. A씨는 자신의 소설을 출판한 이후 독자들의 호응을 얻어 영화화 제안을 받게 되었고, 저작권료를 통해 안정적인 수입을 확보하였다. 이러한 환경은 A씨가 창작 활동에만 전념할 수 있는 기반을 마련해 주었고 결과적으로 더욱 질 높은 창작물이 생산될 수 있었다.

반면 소설가 B씨는 자신의 저작권이 보호받지 못한 사례로 인해 창작 활동을 지속할 수 없었다. B씨의 소설은 인기를 얻었음에도 누군가가 이를 인터넷 자료실에 무단으로 올려 다수가 무료로 소비하였다. 그 결과 소설책 판매가 중단되었고 B씨는 창작 활동을 지속할 경제적 여건을 잃었다. 창작 의욕을 상실한 B씨는 결국 소설가의 길을 포기하게 되었으며 독자들은 B씨가 만들어낼 가능성이 있었던 새로운 작품을 더 이상 만날 수 없게 되었다.

이러한 사례는 저작권 보호가 창작자 개인에게만 국한되지 않고 사회 전반에 걸쳐 긍정적인 영향을 미친다는 점을 시사한다. 저작권은 창작자의 창작 활동을 지원함으로써 더 많은 질 높은 창작물이 탄생할 수 있는 기반을 제공한다. 이는 문화산업의 성장으로 이어져 국민들이 더 풍부한 문화적 경험을 누릴 수 있게 하며 궁극적으로 문화 상품의 수출 확대를 통해 국가 경제에도 크게 기여하게 된다. 따라서 저작권 보호는 개인적, 사회적, 국가적 차원에서 매우 중요한 제도로 평가받는다.

2. 저작권의 체계

1) 저작권의 주요 분류

저작권은 크게 저작인격권과 저작재산권으로 분류된다. 이러한 두 가지 권리는 저작자의 창작활동을 보호하고, 창작물의 공정한 이용과 문화 발전을 촉진하는 중요한 기반이 된다(조영하, 2018).

저작인격권이란 저작자가 자신의 창작물을 통해 얻는 인격적 권리를 말하며 저작물의 창작자인 개인에게만 부여되는 고유한 권리다. 이는 저작자가 자신의 정신적 노력으로 창작한 저작물에 대해 인격적 존엄성을 유지하고 보호받을 수 있도록 보장하기 위한 권리로 다른 사람에게 양도되거나 상속되지 않는다. 저작인격권은 다음과 같은 세 가지 주요 권리로 구성된다.

공표권은 저작자가 자신의 저작물을 공표할지 여부를 스스로 결정할 수 있는 권리다. 공표를 결정한 경우 공표 시기와 방법을 자유롭게 선택할 수 있다. 예를 들어 한 화가가 새로 완성한 그림을 전시회에서 공개할 것인지 아니면 특정 컬렉터에게 비공개로 판매할 것인지를 스스로 결정할 수 있는 권리가 여기에 해당한다.

성명표시권은 저작물이 누구에 의해 창작되었는지를 밝히거나 밝히지 않을 권리를 말한다. 저작자는 자신의 저작물에 본명뿐만 아니라 필명이나 예명으로 이름을 표기할 권리를 가지며 경우에 따라 이름을 표시하지 않을 권리도 포함된다. 예를 들어 한 작곡가가 자신의 작품을 발표하면서 필명을 사용하거나 익명으로 발표할 권리를 행사하는 사례를 들 수 있다.

동일성유지권은 저작자가 자신의 저작물이 원래 창작된 모습 그대로 활용되도록 요구할 수 있는 권리다. 이는 저작물이 창작자의 의도와 다르게 변경되거나 왜곡, 훼손되지 않도록 보호하는 데 목적이 있다. 예를 들어 한 소설가가 자신의 소설이 영화로 제작되는 과정에서 스토리의 결말이나 등장인물의 성격이 원작과 다르게 변경되지 않도록 요구할 권리가 이에 해당한다.

저작재산권이란 저작물이 이용되는 과정에서 창작자에게 발생하는 경제적 이익을 보호하기 위한 권리를 의미한다. 이는 저작자가 자신의 저작물을 활용하여 경제적 가치를 창출할 수 있도록 보장하는 권리로 저작인격권과 달리 권리를 개별적으로 행사하거나 양도, 상속 등 처분할 수 있다. 저작재산권은 다음과 같은 주요 권리들로 구성된다.

복제권은 저작물을 복사하거나 재생산할 수 있는 권리를 말한다. 이는 저작물을 인쇄하거나, 복사, 녹음, 녹화, 또는 디지털 파일로 변환하는 등의 행위를 포함한다. 예를 들어, 소설의 원고를 책으로 인쇄하거나 음악 CD의 곡을 MP3 파일로 변환하는 행위는 복제권의 범수에 해낭한다.

공연권은 저작물을 공개된 장소에서 연주하거나 상영하는 권리를 말한다. 또한 녹음기나 녹화기를 통해 저작물을 재생하는 행위도 포함된다. 예를 들어 연극 공연에서 희곡을 상연하거나 음악회를 통해 작곡된 곡을 연주하는 행위가 여기에 해당한다.

공중송신권이란 저작물을 대중에게 송신하거나 접근할 수 있도록 제공하는 권리다. 여기에는 다음과 같은 형태가 포함된다. 방송은 라디오나 TV와 같은 매체를 통해 저작물을 송신하는 행위다. 전송은 저작물을 인터넷을 통해 웹사이트, 블로그 또는 유튜브 등에 업로드하여 이용 가능하게 하는 행위다. 디지털 음성송신은 인터넷 방송이나 스트리밍 서비스 등을 통해 디지털 방식으로 음성을 송신하는 행위다.

전시권은 미술 작품, 사진, 건축물과 같은 저작물의 원본이나 복제물을 전시할 수 있는 권리를 말한다. 예를 들어 화가의 그림을 미술관에서 전시하거나 사진 작품을 갤러리에서 공개하는 행위가 전시권에 포함된다.

배포권은 저작물의 원본이나 복제물을 대중에게 나누어주거나 판매, 대여하는 행위를 할 수 있는 권리를 의미한다. 예를 들어 소설책을 출판해 서점에서 판매하거나 음악 CD를 유통하는 행위가 배포권에 해당한다.

2차적저작물작성권은 기존의 저작물을 번역, 편곡, 변형, 각색하거나 영상으로 제작하는 등의 방법으로 이용할 수 있는 권리다. 예를 들어 외국 소설을 번역하거나 클래식 음악을 현대적인 스타일로 편곡하거나, 소설을 영화로 제작하는 행위가 여기에 포함된다.

대여권은 상업적 목적으로 제작된 음반이나 컴퓨터 프로그램에 대해 대여를 허락하거나 금지할 수 있는 권리를 말한다. 이는 대여업에서 음반이나 소프트웨어를 무단으로 이용하지 못하도록 보호하기 위한 권리다. 예를 들어 음악 CD나 컴퓨터 프로그램은 저작권자의 허락 없이 영리적 목적으로 대여할 수 없다. 그러나 만화책이나 영화 비디오는 저작권법에서 대여권이 인정되지 않아 별도의 허락 없이 대여점에서 대여할 수 있다.

2) 저작물의 종류

저작물이란 인간의 사상이나 감정을 창작적으로 표현한 결과물을 말하며 그 종류는 표현 방식에 따라 다양한 형태로 구분된다. 다음은 저작권법상 보호받는 주요 저작물의 종류와 그 특징을 설명한 것이다(조영하, 2018).

어문저작물은 말과 글로 표현된 창작물을 의미한다. 시, 소설, 수필, 각본, 논문, 강연, 설교 등이 여기에 포함된다. 이는 문자나 기호로 기록된 것뿐만 아니라 기록되지 않은 강연이나 구연 등도 보호 대상에 포함된다.

음악저작물은 음을 통해 표현된 창작물을 말하며 악기 연주나 노래와 같은 음악적 표현이 포함된다. 악보로 기록되지 않은 연주나 노래도 창작성이 인정되면 음악저작물로 보호받는다

연극저작물은 연극, 무용, 뮤지컬 등 동작을 통해 표현되는 창작물을 말한다. 이 동작이 기록된 무보(舞譜)나 그림 형태의 표현물도 연극저작물로 인정된다.

미술저작물은 선, 색채, 형태 등을 활용하여 표현된 창작물을 말한다. 회화, 디자인,

서예, 조각, 공예 등 예술적 성격을 가진 작품이 여기에 포함된다.

건축저작물은 예술적 요소를 포함한 건축물이나 건축 모형, 설계도를 의미한다. 일반적인 주택과 같은 일상적인 건축물은 제외되며 창작성이 인정되는 건축물만 보호받는다.

사진저작물은 사진 촬영을 통해 표현된 창작물을 말한다. 피사체의 선택, 배치, 촬영 각도, 조명 및 촬영 속도 등 창작적인 요소가 반영된 사진이 보호 대상이 된다.

영상저작물은 연속적인 영상으로 표현된 창작물을 말하며 소리의 유무와 상관없이 보호받는다. 영화, 광고, 비디오 게임의 영상 등이 이에 포함된다. 단 CCTV, 블랙박스처럼 창작성 없이 단순하게 촬영한 영상은 영상저작물이라고 할 수 없다. 길거리에 비디오카메라를 설치하여 아무런 조작도 하지 않은 채 지나가는 사람들을 자동으로 촬영했다면 단순한 녹화물에 지나지 않는다.

도형저작물은 지도, 도표, 설계도, 약도, 모형 등 도형으로 표현된 창작물을 말한다.

컴퓨터프로그램저작물은 특정 결과를 얻기 위해 컴퓨터에서 실행되는 일련의 지시나 명령으로 표현된 창작물을 말한다. 컴퓨터 소프트웨어가 대표적이다.

2차적저작물은 기존저작물을 번역, 편곡, 각색, 영상 제작 등 새로운 형태로 재창작한 저작물을 의미한다. 예를 들어 소설을 영화로 각색하거나 외국 서적을 번역한 경우 2차적저작물로 보호받는다. 2자처적저작물이 되는 세 가지 요건은 다음과 같다. ① 원저작물을 기초한 것이어야 한다. ② 원저작물에는 없는 새로운 창작성을 부가하는 실질적 변형이 있어야 한다. ③ 원자작물과 실질적 유사성이 유지되어야 한다.

편집저작물은 기존의 저작물이나 자료를 선택, 배열, 구성하여 창작성을 부여한 편집물을 의미한다. 예를 들어 창의적으로 구성된 백과사전이나 데이터베이스가 이에 해당한다.

공동저작물은 두 명 이상의 창작자가 공동으로 창작하되 각 창작자의 기여 부분을 분리하여 사용할 수 없는 저작물을 말한다. 예를 들어 공동으로 집필한 교재가 이에 해당한다. 공동저작물의 경우 저작권 보호기간은 마지막으로 사망한 저작자를 기준으로 산정되며 권리 행사는 공동으로 이루어진다.

읽을거리

■ 온라인 쇼핑몰의 제품 사진이나 포토샵 등 이미지 처리를 한 사진

- 온라인 쇼핑몰의 제품 사진처럼 배경이 연출되었거나 후보정 작업을 한 경우 창작성이 있다고 볼 수 있으니 주의해야 한다.
- 시계나 귀금속 등을 소개하는 책의 자진도 마찬가지다. 이런 사진은 고도로 숙련된 사진작가가 촬영한 것이어서 저작권의 보호를 받을 수 있다는 점을 염두에 두고 저작권자에게 허락을 받고 사용하는 것이 안전하다.
- 제조회사 홈페이지에서 퍼다가 사용하는 경우가 있는데, 저작권 침해의 책임을 질 수 있으니 조심해야 한다.

■ 연예인 화보 사진

- 사진 저작물이 성립하려면 피사체 선택, 구도 설정, 빛의 방향과 양의 조절, 카메라 앵글의 설정, 셔터 찬스의 포착 등에서 개성과 창조성이 있어야 한다. 그런 점에서 연예인 화보 사진은 사진저작물로 볼 수 있다.

■ 다른 사람의 물건이나 반려동물을 촬영한 사진

- 물건 또는 동물의 소유자는 그것을 사용, 수익할 수 있는 권리를 독점한다(민법 제211조). 다른 사람이 자신의 물건이나 동물을 촬영하여 영리 목적으로 이용하는 것을 금지할 수 있다는 것이다.

출처: 임주혜 외, 2021.

3) 저작권법 관련 기본용어

(1) 저작물

저작물이란 특별히 저작권의 보호를 받는 콘텐츠를 뜻한다. 저작권법 제2조 제1호

에서는 저작권의 대상(객체)인 저작물을 '인간의 사상 또는 감정을 표현한 창작물'로 정의한다. 이 정의에서 저작물이 갖춰야 할 요건 세 가지는 다음과 같다.

첫째, 저작물은 인간의 사상이나 감정이어야 한다. 따라서 인공지능(AI)이 만들어낸 음악은 저작물에 포함되지 않는다.

둘째, 저작물은 표현돼야 한다. 머릿속에서는 완성되었다고 하더라도 아직 표현하지 않았다면 저작물이 아니다.

셋째, 저작물은 창작물이어야 한다. 남의 것을 베낀 것은 저작물이라고 할 수 없다.

이와 같이 콘텐츠가 저작물이 되려면 창작성(origianlity)이라는 요건을 갖춰야한다.

즉, 저작물을 판단하는 기준은 작품의 작성 과정이 독창적이었는지 그리고 누구나 작성해도 동일하거나 비슷하지 않을 최소한의 개성을 갖추었는지 여부다.

다음 내용에서는 저작물이 갖춰야 할 세 가지 요건 중 창작성에 대해 구체적으로 살펴보겠다. 창작성에서 중요한 것은 독자적 작성과 최소한의 개성이다.

첫째, 독자적 작성은 쉽게 말해 다른 작품을 베끼지 않았다는 것을 뜻한다. 베끼지 않았다는 것은 새롭다는 것과 비슷해 보이지만 완전히 다르다. 신규성이 새로운 것에 초점이 맞춰져 있다면, 창작성은 독자적인 것, 즉 모방하지 않은 것에 초점이 맞춰져 있다.

발명과 비교한다면 발명품이 특허를 받으려면 신규성이 필요하다. 남의 것을 베끼지 않고 독자적으로 열심히 연구해서 발명했다고 하더라도 같은 발명이 이미 존재한다면 즉 신규성이 없다면 특허를 받을 수 없다.

그러나 저작물은 기존에 있던 작품과 비슷하더라도 베끼지 않고 독자적으로 창작한 것이라면 저작권의 보호를 받을 수 있다. 신규성은 새로운 것, 이전에 없던 것이어야 하지만 독자적 작성, 곧 창작성은 새로운 것이어야 할 필요는 없다.

그래서 저작물 중에는 이미 있는 기존 작품과 똑같은 것들이 적지 않다. 특히 음악 분야에서 그런 경우를 자주 볼 수 있다. 음악의 핵심은 멜로디인데 예전부터 어떤 음악의 멜로디와 비슷한 경우를 종종 본 경험이 있을 것이다. 그러나 베낀 것이 아니라면 저작물로 인정받을 수 있다.

둘째, 최소한의 개성이란 일반적 또는 통상적이 아니라는 것으로 이해하면 쉽다. 예를 들어 동그라미를 그려 보라고 하면 굳이 남이 그려 놓은 동그라미를 베끼지 않아도 누구나 같거나 비슷하게 표현되는 콘텐츠는 최소한의 개성이 없다고 한다. 최소한의 개성이 없는 콘텐츠는 창작성이 없어서 저작물이 될 수 없고 따라서 저작권의 보호를 받지 못한다.

누가 그런 작품으로 저작권을 주장하겠는가 싶지만 현실은 그렇지 않다. 더구나 흥미로운 것은 이른바 대박상품 중에 그런 경우가 생각보다 많다는 사실이다. 카카오톡 이모티콘 중에 스마일 이미지나 윈도우 바탕화면의 휴지통 같은 아이콘은 누가 그려도 비슷하겠지만 이런 이미지들은 경제적 가치가 매우 높다(조영하, 2018).

(2) 저작자 및 저작권

저작물은 정신 활동의 산출물이고 저작자는 저작물을 창작한 사람이다. 저작물을 창작한다는 것은 작품에 자신의 사상이나 감정을 창작성 있는 표현으로 나타내는 것을 말한다. 따라서 단순히 기계처럼 작업한 사람이나 비용·재료·노력 등 물질로 기여한 사람은 저작자가 될 수 없다. 자신의 사상이나 감정을 창작성 있는 표현으로 작품에 나타낸 사람, 즉 창작으로 기여한 사람이 저작자가 된다. 그러나 저작자가 아닌 경우는 다음과 같다.

첫째, 창작의 모티프나 동기만을 제공한 자는 저작자로 인정되지 않는다. 단순히 창작의 아이디어를 제공하였다고 하더라도 해당 아이디어를 바탕으로 실질적인 창작 행위를 수행하지 않은 경우에는 저작권이 인정되지 않는다.

둘째, 저작자의 지휘·감독 아래에서 단순 작업을 수행한 조수는 저작자로 볼 수 없다. 예를 들어, 소설가가 구술한 내용을 필기하여 원고를 작성한 자, 영상 콘텐츠 제작 과정에서 장비를 준비하고 설치한 자, 진행자가 작성한 스크립트를 바탕으로 PPT 파일을 제작한 자, 교수의 논문 작성을 지원하기 위해 자료 정리를 수행한 조교 등은 창작 행위를 직접 수행한 것이 아니므로 저작자로 인정되지 않는다.

셋째, 창작을 의뢰한 자는 저작자가 될 수 없다. 창작을 의뢰하였더라도 직접 창작 과정에 참여하지 않은 경우 저작권을 주장할 수 없다.

넷째, 감수자나 교정자는 저작물의 창작 과정에서 내용의 검토나 수정 등의 역할을 수행하였다고 하더라도 실질적인 창작을 한 것이 아니므로 저작자로 인정되지 않는다.

따라서 저작권은 실질적으로 창작 행위를 수행한 자에게 부여되며 창작을 보조하거나 감수하는 역할을 수행한 자에게는 해당 권리가 인정되지 않는다.

저작권은 저작자의 권리, 즉 저작자가 자신의 저작물에 대해 갖는 권리다. 이 권리는 저작물을 창작한 순간부터 발생하므로 따라 등록할 필요는 없다. 그러나 저작권을 등록해 두면 저작자 논란이 발생하거나 창작 시점에 관한 분쟁이 생겼을 때, 여러 사람이 저작권을 양도받았다고 주장할 때 법적 혜택을 받을 수 있다(조영하, 2018).

(3) 초상권 및 퍼블리시티권

초상권은 자신의 얼굴이나 모습, 이름, 이미지 등이 허락 없이 촬영되거나 이용되지 않을 권리다. 그리고 퍼블리시티권은 자신의 초상이나 이름 등을 상업적으로 이용할 수 있는 권리를 뜻한다(임주혜 외, 2018).

퍼블리시티권이 상업적으로 이용되는 권리라고 해서 유명 연예인만 가질 수 있는 것은 아니다. 최근에는 광고, 홍보 등에 일반인이 모델로 등장하는 경우도 많아서 연예인이 아니어도 특정인을 지속적으로 또는 중심적인 모델로 촬영하거나 사진, 영상 등을 활용할 때는 퍼블리시티권을 침해하지 않는지 주의해야 한다.

두 권리의 차이점은 초상권의 경우 인격직 권리인 데 반해 퍼블리시티권은 재산적 권리다. 초상권 침해는 정신적 손해배상인 위자료를 청구하지만, 퍼블리시티권 침해는 재산권 손해배상을 청구하게 된다. 보통 초상권과 퍼블리시티권 침해의 손해배상 청구는 함께 진행되는 경우가 많다.

다음 아래의 내용은 초상권과 퍼블리시티권 침해와 관련된 사례다.

첫째, 길에서 찍힌 경우다. 길을 지나가는 사람이나 광장에 모인 사람은 어차피 공개된 장소에 모습을 드러낸 것이라고 볼 수 있다. 그러므로 영상이나 사진 등에 우연히 일시적으로 사람을 촬영했다고 해서 초장권이나 퍼블리시티권의 침해로 보기 어렵다. 그러나 지나가는 사람 중에 특정인을 지속적으로 또는 중심 모델로 하면 초상권, 퍼플리시티권 침해가 된다.

둘째, 식당이나 카페에서 찍힌 경우다. 식당이나 카페 같은 곳은 사적인 공간인 경우가 많기 때문에 허락도 받지 않고 촬영해서 공개하면 문제가 될 수 있다. 배경에 사람의 모습이 알아볼 수 있을 정도로 분명하다면 지속적으로 노출되지 않도록 모자이크 처리를 해주는 것이 좋다.

셋째, 공공 보도 영상물에 찍힌 경우다. 도박의 위험성과 중독성을 알리는 보도 영상을 제작하려고 카지노나 경마장을 촬영하면 비록 배경에 사람들이 잠깐 등장해도 얼굴이나 모습이 알아볼 수 있을 정도이면 명예훼손이 될 수 있다. 그러므로 영상의 내용에 따라 특정인에게 모욕을 줄 수 있다면 누구인지 식별할 수 없을 정도로 반드시 모자이크 처리를 해야 한다.

4) 저작권의 보호와 제한

(1) 저작물의 보호 기간과 소멸 시점

대부분의 저작물은 개인 창작자의 노력으로 만들어지지만 선조로부터 이어져 내려온 문화유산을 바탕으로 하는 경우가 많다. 이처럼 저작물은 과거의 창작물을 기반으로 발전하며 또한 미래 창작과 문화 발전의 토대가 된다. 이러한 이유로 저작물을 무한히 보호하거나 특정 개인이나 단체에게만 영구적인 권리를 부여하는 것은 저작권 보호의 본래 취지와 맞지 않을 수 있다. 저작권의 주요 목적은 창작자를 보호하면서도 더 많은 창작 활동을 촉진하여 사회적, 문화적 발전을 도모하는 데 있다(임주혜 외, 2018).

만약 저작권을 무한정 보호한다면 기존 저작물의 자유로운 이용이 제한되어 새로운 창작물을 만들어내는 데 장애가 될 수 있다. 따라서 저작권법은 저작권 보호를 일정 기간으로 제한하며 그 기간이 지나면 저작권이 소멸되어 저작물이 공공의 자산이 되도록 규정하고 있다. 이렇게 저작권이 소멸된 저작물은 누구나 자유롭게 이용할 수 있다.

저작권 보호기간은 창작자의 유형에 따라 상이하게 적용된다. 첫째, 개인 창작자가 저작자인 경우 저작권 보호는 해당 저작물이 창작된 때부터 시작된다. 보호기간은 저작자가 생존하는 동안과 저작자의 사망 후 70년간 유지된다. 만일 두 명 이상이 공동으로 저작물을 창작한 경우 공동 저작자 중 가장 늦게 사망한 저작자의 사망 연도를 기준으로 70년간 보호된다. 둘째, 법인 또는 단체가 저작자인 경우, 해당 저작물은 공표된 날로부터 70년간 보호된다. 다만 공표되지 않은 저작물의 경우에는 창작된 날을 기준으로 보호가 시작된다.

저작권 보호기간의 종료 시점은 다음과 같은 방식으로 산정된다. 첫째, 사람이 저작자인 경우 저작자의 사망 연도의 다음 해 1월 1일부터 70년간 보호기간이 유지된다. 둘째, 법인 또는 단체가 저작자인 경우, 저작물이 공표된 연도의 다음 해 1월 1일부터 70년간 보호기간이 적용된다.

저작권 보호기간이 종료된 저작물은 공공의 자산으로 간주되며 누구나 자유롭게 이용할 수 있다. 이러한 저작물은 창작과 문화 발전의 중요한 기반이 되며 이를 활용하여 새로운 저작물을 창작하거나 문화 산업을 발전시키는 데 기여할 수 있다.

(2) 보호받지 못하는 저작물

저작물이라고 해서 모두 저작권의 보호를 받는 것은 아니다. 공공의 이익을 위해 누구나 자유롭게 사용할 수 있어야 하는 저작물은 저작권법에서 보호 대상에서 제외하고 있다. 또한 특정 조건에서는 저작권 보호를 받는 저작물이라도 저작권자의 허락 없이 이용할 수 있도록 저작재산권을 제한하는 경우가 있다. 따라서 이러한 규정에 따라 보호받지 못하는 저작물이나 저작권자의 허락 없이 이용이 가능한 경우에는 법에서 정한 조건에 맞춰 저작물을 사용할 수 있다(임주혜 외, 2021).

다음과 같은 저작물은 공공의 이익을 위해 저작권법상 보호받지 않는다. 특정한 경우에는 저작권 보호 대상에 해당하는 저작물이라 하더라도 공익적 목적이나 개인적 필요를 위해 저작권자의 허락 없이 이용할 수 있도록 저작재산권이 제한될 수 있다. 이는 저작권 보호의 본래 목적이 창작자의 권리를 보장하는 것뿐만 아니라 창작물의 사회적 활용을 촉진하는 데 있다는 점을 반영한 것이다.

첫째, 공공 법령 및 규정은 저작권 보호 대상이 아니다. 여기에는 헌법, 법률, 조약, 명령, 조례 및 규칙과 같은 법령문서가 포함된다.

둘째, 공공 기관의 공적 발표물 역시 저작권 보호를 받지 않는다. 국가 또는 지방자치단체가 작성하여 공적으로 발표한 고시, 공고, 훈령 등은 누구나 자유롭게 이용할 수 있다.

셋째, 사법 및 행정 결정문 또한 보호 대상에서 제외된다. 법원의 판결문, 결정문, 명령문, 심판문 등과 행정심판 절차에서의 결정문 및 의결문은 공공성을 가지므로 저작권이 인정되지 않는다.

넷째, 공공 문서의 편집물 및 번역물도 보호받지 못하는 저작물에 해당한다. 이는 국가나 지방자치단체가 작성한 법령, 판결문 등의 편집물이나 번역물을 포함하며 공공의 이익을 위해 자유롭게 이용될 수 있다.

다섯째, 사실 전달에 불과한 시사 보도는 저작권 보호 대상이 아니다. 창작성이 없이 단순한 사실을 전달하는 것을 목적으로 하는 보도 내용은 누구나 활용할 수 있다.

따라서 위와 같은 저작물은 공공의 이익을 위해 자유롭게 이용될 수 있으며 창작물의 사회적 활용을 촉진하는 저작권법의 취지에 부합한다.

(3) 저작권 허락 없이 저작물을 이용할 수 있는 경우

저작권법은 창작자의 권리를 보호하는 동시에 공익적 목적이나 특정한 필요에 따라 저작물의 자유로운 이용을 허용하는 경우를 규정하고 있다. 이러한 이용은 법적·

공적 목적, 교육·연구 목적, 시사 및 보도 목적, 개인적 목적, 장애인을 위한 이용, 기술적·운영적 이유, 그리고 공익·문화적 목적 등을 포함한다(조영하, 2018).

법적·공적 목적을 위한 이용은 재판 등에서의 복제는 법적 절차의 원활한 진행을 위해 필요할 경우 저작물을 복제할 수 있도록 허용된다. 또한 정치적 연설 등의 이용은 정치적 연설이나 공개된 발언을 사회적 필요에 따라 이용할 수 있도록 규정된다. 그리고 공공저작물의 자유 이용은 공공기관이 제공하는 저작물 중 자유 이용이 허용된 저작물을 누구나 활용할 수 있도록 한다.

교육·연구 목적을 위한 이용은 학교 교육 목적 등에의 이용은 정규 교육과정 내에서 수업을 위해 저작물을 복제하거나 활용하는 경우에 적용된다. 또한 시험문제를 위한 복제는 평가 목적으로 시험지 제작 시 저작물의 복제를 허용한다. 그리고 도서관 등에서의 복제는 학술 연구나 개인 학습을 목적으로 도서관 등 공공시설에서 저작물을 복제하는 경우에 해당된다.

시사 및 보도 목적을 위한 이용은 우선 시사 보도를 위한 이용은 사회적으로 중요한 사건 보도를 위해 필요한 경우 저작물을 사용할 수 있도록 한다. 그리고 시사적인 기사 및 논설의 복제는 공표된 시사 기사나 논설을 복제하여 사용하는 경우에 한하여 허용된다.

개인적 목적을 위한 이용은 사적 이용을 위한 복제는 개인이 비영리적인 목적으로 저작물을 복제하여 사용하는 경우에 해당된다. 또한 영리를 목적으로 하지 아니하는 공연·방송은 비영리적 목적으로 공연하거나 방송하는 경우 허용된다.

장애인을 위한 이용은 우선 시각장애인 등을 위한 복제는 시각장애인을 위해 점자책을 제작하거나 음성으로 변환하는 등의 경우를 포함한다. 또한 청각장애인 등을 위한 복제는 청각장애인을 위해 자막을 삽입하거나 수화 번역을 제공하는 경우에 적용된다.

기술적·운영적 이유로 허용된 이용은 첫째, 방송사업자의 일시적 녹음·녹화는 방송 운영 목적으로 일시적인 녹음·녹화를 허용한다. 둘째, 저작물 이용 과정에서 일시적 복제는 기술적 과정에서 필연적으로 발생하는 일시적 복제를 허용한다. 셋째, 부수적 복제는 저작물의 직접적인 이용 목적이 아닌 부수적으로 이루어지는 복제를 포함한다. 넷째, 프로그램 코드 역분석은 소프트웨어의 상호운용성을 확보하기 위해 코드 분석을 허용하는 경우다. 다섯째, 정당한 이용자에 의한 보존을 위한 복제는 정당한 이용자가 저작물을 보존 목적으로 복제하는 경우 허용된다.

공익·문화적 목적을 위한 이용은 첫째, 미술저작물 등의 전시 또는 복제는 공공장소에 설치된 미술작품을 전시하거나 복제하는 경우에 적용된다. 둘째, 문화시설에 의한 복제는 박물관, 미술관 등의 시설에서 보존이나 전시 목적으로 저작물을 복제하는 경우를 포함한다. 셋째, 저작물의 공정한 이용은 공정한 목적을 위해 합리적인 범위 내에서 저작물을 사용하는 경우 허용된다. 넷째, 번역 등에 의한 이용은 특정한 목적을 위해 저작물의 번역이나 변형이 허용되는 경우에 해당된다.

이와 같이 저작권법은 특정한 목적과 필요에 따라 저작물의 이용을 허용하며 이를 통해 공공의 이익을 증진하고 창작물의 사회적 활용을 촉진하고자 한다.

3. 미디어 유형에 따른 저작권 침해 사례

1) 유튜브와 저작권

본인이 제작한 영상이 타인의 유튜브 영상에서 동의 없이 사용된 경우 해당 콘텐츠에 대한 게시 중단을 요청할 수 있다. 이를 위해 유튜브 고객센터에 접속하여 '정책, 안전 및 저작권' 항목에서 저작권 관련 내용을 확인한 후 '저작권 게시 중단 알림 제출' 웹 양식을 작성하여 제출하면 된다(임주혜 외, 2021).

또한 직접 저작권 침해 경고장을 상대방에게 발송하는 방법도 있다. 일반적으로 저작권 침해와 관련된 경고장에는 다음 사항이 포함된다. 상대방이 본인의 저작권을 침해했다는 사실을 명확히 기재, 상대방이 저작권 침해 사실을 인정하는지 여부에 대한 답변 요구, 저작권 침해 행위의 즉각적인 중단 및 합의금 등의 적절한 조치 요구다. 만약 상대방이 저작권 침해 사실을 인정하지 않거나 원만한 합의가 이루어지지 않을 경우, 형사 고소 또는 민사 소송을 제기하여 법적으로 해결할 수 있다.

공동 저작자가 존재하는 영상의 경우, 공동 저작자 중 한 명이라도 해당 콘텐츠의 게시에 반대할 경우 유튜브에서 해당 콘텐츠를 내려야 한다. 비록 본인이 기여한 부분이 있더라도 저작권법상 공동 저작물로 인정되는 경우에는 반드시 공동 저작자의 동의를 받아야 한다.

저작권법에서는 이러한 저작물을 '공동저작물'이라 하며 '공동저작물에 관한 특례' 규정을 두고 있다. 공동저작물은 2인 이상이 공동으로 창작한 저작물로서 각 창작자가 기여한 부분을 분리하여 이용할 수 없는 형태의 저작물을 의미한다.

공동저작물의 저작권은 모든 공동 저작자가 합의해야만 행사할 수 있다. 즉, 공동 저작자 전원이 합의해야 복제, 전송, 방송, 공연 등 저작권이 미치는 모든 행위를 수행할 수 있으며 유튜브에 영상을 게시하는 행위도 전송에 해당하므로 공동 저작자 전원의 동의가 필수적이다.

공동저작물의 경우 사전에 별도의 계약이 체결된 경우에는 해당 계약 내용에 따라 수익을 분배하면 된다. 그러나 계약이 존재하지 않는 경우에는 각자의 기여도에 따라 수익을 분배하는 것이 원칙이다.

기여도가 명확하지 않은 경우 저작권법에서는 공동저작자들이 균등한 권리를 가진 것으로 추정한다(저작권법 제48조 제2항). 다만 공동 저작자로 인정받기 위해서는 단순한 기여가 아닌 창작성이 있는 기여를 해야 한다.

직원이 회사의 업무 수행 과정에서 제작한 영상의 경우, 해당 영상에 대한 모든 권리는 회사에 귀속된다. 이러한 유형의 저작물을 '업무상 저작물'이라 한다. 업무상 저작물로 인정되기 위해서는 다음과 같은 요건을 충족해야 한다. 회사가 콘텐츠 제작을 기획할 것, 회사의 업무에 종사하는 자가 작성할 것, 업무 수행 과정에서 제작된 콘텐츠일 것, 회사 명의로 공표된 저작물일 것, 계약이나 근무 규칙에서 별도의 규정이 없을 것 등이다. 따라서 직원이 휴가 중이거나 퇴근 후 개인적으로 촬영한 영상은 업무상 저작물에 해당하지 않는다. 이러한 경우 해당 영상에 대한 모든 권리는 제작자인 직원 본인에게 귀속된다.

유명인의 레시피를 기반으로 영상을 제작하는 경우 저작권 침해 여부는 레시피의 표현 방식에 따라 결정된다. 단순히 재료, 조리 방법, 순서를 일반적인 단어와 문장으로 서술한 레시피는 저작권 보호 대상이 아니다. 이는 조리법(레시피)이 특정한 방법을 설명하는 안내서의 성격을 가지므로 동일한 방법으로 요리하는 과정을 촬영하여 유튜브에 게시하더라도 저작권 침해가 되지 않는다.

그러나 레시피가 독창적인 문구, 창의적인 표현, 개성적인 서술을 포함하는 경우 해당 레시피는 저작권 보호를 받을 수 있다. 또한 레시피에 사진, 그림 등의 시각적 요소가 포함된 경우에도 저작권이 적용될 수 있다. 즉, 단순한 조리 방법 자체는 저작권 보호 대상이 아니므로 동일한 방식으로 요리하는 것은 법적으로 문제가 되지 않는다. 그러나 독창적인 묘사, 창의적인 표현, 또는 독자적인 구성 등을 그대로 복제하여 사용할 경우에는 저작권 침해에 해당할 수 있다.

유튜브에서 발생할 수 있는 저작권 문제는 다양한 상황에서 발생할 수 있으며 해당 저작물이 단독 창작물인지, 공동저작물인지, 업무상 저작물인지에 따라 권리의 귀속이 달라진다.

무단 사용된 저작물에 대한 조치는 유튜브를 통한 게시 중단 요청, 직접적인 경고장 발송, 법적 대응(형사 고소 또는 민사 소송) 등의 방법으로 해결할 수 있다. 또한 공동 저작물의 경우 모든 공동 저작자의 동의가 있어야 저작권을 행사할 수 있으며 업무상 저작물은 회사가 저작권을 보유하는 것이 원칙이다.

레시피와 같은 특정 콘텐츠의 경우 창의적인 표현이 포함되지 않은 단순한 조리 과정은 저작권 보호 대상이 아니나 독창적인 표현과 시각적 요소가 포함된 경우에는 저작권 보호를 받을 수 있다.

이와 같이 유튜브에서의 저작권 문제를 예방하고 해결하기 위해서는 사전에 저작권 관련 규정을 숙지하고 계약을 체결하거나 공정한 이용 원칙을 준수하는 것이 중요하다.

2) 영상과 저작권

인터넷에서 가져온 이미지나 영상의 무단 사용은 저작권 침해에 해당할 가능성이 높으므로 신중한 주의가 필요하다. 디지털 콘텐츠의 접근성이 과거에 비해 현저히 증가하였지만 동시에 저작권 침해 콘텐츠를 탐지하고 적발하는 기술도 발전하고 있기 때문이다. 예를 들어 여행사가 홈페이지, 블로그 또는 유튜브 채널을 통해 여행 상품을 홍보하는 과정에서 여행지의 사진이나 영상을 직접 촬영하는 것이 어려워 인터넷에서 검색한 콘텐츠를 무단으로 활용하는 사례가 존재한다. 그러나 이러한 사진과 영상은 모두 저작권 보호를 받는 저작물에 해당하므로 이를 무단으로 사용하는 것은 저작권 침해 행위가 될 수 있다(임주혜 외, 2021).

따라서 타인의 저작물을 활용하려는 경우 반드시 적법한 사용 허가를 얻거나 저작권에 구애받지 않는 콘텐츠를 사용하는 것이 바람직하다. 저작권 걱정 없이 활용할 수 있는 콘텐츠로는 공공저작물, 크리에이티브 커먼즈 라이선스(CCL) 하에 제공된 콘텐츠, 저작권이 소멸된 퍼블릭 도메인(public domain) 콘텐츠 등이 있다.

해외 축구 경기 및 세계적인 게임 대회(e스포츠)를 개인 방송에서 중계하는 행위는 저작권 침해에 해당할 가능성이 크다. 특히 e스포츠 중계의 경우 해당 게임을 개발한 회사(예: 블리자드 엔터테인먼트)는 해당 게임에 대한 저작권을 보유하고 있으며 복제권 및 공중송신권(방송권)을 행사할 수 있다. 실제로 블리자드는 과거 국내 게임 방송사를 대상으로 스타크래프트 중계방송과 관련하여 저작권 침해를 주장하며 중계방송에 따른 수익 배분을 요구한 사례가 존재한다. 이와 관련하여 다음과 같은 법적 쟁점이 발생할 수 있다. 게임 개발사가 e스포츠 방송에 대해 저작권을 주장할 수 있는가?, 저작권을 주장할 수 있다면 그 권리의 범위는 어디까지인가?

e스포츠 방송은 특정 게임을 기반으로 진행되며 방송 화면에 해당 게임의 장면이 지속적이고 전체적으로 노출된다. 따라서 게임 개발사가 해당 게임에 대한 유효한 저작권을 보유하고 있는 이상 별다른 예외 사유가 없는 한 e스포츠 방송은 개발사의 저작권, 특히 복제권 및 공중송신권을 침해하는 행위로 간주될 가능성이 높다.

또한 e스포츠 방송은 원저작물을 활용하여 제작된 2차적 저작물로 해석될 여지가 있다. 저작권법상 2차적저작물을 작성하려면 원저작권자의 허락을 받아야 하므로, 개인 방송에서 무단으로 e스포츠를 중계하는 행위는 2차적저작물작성권 침해로 판단될 수 있다.

결론적으로 게임 개발사는 해당 게임의 저작권을 근거로 e스포츠 방송에 대해 법적 권리를 주장할 수 있으며 그 권리 범위는 복제권, 공중송신권, 2차적저작물작성권을 포함한다. 이는 콘텐츠 기반 산업에서 원저작물의 저작권이 다양한 방식으로 파생 콘텐츠에 영향을 미칠 수 있음을 의미한다.

저작권법 제28조에 따르면 공표된 저작물은 보도, 비평, 교육, 연구 등 공익적 목적을 위해 정당한 범위 내에서 공정한 관행에 합치되는 방식으로 이용될 경우, 저작권자의 허락 없이도 인용이 가능하다. 이에 따라, 비영리 공모전에 출품하는 영상에서 방송국 영상을 일부 인용하는 것은 허용될 가능성이 있다. 그러나 다음 조건이 충족되어야 한다.

- 인용의 목적과 범위: 인용된 방송국 영상은 제작자의 창작물을 보조하는 부수적 역할을 해야 하며 인용된 영상이 중심이 되는 경우에는 저작권 침해에 해당한다.
- 상품 가치의 손상 방지: 인용된 방송국 영상이 원본 콘텐츠의 시장 수요를 대체하거나 상품 가치를 훼손해서는 안 된다.
- 출처 표기의 의무: 인용된 영상의 출처를 명확히 표기해야 한다.

이러한 요건을 충족하지 않고 방송국 영상을 허락 없이 이용하는 경우, 이는 저작권 침해에 해당하며 법적 책임이 발생할 수 있다.

TV 예능 프로그램의 일부를 가공하여 영상 제작을 하는 경우 프로그램 화면에 테두리를 두르거나 '자료화면'이라는 자막을 삽입한다고 해서 저작권 침해 책임이 면제되는 것은 아니다. 이와 같은 행위는 원저작물을 임의로 변형하는 것이므로 '동일성유지권'을 침해하는 행위로 간주될 수 있다. 동일성유지권이란 저작자가 자신의 저작물이 왜곡, 변형, 훼손되지 않도록 보호받을 권리를 의미하며 이는 저작인격권에 해당하므로 양도나 상속이 불가능하다.

다만 TV 프로그램의 인용이 저작권법 제28조의 '공표된 저작물의 인용' 규정에 해당할 경우, 일정한 요건을 충족하면 저작권 침해가 면제될 수 있다. 또한 저작권법 제35조의 5는 공정한 이용(fair use) 규정을 두고 있다.

3) 음악과 저작권

음악은 대표적인 저작물로서 저작권법의 보호를 받으며 기존 음악을 활용한 창작 활동은 저작권자의 권리 범위를 침해할 수 있다. 특히 편곡 작업, 커버 음악 제작, 온라인 플랫폼에서의 음악 공유, 악보 복사 등은 저작권법상 여러 법적 쟁점을 포함하고 있다. 이에 따라 음악을 활용하는 과정에서 저작권을 준수해야 하며 불법적인 이용을 방지하기 위한 사전 검토가 필요하다(임주혜 외, 2021).

기존 음악을 편곡하여 부르는 행위는 2차적저작물 작성에 해당하며 이에 대한 권리는 원곡 저작권자인 작사가·작곡가에게 있다. 따라서 기존 음악을 편곡하려면 반드시 원 저작자의 허락을 받아야 한다.

이와 관련하여 원곡을 자기만의 방식으로 재해석한 음악을 커버 음악(cover music)이라 한다. 커버 음악은 원 저작물의 변형 및 이용을 포함하는 것이므로, 원 저작자의 허락 없이 제작하는 경우 2차적저작물작성권을 침해할 가능성이 높다.

특히 원곡의 음원까지 이용한 커버 음악을 제작하는 경우, 해당 음악을 녹음한 음원 제작자의 허락도 필요하다. 즉, 원곡의 작사가·작곡가뿐만 아니라 음원 제작자(레코드 제작자)의 동의를 받아야 하므로 단순한 커버 음악이라 하더라도 무단으로 제작 및 배포할 경우 저작권 침해가 될 수 있다.

개인 블로그라 하더라도 저작권이 있는 배경음악을 허락 없이 업로드하는 행위는 저작권 침해에 해당한다. 그러나 저작권법에서는 저작자의 허락 없이도 저작물을 일정 범위 내에서 자유롭게 이용할 수 있도록 사적 복제 규정(저작권법 제30조)을 두고 있다.

사적 복제 규정은 공표된 저작물을 영리 목적으로 사용하지 않고, 개인적 또는 가정 내에서 한정된 범위 안에서만 이용하는 경우에 한하여 저작권자의 허락 없이 복제할 수 있도록 허용한다.

이에 따라 자신 또는 가족, 10명이 넘지 않는 소규모 그룹에서 시, 소설, 음악, 영상 등의 콘텐츠를 복사, 녹음, 녹화하는 행위는 허용된다. 그러나 이를 블로그, 카페, 유튜브와 같은 온라인 플랫폼에 업로드하는 행위는 단순 복제를 넘어 전송 행위에 해당하므로 사적 복제 규정의 적용을 받지 않는다. 즉, 개인적으로 음악을 복사하여 듣는 것은 가능하지만, 이를 블로그나 온라인 플랫폼에 게시하는 행위는 저작권법상 허용되지 않으며 저작권 침해가 될 수 있다.

악보 자체는 음악저작물이 아니라 음악을 기록한 매체(복제물)에 해당한다. 그러나 악보를 무단으로 복사하는 행위는 해당 악보에 기록된 음악을 복제하는 것이므로 음악저작물의 저작권을 침해하는 행위에 해당할 수 있다.

저작권법에 따라 보호기간이 남아 있는 음악의 악보를 허락 없이 복사하는 것은 원칙적으로 저작권 침해에 해당한다. 그러나 다음의 경우에는 저작권 침해가 성립하지 않는다.

작곡가 및 작사가 사후 70년이 경과한 경우 저작권법에 따라 저작자의 사후 70년이 경과하면 저작권이 소멸하며 이 경우 해당 음악은 퍼블릭 도메인(public domain)에 속하게 된다.

저작권이 소멸한 음악의 악보를 복사하는 것은 저작권 침해가 아니다.

저작권자의 명시적 허가를 받은 경우 특정 악보가 자유 이용 가능하도록 공개된 경우(예: 크리에이티브 커먼즈 라이선스 적용 악보)다.

사적 복제 규정이 적용되는 경우는 개인적 학습이나 연구를 위한 용도로 한정된 범위 내에서 악보를 복사하는 것은 허용될 수 있다.

결론적으로 보호기간이 남아 있는 음악의 악보를 무단으로 복사하는 행위는 음악저작물의 저작권을 침해하는 행위에 해당하므로 악보를 사용할 경우 저작권자의 허락을 받는 것이 필요하다.

참고 문헌

참고문헌

- 강준만(1999). 대중문화와 겉과 속. 인물과 사상사.
  _____ (2013). 대중문화의 겉과 속. 인물과 사상사.
- 강현두(1998). 현대사회와 대중문화. 나남.
- 강희경(2024). 청소년의 미디어 리터러시 역량 함양을 위한 미디어 콘텐츠 리디자인 교육 프로그램 개발: 고등학교 미술 교과 수업 적용을 중심으로. 한양대학교 석사학위논문.
- 갠스, 허버트 J. (1998). 강현두 옮김. 대중문화와 고급문화. 나남출판.
- 교육부(2019). 학교 미디어 교육 내실화 지원 계획.
- 권경근·박소영·최규수·김지현·서민정(2016). 언어와 사회 그리고 문화. 박이정.
- 그람시, 안토니오(1993). 이상훈 옮김. 그람시의 옥중수고 2 : 철학 역사 문화. 거름.
- 기어츠, 클리퍼드(1998). 문옥표 옮김. 문화의 해석. 까치.
- 김경희(2020). 디지털 미디어 리터러시 (제2판). 한울아카데미.
- 김보름(2024). 팬덤 4.0시대 디지털 크리에이터로서의 소비경험과 의미. 인문콘텐츠, 72(72).
- 김수정·김수아(2015). 해독 패러다임을 넘어 수행 패러다임으로 : 팬덤 연구의 현황과 쟁점. 한국방송학보, 29(4).
- 김수현(2019). 인플루언서 효과없네 광고끊는 기업들. 머니투데이.
- 김연진(2023). 메타버스 플랫폼을 활용한 융합교육 프로그램 개발 및 적용. 서울대학교 교육전문대학원 석사학위논문.
- 김우성(2020). 다이제스트 스포츠사회학. 레인보우북스.
- 김유진(2021). 시각예술 분야 인플루언서의 활동유형 연구. 경희대학교대학원 석사학위논문.
- 김윤지(2023). 한류 외전 : 설계되지 않은 성공, K컬처 산업의 운명을 바꾼 9가지 결정적 장면. 어크로스.
- 김윤태(2020). 사회학 이론과 문화. 김윤태 외. 문화사회학. 세창출판사.
- 김정민(2021). 국내외 메타버스 플랫폼과 콘텐츠 비즈니스 동향. KCA한국방송통신전파진흥원.
- 김정섭(2024). 방탄소년단(BTS)의 노래에 투영된 '세계관' : 데뷔 이후 10년간 전체 앨범 수록곡 가사 전수 분석(2013.6.~2023.6.). 한국엔터테인먼트산업학회논문지, 18(7).
- 김지현·이민경·박준형(2023). 허위조작정보의 개념 정립과 규제 방안 연구. 한국사회과학연구소.
- 김창남(2010). 대중문화의 이해. 한울아카데미.
  _____ (2012). 대중문화의 이해. 한울아카데미.
  _____ (2019). 대중문화의 이해. 한울아카데미.
  _____ (2021). 한국 대중문화사. 한울아카데미.
  _____ (2022). 대중문화의 이해. 한울.
- 김창남·최영묵·정준영(2023). 대중문화의 이해. 한국방송통신대학교출판문화원.

- 김창룡(2019). 당신이 진짜로 믿었던 가짜뉴스. 이지출판.
- 김춘규(2021). 통찰, 현대대중문화와 예술. 엘에이치코리아.
- 김태근(2024). 불평등문제를 다루는 사회이론과 개별국가의 상관관계 : 루만의 체계이론과 부르디외의 장이론을 중심으로. 한독사회과학논총, 34(1).
- 김태상(2013). 영화 <올드보이>의 서사미학 연구: 포스트모더니즘 영화의 서사구조를 중심으로. 아시아영화연구, 6(1).
- 김평수(2013). 음악 창작의 딜레마, 표절과 순수창작. 대중음악, 11.
- 김헌식(2014). 경제 변화와 문화 트렌드: 대중문화 심리 읽기. 울력.
- 김현수·이용관(2023). 문화상품으로 살펴본 한국 콘텐츠 국제경쟁력. 한국문화관광연구원.
- 김형곤(2015). 미디어와 문화. 커뮤니케이션북스.
- 김형선(2024). 초등 도덕과에서의 미디어 리터러시 교육 적용 방안. 경인교육대학교 석사학위논문.
- 노가영(2024). 2024 콘텐츠가 전부다. 미래의 창.
- 대한민국관계부처 합동(2020). 신한류 진흥정책 추진 계획.
- 디마지오, 폴(2012). 임지영·박신의 옮김. 19세기 보스턴의 문화 기업가 정신 미국 고급문화의 조직적 기반의 생성. 문화예술경영, 2.
- 마르쿠제, 헤르베르트(2009). 박병진 옮김. 일차원적 인간: 선진산업사회의 이데올로기 연구. 한마음사.
- 마르크스, 칼(1990). 김태경 옮김. 경제학 - 철학 수고. 이론과실천.
- 마크 더핏(2016). 김수정·곽현자·김수아 옮김. 팬덤 이해하기. 한울아카데미.
- 문화체육관광부(2013). 한류백서.
- 박기수(2017). 문화콘텐츠 스토리텔링 구조와 전략. 논형.
- 박명진·정준영·이영욱·양은경·김용호·손병우·김연종·김창남(1996). 문화·일상·대중: 문화에 관한 8개의 탐구. 한나래.
- 박아란(2017). 가짜뉴스의 개념과 대응 방안에 대한 연구. 한국언론진흥재단.
- 박장순(2014). 한류학개론. 도서출판 선.
- 박치완·김성수·조소연(2009). 글로컬문화콘텐츠 어떻게 그리고 왜?. 한국외국어대학교출판부.
- 백선기(2007). 대중문화론. 커뮤니케이션북스.
- 부르디외, 피에르(1995). 최종철 옮김. 구별짓기 : 문화의 취향의 사회학. 새물결.

  ______________ (1998). 현택수 옮김. 텔레비전에 대하여. 동문선.

  ______________ (1999). 하태환 옮김. 예술의 규칙: 문학 장의 기원과 구조. 동문선.
- 서가기(2024). 뉴미디어 시대 플랫폼의 발전이 젊은 세대에게 미치는 영향에 관한 연구. 동명대학교대학원 석사학위논문.
- 서영은(2022). 웹소설의 문화다이아몬드: 문학장과 독자 특성을 중심으로. 이화여자대학교 대학원 석사학위논문.
- 성경훈(2020). 디지털시민성 중심 미디어 리터러시 교육정책에 관한 연구. 광주대학교 박사학

위논문.
• 송상현(2020). 가짜뉴스에 대한 규범적·기술적 규제방안 연구. 성균관대학교 박사학위논문.
• 스토리, 존(2011). 유영민 옮김. 대중문화란 무엇인가. 태학사.
________ (2017). 박민준 옮김. 대중문화와 문화이론. 경문사.
• 신윤희(2019). 팬덤 3.0. 스리체어스.
• 아도르노 테오도르 W. ·호르트하이머, 막스(2001). 김유동 옮김. 계몽의 변증법: 철학적 단상. 문학과지성사.
• 아이젠스타트, 쉬무엘 N. (2009). 임현진·최종철·이정환·고성호 옮김. 다중적 근대성의 탐구: 비교문명적 관점. 나남.
• 안정임(2002). 디지털 커뮤니케이션과 미디어 리터러시의 의미와 연구 방향. 한국언론학회, 46(4).
• 알렉산더, 제프리(2007). 박선웅 옮김. 사회적 삶의 의미 : 문화사회학. 한울.
• 알렉산더, 제프리·사이드만, 스티브(1995). 윤민재·남은영 옮김. 문화와 사회: 현대적 논쟁의 조명. 사회문화연구소.
• 에덴서, 팀(2008). 박성일 옮김. 대중문화와 일상 그리고 민족 정체성. 이후.
• 엘리스캐시모어(2005). 스포츠, 그 열광의 사회학. 한울.
• 오세운·정세훈·박아란(2017). 가짜뉴스 현황과 문제점. 한국언론진흥재단.
• 오승종(2020). 된다! 유튜브·SNS·콘텐츠 저작권 문제 해결. 이지스퍼블리싱.
• 오의경(2013). 정보 리터러시의 재정의: 소셜미디어 시대의 정보활용교육. 한국문헌정보학회, 47(1).
• 오희숙(2003). 크로스오버 현상과 포스트 모더니즘 : 예술음악과 대중음악의 '경계 넘나들기' 시도를 중심으로. 음악이론포럼, 10.
• 원용진(2010). 새로쓴 대중문화의 패러다임. 한나래.
____ (2011). 새로 쓴 대중문화의 패러다임. 한나래.
____ (2016). 대중 문화의 패러다임. 한나래.
• 원용진·한은경·강준만(1993). 대중매체와 페미니즘. 한나래.
• 윌리엄스, 레이먼드(2023). 임영호 옮김. 짐 멕기건 엮음. 문화와 사회를 읽는 키워드 : 레이먼드 윌리엄스 선집. 컬처룩.
• 윤지관(2016). 문학에서 표절에 관한 몇 가지 이론적 쟁점: 신경숙, 박민규의 경우. 비평과이론, 21(2).
• 윤지영(2021). 사회적 통합의 성장 서사와 닫힌 공동체로서의 팬덤: 방탄소년단(BTS)의 초기 노래 가사를 중심으로. 인문콘텐츠, 63.
• 이강수(1987). 한국대중문화론. 법문사.
• 이다정(2020). 영화 인플루언서 마케팅: 유튜브 인플루언서 특성, 규범적 사회영향, 정보신뢰성 및 행동의도 간의 구조적 관계 검증. 중앙대학교대학원 석사학위논문.
• 이명현(2021). 판소리의 탈맥락화와 문화혼종: 이날치 밴드의 〈범 내려온다〉를 중심으로. 다문

화콘텐츠연구, 37.

- 이민희(2013). 팬덤이거나 빠순이거나. 알마.
- 이승윤·안정기(2018). 평범한 사람들의 비범한 영향력 인플루언서. 넥서스.
- 이창섭·남상우·(2013). 스포츠사회학. 궁미디어.
- 임주혜·김하영(2021). 유튜브 저작권: 분쟁에 대처하는 35가지 기술. 깊은나무.
- 장약설(2021). 인플루언서 유형과 브랜드 컨셉의 상호작용이 소셜미디어 인플루언서 광고에 대한 소비자 평가에 미치는 영향. 국민대학교대학원 석사학위논문.
- 장원호(2019). 한류의 전개와 글로벌 수용의 변화. 지식의 지평, 27.
- 전영빈(2019). 디즈니 애니메이션에 나타난 젠더 특성에 관한 연구. 울산대학교 석사학위논문.
- 전충헌(2009). 문화콘텐츠 전략기획론. 글누림.
- 정상철(2012). 콘텐츠산업의 경제효과 분석. 한국문화관광연구원.
- 정영미(2017). 미국 공공도서관의 성인을 위한 디지털 리터러시 교육에 관한 연구. 한국문헌정보학회, 51(1).
- 정준영(2020). 열광하는 스포츠 은폐된 이데올로기. 책세상.
- 정지은(2019). 케이팝(K-POP)을 위한 스토리텔링 전략에 관한 연구 : 방탄소년단(BTS)을 중심으로. 문화산업연구, 19(3).
- 정현선(2016). 핵심역량 중심의 미디어 리터러시 교육 내용 체계화 연구. 한국언론정보학, 76.
- 정현선·박유신·전경란·박한철(2016). 지역별 국가별 미디어 리터러시 역량 차이 및 요인 분석: 유럽, 영미권, 아시아를 중심으로. 한국언론학회, 60(5).
- 정현주(2016). 청소년 팬덤문화에 관한 연구 - 문화적 실천을 중심으로 -. 청소년시설환경, 14(4).
- 제임스커런·데이비드몰리·발레리워커딘(1996). 한울.
- 조연하(2018). 미디어 저작권. 박영사.
- 존스토리(2010). 대중문화와 문화연구. 경문사.
- 주창윤(2015). 한국현대문화의 형성. 파주: 나남.
- 주형일(2020). 미디어와 성. 영남대학교출판부.
- 진달용(2022). 한류 신화에 관한 10가지 논쟁. 한울아카데미.
- 진민정(2017). 프랑스의 뉴스 리터러시 교육 현황. 미디어리터러시, 3.
- 촘스키, 노엄·허먼, 에드워드(2006). 정경옥 옮김. 여론조작 : 매스미디어의 정치경제학. 에코리브르.
- 최순욱·최성인·이재현(2020). 유튜브에서의 뮤직비디오 팬덤 분석 : BTS M/V의 시청, 댓글 상호작용, 밈 영상 제작. 한국언론학보, 64(1).
- 최영현·이규혜(2020). 영화 의상에 나타난 사회 계급의 표현 : 봉준호 감독의 <기생충>을 중심으로. 한국의류학회지, 44(5).
- 최창현·임선희(2018). 문화력으로서 한류 이야기. 박영사.
- 최현철(2021). 한류 4.0, 신(新)한류는 어떤 대중문화인가?: D. 닷슨의 대중문화 유형 분석을 중심으로. 인문과 예술, 11.

- 추동균(2023). 팬덤 문화에 대한 총체적 연구. 한국영화교육학회지, 17(2).
- 큰차나 파라디즈카 아우로라(2023). 디즈니의 뮤지컬 애니메이션 속에서 독립성을 추구하는 시대별 디즈니의 공주들의 사례연구. 단국대학교 석사학위논문.
- 피에르 레비(2002). 권수경 옮김. 집단지성. 문학과지성사.
- 피케티, 토마(2014). 장경덕 외 옮김. 21세기 자본. 글항아리.
- 하버마스, 위르겐(2001). 한승완 옮김. 공론장의 구조변동 : 부르조아 사회의 한 범주에 관한 연구. 나남출판.

  ____________ (2006). 장춘익 옮김. 의사소통행위이론. 나남.
- 하재근(2021). 팬덤(FANDOM) 문화의 변천. 민속소식, 263.
- 한국국제문화교류진흥원(2023). 2023 해외한류실태조사.

  __________________ (2024a). 2023 한류백서.

  __________________ (2024b). 2023 한류의 경제적 파급효과 연구.

  __________________ (2024c). 2024 해외한류실태조사.
- 한국문화사회학회(2012). 문화사회학. 살림.
- 한국문화산업교류재단(2009). 한류, 아시아를 넘어 세계로. 한국문화산업교류재단.
- 한원희(2022). (르네 지라르와 함께한) 영화산책 : 올드보이. 하움출판사.
- 홉스봄, 에릭(2015). 이경일 옮김. 파열의 시대 : 20세기의 문화와 사회. 까치.
- 홍석경(2013). 세계화와 디지털 문화시대의 한류 : 풀하우스, 강남스타일, 그리고 그 이후. 한울아카데미.
- 홍유선·임대근(2018). 용어 한류의 기원. 인문사회21, 9(5).
- 홍유진·김양은(2013). 미디어 리터러시(Literacy) 국내외 동향 및 정책방향. 한국콘텐츠진흥원.
- 홍종윤(2014). 팬덤 문화. 커뮤니케이션북스.
- 황봄(2019). 인플루언서 마케팅. 라온북.
- 황용석·권오성(2017). 가짜뉴스의 개념화와 규제수단에 관한 연구: 인터넷서비스사업자의 자율규제를 중심으로. 언론과 법, 16(1).
- 후쿠야마, 프랜시스(1992). 이상훈 옮김. 역사의 종말 : 역사의 종점에 선 최후의 인간. 한마음사.

- Abercrombie, N. & B. Longhurst(1998). Audiences: A Sociological Theory of Performance and Imagination. London: Sage.
- Bourdieu, P. & J.-C. Passeron(1971). Die Illusion der Chancengleichheit. Klett.
- Bourdieu, P. (1983). Ökonomisches Kapital, kulturelles Kapital, soziales Kapital. Kreckel, R.(ed.). Soziale Ungleichheiten. Verlag Otto Schwartz & Co.
- Bourdieu, p. (1984). Distinction: A Social Critique of the Judgement of Taste. Harvard University Press.
- Ferris, K. & S. Harris(2011). Stargazing: Celebrity, Fame and Social Interaction. New York: Routledge.

- Fiske, J. (1992). The Cultural Economy of Fandom. New York: Routledge.
- Gray, J. (2003). New Audiences, New Textualities: Anti-fans and Non-fans.
  _______ (2017). Fandom: Identities and Communities in a Mediated World. New York: New York University Press.
- Griswold W. (1994). Cultures and Societies in a Changing World. Pine Forge Press.
- Harrington, L. & D. Bielby(1995). Soap Fans: Pursuing Pleasure and Making Meaning in Everyday Life. Philadelphia: Temple University Press.
- Hills, M. (2002). Fan Cultures. London: Routledge.
- Hongladarom, S. (1999). Review: Cultures and Societies in a Changing World. AI & Socity, 13.
- Hügel, H.-O. (2003). Handbuch Populäre Kultur. Verlag J.B. Metzler.
- Ieracitano, F. (2019). Analysing Events as Cultural Objects. Application of the Cultural Diamond Model to the Imaginary of the Contemporary Celebrations. Im@ go. A Journal of the Social Imaginary, (14).
- Jenkins, H. (1992). Textual Poachers: Television Fans & Participatory Culture. New York: Routledge.
- Kellner, D. & Share, J. (2019). The Critical Media Literacy Guide: Engaging Media and Transforming Education. Brill.
- Manovich, L. (2001). The Language of New Media. MIT Press.
- McDonald, D. (1957). A Theory of Mass Culture. B. Rosenberg & D. M. White(eds.). Mass Culture : The Popular Arts in America. The Free Press.
- Merten, K. (1994). Evolution der Kommunikation. K. Merten, S. J. Schmidt & S. Weischenberg(eds.). Die Wirklichkeit der Medien. Westdeutscher Verlag.
- Münch, R. (2004). Soziologische Theorie. Bd. 3 Gesellschaftstheorie. Campus.
- Rosenberg, B. & D. M. White(eds.)(1957). Mass Culture : The Popular Arts in America. The Free Press.
- Verstraete, M., Bambauer, D. E. & Bambauer, J. R. (2017). Identifying and Countering Fake News. Hastings Law Journal, 73.

- 게티이미지뱅크. https://www.gettyimagesbank.com
- 동아일보(2015.05.22.). 사생팬, 드라마 스태프 유혹까지… 이 정도라니 '충격'. https://www.donga.com/news/article/all/20120403/45257652/1
- 매거진한경(2017.10.17). '빠순이'라 불리던 아이돌 팬덤… 이제는 K-POP 산업계 큰 손. https://magazine.hankyung.com/job-joy/article/202102187432d
- 연합뉴스(2018.01.03.). 독일 니더작센주, 난민 유입과 범죄율 증가 상관성 논란. https://www.yna.co.kr/view/AKR20180103171100082

_______ (2021.03.02). 코로나19 백신 관련 허위 정보, 공포 조장. https://www.yna.co.kr/view/AKR20210301040200530

_______ (2023.04.19.). 2020년 美대선 조작 주장 폭스뉴스, 개표기 업체에 1조원 배상. https://www.yna.co.kr/view/AKR20230419009500071

- 월요신문(2024.06.12.). https://www.wolyo.co.kr/news/articleView.html?idxno=241805
- 조선일보(2020.02.29.). 송가인 팬 "핑크는 우리 색인데"… 중장년 팬들도 색깔 전쟁. https://www.chosun.com/site/data/html_dir/2020/02/28/2020022802573.html

_______ (2024.10.20.). [강헌의 히스토리 인 팝스] 밥 딜런과 노벨 문학상.

- 중앙일보(1999.09.21.). 인기그룹 H.O.T 멤버 부상에 좌절…여고생 팬 자살. https://www.joongang.co.kr/article/3821506#home
- 한겨레(2022). https://www.hani.co.kr
- 한국영상자료원. https://www.koreafilm.or.kr/main
- 한국저작권위원회. 저작권 개념 및 정의. https://www.copyright.or.kr/education/educlass/learning/what-the-copyright/definition/index.do

- AI타임스(2023). https://www.aitimes.com
- Chang, A. Y. (2011.09.16.). Finding anew what 'Koreanness' is. The korea Times. https://www.koreatimes.co.kr/www/culture/2018/11/142_94873.html
- Hugh, M. I. (2020.12.07.). Blackpink Talks Debut Album And Their Dedicated Fans: 'We're Very Grateful For How The World Sees Us'. https://www.forbes.com/sites/hughmcintyre/2020/12/07/blackpink-talk-debut-album-and-their-dedicated-fans-were-very-grateful-for-how-the-world-sees-us/?sh=48ee3bef2779
- Julia, H. S. (2019.06.08.). How a boy band from South Korea became the biggest in the world. https://edition.cnn.com/2019/06/01/asia/bts-kpop-us-intl/index.html
- KBS뉴스(2021.03.02.). 코로나19 백신 맞고 유전자 변형?…가짜뉴스 범람에도 속수무책. https://news.kbs.co.kr/news/view.do?ncd=5129702